A Anna Lara,
Arthur e Henrique

AGRADECIMENTOS

Os agradecimentos são muitos e, como sempre, com o risco de imperdoável omissão.

Em primeiro lugar, agradeço a José Roberto dos Santos Bedaque, que me orientou durante o doutorado. Exemplo de pessoa, de magistrado, de professor e, sobretudo, de amigo, que soube conduzir meus passos cegos e sem rumo. Meu muito obrigado.

Agradeço aos Professores Cândido Rangel Dinamarco e José Rogério Cruz e Tucci, pelos comentários, críticas e orientações a respeito das ideias desenvolvidas. Este trabalho não seria possível sem suas participações.

Também agradeço aos Professores Ada Pellegrini Grinover, Carlos Alberto Carmona e Carlos Alberto Salles, pelas lições, discussões, críticas e pelo compromisso com a docência.

Agradeço, ainda, ao Professor Aleksander Peczenik (*i.m.*), pelos comentários em meu artigo anterior e que foi parcialmente usado neste trabalho, e ao Professor Michele Taruffo, pelo material enviado.

Um agradecimento especial aos alunos do curso de doutorado na FD da USP, pela convivência e pela troca constante de ideias.

Agradeço a meu pai Samuel Meira Brasil (*i.m.*) e a minha mãe Telma Fraga Brasil, cujas presenças em minha vida mostraram que o pouco é sempre muito, e que tudo se resume a estar ao lado.

Por fim, mas com maior intensidade, agradeço a minha esposa Anna Lara e aos meus filhos Arthur e Henrique, pela paciência e pelas horas privadas do convívio. Não tenho como descrever ou agradecer o calor de suas presenças e a alegria de seus sorrisos.

SUMÁRIO

RESUMO

Nesta pesquisa, investigamos os precedentes judiciais, analisando a sua eficácia vinculante ou persuasiva, assim como o seu reflexo na atuação dos tribunais. Examinamos os elementos que formam a teoria dos precedentes, com a identificação dos fundamentos determinantes da decisão (ratio decidendi) e da parte que não tem esta eficácia vinculante, mencionada apenas como reforço argumentativo (obiter dictum). Atualmente, o ordenamento jurídico brasileiro passa por uma mudança significativa, com a valorização dos precedentes judiciais. A jurisprudência dos tribunais adquiriu nova força normativa, a ponto de ser considerada fonte imediata do direito. Os precedentes judiciais passaram a ter eficácia vinculante – em algumas hipóteses – ou, então, a limitar o âmbito do discurso jurídico. Nossa investigação demonstra que essa modificação no valor do precedente judicial acarretou importantes consequências sociais e jurídicas, a ponto de se tornar necessário revisitar algumas práticas já incorporadas nos tribunais. Novas técnicas processuais foram sugeridas para lidar com a valorização do precedente, algumas passíveis de aplicação imediata (lege lata), outras dependendo ainda de alteração legislativa (lege ferenda). Todas as teses propostas neste trabalho visam a assegurar a eficácia plena dessa mudança de paradigma na força dos precedentes, mas preservando importantes princípios, como a uniformidade, a consistência do sistema e a coerência normativa, assim como – principalmente – a segurança jurídica.

PALAVRAS-CHAVE:

PRECEDENTE. STARE DECISIS. FUNDAMENTOS DETERMINANTES. RATIO DECIDENDI. EFEITO VINCULANTE. OBITER DICTUM. PROCESSO CIVIL.

ABSTRACT

In this work, we research the issues concerning persuasive or binding authority of the precedents, as well as their use by a court when deciding subsequent cases. We study the factors on the structure of the precedent theory, identifying the rationale for bindingness (ratio decidendi) and the remarks irrelevant to the holding, mentioned as argumentative assistance only (obiter dictum). There has been a great changing in the current Brazilian legal system, based on the growth in the importance of the precedent as governing models for decision. The set of court's precedent has acquired normative strength and, as a consequence, it is now ascribed the status of source of the law. Some precedents in Brazilian legal system are now authoritative or – em some respects –, bindingness from the perspective of discourse. Our research concludes that the contemporary tendency towards increasing significance for precedent played an important role in social and legal communities, justifying the revisitation some proceedings settled courts. New procedural rules where suggested to handle the increasing significance of the precedent, some of them immediately applied to the proceedings (lege lata), while others following from statutory enactment (lege ferenda). The proposed theorems in this study aim at preserving the effectiveness of the increasing authority of precedents, however securing fundamentals principles, such as unity, system consistency, the very coherence of established lines of precedents, and specially the legal certainty.

KEYWORDS:

PRECEDENT. STARE DECISIS. HOLDING. RATIO DECIDENDI. BINDING AUTHORITY. OBITER DICTUM. CIVIL PROCEDURAL LAW.

ZUSAMMENFASSUNG

In dieser Studie untersuchen wir juristische Präjudizien und werten ihre rechtsverbindliche Wirksamkeit (Bindungswirkung) oder Überzeugungskraft, sowie ihre Auswirkung auf die Leistung der Gerichtshöfe aus. Wir überprüfen die Elemente, die zusammen die Theorie der Präjudizien bilden und identifizieren sowohl den tragende Gründe des Urteils (ratio decidendi) wie auch den Aspekt, der zwar nicht diesen rechtsverbindlichen Charakter hat, dennoch als ein weiteres Argument für die Entscheidung erwähnt wurde (obiter dictum). Die brasilianische Gesetzgebung wird momentan bedeutend verändert, wobei den juristischen Präjudizien größere Bedeutung zugemessen wird. Die Rechtssprechung der Gerichtshöfe hat eine neue, normative Bedeutung erhalten, so dass sie als unmittelbare Quelle für das Recht gelten kann. Die juristischen Präjudizien gewannen so ihre Bindungswirkung – in einigen Hypothesen – oder aber beschränkten den Rahmen des juristischen Diskurses. In unserer Untersuchung zeigen wir, dass diese veränderte Bewertung des juristischen Präjudiz wichtige gesellschaftliche und juristische Folgen hatte, so dass einige Praktiken, die in den Gerichtshöfen breits gang und gäbe sind, überprüft werden sollten. Es wurden neue Prozesstechniken vorgeschlagen - von denen einige sofort anwendbar sind (lege lata), andere erst einer Änderung der Gesetzgebung bedürfen (lege ferenda) -, um mit der Bewertung der Präjudizien umzugehen. Alle in dieser Arbeit vorgeschlagenen Thesen sind darauf ausgerichtet, die volle Wirksamkeit der Veränderung der Paradigmen bezüglich der Gewichtung der Präjudizien zu garantieren, wobei wichtige Prinzipien wie die Einheitlichkeit, die Beständigkeit und der normative Zusammenhang, sowie vor allem die juristische Sicherheit erhalten bleiben sollen.

SCHLESSELWÖRTER:

PRÄJUDIZIEN. STARE DECISIS. TRAGENDE GRÜNDE. RATIO DECIDENDI. BINDUNGSWIRKUNG. OBITER DICTUM. ZIVILPROZESSORDNUNG.

CAPÍTULO 1
FUNDAMENTOS DOS PRECEDENTES JUDICIAIS VINCULANTES

1. As dificuldades do atual modelo brasileiro. 2. Evolução histórica do precedente vinculante. 2.1. Período Romano. 2.2. Direito Hispano-Lusitano. 2.3. Direito Anglo-Americano. 3. Os dois grandes sistemas jurídicos: *civil law* e *common law*. 4. Estrutura das funções estatais concernentes ao Poder Judiciário. 4.1. Princípio de separação dos poderes e as funções dos Poderes Judiciário e Legislativo. 4.2. Ainda sobre o princípio de separação dos poderes: confronto entre as funções dos Poderes Judiciário e Legislativo? 4.3. Precedente vinculante e "governo de juízes." 5. Princípios que orientam a teoria dos precedentes vinculantes. 5.1. O Princípio da Igualdade e a uniformidade dos precedentes judiciais. 5.2. Princípio da economia processual: em busca da celeridade e da eficiência. 5.3. O princípio da segurança jurídica. 5.4. A garantia da razoável duração do processo e o precedente vinculante.

1. As dificuldades do atual modelo brasileiro

A realidade jurídica brasileira é preocupante, conforme alertou Cândido Rangel Dinamarco[1]. O número de processos, atuais ou acumulados, compromete a prestação jurisdicional, impedindo a

[1] Cf. Dinamarco, *Efeito Vinculante...*, pp. 1122 e ss.

resolução das controvérsias em uma dilação temporal aceitável. O número de juízes é insuficiente para solucionar todas as demandas existentes e as que se iniciam, considerada a relação atualmente existente. No Brasil, o número de juízes aumentou de 2005 para 2006, passando de 14.605 para 15.174 magistrados[2], segundo o levantamento feito pelo CNJ. A relação juiz-cidadão em 2006 (considerando todos os ramos da justiça: federal, estadual e trabalhista)[3] era de um para cada doze mil e trezentos. Na Alemanha, essa relação era (em 2000) de um para cada mil e, no Uruguai, de um para cada cinco mil[4].

O número de processos que aguardavam julgamento em 2006 era de 132.057.937 na justiça estadual, de 16.121.033 na justiça federal e de 16.179.899 na justiça do trabalho[5]. Somente na justiça estadual, a quantidade de processos dobrou de 2005 para 2006, passando de 53.372.949 processos[6] para 107.068.780 processos[7]

---

2 Esse número inclui os juízes da Justiça Estadual, Federal e Trabalhista.

3 Segundo o CNJ, em 2006, havia 15.174 magistrados no Brasil (1.346 na justiça federal, 10.936 na justiça estadual e 2.892 na justiça do trabalho), para um total de 186.770.562 habitantes.

4 Cf. Dinamarco, *Efeito Vinculante...*, pp. 1123. Na época da pesquisa feita pelo Prof. Dinamarco e publicada em 2000, a relação juiz-cidadão no Brasil era de um para cada vinte e cinco mil. Atualmente, apesar de o número de juízes haver aumentado, a situação continua alarmante em razão do aumento no número de demandas, do aumento da carga de trabalho e da própria estagnação do Poder Judiciário.

5 Estes números referem-se às duas instâncias.

6 Não foram computados os processos dos estados de Mato Grosso do Sul, Rio de Janeiro, Santa Catarina e Tocantins, que não estão disponíveis no levantamento de 2005.

7 Para termos uma noção do aumento proporcional de processos entre 2005 e 2006, excluímos do total de processos em 2006 (132.057.937 processos), os referentes aos estados de Mato Grosso do Sul, Rio de Janeiro, Santa Catarina e Tocantins, cujos dados não estão disponíveis no levantamento de 2005. Desse modo, o aumento no número de processos – embora não esteja

O número de casos novos também tem aumentado significativamente. Em 2005, somente na justiça estadual, foram ajuizadas 14.658.085 novas demandas[8], enquanto em 2006, esse número atingiu 16.103.802 novos litígios.

A carga de trabalho do magistrado, calculada considerando o número de casos novos acrescido do número de casos pendentes de julgamento e, após, dividido pelo número de magistrados, também aumentou, passando de 1.221 (em 2005) para 1.770 (em 2006), no segundo grau, e de 2.885 (em 2005) para 4.771 (em 2006), no primeiro grau, apenas na Justiça Estadual. Na Justiça do Trabalho, a carga de trabalho aumentou de 1.189 (em 2005) para 1.642 (em 2006), no segundo grau, e de 2.079 (em 2005) para 2.362 (em 2006), no primeiro grau[9]. Vejam, portanto, que apesar do aumento no número de juízes, a carga de trabalho também aumentou, em razão do incremento no número de processos pendentes de julgamento e no número de novas demandas.

A carga de trabalho continua alta. Vejamos um rápido cálculo. Se cada juiz da Justiça Estadual trabalhasse ininterruptamente 365 dias por anos, precisaria sentenciar 13 processos por dia, (incluindo sábados,

---

completo – mantém a proporção dos estados que informaram seus dados.

8 Esse número inclui o 2º grau, o 1º grau, as turmas recursais e os juizados especiais. Foram excluídos os novos casos em 1º grau de Mato Grosso do Sul no ano de 2006 (porque não consta no levantamento de 2005) e das turmas recursais e dos juizados especiais de Piauí no ano de 2005 (porque também não constam no levantamento de 2005). A exclusão dos dados do ano em que estão disponíveis foi feita para manter a real proporção do aumento no número de novos casos.

9 Não destacamos os números da Justiça Federal, pois houve uma significativa diferença (redução), o que exige um exame mais detalhados dos dados fornecidos.

domingos, feriados). Sem mencionar as audiências, as decisões interlocutórias, as tutelas de urgência e as outras atividades que deve implementar (inspeção anual na vara *etc.*).

A taxa de congestionamento, obtida com o número de decisões que extinguem o processo dividido pela soma de casos novos com os casos à espera de julgamento, também aumentou e, em algumas instâncias, chega a assustar. Na Justiça Estadual, a taxa de congestionamento passou de 42,23% (em 2005) para 44,84% (em 2006), no segundo grau, enquanto no primeiro grau passou de 75,49% (em 2005) para 79,92% (em 2006)! Ou seja, aproximadamente 80% de congestionamento! Na Justiça Federal, a taxa de congestionamento reduziu de 63,66% (em 2005) para 60,39% (em 2006), no segundo grau, mas aumentou de 73,08% (em 2005) para 75,69% (em 2006), no primeiro grau. Na Justiça do Trabalho, embora o aumento tenha sido pequeno e a taxa de congestionamento seja menor, ainda assim é significativa, principalmente no Tribunal Superior do Trabalho[10].

Esses dados alertam para uma preocupante característica. Se a carga de trabalho e a taxa de congestionamento aumentaram, apesar do aumento no número de juízes, então deve ser buscada uma solução, antes que a situação agrave ainda mais a prestação jurisdicional. Ampliar indefinidamente o número de juízes (e desembargadores e ministros) não é uma solução viável[11], seja pela limitação de recursos

---

10 Na Justiça do Trabalho, a taxa de congestionamento passou de 63,11% (em 2005) para 63,56% (em 2006) no TST, aumentou de 28,33% (em 2005) para 29,12% (em 2006), no 2º grau, e de 48,20% (em 2005) para 51,76% (em 2006) no 1º grau.

11 A Ministra Fátima Nancy Andrighi relembra um curioso "decreto imperial

financeiros, seja pela possibilidade de medidas alternativas que asseguram resultados quiçá equivalentes ou mais eficientes. Uma constatação da comunidade jurídica aponta que o elevado número de processos decorre da existência de incontáveis causas repetitivas, em que os tribunais já se manifestaram a respeito. Há um alerta, inclusive, no sentido de que o maior gerador de demandas judiciais é o próprio Estado[12]. Conforme o levantamento feito pelo Conselho Nacional de

---

chinês" que, apesar de ser uma singular demonstração de antítese do Judiciário, demonstra que o aumento de litígios não se soluciona com o aumento do número de juízes. A passagem descrita pela culta magistrada é a seguinte: "Na China do século VII, o imperador Hang Hsi (cf. Legal Institutions in Manchú China, Van der Sprenkel, 1962, p. 77) no exercício das suas funções expediu o seguinte decreto externando a sua imperial vontade, verbis: '*Ordeno que todos aqueles que se dirigirem aos Tribunais sejam tratados sem nenhuma piedade, sem nenhuma consideração, de tal forma que se desgostem tanto da idéia do Direito quanto se apavorem com a perspectiva de comparecerem perante um magistrado. Assim o desejo para evitar que os processos não se multipliquem assombrosamente, o que ocorreria se inexistisse o temor de se ir aos Tribunais. O que ocorreria se os homens concebessem a falsa idéia de que teriam à sua disposição uma justiça acessível e ágil. O que ocorreria se pensassem que os juízes são sérios e competentes. Se essa falsa idéia se formar, os litígios ocorrerão em número infinito e a metade da população será insuficiente para julgar os litígios da outra metade da população.*' O decreto imperial foi atendido na íntegra. E o foi por seis razões fundamentais, segundo René David: 1°, pela má organização da Justiça, aceita alegremente pelos poderes públicos e quiçá por eles estimulada; 2°, pelo distanciamento em que se colocava o juiz Processo de Conhecimento relativamente ao jurisdicionado; 3°, por serem esses mesmos pedantes juízes, além de tudo venais e corrompidos; 4°, por submeterem os jurisdicionados a múltiplas humilhações e dissabores; 5°, por arrastarem voluntariamente a marcha do processo, do qual se sustentavam; 6°, tornava-se extremamente duvidoso o êxito de qualquer ação, o que era expresso através de duas parêmias bem conhecidas: "*das dez razões que podem fundar a decisão de um juiz, nove são conhecida de todos*" e "*o processo ganho, mas tempo e dinheiro perdidos*".. " (cf. *Leitura do decreto imperial chinês*, disponível em http://bdjur.stj.gov.br/jspui/bitstream/2011/19135/3/Processo_Conhecimento.pdf, acesso em 22.12.2009).

12 Cândido Dinamarco adverte, inclusive, que: "não são sequer necessárias muitas estatísticas para confirmar que o maior alimentador dos acervos

Justiça, houve até mesmo um aumento no número de demandas propostas contra o governo, passando de 2.095.069 (em 2005) para 2.137.673 (em 2006)[13]. A doutrina mais autorizada e até a jurisprudência chegam a repudiar esse comportamento – insistir em ato já coarctado pelo judiciário, apesar de os tribunais superiores já haverem julgado controvérsias idênticas –, considerando-o como litigância de má-fé[14]. Mas, segundo vimos, isso não foi suficiente para diminuir o número de demandas.

Dentre as diversas técnicas processuais construídas para solucionar o problema da morosidade judicial, a que – segundo entendemos – poderá trazer uma resposta mais rápida e mais eficiente consiste na massificação do resultado do julgamento, através do efeito

---

judiciários de casos pendentes é o próprio Estado (Estado, em seus diversos níveis federativos). O Supremo Tribunal Federal não se cansa de pronunciar a inconstitucionalidade de uma série de exações fiscais da União, mas ela persevera em continuar a exigir, a demandar, a resistir, a recorrer até à última instância. Comportamento análogo tem a Fazenda do Estado de São Paulo, seja em temas tributários decididos e assentados, seja no tocante a pretensões de seus servidores. Assim também procede a Previdência Social. E os tribunais são chamados a repetir-se em julgados e mais julgados, mesmo muito tempo depois de estar pacificada ou mesmo uniformizada sua jurisprudência" (cf. *Efeito vinculante...*, pp. 1125-1126).

13 Estes números incluem as demandas propostas nas Justiças Federal, Estadual e Trabalhista, mas está incompleta. Não estão disponíveis os dados dos seguintes Estados: Amapá, Minas Gerais, Mato Grosso do Sul, Piauí, Paraná, Rio de Janeiro e do Distrito Federal.

14 "Em alguns casos esse comportamento chega a caracterizar a *litigância de má-fé* definida e sancionada pelo Código de Processo Civil (arts. 16-18). Quando juiz do Primeiro Tribunal de Alçada Civil, fui relator num caso em que a Turma Julgadora aplicou a sanção por essa deslealdade processual à Municipalidade de São Paulo, que insistia além do razoável na exigência do acréscimo de 200% sobre o imposto incidente sobre *construções irregulares* quando era mais do que pacífica a jurisprudência no sentido de que tal exigência colidia com um veto contido no Código Tributário Nacional" (Dinamarco, cf. *Efeito vinculante...*, pp. 1126).

vinculante dos precedentes judiciais.

A jurisprudência consolidada e vinculante poderá excluir do judiciário (ou reduzir a complexidade do discurso, acelerando a resolução da controvérsia) as demandas com questões pacificadas, impondo a sujeição não apenas dos órgãos do Poder Judiciário, mas também – e principalmente – da administração pública.

2. Evolução histórica do precedente vinculante.

Todo estudo sobre um determinado conceito – especialmente quando ele não é familiar a uma tradição jurídica – reclama uma análise histórica sobre sua utilização. Os resultados de seu uso por outros sistemas jurídicos muito nos dirão sobre a conveniência, ou não, de sua adoção, isto é, suas vantagens, eventuais resultados negativos, propriedades desnecessárias, enfim, permitindo uma ponderação sobre a incorporação ou não do respectivo instituto a um determinado sistema jurídico.

É óbvio que apenas a experiência dos que nos precederam não será suficiente para um juízo sobre a conveniência da utilização de determinada técnica processual. Uma análise crítica, do ponto de vista científico, também deve ser realizada, para afastar - se for o caso - propriedades inaceitáveis do referido conceito. Contudo, mesmo com esta necessária reflexão científica, a análise histórica mantém sua relevância, permitindo orientar o estudo do respectivo instituto, evitando-se equívocos e abraçando-se as soluções desenvolvidas no passado.

Assim, encontra-se plenamente justificada a necessidade de se conhecer como se desenvolveu, no tempo, o efeito vinculante das decisões judiciais.

2.1. Período Romano.

Segundo José Rogério Cruz e Tucci, na mais completa obra sobre o desenvolvimento dos Precedentes Judiciais (Cruz e Tucci, 2002), nunca existiu eficácia vinculante nas sentenças do período romano, que tornasse obrigatória uma decisão semelhante nos futuros julgamentos, segundo se constata nas disponíveis fontes do direito romano.

Durante o período em que predominava a ordem dos juízes privados (*ordo iudiciorum privatorum*), o sistema era o das ações da lei (*legis aciones*) e o formulário (*per formulas*). Neste período, o processo civil dividia-se em duas fases: (i) *in iure*, que se iniciava perante o magistrado (de início o rei, depois o pretor ou cônsul), que definia os termos e os limites da controvérsia; e (ii) *apud iudicem*, que se desenvolvia com o *iudex* ou *arbiter* (posteriormente também perante o *centuvirus, recuperatores* ou *decenvirus*). Neste sistema, o *iudex* era um cidadão romano, livremente escolhido pelas partes e, como cidadão julgando seus semelhantes, sua decisão era a própria opinião pública. Porém, como não tinha *imperium*, o *iudex* estava limitado ao estabelecido pelo *pretor* na fase *in iure*, e deveria apenas dizer se a pretensão procedia ou não. Assim sendo, o *iudex* não podia adotar razões que o afastasse do contido na fórmula estabelecida pelo *pretor*, e não havia como o precedente judicial vincular futuras decisões.

Contudo, vale destacar que a sentença judicial podia ser usada como *exemplum*[15], pois segundo Marrone, citado por Cruz e Tucci, como o *iudex* era leigo em matéria jurídica, a demonstração de que outro órgão judicante decidiu no sentido argüido poderia ser útil.

Já no período da *extraordinaria cognitio*, as duas fases (*in iure* e *apud iudicem*) foram suprimidas. O juiz passa a dirigir o processo do início ao fim e, como representante do Imperador, passa a aplicar o direito. O processo deixa de ser privado (contratual) e passa a ser público. As sentenças judiciais, nesta fase histórica, mantiveram sua eficácia apenas para as causas que decidiam, não vinculando futuras decisões.

Duas curiosas observações merecem ser destacadas. A primeira refere-se à constituição editada no ano 315, proibindo a utilização, como precedentes, dos rescritos emitidos para casos concretos, quando esses rescritos fossem *contra ius*[16]. A razão desta proibição fundava-se na necessidade de se manter a unicidade da fonte do direito, que recaia no Imperador, único

---

[15] O professor Cruz e Tucci também destaca que Cícero considerava a sentença judicial como uma prova *inartificiale*, contrapondo-a às provas *artificiales*, ou seja, meras argumentações lógica e jurídica.

[16] Cruz e Tucci, 2002, p.

legislador e, também, único intérprete. A segunda diz respeito ao critério que foi chamado de '*Tribunal dos Mortos*'[17], imposto pela '*Lei das Citações*' no ano 426[18]. Por este critério, apenas as obras de 5 juristas gozariam de *auctoritas* nos tribunais, e seus ensinamentos, portanto, tinham eficácia normativa, e não meramente persuasiva. Mas ainda não se trata de reconhecer efeito vinculante a precedente, eis que as obras não eram decisões judiciais.

No ano 530, iniciou-se a elaboração do *Digesto* por determinação de Justiniano, onde restou fixado, por diversas vezes, que somente o próprio autor das leis – isto é, o Imperador – poderia interpretá-las. Nesta medida, os juízes não deveriam julgar com fundamento nos exemplos, ainda que decorrentes de "eminentíssimos prefeitos ou juízes superiores". O julgamento deveria ter por base apenas as leis. Excetuando-se as sentenças imperiais, o precedente não tinha eficácia vinculante.

Apesar do declínio do império romano do ocidente, o império bizantino manteve-se por um período significativo. Para eliminar o uso das leis de Justiniano, iniciou-se no reinado de Basílio, sendo concluído por Leão, filho de Basílio, uma compilação em grego do *Corpus Iuris Civilis*, que recebeu o nome

---

[17] Esta denominação deve-se ao fato de que os juristas mencionados na Lei das Citações, a saber, Papiniano, Paulo, Gaio, Ulpiano e Modestino, viveram séculos antes da adoção de suas obras como critério de especificação do direito.

[18] Cruz e Tucci, 2002, p.

de *Basílicas*[19]. Com o sistema instituído pelas Basílicas, admitia-se o uso dos precedentes, segundo o *'costume'* e o *'modo pelo qual foi julgado'* o caso no passar dos tempos. Porém, sua eficácia era meramente persuasiva.

Assim, não há, no direito romano, registro do uso do precedente judicial com efeito vinculante.

2.2. Direito Hispano-Lusitano.

Entre os séculos VIII e XI, não havia na península ibérica (bem como no resto da Europa) qualquer espécie de produção literária no domínio jurídico. Desta forma, este período acabou denominado por Enrique Fernandez de *'Siglos Mudos'*[20]. A ordem jurídica era fundada primordialmente no costume, e a fonte decorria de *posturas* (estatutos) e *façanhas* (decisões judiciais). Uma *facienda* ou *fazaña* (*hazaña*), significando 'fato memorável', era a sentença proferida em casos memoráveis, transmitida por memória oral ou por anotações meramente pessoais. Os *fueros* (chamados de *forais* em Portugal), eram coleções de direito costumeiro (*postura* e *façanhas*) que circulavam na época. Para eliminar a pluralidade de *fueros,* D. Fernando III (1230-1.252) iniciou a incorporação do *utrumque ius* (direito comum), outorgando o *Fuero Juzgo* como fonte do direito, a ser aplicado nos territórios à medida que eram libertados. Em 1263, foi

---

19 Cruz e Tucci, 2002, p.

20 Cruz e Tucci, 2002.

concluída uma obra com o escopo de unificar do direito, chamada de *Siete Partidas*. As *Siete Partidas* proibiam expressamente o uso de precedentes judiciais, sob pena de invalidação do julgamento (Cruz e Tucci, 2002).

No que concerne ao direito lusitano, D. Diniz mandou traduzir as *Siete Partidas* e as *Flores des las Leyes*, do mestre Jacob de las Leys[21]. Posteriormente, houve a rejeição das fontes castelhanas como direito subsidiário, e Portugal começou a destacar as regras do Digesto, da Glosa, dos Decretos. O direito lusitano foi, de fato, unificado com as Ordenações Afonsinas (1446) e, apenas na hipótese de lacuna, e se a questão não fosse considerada 'pecado', uma consulta era submetida ao monarca para decidir. Sua 'sentença' passava a valer para todos os casos idênticos *ad futurum*. Contudo, a produção deste efeito vinculante ainda estava ligada à figura do monarca, e não a um órgão judicante. O efeito vinculante decorria, ainda, da regra abstrata outorgada pelo rei, e não da abstração de casos concretos decididos pelos juízes. As Ordenações Manuelinas e as Filipinas praticamente nada trouxeram de modificação quanto ao presente tema. Porém, um Alvará de 10 de dezembro de 1518, incorporado nas Ordenações Manuelinas, estabeleceu um curioso procedimento. Na hipótese de dúvida por parte do juiz, a questão era submetida a alguns desembargadores da 'mesa grande', por

---

[21] Cruz, citado por Cruz e Tucci, 2002.

parte do regedor. Se, ainda assim, a dúvida persistisse, a questão era submetida ao próprio rei pelo regedor. Resolvida pelos desembargadores ou pelo rei, a decisão era incluída em um 'livrinho', que foi chamado posteriormente de 'Livro dos Assentos', 'Livro Verde' e, por fim, 'Livro dos Assentos da Relação'. No caso de algum juiz desobedecer esta determinação, ou seja, quando decidisse mesmo havendo dúvida sobre o direito, sem submeter o caso ao regedor, seria suspenso e somente poderia ser remido por graça real. Desta forma, por força deste Alvará, a decisão dos desembargadores da 'mesa grande' era considerada fonte do direito (com efeito vinculante), quando incluída no Livro dos Assentos da Relação.

Também eram considerados como fonte do direito pelas Ordenações Afonsinas e Manuelinas, os *estilos da Corte*, isto é, a jurisprudência constante e uniforme da *Casa da Suplicação.* Contudo, a Lei da Boa Razão (Reforma Pombalina) passou a exigir que os *estilos*, para manter esta propriedade, fossem convertidos em *assentos*.

É curioso notar, como observa o Prof. Cruz e Tucci[22] que o Tribunal da Relação do Rio de Janeiro, criado em 13.10.1751, também tirava *assentos normativos*, como ocorria na *Casa da Suplicação* de Lisboa, muito embora esta competência somente lhe tenha sido conferida quando aquela Corte foi transformada

[22] Cruz e Tucci, 2002.

em Casa da Suplicação para o Brasil.

2.3. Direito Anglo-Americano.

O direito romano começou a fincar suas raízes nos séculos XII e XIII. Porém, neste período, já havia na Inglaterra um sistema jurídico formado por regras não escritas, decorrentes da prática dos tribunais, o que impediu a plena aceitação do direito romano. A título de exemplo, o Estatuto de Merton de 1236 demonstra a oposição dos barões às modificações das leis do casamento pretendidas pelo clero. Outra tentativa de introdução do direito romano na Inglaterra ocorreu com Vaccario, glosador civilista que fundou uma escola em Oxford para estudar a compilação de Justiniano. Apesar do prestígio que sua escola alcançou, o Rei Estéfano I (1.151-1.154) determinou seu fechamento e o Rei Henrique III (1216-1272) proibiu o ensino do direito romano em 1234 (cf, Cruz e Tucci, 2002). Assim, a adoção do *Corpus Iuris Civilis* foi amplamente rejeitada na Inglaterra.

A doutrina considera que o sistema do *Common Law* desenvolveu-se entre 1066 e o início da dinastia Tudor, em 1485. Com a conquista normanda, Guilherme I, Duque da Normandia, adotou os costumes e decisões dos reis saxões. As primeiras regras do *Common Law* eram, na verdade, de origem germânica, mas quando Henrique II ampliou a *Curia Regis*, o sistema jurídico era formado pelos costumes anglo-saxônicos e normandos, recebendo, até mesmo, uma certa influência do direito romano e canônico[23]. As decisões proferidas pelo rei e pelos juízes eram catalogadas nos *statute books*, e nos *Year Books*, cuja primeira versão foi editada em 1495, e continham excertos de julgamentos, transformando-se em importante fonte de 'doutrina judicial'. Posteriormente, esta prática foi substituída pelos *Law Reports*, como as famosas obras de Edmund Plowden (1571), James Dyer (1585) e, principalmente, Edward Coke que, na qualidade de *Chief Justice of the Common Pleas*, publicou 11 volumes de repertórios a partir de 1600. Pelo seu significante trabalho, principalmente no que tange à identificação da *ratio decidendi* e da distinção do *obiter dictum*, Coke é considerado o fundador da teoria moderna do precedente judicial.

Assim, pode ser visto que o *Common Law* desenvolveu-se naturalmente como um sistema onde o direito era formado pelos costumes e decisões judiciais, assumindo uma estrutura de *case law*, com a abstração da norma geral a partir dos casos apreciados pelos juízes. Assim, o precedente judicial sempre foi de suma importância para a formação do direito anglo-americano. Contudo, o precedente ainda não tinha efeito vinculante. Apenas nas primeiras décadas do século XIX é que surgiu a eficácia vinculante do precedente judicial.

No conhecido caso Beamisch v Beamisch (1861), cujo

---

[23] Cruz e Tucci, 2002, p. 150.

julgamento foi conduzido por Lord Campbell, a *House of Lords* decidiu que estaria obrigada a acatar a autoridade de seus próprios julgamentos, ou seja, entendeu que deveria adotar o direito previamente reconhecido na *ratio decidendi*. Desta forma, a eficácia vinculante passou a ser reconhecida aos próprios *Law Lords*, assim como para as cortes inferiores.

Porém, a vinculação não impedia a *House of Lords* de rever eventuais erros, como foi reconhecido ainda em 1852, no caso Bright v Hutton, muito embora esta faculdade somente tenha sido efetivamente usada em julho de 1966. Esta revisão é, na verdade, o *overruling*, como se verá adiante, e que não tem sido usado com freqüência nas cortes do *Common Law.*

Em uma apertada síntese, a análise histórica ora apresentada busca destacar que, embora a unicidade do direito fosse uma característica desejada, os sistemas do *Civil Law* hesitaram em reconhecer a vinculação da norma geral abstraída dos casos julgados, como ocorreu na Inglaterra e Estados Unidos da América. Passaremos, em seguida, a discutir as características técnicas de um precedente vinculante.

3. Os dois grandes sistemas jurídicos: *civil law* e *common law.*

Dentre os muitos sistemas jurídicos encontrados no mundo[24], dois em especial merecem referência neste estudo, em

---

[24] Muito embora não haja consenso sobre os sistemas jurídicos existentes, René

razão das características de cada um sobre o valor e a força dos precedentes judiciais. São eles o sistema Romano-Germânico[25] (chamado pelos povos de língua inglesa de *Civil Law*) e o sistema Anglo-Americano[26] (também chamado de *Common Law*).

No *Civil Law*, a norma jurídica elaborada pelo legislador (lei) é considerada como a fonte primária do direito[27]. As decisões dos tribunais não têm a mesma hierarquia como fonte e, portanto, os juízes não estão vinculados aos precedentes judiciais[28]. A referência à jurisprudência tradicionalmente sempre

---

David os classifica em cinco (ocidental, soviético, muçulmano, hindu e chinês), considerando suas características próprias.

25 O sistema Romano-Germânico (*Civil Law*), "refere-se ao sistema legal adotado pelos países da Europa Continental (com exceção dos países escandinavos) e por, praticamente, todos os outros países que sofreram um processo de colonização, ou alguma outra grande influência deles – como os países da América Latina. O que todos esses países têm em comum é a influência do Direito Romano na elaboração de seus códigos, constituições e leis esparsas." (*Cfr.* VIEIRA, *Civil Law e Common Law. Os dois grandes sistemas legais contemporâneos*. Porto Alegre: safE, 2007, pp. 21-22).

26 Nas palavras de Andréia Vieira, "[o] sistema legal da Common Law é o sistema praticado nos Estados Unidos da América (com exceção do Estado da Louisiana), na Inglaterra, no Canadá (com exceção da província do Quebec), na Austrália, na Índia e em outros países outrora colônias da coroa britânica." (*Cfr. Civil Law...*, p. 107).

27 Segundo Vieira: "Os países que compõem a família do sistema Romano-Germânico são também conhecidos como 'países do direito escrito'. Essa denominação refere-se, particularmente, à lei escrita que é, em todos esses países, a fonte primária de direito, autoridade máxima para expressá-lo, primeiro objeto a ser pesquisado na busca do seu conhecimento. (*cfr. Civil Law...*, p. 63).

28 "Na família do sistema Romano-Germânico, a jurisprudência tem o papel de fonte secundária do direito (...) A jurisprudência não é fonte que vincula, mas é praxe nos tribunais manter-se uma decisão, reafirmando a certeza do direito. Entretanto, qualquer juiz, de qualquer instância, pode julgar de forma diversa do que já foi decidido. Nada o impede de fazê-lo. É exatamente essa liberdade de decisão, essa desvinculação, que caracteriza o sistema jurisprudencial dos países do sistema Romano-Germânico" (Andréia Vieira,

teve uma função secundária e somente na hipótese de lacuna ou omissão na lei. No *Common Law*, ao contrário, a fonte primária do direito advém dos precedentes judiciais, pois as decisões dos tribunais são vinculantes, isto é, são alçadas à condição de norma abstrata[29].

Há outras diferenças significativas entre os dois grandes sistemas normativos, mas estas bastam para o escopo deste trabalho.

O Brasil, por haver recebido influência do sistema jurídico da Europa Continental, sempre situou-se entre os países de tradição Romano-Germânica. Desse modo, a jurisprudência, em nosso sistema normativo, mantinha a característica de fonte secundária do direito. Entretanto, sempre houve influência externa, com a incorporação de figuras típicas do *Common Law*, como o mandado de segurança, as ações de classe, a técnica do controle de constitucionalidade (que no Brasil é misto) *etc.*

Especificamente no que tange à força dos precedentes, a influência do *common law* no Brasil não é nova. O Decreto nº 848, de 11.10.1890 (que organizou a justiça federal), por exemplo,

---

cfr. Civil Law..., 67).

29 Assim, "[p]or *Common Law* entende-se, genericamente, o sistema legal que tem por fonte primária de direito casos já julgados que se tornam vinculantes, ou seja, que devem ser obrigatoriamente observados em julgamentos posteriores. (...) Os casos julgados nas cortes de justiça inglesas, americanas e de outros países da família da *Common Law*, formam, junto aos estatutos e legislações esparsas, a fonte primária de direito. Assim, princípios de direito, dos mais simples aos mais complexos e importantes, são inteiramente construídos pelas cortes de justiça, sem que haja qualquer lei escrita a respeito". (Andréia Vieira, *Civil Law*..., p. 107).

considerava como *legislação* (embora subsidiária) os casos do *common law*, com referência explícita ao direito norte-americano[30]. Apesar de este Decreto somente haver sido (explicitamente) revogado em 1991[31], o sistema jurídico brasileiro não teve uma incorporação direta da teoria dos precedentes vinculantes, típica dos sistemas de *common law.*

Mas a verdade é esta: o Brasil caminha (em boa hora!) para uma valorização maior dos precedentes judiciais. Ademais, o trabalho digno de referência do grupo de pesquisadores "Bielefelder Kreis"[32] demonstrou que a dúvida sobre a força dos

---

[30] Decreto nº 848/1890, Art. 386: "Constituirão legislação subsidiaria em casos omissos as antigas leis do processo criminal, civil e commercial, não sendo contrarias ás disposições e espirito do presente decreto. Os estatutos dos povos cultos e especialmente os que regem as relações juridicas na Republica dos Estados Unidos da America do Norte, os casos de common law e equity, serão tambem subsidiarios da jurisprudencia e processo federal."

[31] Foi declarado revogado – dentre inúmeros outros – pelo art. 4º do Decreto nº 11, de 18 de janeiro de 1991, por constar na relação (folha 8) do Anexo IV ao Decreto nº 11, de 18 de janeiro de 1991.

[32] O "Bielefelder Kreis" é um grupo de pesquisadores com encontros no mínimo anuais, em vários locais da Europa, Inglaterra e Estados Unidos (principalmente na Universidade de Bielefeld, na Alemanha). Este grupo é formado pelos Professores Aulis Aarnio (Universidade de Helsinki, Finlândia), Robert Alexy (Universidade de Kiel, Alemanha), Zenon Bankowski (Universidade de Edinburgh, Escócia), John Barceló (Cornell Law School, EUA), Gunnar Bergholtz (Universidade de Lund, Suécia), Ralf Dreier (Universidade de Göttingen, Alemanha), Svein Eng (Universidade de Oslo, Noruega), Ernesto Garzón-Valdés (Universidade de Mainz, Alemanha), Christophe Grzegorczyk (Universidade de Paris, Nanterre), Francisco Laporta (Universidade Autônoma de Madri, Espanha), Massimo La Torre (Universidade Européia, Florença, Itália), Neil MacCormick (Universidade de Edinburgh, Escócia), Geoffrey Marshall (Universidade de Oxford, Inglaterra), Alfonso Ruiz Miguel (Universidade Autônoma de Madri, Espanha), Lech Morawski (Universidade de Torun, Polônia), Enrico

precedentes nos sistemas civilistas (*civil law systems*) não é fundada e que eles representam um importante papel mesmo nos sistemas codificados. Demonstrou, ainda, que a tendência do século XX consiste na convergência entre os dois sistemas[33]. Essa modificação na força dos precedentes, portanto, não significa apenas a migração de nosso sistema jurídico para o do *common law*. Segundo se observa, alguns países de tradição anglo-saxônica estão fazendo o caminho inverso, com a utilização de leis (*statutes*) para regular matérias com grande polêmica judicial. Exemplo disso encontramos nos Estados Unidos da América, que editou o *Class Action Fairness Act* (*CAFA*) em 2005. A tendência consiste, então, na "miscigenação" dos modelos, produzindo sistemas mistos.

Nessa linha, não há óbice algum na utilização da experiência jurídica alheia e na adoção das técnicas que têm

---

Pattaro (Universidade de Bologna, Itália), Aleksander Peczenik (Universidade de Lund, Suécia), Robert Summers (Cornell Law School, EUA), Michele Taruffo (Universidade de Pávia, Itália), Michel Troper (Universidade de Paris, Nanterre) e Marek Zirk-Sadowski (Universidade de Lódz´, Polônia). Dois trabalhos publicados pelo grupo são *Interpreting Statutes* e *Interpreting Precedents*.

33 Nas palavras de D. Neil MacCormick e Robert S. Summers, "To differentiate 'civilian' from 'common law' systems is a commonplace among lawyers. It is trite learning that precedents count for less in civilian legal systems than in those of the common law, and it has sometimes been doubted whether they stand for anything much at all in the civilian systems. The present work shows the doubt to be groundless. Here it is shown that precedent counts for a great deal in civilian systems. The tendency to convergence between systems of the two types is a salient fact of the later twentieth century, although there remain real differences, some of great importance" (*Cfr.* , p. 2).

apresentado resultado favorável. Esse fenômeno é, em verdade, apenas o resultado de uma globalização e da interação gradual dos sistemas jurídicos.

4. Estrutura das funções estatais concernentes ao Poder Judiciário

No momento em que a atenção se volta para a eficácia das decisões judiciais, com a preocupação em maximizar o resultado útil e adequado da prestação jurisdicional, torna-se relevante examinar a distribuição das funções estatais em nosso modelo constitucional. Notadamente as atribuições conferidas ao Poder Judiciário. O escopo dessa análise consiste em assentar, sem quebra do equilíbrio estrutural, as funções e os controles da atuação dos poderes. Não é aconselhável reconhecer novas funções aos poderes constituídos, se não houver mecanismos de controle.

4.1. Princípio de separação dos poderes e as funções dos Poderes Judiciário e Legislativo.

Uma oposição bastante frequente à instituição dos precedentes vinculantes é feita com o argumento de que haveria violação ao princípio de separação dos poderes e que, por essa razão, a própria Emenda Constitucional – que atribui essa competência ao STF – seria, em última análise, inconstitucional.

O argumento, porém, não resiste a uma análise mais acurada, apesar do brilho dos opositores da tese. Como se sabe, as funções estatais encontram-se distribuídas, em nosso sistema normativo, em três poderes distintos, de acordo com o modelo idealizado por Montesquieu[34]. São eles os poderes legislativo, executivo e judiciário. Porém, não é correto compreender a separação dos Poderes como simples separação de funções, em que um deles não possa exercer a função típica dos demais.

Os poderes legislativo e judiciário, por exemplo, exercem funções administrativas, na gestão de seus órgãos (em decorrência da autonomia administrativa e financeira), o poder executivo tem competência para baixar atos normativos (no limite da previsão constitucional), o poder legislativo é competente para julgar o Presidente da República e os Ministros do Supremo Tribunal Federal nos crimes de responsabilidade *etc.* Como se vê, um poder pode exercer funções que normalmente seriam típicas dos outros poderes. O que ocorre é que há uma preponderância no exercício das funções típicas, o que limita a respectiva atuação a algumas situações específicas e, sempre, sem excluir a competência constitucionalmente atribuída aos demais poderes.

---

[34] A divisão das funções estatais é mais antiga que os escritos de Montesquieu, podendo retroagir a um modelo inicialmente idealizado por Aristóteles. Porém, a Montesquieu cabe o crédito de haver desenvolvido não apenas a tese de separação de funções, mas a criação de uma teoria com uma característica específica e de essencial importância, a saber, o **controle** de um poder pelos demais. Desse modo, a teoria da separação dos poderes de Montesquieu difere das anteriores que discutiam meramente a separação de funções, ao permitir um controle sobre eventuais excessos na atuação dos poderes. Essa característica – controle dos Poderes entre si – é muito importante para justificar a própria legitimação do efeito vinculante na atuação do Judiciário, quando ele se pronuncia, por exemplo, sobre a constitucionalidade das leis.

Fixada a premissa, podemos concluir que não ofende[35] a Constituição o exercício pontual de algumas funções que ordinariamente seriam de outros poderes, desde que não se exclua a competência originária – é sempre oportuno repetir – e contanto que se estabeleça uma forma de controle no exercício dessa função.

A possibilidade de o poder judiciário editar atos com eficácia vinculante (súmulas ou precedentes), portanto, não ofende o princípio de separação dos poderes[36] e não contraria a lógica do sistema, assim como o exercício, pelo poder legislativo, de algumas funções típicas do poder judiciário e até mesmo o poder normativo atribuído ao poder executivo também são constitucionais.

A propósito, essa possibilidade de o executivo editar atos com

---

35 A observação de Cândido Dinamarco durante a qualificação deste trabalho foi, como sempre, bastante precisa, quando destacou que "o exercício de algumas funções por outros poderes não ofende o nosso modelo constitucional porque faz parte do próprio modelo". Essa referência autopoiética é bastante elucidativa sobre os limites da competência da distribuição de funções a partir da Constituição Federal, incluindo naturalmente toda a complexidade de um sistema jurídico, compreendida esta como amplitude do número de possibilidades.

36 Um elegante e forte argumento pela inexistência de contrariedade ao princípio de separação dos poderes surgiu da pena de Teresa Arruda Alvim Wambier: "Em nosso sentir, todavia, a separação de poderes pode existir, sem ser absoluta. De fato suas feições definitivas dependem de como venha a ser prevista pelo sistema jurídico positivo de um país e não deve necessariamente ter as feições que tinha quando concebida pelo filósofos cujas idéias estavam por trás do movimento revolucionário na França, notadamente Montesquieu. Não nos parece, portanto, que a separação de poderes passaria a deixar de existir ou ficaria comprometida com a adoção da súmula vinculante. Assim como não se pode dizer terem deixado de existir os princípios da isonomia e da legalidade em função da circunstância de o sistema atual tolerar haver decisões totalmente diferentes para situações fáticas absolutamente idênticas." (cf. *Controle da s decisões judiciais por meio de recursos de estrito direito e de ação rescisória*. São Paulo: RT, 2002, p. 310-311).

força de lei é bastante ilustrativa da possibilidade de exercício (moderado) da função legislativa por outro poder. O Presidente da República pode editar lei delegada, naturalmente nos limites da previsão constitucional e condicionada à delegação do Congresso Nacional[37]. Há, ainda, a possibilidade de o Presidente da República editar medidas provisórias[38], com força de lei, que serão submetidas ao poder legislativo. Esses atos são tipicamente normativos (normas abstratas), embora praticados pelo Poder Executivo. Contudo, não acarretam violação ao princípio de separação dos poderes, pois estão sujeitos à fiscalização de quem detém a competência para a função preponderante: o poder legislativo, conforme expressamente prevê o inciso XI do art. 49 da CF/1988.[39]

Uma leitura atenta desta norma constitucional revela sentido mais abrangente do que de início poderia parecer. Não se deve colocar

---

37 CRFB, **Art. 68.** "As leis delegadas serão elaboradas pelo Presidente da República, que deverá solicitar a delegação ao Congresso Nacional. § 1º - Não serão objeto de delegação os atos de competência exclusiva do Congresso Nacional, os de competência privativa da Câmara dos Deputados ou do Senado Federal, a matéria reservada à lei complementar, nem a legislação sobre: I - organização do Poder Judiciário e do Ministério Público, a carreira e a garantia de seus membros; II - nacionalidade, cidadania, direitos individuais, políticos e eleitorais; III - planos plurianuais, diretrizes orçamentárias e orçamentos. § 2º - A delegação ao Presidente da República terá a forma de resolução do Congresso Nacional, que especificará seu conteúdo e os termos de seu exercício. § 3º - Se a resolução determinar a apreciação do projeto pelo Congresso Nacional, este a fará em votação única, vedada qualquer emenda."

38 CRFB, **Art. 62.** "Em caso de relevância e urgência, o Presidente da República poderá adotar medidas provisórias, com força de lei, devendo submetê-las de imediato ao Congresso Nacional." (Redação dada pela Emenda Constitucional nº 32, de 2001).

39 CRFB, **Art. 49.** "É da competência exclusiva do Congresso Nacional: XI - zelar pela preservação de sua competência legislativa em face da atribuição normativa dos outros Poderes;"

o peso hermenêutico apenas na primeira parte do inciso XI. O intérprete deve extrair o sentido completo, principalmente a partir da carga significativa que estatui a segunda parte. Vejamos. A norma constitucional menciona que o controle do Congresso recai sobre a atribuição *normativa*. Isso significa que a função de editar normas gerais não é privativa do legislativo, mas pode ser exercida por outros. Menciona, também – e aqui talvez o sentido mais importante do enunciado –, que a atribuição é *dos outros Poderes*. No plural. O que indica a atribuição normativa também do Poder Judiciário, e não apenas do Executivo. Ora, que outra função normativa teriam os juízes e tribunais, a não ser a projeção da força de incidência normativa de seus julgados?

Portanto, não há razão para que o Poder Judiciário também não possa editar enunciados vinculantes, oriundos de sua jurisprudência, que também tenham força de lei. Principalmente porque a interpretação dada pelo Poder Judiciário estará sujeita ao controle do Legislativo,[40] que poderá modificar a legislação vigente ou até mesmo emendar a Constituição (na hipótese de interpretação dada à Constituição pelo Supremo Tribunal Federal), para afastar o sentido interpretativo constante no precedente vinculante, o que inclusive já

[40] Cândido Rangel Dinamarco chamou a atenção, na qualificação, para um aspecto essencial deste argumento. Em inúmeras ocasiões a alteração da jurisprudência não decorre de qualquer controle do legislativo, mas da mudança dos valores sociais. Como exemplo, há a modificação social do conceito de "concubinato", que refletiu nos precedentes judiciais. Ademais, a função legislativa consiste em enunciar leis a partir dos valores vigentes na sociedade. Com absoluta razão o Professor das Arcadas. Estende-se a possibilidade de controle da força de incidência dos precedentes também às mudanças sociais relevantes (*Verfassungswandlung*).

aconteceu, como discutiremos mais adiante. Desse modo, a competência do poder legislativo estará preservada – inclusive sua função fiscalizadora, como preconiza a doutrina dos freios e contrapesos –, assegurando-se, ainda, importantes princípios da ordem jurídica (segurança jurídica, unidade e uniformidade do direito, celeridade, eficiência *etc.*, como veremos adiante).

Nesse contexto, a ofensa à Constituição somente surgiria se a competência outorgada ao poder judiciário excluísse ou impedisse a do poder legislativo, o que interferiria com a sua função primordial e evitaria o controle preconizado no sistema de freios e contrapesos. Isso, contudo, não ocorre. Os precedentes vinculantes não interferem na atuação legislativa[41], o que preserva a possibilidade de o poder legislativo alterar a orientação do Supremo Tribunal Federal através de alteração legislativa (emenda à constituição, lei complementar ou ordinária que contenha a eficácia de norma constitucional *etc.*).

E mais. O princípio de separação dos poderes não significa apenas uma separação de funções. Além do exercício de suas funções preponderantes, cada poder exerce um controle sobre a atuação dos demais, para evitar que um deles se torne demasiadamente poderoso e ilimitado, sem qualquer contenção em sua atuação (*checks and balance*).

Nessa linha, o princípio de separação dos poderes significa atribuição de funções e, ao mesmo tempo, imposição de freios e

---

[41] O modelo de precedente vinculante desenvolvido em nosso sistema jurídico vincula, apenas, o executivo e o judiciário.

contrapesos. Podemos constatar essa característica na própria elaboração das leis. Apesar de a função normativa ser preponderantemente atribuída ao poder legislativo, o poder executivo tem o poder de vetar a lei inconstitucional ou que esteja desvinculada da realidade social, assim como o poder judiciário pode declará-la inconstitucional. Esse controle na elaboração das leis não significa interferência indevida na função legislativa e nem usurpação de funções, em violação ao princípio de separação dos poderes. Muito pelo contrário. Significa controle, pelos demais poderes, sobre a atuação do poder legislativo. Do mesmo modo, o legislativo poderá fiscalizar a atuação do poder judiciário, editando leis que afastem uma interpretação indesejada encontrada em um determinado precedente.

Um exemplo bastante interessante da relação entre os poderes encontramos no recente episódio da criação do Fundo Soberano do Brasil, o FSB. O projeto de lei que o criava foi aprovado pelo Senado logo antes do recesso parlamentar (18.12.2008), mas a oposição conseguiu evitar a constituição de uma fonte de custeio, impedindo que o fundo operasse ainda em 2009, ante a inexistência de previsão orçamentária aprovada no ano anterior. A solução para afastar a atuação do Senado veio através da Medida Provisória nº 452, de 24.12.2008, que atribuiu ao fundo um crédito de 14,2 bilhões de reais. Alguns partidos de oposição (DEM, PSDB e PPS) ajuizaram, no dia 29.12.2008, uma Ação Direta de Inconstitucionalidade (ADI 4179) no Supremo Tribunal Federal para afastar a eficácia da MP nº 452. Os autores da demanda argumentaram que o próprio STF já havia reconhecido, em precedente anterior[42], a impossibilidade de se criar, por medida provisória, créditos que não sejam emergenciais. O caso é bastante ilustrativo e demonstra a complexidade (enquanto aumento de possibilidades, conforme demonstra Luhmann) da relação entre os poderes, em que o executivo busca exercer uma função normativa atribuída pela Constituição, através de uma medida provisória, em confronto com a decisão do Senado. Por sua vez, o legislativo não exerceu, ainda, o controle sobre a Medida Provisória – seja por falta de tempo hábil, já que o recesso parlamentar já havia iniciado, seja por outro motivo –, mas instou o Supremo Tribunal Federal a afastar o ato do executivo. Argumentaram a intromissão do Poder Executivo sobre o Poder Legislativo[43] e, principalmente, a existência de jurisprudência do STF no sentido de que é proibida a concessão de crédito extraordinário por intermédio de Medida Provisória. Isso porque o STF, na ADI-MC 4048/DF[44], relator Ministro Gilmar Mendes, julgada em 14.5.2008, decretou a inconstitucionalidade da Medida Provisória nº 405, que abriu crédito extraordinário, em 18 de dezembro de 2007, de mais de 5 bilhões de reais, em favor da Justiça Eleitoral e de diversos órgãos do Poder Executivo. O STF usou o argumento de que não havia relevância e urgência (*e.g.*, calamidade pública, situação de guerra ou comoção interna) para justificar a Medida Provisória, como determina a

---

42 ADI-MC 4048/DF, relator Ministro Gilmar Mendes, julgada em 14.5.2008.

43 Na petição inicial, os autores da demanda argumentaram que: "Tais modificações subvertem, ao arrepio da Constituição, a vontade soberana do Poder Legislativo, seja em face do próprio texto que resultou na Lei nº 11.887/2008, seja ante a deliberação recém concluída da lei orçamentária anual."

44 Questão interessante consiste em saber se esse precedente tem efeito vinculante, com uma decisão tomada em julgamento em que 5 Ministros foram vencidos.

Constituição Federal.

Não analisaremos, nesse trabalho, eventual inconstitucionalidade ou não incidente nesse episódio. Apenas citamos o caso para ilustrar a complexidade existente na relação entre os poderes, com diversidade de funções constitucionais legitimadas pelo sistema de freios e contrapesos: independentemente de quem tenha razão (o judiciário irá julgar a constitucionalidade da medida provisória e o legislativo – a despeito da decisão do STF – poderá rejeitar ou não o ato normativo do executivo), a interação funcional dos poderes nos sistemas jurídico e político é bastante complexa. Desse modo, não é possível concluir pela inconstitucionalidade da Emenda Constitucional nº 45 (que criou a súmula vinculante), sem uma análise de todas as possibilidades de interação entre os poderes que o sistema jurídico admite, sob pena de se excluir até mesmo aquelas legítimas e toleradas pela ordem constitucional.

O argumento de que a edição de súmula vinculante contraria o princípio de separação dos poderes sem levar em consideração as inúmeras possibilidades de exercício legítimo das algumas funções de um poder por outro, ignora a complexidade inerente do sistema jurídico e não pode ser usado para justificar uma eventual rejeição à teoria.

Não podemos esquecer que a atribuição de efeito vinculante às decisões judiciais não foi idealizada com o escopo de excluir atribuições inatas de um poder, outorgando-as à outro. Devemos lembrar, sempre, que o próprio legislador, ao assim estabelecer, buscou concretizar princípios constitucionais caros à ordem jurídica, como veremos adiante, dentre eles os da segurança jurídica, da igualdade, da celeridade *etc.*

4.2. Ainda sobre o princípio de separação dos poderes: confronto entre as funções dos Poderes Judiciário e Legislativo?

Além do argumento anterior, a questão deve ser examinada sob outro prisma. Quando edita um precedente com eficácia vinculante, o Poder Judiciário exerce função "paralegislativa", para usar a expressão de Cândido Dinamarco. A súmula vinculante, por exemplo, é editada a partir de precedentes em controle incidental de constitucionalidade, ou seja, após o Supremo Tribunal dirimir uma controvérsia existente (norma concreta). Eventual eficácia vinculante para casos assemelhados, que equipararia a norma concreta a uma norma abstrata, é *eficácia paralegislativa* do precedente em controle incidental de constitucionalidade, mas não sua função primordial.

Essa característica não escapou à doutrina mais autorizada. Conforme demonstrou Cândido Dinamarco, reproduzindo preciosa lição de Mauro Cappelletti[45], há uma distinção entre a atuação jurisdicional e a legislativa. O Poder Judiciário atua em um plano completamente distinto daquele em que o legislador se pauta. Enquanto os juízes solucionam controvérsias decorrentes de fatos concretos, o legislador elabora normas abstratas e gerais[46]. Mesmo quando essa atividade

---

[45] CAPPELLETTI, *cfr. Giudici legislatori?*, n.11, Milão: Giuiffrè, 1984, esp. no contexto do argumento, pp.63-65.

[46] Nas palavras de CÂNDIDO DINAMARCO, "Essa divisão dos planos de

exige uma atuação, por assim dizer, mais integrativa do juiz, a atividade jurisdicional não substitui o processo legislativo na elaboração das leis. O juiz interpreta a lei existente, integra as suas lacunas – em obediência à previsão legal[47] – com a analogia, os costumes e o princípios gerais do direito, visando sempre aos fins sociais (interpretação teleológica). Logo, no exercício de sua função jurisdicional, o juiz não cria *ex novo* o direito, como faz o legislador[48]. Mesmo quando se revela "criativo" ou "ativista", ele não o faz com o escopo de editar uma lei, uma norma abstrata, conforme demonstrou Mauro Cappelletti. Essa não é a função da jurisdição. A atuação jurisdicional – ao contrário da função legislativa – volta-se para a solução das controvérsias, dos casos concretos[49] que

---

positivação jurídica e missões dos Poderes do Estado levou prestigioso doutrinador de primeiríssima linha a indicar como fator de diferenciação do Poder Judiciário o fato de que os juízes tratam com fatos concretos, enquanto que ao legislador incumbe a elaboração de normas gerais e abstratas" (*cfr.Efeito vinculante das decisões judiciárias*, in *Fundamentos do Processo Civil Moderno,* II, 3ª ed., São Paulo: Malheiros, 2000, pp. 1134).

47 Decreto-Lei nº 4.657, de 4 de setembro de 1942, "**Art. 4º** Quando a lei for omissa, o juiz decidirá o caso de acordo com a analogia, os costumes e os princípios gerais de direito. **Art. 5º** Na aplicação da lei, o juiz atenderá aos fins sociais a que ela se dirige e às exigências do bem comum" (Lei de Introdução ao Código Civil Brasileiro).

48 Essa conclusão é de Mauro Cappelletti: "i giudici sono costretti ad essere creatori del diritto, *law makers*. Essi sono infatti chiamati ad interpretare, e perciò invitabilmente a chiarire, integrare, plasmare e trasformare, e non di rado a creare *ex novo*, il diritto. Ma ciò non significa ch'essi siano legislatori. C'è infatti, come qui mi propongo di dimostrare, un'essenziale differenza tra il processo legislativo e quello giurisdizionale". E conclui: " Un buon giudice può bem essere criativo, dinamico, 'attivista', e palesarsi come tale; ma solo un cattivo giudice agirebbe nelle forme e modalità di un legislatore, ché anzi a mio giudizio un giudice, il quale agisse in tal guisa, cesserebbe semplicemente di eser un giudice" (*Cfr. Giudici legislatori?* n. 11, pp. 63-64).

49 Cappelletti destaca, com bastante pertinência, essa função jurisdicional voltada para a solução das controvérsias reais, com as seguintes palavras: "ciò che fa si che un giudice sia un giudice e che uma Corte sia uma Corte non è la sua non-creatività [e quindi la sua passività sul piano sostanziale],

são apresentados ao juiz.

Eventual eficácia vinculante do precedente judicial não transforma a atividade jurisdicional em legislativa, simplesmente porque o escopo do juiz não é editar uma norma abstrata – repita-se –, mas solucionar uma controvérsia concreta[50], com suas peculiaridades e características, que podem, inclusive, não se subsumir à previsão legal. Não podemos esquecer que a norma abstrata (a lei) pode prescrever um comportamento em um dado contexto fático e a controvérsia examinada pelo juiz pode afastar a aplicação da norma, porque os fatos substanciais da demanda são diversos do contexto normativo.

Vejamos um exemplo em que o Supremo Tribunal Federal atribuiu um efeito vinculante a uma lei, interpretando o seu alcance posteriormente.

A Lei nº 9.494, de 10.9.1997 proíbe a antecipação dos efeitos da tutela, nos casos previstos na Lei nº 4.348, de 26.6.1964 e na Lei nº

---

ma bensi [la sua passività sul piano procedurale, ossia] (a) la conessione della sua attività decisionale com *cases and controversies*, quindi com le parti di tali casi concreti, e (b) l'atteggiamento di imparzialità del giudice" (*Cfr. Giudici legislatori?*, n. 11, pp. 64-65.

[50] DINAMARCO é muito preciso ao enunciar: "o material com que se envolve o juiz, segundo esse pensamento, que é coerente com tradicionais e reputadas colocações, **é portanto o concreto da vida dos direitos e não o abstrato da atribuição de direitos e obrigações no plano da legislação**. No campo da pura técnica processual esse pensamento vem desenvolvido desde a obra monumental de Chiovenda, onde está presente uma estrutura dedutiva, na qual (a) a vontade abstrata do direito é representada pelas normas reveladas em suas fontes e (b) a vontade concreta, formada pela ocorrência de fatos enquadráveis nas *fattispecie* legais e depois revelada na sentença. A determinação da vontade abstrata cabe ao legislador, e ao juiz a revelação da vontade concreta quando controvertida entre as partes" (*cf. Efeito vinculante das decisões judiciárias*, in *Fundamentos do Processo Civil Moderno,* II, 3ª ed., São Paulo: Malheiros, 2000, pp. 1134-1135 – o destaque é nosso).

5.021, de 9.6.1966. O Supremo Tribunal Federal reconheceu a constitucionalidade – com efeito vinculante – da Lei nº 9.494/1997, na ADC nº 4. Então, nos termos do art. 1º do referido texto legal, não é possível conceder tutela antecipada contra o poder público, nas hipóteses de "reclassificação ou equiparação de servidores públicos, ou à concessão de aumento ou extensão de vantagens" (Lei nº 4.348/1964) ou "para efeito de pagamento de vencimentos e vantagens pecuniárias" (Lei nº 5.021/1966). O Supremo Tribunal Federal não fez nada além do que a própria Lei nº 9.494/1997 já havia feito: proibir a concessão de tutela antecipada, nas hipóteses vedadas pelas Leis nº 4.348/1964 e nº 5.021/1966. Houve uma interpretação do texto legal. A novidade reside no efeito vinculante da decisão do STF: todos os órgãos do Poder Judiciário e da administração pública são obrigados a acatar a decisão da Corte Suprema (aliás, já estavam vinculados à Lei...). Contudo, O Supremo Tribunal Federal pode interpretar o texto legal, para identificar as situações fáticas que se subsumem ao enunciado normativo. Alterando-se os fatos substanciais da controvérsia, é possível deixar de aplicar a referida Lei, conforme reconheceu o Supremo Tribunal Federal na Súmula 729[51]. Em verdade, o que o Supremo Tribunal reconheceu – para usar a estrutura dedutiva apresentada por Chiovenda e propagada por Dinamarco, é que a situação fática descrita na Súmula 729 não se subsume à previsão legal da Lei nº 9.494/1997.

Vejam que, neste exemplo, a atuação do Poder Judiciário visava à solução de uma controvérsia – a Súmula 729 foi editada em resposta a

---

[51] A Súmula 729 tem o seguinte enunciado: "A decisão na Ação Direta de Constitucionalidade 4 não se aplica à antecipação de tutela em causa de natureza previdenciária"

diversas Reclamações[52] ajuizadas no STF por descumprimento da decisão na ADC 4 –, mas os efeitos vinculantes da decisão integraram a ordem jurídica, com uma interpretação que não constava originariamente na lei. O julgador (no caso, o Supremo Tribunal Federal) não teve o escopo de editar uma norma abstrata, mas reafirmar a aplicação de uma lei e de estabelecer uma cláusula de exceção, decorrente da interpretação do enunciado legal.

Uma dificuldade poderia surgir. O Supremo Tribunal Federal tem, em sua jurisdição constitucional, competência para julgar ações diretas de inconstitucionalidade, que se referem ao controle abstrato das normas legais. A dúvida que poderia se formar consiste em saber qual é a controvérsia (caso concreto) examinada pelo Supremo, pois a atuação é abstrata. Essa aparente dificuldade surgiu porque o nosso sistema de controle de constitucionalidade é misto: ele pode ser incidental (concreto), como no modelo norte-americano, ou autônomo (concreto), como no modelo alemão. Se examinarmos eventual eficácia vinculante em um modelo incidental, como encontramos nos recursos extraordinários, a atuação jurisdicional incidente em controvérsias concretas estará bem identificada: haverá, nesta hipótese, sempre um caso (concreto) a ser solucionado pelo julgador. Entretanto, no modelo autônomo (abstrato), a atuação jurisdicional não se encontra vinculada a um caso concreto. Poderíamos concluir, então, que, nesta hipótese, o Poder Judiciário (Supremo Tribunal Federal ou Tribunais de Justiça[53])

---

[52] Os precedentes citados pelo STF para justificar a Súmula 729 são: Rcl 798, Rcl 1122, Rcl 1015, Rcl 1014, Rcl 1601, Rcl 1603, Rcl 1257, Rcl 1020 AgR e Rcl 1578.

[53] Não podemos esquecer que os Tribunais Estaduais também tem competência

usurpa funções do Poder Legislativo? A resposta continua negativa. Seja por todos os argumentos anteriores (incluídos os da Seção precedente), seja porque a autorização constitucional decorre do Poder Constituinte Originário[54], seja porque o controle abstrato de constitucionalidade continua com sua característica jurisdicional. O julgamento visa a desfazer ou a confirmar os efeitos normativos da lei ou ato normativo, assim, a eficácia do julgamento tem a mesma característica dos efeitos normativos que serão examinados pelo Supremo[55].

Ademais, o controle abstrato, como foi originariamente idealizado, visava, também, a prevenir interpretações contraditórias e a abreviar o resultado das demandas. Considerando que os recursos extraordinários poderiam levar vários anos para serem julgados pela Corte Suprema, a provocação direta no Supremo Tribunal Federal sobre a questão poderia antecipar a solução de incontáveis controvérsias,

---

para ação de inconstitucionalidade, chamada pela Constituição de 1988 de representação de inconstitucionalidade. Assim: CRFB, "Art. 125. Os Estados organizarão sua Justiça, observados os princípios estabelecidos nesta Constituição. § 1º *omissis*. § 2º - Cabe aos Estados a instituição de representação de inconstitucionalidade de leis ou atos normativos estaduais ou municipais em face da Constituição Estadual, vedada a atribuição da legitimação para agir a um único órgão".

54 A Constituição de 1988, promulgada pela Assembléia Nacional Constituinte, outorgou ao STF a "guarda da Constituição", atribuindo-lhe competência para processar e julgar ação direta de inconstitucionalidade de lei ou ato normativo federal ou estadual. Posteriormente, a Emenda Constitucional nº 3/1993 acrescentou a ação declaratória de constitucionalidade. Como o Poder Constituinte Originário é reconhecido, tradicionalmente, como ilimitado, poderia atribuir competência de controle político a uma Corte Constitucional.

55 Esse argumento é de José Afonso da Silva, que leciona: "como o objeto do julgamento consiste em desfazer os efeitos normativos (efeitos gerais) da lei ou ato, a eficácia da sentença tem exatamente esse efeito, e isso tem valor geral, evidentemente" (*cfr. Curso de direito constitucional positivo*, cit., p. 56).

trazer segurança jurídica com a unicidade do direito e evitar discussões desnecessárias nos tribunais ou na sociedade. Vejam, portanto, que, mesmo nessa hipótese, a atuação do STF não está desvinculada da prestação jurisdicional.

4.3. Precedente vinculante e "governo de juízes"

Quando se discute a possibilidade de o Poder Judiciário proferir decisões com eficácia vinculante – ou seja, atribuições normativas –, pode surgir o receio em face da possibilidade de o Poder Judiciário receber mais poderes do que o necessário para o exercício de suas funções constitucionais. O excesso de poderes poderia reduzir ou até mesmo excluir a possibilidade de controle, o que acarretaria a sua prevalência indevida sobre os demais poderes.

A preocupação – embora infundada, conforme demonstraremos – não é algo que se deva ignorar. A tripartição de funções pressupõe o equilíbrio entre os poderes. Imaginar que um poder se sobressaia, dominando os demais, é algo impensável para o nosso modelo de governo. A outorga, porém, de poderes excessivos poderia romper esse equilíbrio.

Nos Estados Unidos, já ocorreu de a Suprema Corte interferir significativamente na atuação do Poder Executivo. As palavras do *Justice* Charles Evans Hughes continuam com o mesmo impacto de quando foram ditas na Câmara de Comércio em New York, em 3.5.1907: "*We are under a Constitution,* ***but the Constitution is what the judges say it*** *is, and the judiciary is the safeguard of our liberty and of our property under the Constitution*" (destacamos)[56]. Assim, sob o argumento de interpretar a constituição, a Suprema Corte declarava, reiterada e incessantemente, a inconstitucionalidade das medidas tomadas pelo Chefe do Executivo, de modo a comprometer a própria administração e a romper com o equilíbrio constitucional dos poderes. Esse episódio ficou conhecido como "governo de juízes".[57]

Então, a dúvida que surge é: o precedente vinculante concede poderes excessivos ao Judiciário, de modo a torná-lo um "super poder", escapando aos limites e controles que deve se sujeitar? Tenho que a resposta é um sonoro e convicto *não*![58]

Primeiro, porque não se excluem os limites constitucionais e o

---

56 *Cfr. Addresses and Papers of Charles Evans Hughes,* Governor of New York, 1906–1908, p. 139 (1908), citação disponível em http://www.bartleby.com/73/328.html, acesso em 14.1.2009.

57 *Cfr.* Marcelo Caetano, *Manual de Ciência Política e Direito Constitucional*, 6ª ed., Almedina, 1991, p. 89. Ainda, vejam Edouard Lambert, *Il governo dei giudici e la lotta contro la legislazione sociale negli Stati Uniti. L'esperienza americana del controllo giudiziario della costituzionalità delle leggi*, a cura di Roberto d'Orazio. Presentazione di Giustino d'Orazio, coll. Civiltà del diritto vol 58, Milano: Giuffrè Editore, 1996.

58 Não assumimos a posição ingênua de que nunca haverá desvios da atuação judicante. Aquele que exerce o cargo encontra-se suscetível a qualquer espécie de interferência, seja interna (psicológica), seja externa (influência política ou de outra natureza). Como ser humano, poderá sucumbir a essa forma de ingerência na interpretação e na aplicação da lei. Mas a mera possibilidade de desvio de função daquele que eventualmente exerça o cargo não justifica a contrariedade à tese. Se fosse assim, então não haveria como sustentar a própria existência dos poderes constituídos, sob o mesmo argumento, ou seja, de que eventualmente alguém não iria exercer suas funções adequadamente. Ora, o argumento não se mantém. Portanto, ainda que exista latente a possibilidade de uma expansão indevida da atuação do Judiciário, o que precisamos saber é que existem meios para corrigir o erro, como destacamos no texto.

controle sobre o judiciário que os demais poderes podem fazer, conforme vimos nas seções anteriores; segundo porque a influência das decisões do Judiciário sobre o executivo e o legislativo não dependem do efeito vinculante dos precedentes. Podem ocorrer independentemente dessa eficácia e através da atuação de qualquer juiz. Não é o efeito vinculante dos precedentes que irá impor como os juízes julgarão as demandas – contrário ou favorável ao executivo –, cujas decisões poderão influenciar ou não o plano de governo.

E mais. A experiência brasileira demonstrou o contrário. O efeito vinculante foi favorável aos interesses do governo em diversos momentos[59]. Vejamos um exemplo. A Emenda Constitucional nº 3, de 1993, instituiu a ação declaratória de constitucionalidade, cujas decisões têm efeito vinculante. E uma das primeiras demandas nessa classe de ação (ADC nº 4) foi a declaração de constitucionalidade do art. 1º da Lei nº 9.494, de 10.9.1997 (decorrente da Medida Provisória nº 1.570-5, de 1997), que proíbe a concessão de tutela antecipada contra a Fazenda Pública, nas hipóteses em que igual providência não pode ser tomada em liminar de mandado de segurança (Leis nº 4.348/1964 e 5.021/1966). A ADC 4 foi proposta em 27.11.1997, em conjunto pelo Presidente da República, pela Mesa do Senado Federal e pela Mesa da Câmara dos Deputados. Ou seja, dois meses após a promulgação da Lei

[59] Esse argumento não pode ser usado em defesa ou para atacar a tese do precedente vinculante. Não é porque a decisão será favorável ou contrária a uma ou a outra parte que será razão suficiente para justificar o instituto. Não é preciso dizer que o juiz deve ser – sempre – intransigentemente imparcial, concedendo o direito a seu titular. A referência foi feita tão somente para refutar o argumento contrário que geralmente é endereçado à tese do precedente vinculante.

nº 9.494/1997, os Poderes Executivo e Legislativo requereram a declaração do Poder Judiciário de que a lei é constitucional. Segundo afirmava a doutrina, na época, o escopo não era o de sanar eventual dúvida[60] sobre a constitucionalidade da Lei nº 9.494/1997, mas obter um provimento que vinculasse os demais órgãos do Poder Judiciário, impedindo a concessão de tutela antecipada contra a Fazenda Pública. Em resumo, longo de causar embaraço ao Poder Executivo, o efeito vinculante do precedente judicial foi usado – neste e em alguns outros casos – para favorecer a Administração Pública.[61]

5. Princípios que orientam a teoria dos precedentes vinculantes

O sistema processual vigente procura concretizar diversos importantes princípios jurídicos, entre eles a uniformidade da prestação jurisdicional (segurança jurídica) e a redução do tempo necessário para a resolução das controvérsias (razoável duração do processo). Um método proposto para conciliar esses dois valores jurídicos – dentre tantos outros – consiste na utilização dos precedentes judiciais como

---

[60] O que repercutiria diretamente na admissibilidade da própria demanda, pois o interesse processual em ações declaratórias decorre da incerteza: se não houver dúvida sobre a relação jurídica (in casu, a interpretação jurídica) que se pretende declarar, não haveria interesse de agir para justificar a propositura da demanda.

[61] Talvez esse episódio tenha fomentado a reação de parte da magistratura contra o efeito vinculante, por se sentirem impossibilitados de conceder tutela de urgência em situações consideradas necessárias. Mas não se pode rejeitar o modelo por eventual eficácia normativa em um sentido. Outras decisões já foram proferidas contra a Fazenda Pública, cujo efeito vinculante simplesmente dispensou o surgimento de milhares de demandas.

fonte do direito[62]. A técnica do precedente vinculante permite concretizar em maior grau diversos princípios jurídicos, trazendo uma eficácia maior na resolução das controvérsias.

5.1. O Princípio da Igualdade e a uniformidade dos precedentes judiciais

Um princípio que é bastante caro para qualquer sistema jurídico é o da igualdade (ou universalidade). A Constituição de 1988 prescreve, ao iniciar a relação dos direitos fundamentais no art. 5º, que *"todos são iguais perante a lei, sem distinção de qualquer natureza (...)"*.[63]

Por intermédio desse princípio, tem-se que situações jurídicas consideradas assemelhadas – em suas características substanciais –, devem ser tratadas de forma igualitária[64]. Uma tentativa de se manter a unidade jurídica (igualdade), nos sistemas do *Civil Law*, decorre da vinculação às leis produzidas pelo legislativo. O juiz encontra-se adstrito ao enunciado normativo, não podendo decidir de modo contrário à lei

---

62 Há um expressivo debate na doutrina sobre a utilização do precedente como *fonte* do direito. Muitos negam, entendendo que somente a lei pode ser fonte do direito, enquanto outros aceitam. Ocorre que o debate tradicional limita-se à utilização de precedente *persuasivo* como fonte. Na hipótese de precedente *vinculante* previsto em lei (ou na Constituição), então o debate perde sua intensidade pois a própria norma jurídica elege o precedente como fonte.

63 O raciocínio é direto: se são iguais, a tutela jurisdicional recebida por um deve ser rigorosamente a mesma recebida por outrem, desde que as controvérsias sejam idênticas. Em outras palavras, os juízes e tribunais, ao decidirem os futuros casos, estão vinculados aos pronunciamentos judiciais anteriores (precedentes), para que haja efetiva igualdade no tratamento.

64 José Rogério Cruz e Tucci, cf. *Precedente Judicial como Fonte do Direito*, São Paulo: RT, 2004;

validamente editada. Ao julgar no sentido prescrito na lei, o juiz prestará – pelo menos em tese – a tutela jurisdicional de forma igualitária para todos os jurisdicionados[65].

Costuma-se exigir que a igualdade seja promovida apenas através de prestações do Poder Executivo – além, é claro, do dever negativo, de não tratar desigualmente aqueles em idêntica situação – ou pelo Poder Legislativo, na elaboração das leis (que naturalmente terá esta característica, dado o seu caráter abstrato e geral). Mas não há razão ou motivo para excluir do Poder Judiciário o dever de igualdade. Muito pelo contrário. O princípio enunciado pela Constituição aplica-se, plenamente, ao Poder Judiciário, que deve envidar esforços no sentido de a prestação jurisdicional ser a mesma (unitária) para todos que se encontram em idêntica situação jurídica. Não é aceitável que alguém receba uma decisão diferente de outra pessoa, cuja situação jurídica seja idêntica à sua, simplesmente porque o juiz da demanda é outro[66]. Se o direito é reconhecido como tal para um, deve ser para todos. Não há como um servidor, por exemplo, receber uma tutela favorável e seu colega de repartição, com as mesmas características do cargo e circunstâncias fáticas, não receber simplesmente porque a demanda foi recebido por outro juiz. Não há como dizer para o servidor: "*veja bem, o*

---

[65] Porém, nem sempre se atinge um resultado idêntico em dois julgamentos realizados por juízes distintos, pois a lei pode estar sujeita à interpretação (texto plurissignificativo ou polissêmico), e cada julgador pode adotar um sentido diverso. Então, devemos abandonar o argumento ingênuo de que somente a lei traz igualdade e segurança jurídica.

[66] A propósito, a legislação processual tem mecanismos para preservar a coerência das decisões judiciais, como a uniformização da jurisprudência, o § 1º do art. 555 do CPC *etc.* O que se espera, portanto, é que o entendimento adotado pelo tribunal seja idêntico para todos com as mesmas circunstâncias fáticas e jurídicas.

Tribunal declarou a inconstitucionalidade da lei e, por isso, o Estado não vai te pagar, mas vai pagar ao seu colega de repartição, porque a decisão não precisa ser observada pelos demais juízes". Ora, se a lei é inconstitucional para um, será para todos[67]. Esta é, inclusive, a essência do princípio da igualdade: se alguém recebe um tratamento jurídico, então todos devem receber o mesmo tratamento; se um não consegue a sua pretensão, então ninguém deve conseguir. E a técnica processual deve assegurar os meios para que essa igualdade seja obtida também na prestação jurisdicional.

Não é preciso nenhum esforço para perceber que um método para se obter essa igualdade na prestação jurisdicional é através da eficácia vinculante dos precedentes judiciais. A partir do momento em que os tribunais decidem de certo modo, enquanto o entendimento não for alterado, todos os casos assemelhados devem ser julgados segundo aquele paradigma. A justificativa do raciocínio chega a ser trivial: casos semelhantes devem ter resultados semelhantes.

O princípio da igualdade aplicado à prestação jurisdicional através da técnica do precedente vinculante permite a previsibilidade do julgamento nos casos assemelhados e, se conjugado com a estabilização das relações jurídicas (coisa julgada, ato jurídico perfeito e direito adquirido), irá resultar no princípio da segurança jurídica. Um sistema jurídico será tão mais seguro quanto maior for a previsibilidade do resultado de uma questão e essa previsibilidade surge naturalmente

---

[67] Naturalmente não se cogitou da modulação temporal dos efeitos da decisão, pois essa hipótese excepcional de limitação da eficácia das decisões do STF referem-se a um caso especial e exigem quórum qualificado.

com o tratamento idêntico para casos assemelhados (uniformidade) e na estabilização das relações (preservação das situações). Nessa medida, para concretizar tanto o princípio da igualdade quanto o da segurança jurídica – mantendo-se a exigência de vinculação à lei –, nada mais natural que reconhecer um efeito vinculante também às decisões judiciais, o que trará, como conclusão, que todos os casos com as mesmas características substanciais de um outro caso, já julgado anteriormente, tenham decisão semelhante a este último. A coerência da prestação jurisdicional e da jurisprudência promoverá, sem dúvidas, a universalidade e a unicidade das relações jurídicas (que outra coisa não é senão o tratamento igualitário entre todos que buscam a solução judicial).

5.2. Princípio da economia processual: em busca da celeridade e da eficiência

A economia processual encontra-se relacionada com o aproveitamento de atos processuais, visando à celeridade e à eficiência. A celeridade tem por escopo reduzir o tempo para a prestação jurisdicional. A eficiência significa, em termos gerais, maximizar o resultado, minimizando os custos. A economia processual busca, assim, afastar atos inúteis e desnecessários, para que a tutela jurisdicional seja prestada no menor tempo possível (obviamente, sem descurar das garantias constitucionais).

A atribuição de efeito vinculante às decisões dos tribunais satisfaz, inquestionavelmente, a economia processual. Qual é o sentido de o mesmo juiz ou tribunal julgar dois mil, cinco mil processos idênticos? Qual é a razão que justifica a impossibilidade de se estender os efeitos de uma decisão do Supremo Tribunal Federal para todas as situações em que os fatos substanciais da demanda coincidam? Por que obrigar o Supremo Tribunal Federal e o Superior Tribunal de Justiça a repetirem o mesmo julgamento por incontáveis vezes?

É muito mais racional julgar uma única vez, possibilitando um tempo maior para a reflexão das controvérsias importantes. É muito mais razoável substituir a quantidade pela qualidade dos julgamentos. O que deve haver é a racionalização da prestação jurisdicional, que irá inclusive abreviar a solução das controvérsias (a parte não precisará esperar o julgamento do tribunal local e a admissibilidade de eventual recurso extraordinário para obter o mesmo resultado) e até mesmo impedir a propositura desnecessária de demandas (na hipótese de a Administração Pública cumprir o precedente vinculante, independentemente de o interessado ajuizar uma nova demanda).

5.3. O princípio da segurança jurídica

Todos precisam saber o que o direito é. Essa característica é de indiscutível relevância para a segurança jurídica e para a coerência de um sistema normativo. Aquele que vive em uma sociedade, deve conhecer o comportamento que a ordem jurídica dele espera, para que surja a expectativa de agir conforme o modelo socialmente desejado.

Segundo demonstramos em outra ocasião,[68] a segurança jurídica refere-se à "previsibilidade" e à "uniformidade" do direito, conforme esclarece Aleksander Peczenik[69]. Em outras palavras, isso quer dizer que a conduta prescrita na norma jurídica deve ser previsível (para que se possa agir conforme a expectativa normativa) e uniforme (para que TODOS possam agir do mesmo modo). Valor essencial da ordem jurídica repousa na certeza do que o direito é. Mas isso não se alcança quando se admite interpretações diferentes e contraditórias na jurisprudência.[70] Portanto, a técnica processual deve buscar, sempre que possível, meios para promover a segurança jurídica, mantendo a unidade da jurisprudência.[71]

A atribuição de efeito vinculante aos precedentes judiciais funda-se na máxima *stare decisis* (*e non quieta movere*), e promove

---

68 Brasil Jr., *Justiça, Direito e Processo. A Argumentação e o Direito Processual de Resultados Justos*. São Paulo: Atlas, 2007.

69 *Cfr. On law and Reason*, Dordrecht-Boston-London: Kluwer, 1989.

70 Nesse sentido: "A diversidade de interpretações implica que um dos valores funcionais do Direito, a certeza, seja abalado. E quanto mais variadas forem as correntes de pensamento a respeito de uma mesma lei, tanto mais seriamente ficará despida de certeza aquela lei e, conseqüentemente, nessa escala, essa circunstância contribui para que o direito não tenha o grau de certeza desejável, pois, como se sabe, a linguagem do direito é a lei. Assim, é, igualmente, de todos os tempos a preocupação dos sistemas jurídicos em encontrar técnicas conducentes a se conseguir, o quanto isto seja possível, um só entendimento a respeito de um mesmo texto de lei. Pode-se dizer que a lei é vocacionada a ter um só entendimento, dentro de uma mesma situação histórica. A diversidade de entendimentos, na mesma conjuntura histórica, compromete o valor da certeza." (cf. Arruda Alvim, *in O recurso especial...*, p. 33).

71 Nessa linha, Flávio Cheim Jorge assevera: ""O direito, por sua vez, diante dessa inescondível circunstância, procura criar meios para reprimi-la, face à necessidade de se conferir um só entendimento a respeito de um mesmo texto legal e alcançar, com isto, o fim último do direito: a segurança jurídica" (cf. *Recurso especial...*, p. 377).

plenamente a segurança jurídica, pois a expectativa de comportamento (do judiciário e da Administração Pública) será previsível e uniforme. Por sua vez, haverá manifesta insegurança jurídica se cada juiz decidir de modo diferente idênticas controvérsias e se a Administração Pública ignorar as decisões vinculantes do poder Judiciário.

A possibilidade de erro não assusta, pois haverá meios sempre para corrigi-los, como podemos verificar nas precisas lições de Cândido Dinamarco, quando trata da relação necessária entre certeza, probabilidade e risco[72].

5.4. A garantia da razoável duração do processo e o precedente vinculante.

O processo tem como função, além de outras, assegurar aos litigantes a igualdade de enunciar seus argumentos e de produzir provas para corroborá-los. O modo de realização desta função é através da técnica processual que estabelece o procedimento específico a ser observado. É através de uma sequência ordenada de atos processuais que o escopo final de solucionar a controvérsia será atingido. Contudo, o procedimento desenvolve-se no tempo. Assim, uma preocupação constante na ciência processual é a duração do procedimento (enquanto sequência ordenada de atos) e do próprio processo (enquanto método argumentativo de resolução das controvérsias). Essa duração deve ser razoável, na medida em que a demora na solução do

[72] *Cfr. Instituições de Direito Processual Civil*, tomo I, São Paulo: Malheiros, 2004.

litígio pode acarretar um dano (seja marginal, seja direto) de modo a comprometer a própria utilidade da prestação jurisdicional. Não se tolera - apesar de encontrarmos facilmente nos tribunais - processos com 10 ou 15 anos de duração, sem uma perspectiva real de encerramento.

Um processo deve assegurar às partes *tutto quello e proprio quello*, segundo a máxima chiovendiana, mas em um intervalo temporal tolerável. Aliás, a expressão é ampla o suficiente para incluir a razoável duração: a parte tem direito à solução da controvérsia em um prazo razoável e um processo cheio de dilações indevidas não assegura tudo aquilo que a parte tem direito.

A garantia da razoável duração do processo já estava enunciada no Código Modelo e podia ser deduzida do postulado do devido processo legal, conforme demonstrou a doutrina mais autorizada. Mas o constituinte derivado pretendeu destacar ainda mais a necessidade de uma razoável duração da solução das controvérsias, enunciando explicitamente este princípio através da Emenda Constitucional 45, elevando-o a uma garantia fundamental.

No entanto, há uma dificuldade em estabelecer em quais hipóteses a duração é razoável. José Roberto Bedaque costuma citar, como exemplo, que um atraso de um dia na tramitação processual normalmente é razoável – em circunstâncias ordinárias –, mas será intolerável dependendo da pretensão formulada na demanda (separação de corpos, internação para cirurgia urgente *etc.*). Isso sem mencionar outros fatores que contribuem para a identificação do atraso no processo (número de demandas, estrutura do judiciário etc.).

Pensamos que um modo de identificar se a duração do processo será razoável ou não, pode ser feita através do acompanhamento dos atos processuais (atomicamente), e não apenas na consideração de todas as circunstâncias ocorridas no procedimento (molecularmente). José Rogério Cruz e Tucci destaca que a garantia da razoável duração visa a assegurar um processo sem dilações indevidas. Por sua vez, podemos entender por 'dilação indevida' o atraso decorrente de um ato processual inadequado, desnecessário ou desproporcional. Ao utilizarmos os três critérios que formam o postulado da proporcionalidade (que, para muitos autores, identifica-se com a razoabilidade), conseguimos atribuir uma expressão metodológica ao princípio da 'razoável' duração do processo. Nessa linha, a tramitação deve ser adequada, necessária e proporcional em sentido estrito. Ou, em outras palavras, o juiz deve evitar toda e qualquer dilação inadequada, desnecessária ou desproporcional. Esse controle é dinâmico e pode ser verificado em cada ato ou no contexto do próprio processo. É claro que uma dilação indevida, nos termos em que ora a definimos, não significa uma dilação intolerável. Ocorre que o juiz deve procurar otimizar o procedimento não apenas na hipótese de demora intolerável, mas também quando o ato revela-se desnecessário ou inadequado. Não podemos esquecer que um conjunto de pequenas demoras toleráveis pode resultar em uma duração intolerável do processo, conforme advertiu José Rogério Cruz e Tucci. Minando-se os atos desnecessários, podemos, a *contrario sensu*, diminuir a duração do processo.

Pois bem. Uma vez estabelecido o alcance da garantia da razoável duração do processo e que a solução da controvérsia repudia os atos indevidos, desnecessários e desproporcionais, o próximo passo da ciência processual é procurar métodos de aceleração do procedimento, que afastem atos desta espécie. Um método proposto para conciliar esses dois valores jurídicos consiste na utilização de precedentes judiciais como fonte do direito[73]. Os precedentes podem ser vinculantes ou persuasivos. Os precedentes vinculantes impõem obrigatoriamente a sua observância, enquanto os persuasivos têm força apenas para influenciar a formação da decisão, porém sem tornar obrigatória a sua aplicação. O presente estudo não pretende ignorar a importância do precedente persuasivo, como ocorre, v.g., com um julgado de um tribunal estadual que não vincula outros tribunais estaduais mas tem força persuasiva, podendo influenciar o resultado. Não obstante, o tema principal a ser investigado consiste no precedente *vinculante*.

[73] Há um expressivo debate na doutrina sobre a utilização do precedente como *fonte* do direito. Muitos negam, entendendo que somente a lei pode ser fonte do direito, enquanto outros aceitam. Ocorre que o debate tradicional limita-se à utilização de precedente *persuasivo* como fonte. Na hipótese de precedente *vinculante* previsto em lei (ou na Constituição), então o debate perde sua intensidade pois a própria norma jurídica indica o precedente como fonte.

CAPÍTULO 2
TEORIA DO PRECEDENTE VINCULANTE

1. A força de incidência normativa do precedente judicial. 2. Jurisprudência e precedente judicial. 3. Vinculação pelas razões determinantes do precedente judicial: a *ratio decidendi* ou *holding*.. 3.1. Características da *ratio decidendi*. 3.2. A *ratio decidendi* e a "transcendência dos motivos determinantes." 3.3. *Ratio decidendi* e causa de pedir. 3.4. A clareza e a precisão necessárias da *ratio decidendi*.3.5. *Ratio decidendi* e *res iudicata*. 4. Ainda a vinculação pelas razões determinantes do precedente judicial: o *obiter dictum* e o *distinguishing*. 4.1. A parte irrelevante do precedente: o *obiter dictum*. 4.2. Ainda a parte irrelevante do precedente: o dever da concisão e o excesso de fundamentos desnecessários nos precedentes. 4.3. Superação do precedente vinculante: revogação e ineficácia contextual. 4.4. As circunstâncias distintivas da controvérsia (*distinguishing*). Definição e Exemplos. 4.5. As circunstâncias distintivas da controvérsia: fatos substanciais ou argumentos jurídicos? 5. A força de incidência normativa dos precedentes na dogmática jurídica. 5.1. A compreensão da eficácia normativa dos precedentes judiciais a partir do âmbito linguístico do discurso judicial. 5.2. Qual enunciado tem maior força de incidência normativa: a lei ou o precedente judicial? 5.3. Aplicação de precedente a partir do seu sentido contrário (*argumentum e contrario*). 5.4. Ainda a incidência contrária do

precedente: *argumentum e contrario* forte e fraco. 5.5. Eficácia do argumento *a contrario sensu* fundado em precedente vinculante.

1. A força de incidência normativa do precedente judicial

Um equívoco que não raro ocorre até mesmo com frequência consiste na adoção de um determinado instituto jurídico, sem o estudo da teoria que o fundamenta. Não podemos falar em súmula vinculante no Brasil, sem estudarmos a teoria dos precedentes vinculantes. Essa assertiva chega a ser óbvia e dispensaria até mesmo a advertência inicial. Portanto, passemos a examinar como se desenvolve a teoria dos precedentes vinculantes.

2. Jurisprudência e precedente judicial

Toda decisão judicial é potencialmente relevante para futuras decisões. Essa assertiva é intuitivamente aceitável, e foi reconhecida até mesmo no período arcaico do direito romano, como podemos ver na advertência feita por Cícero ao pretor Lúculo (76 a.C.), no sentido de que futuras demandas seriam definidas por aquela determinada decisão então prestes a ser tomada[74]. Nada mais natural, pois na hipótese em que uma tese busca a persuasão de um julgador com base no prestígio

---

[74] Cf. José Rogério Cruz e Tucci, *Precedente Judicial como Fonte do Direito*, São Paulo: RT, 2004.

(qualitativo ou quantitativo) de outro órgão judicante, a decisão poderia ser considerada, no mínimo, como um argumento *ab auctoritate*[75]. Assim sendo, toda decisão pode ser considerada *prima facie* um precedente, dependendo do grau de persuasão que possa ter.

Precedente judicial, nesse contexto, pode ser definido como uma decisão anterior sobre uma controvérsia, em demanda substancialmente idêntica, similar ou análoga à outra, pela comparação dos fatos substanciais, que uma Corte usa como base para decidir casos pendentes ou futuros. Não se deve confundir precedente com jurisprudência[76], havendo, entre os vocábulos, distinção quantitativa e qualitativa[77].

A distinção inicial surge com a noção de quantidade. Nas preciosas lições de Michele Taruffo, o precedente refere-se a uma única decisão, proferida em um caso particular; a jurisprudência, por sua vez, consiste em uma pluralidade de decisões relativas a vários e diversos casos concretos[78].

---

75 Cf. Tércio Sampaio Ferraz Júnior, São Paulo: Atlas, 1999.

76 Utilizaremos a expressão "jurisprudência" neste estudo no sentido de pluralidade de decisões, apesar de alguns países, como a Inglaterra, atribuírem um sentido diverso, relacionado à filosofia do direito.

77 Cfr. Taruffo, *Precedente e giurisprudenza*. Editoriale Scientifica srl giugno, 2007, pp. 11 ss.

78 Nas palavras de Taruffo, "Vi è anzitutto una distinzione di carattere – per così dire – *quantitativo*. Quando si parla del precedente si fa solitamente riferimento ad *una decisione* relativa ad un caso particolare, mentre quando si parla della giurisprudenza si fa solitamente riferimento ad *una pluralità*, spesso assai ampia, di decisioni relative a vari e diversi casi concreti (*cfr. Precedente e giurisprudenza*, cit., p. 12.

A distinção, segundo Taruffo, permite compreender outra característica pertinente aos respectivos sistemas jurídicos. Quando se fala em precedente, identifica-se a decisão que o produz e as futuras decisões são proferidas com fundamento na decisão inicial. Não é a pluralidade de decisões que importa, mas a identificação da primeira decisão que se transformou em precedente judicial[79]. A jurisprudência, por sua vez, é formada por diversas decisões, não necessariamente identificadas ou quantificadas[80]. Assim ocorre no art. 557 do Código de Processo Civil, quando permite ao relator negar seguimento – ou provimento, conforme o caso – a recurso, quando em confronto com "jurisprudência dominante". Não se exige a identificação do precedente, bastando a citação de decisões no sentido da interpretação da norma adotada na sentença.

Além da distinção fundada na quantidade, Taruffo também faz uma diferença qualitativa. O precedente pode ser

---

[79] Para Taruffo, "La differenza non è solo di tipo semantico. Il fatto è che nei sistemi che si fondano tradizionalmente e tipicamente sul precedente, di solito la decisione che si assume come precedente è una sola; al più, poche decisioni successive vengono citate a sostegno del precedente. In questo modo, è facile identificare quale decisione davvero 'fa precedente'" (*n Precedente e giurisprudenza*, op. cit., p. 12).

[80] Na lição de Taruffo, "Invece, nei sistemi – come il nostro – in cui si richiama la giurisprudenza, si fa riferimento solitamente a molte decisioni: talvolta sono dozzine o addirittura centinaia, anche se non tutte vengono espressamente citate. Ciò implica varie conseguenze, tra cui la difficoltà – spesso difficilmente superabile – di stabilire quale sia la decisione che davvero è rilevante (se ve n'è una) oppure di decidere quante decisione occorrono perché si possa dire che esiste una giurisprudenza relativa ad un determinata interpretazione di una norma" (*cfr. Precedente e giurisprudenza*, op. cit, p. 12-13).

aplicado para fundamentar uma decisão posterior em função da identidade ou da analogia entre os fatos do primeiro caso e os fatos do caso subsequente[81]. A semelhança entre os fatos substanciais da demanda autoriza a aplicação da mesma consequência jurídica em ambos os casos, reproduzindo-se a *ratio decidendi*. Essa característica autoriza que a decisão do caso posterior esteja fundada em apenas um precedente[82]. A jurisprudência, ao contrário, não tem, na grande maioria dos casos, a análise comparativa dos fatos. Ela forma uma regra jurídica, ou seja, um enunciado geral, com conteúdo relacionado ao texto normativo que foi interpretado[83].

Adotaremos neste trabalho, entretanto, o vocábulo precedente com um sentido ligeiramente mais amplo do descrito acima. Precedente consiste em uma única decisão anterior, seja

---

[81] Nesse sentido: "Il precedente fornisce una regola (universalizzabile, come già si è detto) che può essere applicata come criterio di decisione nel caso successivo in funzione della identità o – come accade di regola – dell'analogia tra *i fatti* del primo caso e *i fatti* del secondo caso." (*cfr. Taruffo, Precedente e giurisprudenza,* op. cit, p. 13).

[82] Taruffo, *Precedente e girusprudenza*, op. cit, p. 14.

[83] Referindo-se à *massima* italiana, Taruffo explica que "L'impiego della giurisprudenza há caratteristiche assai diverse. Anzitutto, l'analisi comparativa dei fatti manca, almeno nella grandissima maggioranza dei casi. Qui il problema dipende da ciò che in realtà 'constituisce' la giurisprudenza: si tratta, come è noto, sopratutto delle massime elaborate dall'apposito Ufficio che existe presso la Corte di Cassazione. La caratteristica più importante delle massime è che si tratta di enunciazioni, concentrate in una o in poche frasi, che hanno ad oggetto *regole giuridiche*. Queste regole hanno solitamente un contenuto più specifico rispetto al dettato testutale della norma di cui costituiscono una interpretazione, ma sono pur sempre formulate come *regole*, ossia come enunciazioni generali di contenuto precettivo." (*cfr. Precedente e giurisprudenza*, op. cit, p. 14-15).

ela o *leading case* ou não, que pode ser usada como argumento para fundamentar futuras decisões.

Feita a distinção linguística das expressões, é preciso observar que, embora uma decisão judicial possa implicar a persuasão do julgador a um determinado argumento, não é correto reconhecer - ainda - um efeito vinculante a todo e qualquer precedente. Deste modo, é preciso distinguir entre efeito *persuasivo* (*persuasive precedents*) e efeito *vinculante* (*binding precedents*) dos precedentes judiciais.

O efeito *persuasivo* de um precedente decorre da adesão do julgador (que *representa* o auditório jurídico universal) ao argumento, porém sem qualquer dever de obediência ao que nele foi decidido. Já na *Rethorica ad Herennium*[84], encontramos que maior será a utilidade da decisão judicial como *exemplum*, quanto mais próximo o precedente estiver de atender as seguintes variáveis: (i) maior similitude com o caso; (ii) maior proximidade no tempo; (iii) maior o prestígio de quem proferiu a decisão; e (iv) se for grande o número de sentenças. Observe-se que, mesmo não reconhecendo um efeito vinculante, no período romano já se admitia uma eficácia persuasiva, inclusive com critérios para aferir o grau de persuasão.

O efeito vinculante de um precedente judicial, porém, é uma propriedade diferente, e advém da doutrina do *Stare*

---

[84] Cf. José Rogério Cruz e Tucci, *Precedente Judicial como Fonte do Direito*, São Paulo: RT, 2004.

Decisis[85], abreviação da locução maior '*stare decisis et non quieta movere*', que significa '*mantenha-se a decisão e não se moleste pontos decididos*'[86]. Assim, ao decidir um caso envolvendo a mesma questão jurídica e substancialmente os mesmos fatos relevantes, o julgador encontra-se vinculado (*bound*) aos casos que julgou anteriormente, bem como às decisões dos tribunais superiores.

3. Vinculação pelas razões determinantes do precedente judicial: a ratio decidendi ou holding.

O efeito vinculante de um precedente jurisdicional encontra-se na *ratio decidendi* (Inglaterra), também chamada *holding* (USA), isto é, **nas razões de decidir**, nos fundamentos utilizados no julgamento. É o que os alemães chamam de *tragende Gründe*, isto é, os fundamentos determinantes da decisão. Essa é uma característica da teoria do precedente vinculante, fundada no postulado *stare decisis* (*et non quieta movere*). Não há como falar em precedente *vinculante* sem compreender qual é a parte da decisão que vincula.

---

85 Há diversas teorias para explicar o *Stare Decisis*. Jeremy Waldron destaca essa característica: "There are several rival conceptions of stare decisis – the Dworkinian theory of law as integrity, *see generally* RONALD DWORKIN, LAW'S EMPIRE (1986); the pragmatic theory of predictability and secure expectations, *see generally* RICHARD A. POSNER, THE PROBLEMATICS OF MORAL AND LEGAL THEORY (1999); and the old idea of the common law "work[ing] itself pure", Omychund v. Barker, I Atk. 21, 33, 26 Eng. Rep. 15, 23 (Ch 1744) (argument by the future Lord Mansfield) (emphasis omitted); *see also* LON L. FULLER, THE LAW IN QUEST OF ITSELF 140 (1940)." (*cf. Foreign Law and the Modern Ius Gentium, in* Harvard Law Review, REFERÊNCIA).

86 Cf. Branting, L. K. *Reasoning with Rules and Precedents*. Kluwer Academic Publishers: Dordrecht/Boston/London, 2000.

O que vincula, portanto, não é a parte dispositiva da decisão – para isso já existe a coisa julgada –, mas os fundamentos jurídicos que autorizaram a conclusão. Em outras palavras, o que vincula é a tese jurídica (denominada, às vezes de regra de direito ou de princípio jurídico) que se encontra na *ratio decidendi* (ou *holding*). O Prof. José Rogério Cruz e Tucci, na melhor obra sobre o tema publicada no Brasil, destaca que o precedente judicial é formado por duas partes: (i) os fatos substanciais da demanda; e (ii) o argumento jurídico (a *ratio decidendi*) que justifica a decisão[87]. Muito embora os fatos substanciais sejam relevantes para identificar a semelhança entre os casos, eles não formam a *ratio decidendi*[88].

A jurisprudência brasileira, notadamente a do Supremo Tribunal Federal, já usa a expressão como forma de identificar a parte da decisão que é relevante para justificar o julgamento[89]. Não obstante isso, uma

---

[87] Nas palavras do Prof. Cruz e Tucci: "Bem é de ver que, pressupondo, sob o aspecto temporal, uma decisão já proferida, todo *precedente judicial* é composto por duas partes distintas: a) as circunstâncias de fato que embasam a controvérsia; e b) a tese ou o princípio jurídico assentado na motivação *(ratio decidendi)* do provimento decisório (*cfr.* Cruz e Tucci, José Rogério. *Precedente Judicial como fonte do direito*. São Paulo: Revista dos Tribunais, 2004, p. 12). Mais adiante, reconhecendo que a *ratio decidendi* é formada pelo argumento jurídico, o Professor das Arcadas destaca: "Assim, o precedente, para produzir eficácia vinculante, deve guardar absoluta pertinência substancial com a *ratio decidendi* do caso sucessivo, ou seja, deve ser considerado um *precedent in point*. (op. cit., p. 174).

[88] Nesse sentido, José Rogério Cruz e Tucci: "A *ratio decidendi,* como já observado, constitui a essência da tese jurídica suficiente para decidir o caso concreto (*rule of law*). É essa regra de direito (e, jamais, de fato) que vincula os julgamentos futuros inter alia. (op. cit., p. 175)

[89] O Ministro Carlos Britto, no RE-AgR 363782/SP, julgado em 14.3.2006, consignou na ementa do acórdão que: "Existência de fundamento no acórdão proferido pelo Tribunal de Justiça do Estado de São Paulo que não foi atacado pelos agravantes. Fundamento que não se reduz a simples *[obiter] dictum.* Antes, é premissa que não pode ser eliminada sem afetar o conteúdo

limitação objetiva – talvez situando-se entre as mais importantes – consiste na incerteza decorrente da identificação da parte do precedente judicial que realmente vincula. Em alguns casos, não é tão simples apontar para a parte essencial da decisão, que compõe a *ratio decidendi*.

Vejamos um exemplo, no direito brasileiro, em que o efeito vinculante de uma decisão pode ser aplicado em julgamentos futuros. O Supremo Tribunal Federal já decidiu, inúmeras vezes, que "é inconstitucional a vinculação do reajuste de vencimentos de servidores estaduais ou municipais a índices federais de correção monetária". Esse decisão foi tomada no julgamento de diversas ações diretas de inconstitucionalidade[90] que, por força da Lei nº 9.868/1999 e da Emenda Constitucional nº 45/2004, tem eficácia vinculante. O fundamento utilizado pelo STF (ou seja, a *ratio decidendi*) é o de que a vinculação automática do reajuste de vencimentos a índices não editados pelo governo local viola o princípio federativo e da autonomia dos Estados[91].

---

da decisão recorrida. Desta maneira, integra a *ratio decidendi* do Tribunal de origem. Agravo regimental a que se nega provimento".

90 As ações diretas de inconstitucionalidade julgadas pelo STF foram: ADI 1064 (DJ de 26/9/1997), ADI 464 (DJ de 19/12/1994), ADI 285 MC (DJ de 29/6/1990), ADI 377 MC (DJ de 23/11/1990), ADI 691 MC (DJ de 19/6/1992), ADI 437 MC (DJ de 19/2/1993), ADI 287 MC (DJ de 7/5/1993), ADI 2050 MC (DJ de 1º/10/1999), ADI 303 MC (DJ de 6/9/2002).

91 É bastante clara e elucidativa, com a identificação precisa da *ratio decidendi*, a ementa da ADI 303/RS, Relator Ministro GILMAR MENDES, julgado em 24.10.2002 pelo STF, Tribunal Pleno, DJ de 14.2.2003, p. 58: "EMENTA: Ação direta de inconstitucionalidade. 2. Leis do Estado do Rio Grande do Sul e Resolução nº 2233, de 7.03.90, da Assembleia Legislativa do mesmo Estado. 3. Revogação das Leis nº 9.061, 9.062 e 9.063, todas de 1990. 4. Prejuízo parcial da ação. 5. A Lei nº 9.064 e a Resolução 2.233, ambas de

Entretanto, em alguns Estados havia legislação local que vinculava o reajuste dos servidores a índices federais. Essas leis não foram declaradas inconstitucionais pelo STF, seja porque foram revogadas antes do julgamento[92], seja porque eram leis municipais, que escapavam do controle abstrato de constitucionalidade (ação direta de inconstitucionalidade) no STF.

Neste exemplo, podemos identificar com absoluta clareza a *ratio decidendi* da orientação jurisprudencial do STF (com efeito vinculante): a lei que fixa o reajuste dos servidores estaduais a índices federais é inconstitucional, por violar o princípio federativo e a autonomia do Estado-membro.

Vejamos, em detalhe, a composição desta *ratio decidendi,* na estrutura apontada pelo Prof. Cruz e Tucci: (i) fatos relevantes: vinculação do reajuste dos servidores estaduais ou municipais a índices federais; (ii) raciocínio lógico jurídico: a vinculação viola o princípio federativo, por ofender a autonomia do Estado-membro; (iii) juízo decisório: a lei é inconstitucional.

Nesse contexto, as decisões do STF nos precedentes com efeito vinculante, atingem todas as leis – estaduais ou municipais – que

---

1990, ao vincularem os vencimentos de servidores estaduais a índices fornecidos por órgãos e entidades federais, **violam o princípio federativo e da autonomia dos Estados**. 6. Precedentes. 7. Ação parcialmente procedente" (o destaque não consta no original).

92 No Estado do Espírito Santo, por exemplo, havia a Lei nº 3.935/1987, que concedeu reajuste aos servidores estaduais com base no IPC, índice federal. Esta Lei, entretanto, foi revogada antes de o Supremo Tribunal Federal examinar sua constitucionalidade em ação direta, pois a jurisprudência da Corte Suprema não admite ADIn de lei revogada.

vinculam o reajuste dos servidores a índices federais, ainda que as leis não tenham sido objeto de julgamento pelo STF. Essa característica é, em verdade, a essência do efeito vinculante. Se se admitir o efeito vinculante apenas para a lei que foi objeto da ADI, então não há efeito vinculante, mas simplesmente *res iudicata*, já que a lei foi objeto da declaração de inconstitucionalidade. Para que haja efeito vinculante – como estabelecem a Lei nº 9.868/1999 e a EC 45/2004 –, é imprescindível que se reconheça a eficácia vinculante da *ratio decidendi* para casos futuros ou pendentes.

Nada há que se estranhar nessa assertiva. Essa característica é natural da teoria do precedente vinculante. Não se pode falar em efeito vinculante, sem reconhecer a vinculação pela *ratio decidendi*. Logo, as declarações de inconstitucionalidade do STF nas ADI 303/RS, 1064/MS e 464/GO e a proferida na ADI-MC 437/SC atingem plenamente todas as leis que vinculam o reajuste dos servidores estaduais e municipais a índices federais, independentemente de nova declaração de inconstitucionalidade pelo STF.

3.1. Características da *ratio decidendi*.

Costuma-se definir a *ratio decidendi* como a regra de direito – e não de fato –, que vincula futuros julgamentos, e que tem, na essência, três elementos: a indicação dos fatos relevantes (*statements of material facts*); o raciocínio lógico-jurídico da decisão (*legal reasoning*); e o juízo decisório (*judgment*)[93].

Em verdade, esta abordagem é bastante esclarecedora, permitindo uma compreensão bem exata do fenômeno. Mas, em sede doutrinária, há diferentes propostas buscando caracterizar a *ratio decidendi*. Dentre elas, reduziremos a apenas duas abordagens, que são as principais[94]: (i) a *ratio decidendi* é uma norma geral, que deve ser isolada da linguagem não autorizativa, isto é, do *obiter dictum*; ou, alternativamente, (ii) a *ratio decidendi* focaliza os *fatos específicos* dos precedentes. Esta última abordagem advém do ceticismo de alguns autores sobre as justificações dos juízes em suas decisões. Esses autores, em verdade, questionam as razões adotadas nos julgamentos: nem sempre a justificação contida na decisão é o que autoriza a conclusão do julgamento, pois existem razões implícitas que levaram àquela decisão, muito embora essas razões não tenham sido declaradas pelo juiz. Portanto, torna-se necessário analisarmos mais detidamente as características que formam a regra geral abstraída dos precedentes.

Como primeira característica, poderíamos dizer que (i) a *ratio decidendi* consiste em proposições normativas, *implícitas* ou *explícitas* no precedente, que são necessárias às futuras decisões. Como já discutimos, a *ratio decidendi* pode conter linguagem

---

[93] Essa é a lição de José Rogério Cruz e Tucci, em *Precedente Judicial...*, p. 175.

[94] Cf. Branting, L. K. *Reasoning with Rules and Precedents*. Kluwer Academic Publishers: Dordrecht/Boston/London, 2000.

desnecessária ao julgamento dos casos, ou seja, o *obiter dictum*, que examinaremos mais adiante. Assim, a *ratio decidendi* consiste unicamente no pronunciamento judicial que é necessário à (re)solução da questão[95]. Sir John Salmond[96], inclusive, nos adverte no sentido de que os tribunais deveriam limitar-se apenas a essa parte.

Vejamos um exemplo, destacado por Pratt[97], para entendermos melhor este ponto. Imaginemos três decisões judiciais distintas sobre o mesmo caso, cada decisão formulada nos seguintes termos: (a) o acusado estava armado quando cometeu o roubo; (b) o acusado estava armado quando ele apontou seu canivete para a vítima, pois a arma deixou a vítima temendo por sua vida; e (c) o acusado, com 1,80 m, 95 kg, 25 anos de idade, estava armado quando apontou o canivete com lâmina de 10 cm para a vítima, uma senhora de 63 anos de idade, com 1,65 m de altura e 52 kg, e exigiu que ela entregasse seu dinheiro, seu relógio e seu anel de diamante.

No primeiro caso, a *ratio decidendi* foi expressa em linguagem insuficiente, omitindo pontos necessários à aplicação do precedente. Não se sabe qual foi a arma (um bastão de madeira, uma arma de brinquedo, uma faca de madeira ou de plástico *etc.*) ou então se a arma deixou a vítima temendo por sua

---

95 Cf. Edmund Morgan. M. *Introduction to the Study of Law*. Chicago, 1948.

96 Cf. John Salmond. *The Theory of Judicial Precedent*. L. Q. Review, vol. 16, 1900.

97 Cf. Pratt. *Legal Writing: A Systematic Approach*. West Group, 1999.

vida[98]. Dessa forma, razões *implícitas* também compõem a *ratio decidendi* na construção do exemplo (a). Na alternativa (b), a *ratio decidendi* está melhor construída, trazendo a linguagem necessária (os fatos relevantes) para justificar a conclusão de condenação e – principalmente – a razão que justifica a decisão judicial (a arma deixou a vítima temendo por sua vida). Contudo, na alternativa (c), há linguagem desnecessária no precedente. Mesmo que a lâmina tivesse 11, 12, 15 cm ou outro cumprimento, seria uma arma que colocaria a vítima temendo por sua vida, ou então, mesmo que o acusado tivesse exigido a bolsa da vítima, ou seu colar, ainda assim o precedente judicial deveria ser aplicado, pois estes fatos são irrelevantes para a decisão final.

Em resumo, na construção (a), há linguagem insuficiente, sendo que a *ratio decidendi* contém implicitamente elementos necessários, porém não declarados na decisão. Já na construção (c), o precedente contém linguagem desnecessária, ou seja, parte do precedente não é *ratio decidendi*, mas *Dictum*. Assim, a *ratio decidendi* consiste no argumento jurídico que justifica a decisão de um tribunal, estando satisfatoriamente identificas os fatos relevantes da demanda.

A segunda característica da *ratio decidendi* pode ser definida da seguinte forma: (ii) raramente a *ratio decidendi* é determinada por uma única proposição, mas, ao contrário, são

---

[98] Naturalmente observadas as circunstâncias pessoais (características físicas) do agressor e da vítima.

necessárias diversas proposições oscilando entre a abstração de fatos específicos de um caso e as regras abstratas.

Esta característica procura combater a visão ingênua de que uma única proposição forma a *ratio decidendi*. Herman Oliphant, em sua obra *A Return of Stare Decisis*, de 1928[99], já havia observado esta propriedade. Rupert Cross[100], citando o caso Donoghue v. Stenvenson, notou que a decisão de Lord Atkin continha duas proposições distintas, que satisfaziam o teste de Wambaugh (que será explicado adiante, quando analisarmos o *obiter dictum*), ou seja, a negação de uma ou outra traria decisões diferentes. Portanto, não raro, a *ratio decidendi* é formada por diversas proposições, não bastando a identificação de uma única proposição.

Outra característica, bastante discutida na doutrina, é que (iii) a *ratio decidendi* de um precedente deve ser fundada nos fatos específicos de um caso. A verdadeira fonte de incerteza no direito consiste na distância que existe entre os conceitos jurídicos abstratos e os fatos específicos de novos casos[101]. Mas o problema surge quando indagamos se a *ratio decidendi* funda-se *exclusivamente* nos fatos.

Para alguns autores, somente se pode atingir um conceito

---

[99] Cf. Collier. *Precedent and Legal Authority: A Critical History*. Wisconsin Law Review, p. 771-825, 1988.
[100] Cf. Rupert Cross. *Precedent in English Law*. Oxford: Oxford University Press, 1988.
[101] Cf. Anne von der Lieth Gardner. *An artificial intelligence approach to legal reasoning*. Cambridge: MIT, 1987.

abstrato por intermédio dos fatos que a ele se subsumam. Desta forma, são os fatos, e não as regras jurídicas gerais, que formariam o precedente[102]. Assim, os julgamentos devem ser compreendidos à luz dos *fatos* substanciais de um caso[103]. É como pensam os denominados Realistas.

Oliphant[104], por exemplo, adota uma abordagem empírica à *ratio decidendi,* por ser cético quanto a importância da justificação ostensiva dos juízes. Para esses autores, os fatos dos caso concreto é que trazem a previsibilidade da decisão, e não as razões que os juízes usam para justificar a decisão. Como podemos ver em Goodhart[105], a convicção dos juízes é formada sobre um conjunto de fatos, que ele escolhe como *substanciais* (*substantive facts*), distinguindo de um conjunto maior de fatos, excluindo os que são irrelevantes (*obiter dictum*). Para ele, então, a *ratio decidendi* é obtida **exclusivamente** deste conjunto de fatos.

Em uma posição realista mais radical, as justificações escritas dos juízes não têm nenhuma importância, pois estas representam tão somente uma resposta ao estímulo causado pelos fatos. Esta corrente tem poucos seguidores atualmente,

---

102 Cf. Cueto-Rua. *Judicial Methods of Interpretation of the Law*. Paul Hebert Law Center, Lousiana State University, 1981.

103 Cf. Rupert Cross. *Precedent in English Law*. Oxford: Oxford University Press, 1988.

104 Cf. Oliphant. *A Return to Stare Decisis*. American Bar Association Journal, vol. 14, 1928.

105 Cf. Goodhart. *Determining the ratio decidendi of a Case*. Yale Law Review, vol. 40, 1930, p. 161.

prevalecendo o entendimento de que, além dos fatos, a *ratio decidendi* é formada também pela regra jurídica emanada do caso.

Prosseguindo por este raciocínio, argumenta-se, ainda, que (iv) a *ratio decidendi* inclui não apenas os fatos materiais e a decisão do precedente, mas também a teoria que levou os fatos materiais àquela decisão. O modelo de *ratio decidendi* proposto por Goodhart, a saber, fatos materiais mais a decisão (simplesmente o dispositivo), agora é amplamente rejeitado. O motivo da rejeição deste modelo advém da assertiva de que formular a *ratio decidendi* apenas com os fatos essenciais e a conclusão da corte é completamente impossível. Cross[106] observa que geralmente é necessário saber *porquê* certos fatos são considerados essenciais. No exemplo do roubo que foi citado acima, o fato foi exigir dinheiro com canivete, e a decisão foi a de condenar por roubo. Mas torna-se necessário saber a razão (o porquê) de os fatos levarem a essa conclusão: porque a arma causou temor à vida.

Tomando emprestado o exemplo de Cross (caso Bourhill v. Young), temos os seguintes fatos: Young era um motociclista que avançou o semáforo vermelho e colidiu com um carro, morrendo no local. A senhora Bourhill viu o sangue na estrada e teve uma síncope nervosa. A questão que surgiu é a seguinte: o causador do

[106] Cf. Rupert Cross. *Precedent in English Law*. Oxford: Oxford University Press, 1988.

acidente tem o dever de reparar o dano (material ou moral) sofrido pela senhora Bourhill? A decisão da corte foi rejeitar o caso (*case dismissed*), julgando improcedente o pedido. Não é possível, partindo-se apenas dos fatos e da decisão, determinar a *ratio decidendi*, ou seja, as duas razões subjacentes à decisão: (a) um motorista não tem o dever de cuidado razoável (*reasonable duty of care*) com relação às pessoas fora da área de dano previsível; ou (b) apesar de o motorista ter este dever de cuidado, danos decorrentes de síncopes nervosas são conseqüências muito remotas para justificar uma indenização. Ora, os fatos substantivos são de vital importância para a aplicação da *ratio decidendi*, mas apenas os fatos não levam à conclusão de rejeição do pedido. Tanto é verdade que, se mudarmos os fatos, poderemos manter ou alterar a decisão, sem, contudo, alterar a *ratio decidendi*. Se, por exemplo, a Sra. Bourhill vê o sangue pela televisão e tem o ataque nervoso, mudamos os fatos, mas mantemos a conclusão, pois a *ratio decidendi* continua aplicável. Ou seja, é uma conseqüência muito remota, ou então a Sra. Bourhill estava fora da área de dano previsível. Se alterarmos, mais uma vez os fatos, no sentido de que o motociclista Young avança o semáforo e desvia por centímetros da Sra. Bourhill, que tem um ataque nervoso, então a decisão contrária já se torna aceitável, aplicando-se a mesma *ratio decidendi* (*a contrario sensu*): a Sra. Bourhill estava dentro da área de dano previsível[107].

Por fim, uma última característica da *ratio decidendi* decorre (v) da possibilidade de uma decisão subseqüente limitar, estender ou revogar precedentes anteriores, inclusive vinculantes. Esta propriedade produziu, inclusive, a tese de que a *ratio decidendi* é determinada (ao menos em parte) pelos casos subseqüentes (Sidney Post Simpson e Julius Stone, citados por Bodenheimer[108]). No caso Barwick v. English Joint Stock Bank, Lord Willes declarou que *"a regra geral é que o patrão é responsável por cada ato ilícito praticado pelo empregado ou servo, durante a execução do serviço em benefício do patrão, mesmo quando não houver ou não for provada a ordem expressa"*. Entretanto, 45 anos depois, a *House of Lords* decidiu, no caso Lloyd v. Grace, Smith & Co., que as palavras *"em benefício do patrão"* eram meramente descritivas do fato (*obiter dictum*) e não uma parte necessária do princípio envolvido. Com esta decisão, a corte ampliou o alcance do precedente anterior

---

[107] Não afirmamos, com este exemplo, que a *ratio decidendi* encontra-se nos fatos. Não é isso. Os fatos substanciais da demanda são relevantes para a aplicação do precedente, da regra de direito extraída do caso anterior. Apesar de a *ratio decidendi* não ser formada pelos fatos, não podemos esquecer que toda regra jurídica (inclusive aquela formada pelo precedente judicial) tem um antecedente e um conseqüente (prótase e apódose). Enquanto o conseqüente prescreve a conseqüência jurídica, o antecedente descreve a situação (hipotética) de fato de possível ocorrência que implica o resultado jurídico pretendido. Por isso, reafirmamos a utilidade do contexto fático para a compreensão e aplicação das normas jurídicas, entre elas, o precedente vinculante.

[108] Cf. Bodenheimer. *Jurisprudence*. Cambridge: Harvard University Press, 1974.

para atingir os casos em que a execução do serviço ou o ato ilícito não produzisse benefício ao patrão.

Essa análise das características da *ratio decidendi* demonstra que, às vezes, não é tão simples identificar as razões jurídicas que vinculam os casos futuros e os argumentos marginais, que não fazem falta ao julgado.

Por isso, uma advertência deve ser feita: o enunciado que terá eficácia vinculante (direta ou indireta) deverá ser bastante claro. Não obstante isso, mesmo quando a clareza e a boa técnica orientam a redação da ementa, podem surgir dúvidas sobre a *ratio decidendi*. Vejamos, como exemplo, o REsp 220.053/PR, Relator Ministro Aldir Passarinho Junior[109], julgado pelo Superior Tribunal de Justiça que, segundo entendemos, foi redigido com impecável técnica jurídica.

[109] A ementa tem o seguinte teor: "COMERCIAL E PROCESSUAL CIVIL. ARRENDAMENTO MERCANTIL. AÇÃO DE REINTEGRAÇÃO DE POSSE. PREEXISTÊNCIA DE DEMANDA REVISIONAL EM CURSO. DESPACHO LIMINAR DE REINTEGRAÇÃO REVOGADO PELO JUÍZO INDEPENDENTEMENTE DE RECURSO PRÓPRIO. FATO NOVO TRAZIDO AOS AUTOS. SITUAÇÃO PECULIAR. PAGAMENTO EM JUÍZO DAS PARCELAS REGULARMENTE FEITO. CAMINHÕES DE TRANSPORTE. FROTA REDUZIDA. BENS NECESSÁRIOS À CONTINUIDADE DA ATIVIDADE DA DEVEDORA. I. Possível a revogação do despacho que defere a liminar em ação de reintegração de posse decorrente de contrato de arrendamento mercantil, se foi trazido à colação fato novo, consubstanciado na informação de que já corria, há muito tempo, ação revisional com depósito regularmente feito em juízo das prestações vencidas, ainda que não tenha havido a interposição de recurso para provocar a retratação. II. Caso, ademais, em que os bens eram essenciais à atividade da empresa devedora, além do que sobre eles existe seguro, de sorte que essa circunstância encontra guarida em precedentes do STJ, que admitem a permanência dos mesmos em poder da ré, no curso do litígio. III. Recurso especial não conhecido." (REsp 220053/PR, Relator Ministro ALDIR PASSARINHO JUNIOR, Data do Julgamento 26.6.2003, DJ 8.9.2003, p. 331).

Neste precedente, o STJ entendeu possível revogar liminar de reintegração de posse em contrato de arrendamento mercantil, independentemente de recurso para provocar a retratação. A razão utilizada para fundamentar essa conclusão foi a ocorrência de "fato novo"[110], a saber, a informação de que tramitava, "há muito tempo, ação revisional com depósito regularmente feito em juízo das prestações vencidas". Obviamente, esse enunciado é o núcleo do precedente e forma a *ratio decidendi*. Isso está bastante claro. Há, ainda, outras circunstâncias relevantes enunciadas na segunda parte do precedente, como a referência de que "os bens eram essenciais à atividade da empresa devedora" e que, sobre eles, "existe seguro".

A ementa, embora lavrada com bastante clareza e imune a críticas, demonstra uma característica da *ratio decidendi*: a de que, não raro, o precedente sujeita-se à interpretação, para que seja identificada a parte vinculante do julgado. No exemplo, existem três enunciados que, em tese, poderiam justificar a decisão: (i) a tramitação de ação revisional com depósito das prestações vencidas; (ii) os bens eram essenciais à atividade da empresa devedora; e (iii) existe seguro sobre os bens.

A pergunta, então, é a seguinte: qual parte do julgado forma a *ratio decidendi*? Todos os três enunciados? Somente a conjugação dos três requisitos impede a concessão da liminar de reintegração de posse? Apenas um deles? Qual? A mera existência de seguro? Entendemos que

---

110 Esse "fato novo", que não estava presente no momento da concessão da liminar, é um fato substancialmente relevante, que altera a incidência do precedente anterior (concessão da liminar) e pode ser considerado um verdadeiro *distinguishing*, conforme veremos adiante.

não, pois haverá a depreciação do bem pelo uso, que o seguro não será capaz de suprir. Mas não podemos afastar a assertiva de que o seguro é uma circunstância com certa força de persuasão que, somada às demais, autoriza a conclusão. Por sua vez, o argumento de que os bens são essenciais já foi utilizado em inúmeros precedentes do STJ, mas não pode ser compreendido de forma isolada, principalmente quando se trata de empresa que os utiliza com finalidade comercial. O argumento de bens essenciais é utilizado pelo STJ, em outros precedentes, em um contexto fático específico (por exemplo, quando são essenciais para garantir a subsistência das pessoas naturais).

Vejam, assim, que a identificação precisa da *ratio decidendi* pode não ser tão direta quanto se imagina, mesmo quando a ementa do precedente for redigida com absoluta clareza e na melhor técnica possível.

3.2. A *ratio decidendi* e a "transcendência dos motivos determinantes"

O Supremo Tribunal Federal decidiu, recentemente, sobre a aplicação da *ratio decidendi* em outras demandas – característica essencial do efeito vinculante dos precedentes –, denominando esse comportamento de "transcendência dos motivos da decisão" ou de "efeito transcendente dos fundamentos determinantes de decisão com efeito vinculante". Inicialmente, o STF reconhecia ser cabível inclusive reclamação para preservar o efeito vinculante de suas decisões, mesmo quando **a norma declarada inconstitucional for diversa**[111] *(obiter dictum)*, desde que – é óbvio – **as razões da decisão** (isto é, a *ratio decidendi*) fossem as mesmas[112]. Trata-se da denominada "transcendência dos fundamentos determinantes, que autoriza a reclamação direta no Supremo Tribunal Federal[113].

---

[111] Conforme demonstramos anteriormente, uma lei especificamente impugnada será, na maior parte das vezes, simples *obiter dictum*.

[112] Nesse sentido decidiu o Supremo Tribunal Federal, na Reclamação 4906/PA, Relator: Min. JOAQUIM BARBOSA, Julgada em 17.12.2007 pelo Tribunal Pleno: "(...) 1. A decisão paradigma, proferida na ADI 3.460/DF, declarou a constitucionalidade de dispositivo que regia o concurso do Ministério Público do Distrito Federal e Territórios, no que tange à exigência, do Bacharel em Direito, de três anos de exercício de atividade jurídica. 2. **A norma afirmada inconstitucional pelas decisões reclamadas, que regeu o concurso do Ministério Público do Estado do Pará, possui idêntico conteúdo ao daquela declarada constitucional por esta Corte na ADI 3.460/DF, razão pela qual a presente Reclamação deve ser conhecida**. 3. As decisões reclamadas, ao questionarem a constitucionalidade da exigência de três anos de bacharelado dos candidatos ao cargo de promotor, reservando vaga para candidatos que não haviam obtido o grau de bacharel no triênio anterior à nomeação, efetivamente afrontaram o que foi decidido no julgamento da ADI 3.460/DF. Procedência da Reclamação nesta parte (...)" (o destaque é nosso).

[113] Na Reclamação 5828/SP, Relatora Ministra CÁRMEN LÚCIA, julgada em 14.2.2008 e publicada no DJe-038,o STF decidiu que: "(...) 8. No julgamento da Reclamação n. 3.291, o Ministro Cezar Peluso explicou o alcance do denominado efeito vinculante das decisões constitucionais: "Posto que o efeito vinculante da decisão de ação direta de Inconstitucionalidade não se limite à parte dispositiva, mas se estenda também aos chamados "fundamentos determinantes", segundo o que se convencionou chamar de efeito transcendente dos fundamentos determinantes de decisão com efeito vinculante (cf. Rcl nº 2363-0, Rel. Min. GILMAR MENDES; Rcl nº 1987, Rel. Min. MAURÍCIO CORRÊA), forçoso reconhecer, conforme sobrelevou o Min. CELSO DE MELLO no precedente invocado na inicial, que tal extensão tem por escopo resguardar a interpretação dada por esta Corte às normas constitucionais, verbis: 'Essa visão do fenômeno da transcendência parece refletir a preocupação que a doutrina vem externando a propósito dessa específica questão, consistente no reconhecimento de que a eficácia vinculante não só concerne à parte dispositiva, mas refere-se, também, aos próprios fundamentos determinantes do julgado que o Supremo Tribunal Federal venha a proferir em sede de controle abstrato, especialmente quando

Ocorre, porém, que há um precedente do Supremo Tribunal Federal em que se afirma a modificação do entendimento e a rejeição da tese da vinculação pela *ratio decidendi* (ou, como denominado na Corte Suprema, de efeitos transcendentes dos fundamentos determinantes)[114]. Não obstante a afirmação constante na decisão

---

consubstanciar declaração de inconstitucionalidade, como resulta claro do magistério de IVES GANDRA DA SILVA MARTINS/GILMAR FERREIRA MENDES ('O Controle Concentrado de Constitucionalidade', p. 338/345, itens ns. 7.3.6.1 a 7.3.6.3, 2001, Saraiva) e de ALEXANDRE DE MORAES ('Constituição do Brasil Interpretada e Legislação Constitucional', p. 2.405/2.406, item n. 27.5, 2ª ed., 2003, Atlas)."

[114] Nesse sentido: "O remédio constitucional da reclamação não pode ser utilizado como um (inadmissível) atalho processual destinado a permitir, por razões de caráter meramente pragmático, a submissão imediata do litígio ao exame direto do Supremo Tribunal Federal. Precedentes. (...)." (Rcl 6.534-AgR/MA, Rel. Min. CELSO DE MELLO, Pleno) Não se desconhece, contudo, que há aqueles que sustentam a possibilidade de invocar-se, para fins de reclamação, o denominado efeito transcendente da fundamentação que deu suporte ao julgamento proferido em sede de fiscalização abstrata (RTJ 193/513, Rel. Min. GILMAR MENDES – Rcl 1.987/DF, Rel. Min. MAURÍCIO CORRÊA), em ordem a reconhecer que o alcance da eficácia vinculante pode estender-se para além da parte dispositiva do acórdão, abrangendo, também, os próprios fundamentos subjacentes à decisão emanada do Supremo Tribunal Federal. Também partilho desse mesmo entendimento (Rcl 2.986-MC/SE, Rel. Min. CELSO DE MELLO), vale dizer, o de que é possível reconhecer, em nosso sistema jurídico, a existência do fenômeno da "transcendência dos motivos que embasaram a decisão" emanada desta Suprema Corte em processo de fiscalização abstrata, para que se torne viável proclamar, em decorrência dessa orientação, que o efeito vinculante refere-se, igualmente, à própria "ratio decidendi", projetando-se, em conseqüência, para além da parte dispositiva do julgamento que se proferiu em sede de controle normativo abstrato. **Ocorre, no entanto, que, a despeito da consistente fundamentação exposta no voto-vista do eminente Ministro GILMAR MENDES, o Plenário do Supremo Tribunal Federal rejeitou essa tese (Rcl 2.475-AgR/MG, Rel. p/ o acórdão Min. MARCO AURÉLIO), o que me impõe, por efeito do princípio da colegialidade, a observância do que prevaleceu em tal julgamento, ainda que contra o meu próprio voto.**" (excerto da decisão monocrática na Rcl 7280 MC / SP, Relator Ministro CELSO DE MELLO, Julgamento: 05/12/2008, DJe-236 DIVULG 11/12/2008 PUBLIC 12/12/2008 – o destaque é nosso).

monocrática, entendemos que não se pode concluir pela rejeição da tese, pelo menos com fundamento na citada Reclamação nº 2.475-AgR. Explico. Os votos vencedores não negaram a eficácia transcendente, mas afirmaram que a questão (natureza da lei que disciplinou a COFINS) não foi decidida[115], ou seja, reconheceram que a parte da decisão que se pretendia atribuir efeito vinculante não era *ratio decidendi*, mas apenas *obiter dictum*[116]. Portanto, o Supremo Tribunal rejeitou a reclamação não porque a tese dos efeitos transcendentes dos fundamentos determinantes (*rectius*, a *ratio decidendi*) não é admitida, mas porque a proposição não era *ratio decidendi*, não era *fundamento determinante*, era um mero *obiter dictum*, que não vincula, conforme veremos adiante.

3.3. *Ratio decidendi* e causa de pedir

Conforme vimos, para que a eficácia vinculante de um precedente incida em um caso, a decisão do tribunal deve estar fundada na *ratio decidendi* ou *holding*.. A *ratio decidendi* inclui a norma jurídica abstraída do caso julgado, assim como (para alguns autores) os fatos substancialmente relevantes. Logo, a *ratio*

---

[115] O Ministro Marco Aurélio afirmou que "Senhor Presidente, apenas ressalto que não se fez em jogo, quando julgamos a Ação Declaratória de Constitucionalidade nº 1, a natureza da lei que teria disciplinada a COFINS. (...) Evidentemente, todavia, se inexistiu celeuma em torno dessa matéria, não chegamos à decisão a respeito"

[116] O Ministro Carlos Velloso foi explícito nesse sentido: " Reconheci haver, no meu voto, esse *obiter dictum*. (...) Mas o Supremo Tribunal não decidiu, na mencionada ação declaratória, que essa lei é materialmente lei ordinária. Isso não foi objeto da decisão na ADC nº 1."

decidendi pode ser entendida como a declaração da decisão de um tribunal sobre uma questão (*issue*), que inclui tanto a regra jurídica (*legal rule*) quanto os fatos juridicamente relevantes (*substantive facts*). Utilizando a linguagem técnica do direito processual – como nós a conhecemos –, poderíamos afirmar[117] que a *ratio decidendi* inclui tanto a causa de pedir remota (fundamentos de fato) quanto a próxima (fundamentos jurídicos).

Utilizando a fórmula adotada por José Rogério Cruz e Tucci, temos que os elementos que integram o precedente: os fatos substancialmente relevantes, o raciocínio lógico-jurídico da decisão e o juízo decisório[118]. Podemos relacioná-los, desse modo, com a *causa petendi*: os fundamentos de fato (fatos constitutivo e lesivos) são os fatos relevantes, os fundamentos jurídicos (a qualificação jurídica[119] da situação) indicam o raciocínio lógico-

---

[117] A afirmação é, até certo ponto, forte, pois um estudo mais aprofundado sobre a *causa petendi* torna-se necessário, identificando-se os elementos essenciais que a compõem, para examinarmos se há efetiva equivalência entre os dois conceitos. Um relevante fator que deve ser considerado é a controvérsia existente na doutrina sobre o que compõe a *ratio decidendi*, como adiante se discutirá.

[118] Nesse sentido, explica o Professor das Arcadas: "Sob o aspecto analítico, três são os elementos que a integram: a) a indicação dos fatos relevantes (*statement of material facts*); b) o raciocínio lógico-jurídico da decisão legal *(legal reasoning);* e c) o juízo decisório *(judgement)"* (op. cit., p. 175).

[119] A incerteza da expressão "fundamentos jurídicos" (que não se confundem com os fundamentos legais, isto é, com o texto da lei), pode ser reduzida se compreendermos a denominada "qualificação jurídica" como o argumento que une os fatos a uma conseqüência jurídica. Ou seja, o argumento é o nexo (que, na teoria de Toulmin, poderíamos identificar com o *warrant*) que liga os fatos (*data*) ao pedido (*claim*). Não podemos esquecer que o suposto nexo admite uma justificação, ou um sub-argumento (*backing*). Essa análise não afasta completamente a incerteza na identificação dos fundamentos jurídicos,

jurídico do juiz e o pedido (pretensão) reflete no juízo decisório (dispositivo).

Os fatos descritos na *causa petendi* – desde que relevantes – são de grande importância para a compreensão do precedente vinculante. Os fundamentos de fato que formam a causa de pedir são os fatos constitutivos (ou seja, os fatos que geraram a relação jurídica de direito material) e os fatos lesivos (isto é, os fatos que fazem surgir o interesse processual, a lesão, por assim dizer). Esses dados permitem uma compreensão maior da situação fática do precedente.

É verdade que não se exige absoluta identidade entre os fundamentos de fato da demanda anterior (que formou o precedente) e da futura, mas nem por isso o estudo dos fatos afirmados na *causa petendi* é irrelevante. Se os fatos descritos no precedente distanciarem do fato constitutivo (descrição abstrata da relação jurídica material) e do fato lesivo (não cumprimento do comportamento esperado) da causa remota de pedir, então podemos questionar até mesmo a aplicação do precedente.

Os fatos substanciais (*substantive facts*) são aqueles que tornam o caso único, diferenciando o precedente de casos em que outros fatos substanciais ocorreram, ou quando não ocorreu um fato considerado substancial descrito no precedente. Pequenas dessemelhanças no conjunto de fatos podem trazer

---

mas permite uma compreensão maior do fenômeno, à luz da teoria da argumentação.

uma significativa diferença sobre a aplicação, ou não, do precedente judicial.

A *ratio decidendi*, por sua vez, identifica-se com o "raciocínio lógico-jurídico" (nas elucidativas palavras do Prof. José Rogério Cruz e Tucci, que dedicou ao tema obra de fôlego) que fundamenta a decisão, isto é, como argumento usado para justificar a conclusão atingida pelo juiz ou pelo tribunal.

Se não houver coincidência dos elementos substanciais (fáticos ou jurídicos) contidos na *ratio decidendi* com aqueles do caso em julgamento, o *stare decisis* não impõe a aplicação do precedente.

3.4. A clareza e a precisão necessárias da *ratio decidendi*

Um cuidado muito grande a ser tomado pelos tribunais consiste na formação das súmulas vinculantes com a utilização indevida de precedentes não relacionados à hipótese. Um exemplo interessante dessa hipótese podemos constatar na súmula 736 do Supremo Tribunal Federal que, apesar de não ter efeito vinculante, pode muito bem ilustrar a questão. A súmula 736[120] estabelece literalmente que "*compete à Justiça do Trabalho julgar as ações que tenham como causa de pedir o descumprimento de normas trabalhistas relativas à segurança, higiene e saúde dos trabalhadores*". Os precedentes que justificaram a edição da súmula são o CJ 6959 (DJ de 22.2.1991), o RE

[120] Súmula 736, aprovada na Sessão Plenária de 26.11.2003, DJ de 9.12.2003, p. 2.

206220 (DJ de 17.9.1999), Pet 2260 (DJ 1.3.2002) e RE 213015 (DJ de 24.5.2002). A súmula é relevante para indicar a jurisprudência do STF, mas os precedentes indicados não são todos diretamente relacionados com a *ratio decidendi*.

Pois bem. O Conflito de Jurisdição n° 6959 estabelece a competência da Justiça do Trabalho na ação em que servidores do Banco do Brasil visavam a compelir a empresa empregadora a cumprir a promessa de vender-lhes os apartamentos que ocupassem por 5 (cinco) anos, em determinadas condições de preço e modo de pagamento, se, transferidos para Brasília, permanecessem a serviço exclusivo e direto da empresa. O Supremo Tribunal Federal considerou, na ocasião, que a competência não foi determinada pelas questões de direito civil, pois a promessa de compra e venda do apartamento estavam vinculadas à relação de emprego, inserindo-se no contrato de trabalho. Quanto a súmula que o precedente embasou, observem que, apesar de a questão estar condizente com "normas trabalhistas", não é relativa à "segurança, higiene e saúde dos trabalhadores". Tratava-se de cumprimento de promessa de compra e venda de imóvel[121]. Logo, parece-nos que a *ratio decidendi* não era relativa à "segurança, higiene e saúde dos trabalhadores". Nessa medida, a identificação das razões que vinculam é essencial para a aplicação do precedente vinculante em casos futuros.

[121] Não afirmamos que a questão não seja da competência da Justiça do Trabalho. Muito ao contrário. O ponto questionado é se o precedente poderia justificar a súmula na redação em que foi formulada.

3.5. *Ratio decidendi* e *res iudicata*

Uma última palavra deve ser dada, para que não se confunda o efeito que uma decisão judicial naturalmente possui quando um caso concreto é julgado.

A *ratio decidendi* distingue-se da *res iudicata*, pois enquanto a primeira vincula abstratamente, a segunda somente vincula concretamente, ou seja, apenas atinge a relação jurídica substancial que foi objeto de apreciação judicial. Esta distinção é precisa, ao menos na doutrina alienígena, pois em nosso sistema jurídico poderíamos encontrar outros elementos de distinção, tal como o conteúdo da vinculação: a *res iudicata* vincula tão somente o *dispositivo*, não atingindo as razões da decisão. Porém, como o nosso sistema jurídico adotou a eficácia vinculante – já de *lege lata* –, é necessário repensarmos esse conceito, para que seja esclarecida qual parte da decisão realmente vincula.

4. Ainda a vinculação pelas razões de decidir do precedente judicial: o *obiter dictum* e o *distinguishing*.

Nesta seção, examinaremos as demais características do precedente vinculante, notadamente a parte marginal da decisão, também conhecida como *obiter dictum*, e o método utilizado para preservar o precedente, porém escusando-se de aplicá-lo.

4.1. A parte irrelevante do precedente: o *obiter dictum*

Para a compreensão da eficácia vinculante dos precedentes, torna-se necessário distinguir *ratio decidendi* de *obiter dictum*[122]. Conforme demonstra o professor José Rogério Cruz e Tucci[123], *ratio decidendi* caracteriza-se como a parte fundamental da decisão, a saber, a tese jurídica principal do julgado que vincula os demais casos análogos[124]. *Obiter dictum* (dito de passagem), ao contrário, significa a parte marginal do julgado, isto é, a parte da motivação que é dispensável para a obtenção da conclusão final.

O Precedente Judicial vincula no Common Law pela norma geral

---

[122] Essa distinção já repercute na jurisprudência, principalmente do STF, conforme se verifica no seguinte precedente: "Recurso extraordinário. Embargos de Declaração. 2. Efeito infringente ou modificativo do julgado. 3. Premissa equivocada capaz de alterar o julgado (EDRE nº 197.169/SP, 1ª Turma, Rel. Min. Sepúlveda Pertence, D.J. de 9.9 .1997). 4. Distinção entre "*obiter dictum* e *ratio decidendi*" 5. Prevalência da lei federal superveniente, que altera o padrão monetário e fixa nova política salarial, em face de cláusula de acordo coletivo fixada sobre a matéria. 6. Embargos de declaração interpostos por SINPER acolhidos. 7. Embargos de declaração interpostos por SINDIQUÍMICA rejeitados" (RE-ED 194662/BA, Relator Ministro CARLOS VELLOSO, Relator p/ Acórdão Ministro GILMAR MENDES, julgado em 10.12.2003, 2ª Turma, DJ 21.3.2003, p. 71).

[123] Cf. *Precedente judicial como Fonte do Direito*, São Paulo: RT, 2004, pp. 12 e 177.

[124] Também no direito alemão há uma discussão sobre a parte da decisão que vincula. Vogel sustenta que a *coisa julgada* não se restrinja ao dispositivo, e que deve abranger, também, a "norma decisória concreta" (*konkrete Entscheidungsnorm*). Para Vogel, a *norma decisória concreta* é a "idéia jurídica subjacente à formulação contida na parte dispositiva que, concebida de forma geral, permite não só a decisão do caso concreto, mas também a decisão de casos semelhantes" (cf. Gilmar Mendes, *O Efeito Vinculante das decisões do Supremo Tribunal Federal nos processos de controle abstrato de normas*, 1999). Essa "idéia jurídica subjacente" é a *ratio decidendi*.

que se extrai do caso decidido, i.e., pelas razões que levaram a Corte a concluir por aquele resultado. Entretanto, não é toda a decisão que constitui a *ratio decidendi* e, portanto, não é toda a decisão que tem poder vinculante. Como em toda linguagem, pode haver, na decisão, enunciados que não são relevantes para aquela decisão. Tão cedo quanto 1673, no caso Bole v Horton, a *House of Lords* (UK) decidiu que decisões escritas contém linguagem desnecessária à resolução dos conflitos.

O *Dictum* (plural *Dicta*), portanto, é a parte da decisão que não forma a *ratio decidendi*, isto é, que não é necessária para justificar a decisão do caso[125]. Ainda que subtraída da decisão, o julgamento não seria modificado. Nesse contexto, o *obiter dictum* não tem efeito vinculante e não é relevante para os futuros julgamentos[126].

---

125 É a conhecida questão envolvendo os limites da *ratio decidendi* (ou *holding*) e do *obiter dictum*, ou melhor, como identificar um e outro. José Rogério Cruz e Tucci, em sua excelente obra obra sobre precedente vinculante, assinala que todo precedente judicial é composto por duas partes distintas: (a) as circunstâncias de fato que embasam a controvérsia; e (b) a tese ou princípio jurídico assentado na motivação do provimento decisório, denominada *ratio decidendi*. Nesse sentido, o emérito professor das Arcadas define a *ratio decidendi* como o princípio jurídico fundamental disposto na motivação do julgado que potencia força obrigatória aos casos semelhantes futuros. Enquanto *obiter dictum* é a circunstância *prescindível* para o deslinde da controvérsia.

126 José Rogério Cruz e Tucci explica com as seguintes palavras: "Como regra necessária à decisão, não se confunde com o *obiter dictum*, vale dizer, passagem da motivação do julgamento que contém argumentação marginal ou simples opinião, prescindível para o deslinde da controvérsia. O *obiter dictum*, assim considerado, não se presta para ser invocado como precedente vinculante em caso análogo, mas pode perfeitamente ser referido como argumento de persuasão (cf. Precedente Judicial como fonte do direito. São Paulo: Revista dos Tribunais, 2004, p. 177).

Contudo, nem sempre é evidente distinguir o capítulo substancial da decisão da parte desnecessária. No Conflito de Jurisdição n. 6.959, por exemplo, o voto do Ministro Célio Borja (voto-vencido) fez menção expressa ao precedente contido no CC 6.613-RJ e até mesmo às características típicas dos precedentes vinculantes, a saber a *ratio decidendi* e o *obiter dictum*[127]. Não obstante isso, o Ministro Sepúlveda Pertence, acompanhado pelos demais, entendeu que o precedente não se aplicava. Nessa medida, o próprio Supremo Tribunal Federal não estava seguro sobre a parte substancial do precedente invocado. Se o aplicador do direito – principalmente o administrador público e o juiz de 1° grau de jurisdição – não identificar com precisão a parte vinculante, poderá aplicar o enunciado da súmula a uma situação de fato não abrangida pelo precedente, aumentando as controvérsias que irão invariavelmente desaguar no judiciário. Por esse motivo, os tribunais precisam tomar um cuidado muito grande na identificação das razões que justificam a decisão, para deixar bem claro e sem qualquer dúvida qual proposição forma a *ratio decidendi* e qual é apenas marginal, referida como *obiter dictum.*

Para distinguir o *obiter dictum* da *ratio decidendi,* Eugene

[127] O Ministro Célio Borja consignou em seu voto (vencido), referindo-se ao Conflito de Competência n. 6.613-RJ, relator Ministro Rafael Mayer, que: "É certo que aí [no CC 6.613-RJ], a ratio decidendi é integrada por dois elementos: decorrer a vantagem pleiteada, indiretamente, da relação de emprego e inexistência dessa relação. A inexistência de relação empregatícia é, sabidamente, razão suficiente para afastar a competência da Justiça do Trabalho. Assim, poder-se-ia dizer que, para o Supremo Tribunal o fato de, só indiretamente, poder-se associar a pretensão deduzida em juízo ao vínculo laboral é obiter dictum".

Wambaugh[128] propôs o seguinte teste: se a tribunal acreditar que a negação (ou a exclusão) de determinada proposição contida no precedente não altera a solução do caso, então esta proposição é *obiter dictum*, e não *ratio decidendi*. O critério é bastante simples e eficaz, sendo adotado por diversos autores[129].

O teste é simples. Mas vejamos como ele se comporta em um exemplo concreto. Na explicação da *ratio decidendi*, destacamos, como exemplo, a declaração de inconstitucionalidade de uma lei estadual que vincule o reajuste do servidor público a índices federais. Na ADI nº 303/RS, a *ratio decidendi* foi identificada na seguinte proposição:

> "A Lei nº 9.064 e a Resolução 2.233, ambas de 1990, ao vincularem os vencimentos de servidores estaduais a índices fornecidos por órgãos e entidades federais, violam o princípio federativo e da autonomia dos Estados".[130]

Se retirarmos a expressão "estaduais" da *ratio decidendi* acima identificada, então modificaríamos a conclusão[131], porque não há

---

128 Cf. Wambaugh, E. *The Study of Cases*. Second Edition, 1894.

129 O Professor José Rogério Cruz e Tucci adota o teste de Wambaugh para identificar o *obiter dictum*, conforme se vê no seguinte excerto: "Para a correta inferência da *ratio decidendi*, propõe-se uma operação mental, mediante a qual, invertendo-se o teor do núcleo decisório, se indaga se a conclusão permaneceria a mesma, se o juiz tivesse acolhido a regra invertida. **Se a decisão ficar mantida, então a tese originária não pode ser considerada *ratio decidendi***; caso contrário, a resposta será positiva" (*Cfr.* Precedente Judicial como fonte do Direito, São Paulo: RT, 2004, p. 177 – o destaque é nosso).

130 ADI 303/RS, Relator Ministro GILMAR MENDES, julgado em 24.10.2002 pelo STF, Tribunal Pleno, DJ de 14.2.2003, p. 58.

131 Observem que a *ratio decidendi*, neste exemplo, está incompleta, pois a

inconstitucionalidade em vincular os vencimentos de servidores *federais* a índices *federais*. Como os índices seriam fornecidos pela mesma pessoa jurídica de direito público, não haveria violação ao princípio federativo ou à autonomia dos Estados. Logo, o vocábulo "estaduais" integra a *ratio decidendi*.

Porém, se retirarmos o *número* da lei ou da resolução que consta na decisão (ou seja, se retirarmos as expressões "nº 9.064" e "2.233, ambas de 1990"), **a conclusão permanece a mesma**. Em outras palavras, a lei (qualquer uma) que vincular os vencimentos de servidores estaduais a índices federais é inconstitucional. Isso demonstra que o *número* da lei (isto é, uma legislação específica) não integra a *ratio decidendi,* pois é mero *obiter dictum*. O Supremo Tribunal Federal já reconheceu a projeção da força normativa de um precedente relacionado a um município específico, para leis de municípios diversos, desde que o conteúdo normativo fosse o mesmo.[132] Outra coisa não é

---

vinculação dos vencimentos dos servidores *municipais* a índices federais também viola a Constituição. Essa observação é pertinente para demonstrar que, às vezes, há uma parte implícita do julgado, que integra a *ratio decidendi*.

132 Na Reclamação 4.335, o histórico voto do Ministro Gilmar Mendes relata: "Observe-se, ainda, que, nas hipóteses de declaração de inconstitucionalidade de leis municipais, o Supremo Tribunal Federal tem adotado uma postura significativamente ousada, conferindo efeito vinculante não só à parte dispositiva da decisão de inconstitucionalidade, mas também aos próprios fundamentos determinantes. É que são numericamente expressivos os casos em que o Supremo Tribunal **tem estendido**, com base no art. 557, caput e § 1o-A, do Código de Processo Civil, **a decisão do plenário que declara a inconstitucionalidade de norma municipal a outras situações idênticas, oriundas de municípios diversos**. Em suma, tem-se considerado dispensável, no caso de modelos legais idênticos, a submissão da questão ao Plenário. **Tal procedimento evidencia, ainda que de forma tímida, o efeito vinculante dos fundamentos determinantes da decisão exarada pelo Supremo Tribunal Federal no controle de**

senão reconhecer que a identificação específica da norma (número da lei) na decisão é parte marginal (*obiter dictum*), que não restringe o efeito vinculante do precedente. Podemos afirmar, com base nesse raciocínio, que:

Lema. A referência na decisão judicial à norma jurídica específica é mero *obiter dictum* e não integra as razões determinantes (*ratione decidendi*), de modo que não está sujeita à projeção da força normativa (efeito vinculante) do precedente.

O mesmo raciocínio pode ser usado quando se tratar de referência, no precedente, de Pessoa Política (União, Estado e Município). Nesse contexto, a identificação específica do Estado-Membro que editou a lei não integra a *ratio decidendi* e, portanto, não restringe a eficácia normativa do precedente para leis idênticas de diferentes Estados-Membros. O Supremo Tribunal Federal tem aplicado, em decisão monocrática, precedente de um município em controvérsia envolvendo outro, conforme demonstrou o Ministro Gilmar Mendes no voto proferido na Reclamação nº 4.335.

Não há nada de surpreendente nisso, pois o que forma a *ratio decidendi* são os fundamentos *jurídicos* e não os *legais*. Pensar em sentido contrário seria admitir a multiplicidade de demandas. Teríamos

---

constitucionalidade do direito municipal. Evidentemente, semelhante orientação somente pode vicejar caso se admita que a decisão tomada pelo Plenário seja dotada de eficácia transcendente, sendo, por isso, dispensável a manifestação do Senado Federal." (os destaques não constam no original).

centenas e milhares de controvérsias idênticas, que poderiam ser solucionadas com uma única decisão.

Outro exemplo ocorrido no âmbito do direito brasileiro, irá demonstrar o efeito vinculante e a separação entre *ratio decidendi* e *obiter dictum*, bem como essa interpretação pode contribuir para a redução da quantidade de processos, para a preservação da segurança jurídica, para o aumento da celeridade processual, para um incremento na igualdade e na unicidade dos julgamentos, enfim, para uma racionalização do processo e da prestação jurisdicional.

O Supremo Tribunal Federal, na ADI 2311, suspendeu cautelarmente a Lei Estadual n° 2.120/99, do Estado do Mato Grosso do Sul[133]. A citada lei estabelece que os filhos solteiros,

---

[133] A ementa foi lavrada no seguinte teor: "Ação direta de inconstitucionalidade. Lei Estadual n° 2.120/99. Alegação de que a Lei Estadual violou os arts. 25, §§ 1° e 4°, 40 e 195, "caput", § 5°, da CF, ao indicar "os filhos solteiros, com idade até 24 anos e freqüência a cursos superiores ou técnico de 2° grau como dependentes, para fins previdenciários, no Estado do Mato Grosso do Sul. 2. O art. 195, da CF, na redação da EC nº 20/98, estipula que nenhum benefício ou serviço de seguridade social poderá ser criado, majorado ou estendido sem a correspondente fonte de custeio total. A Lei nº 9.717/98 dispôs sobre regras gerais para a organização e funcionamento dos regimes próprios de previdência social dos servidores públicos da União, dos Estados, do Distrito Federal e dos Municípios, dos militares dos Estados e do Distrito Federal, dando outras providências. 3. no art. 5º, da Lei nº 9.717/98 dispõe que "os regimes próprios de previdência social dos servidores públicos da União, dos Estados, do Distrito Federal e dos Municípios , dos militares dos Estados, e do Distrito Federal, não poderão conceder benefícios distintos dos previstos no Regime Geral de Previdência Social, de que trata a Lei nº 8.213/91. 4. Extensão do benefício impugnada se fez sem qualquer previsão de correspondente fonte de custeio. A competência concorrente dos Estados em matéria previdenciária, não autoriza se desatendam os fundamentos básicos do sistema previdenciário, de origem constitucional. 5. Relevantes os fundamentos da inicial. Medida liminar deferida. (ADI-MC 2311/MS, relator Ministro Néri da Silveira, DJ 7.6.2002. A ação recebeu o

que não exerçam atividade remunerada, com idade até 24 anos e cursando o ensino superior ou técnico, são dependentes para fins previdenciários. O Ministro Néri da Silveira, em seu voto, observou que o art. 5° da Lei n° 9.717/98 estabelece que os Regimes Próprios da União, Estados, Distrito Federal e Municípios não poderão conceder benefícios distintos dos previstos no Regime Geral da Previdência. Assim, como o artigo 16 da Lei n° 8.213/91 estipula que é beneficiário do Regime Geral da Previdência, na condição de dependentes, o filho menor de 21 (vinte e um) anos de idade ou inválido, não é possível que os Regimes Próprios estendam o benefício até a idade de 24 (vinte e quatro) anos. No Estado do Espírito Santo (como em diversos outros Estados Federados), a Lei n° 109/97 também estende a dependência, para efeitos previdenciários, até a idade limite de 24 (vinte e quatro) anos, na hipótese de o dependente ser filho cursando o ensino superior, exatamente como fez a Lei 2.120/99, de Mato Grosso do Sul. Pergunta-se: a decisão do Supremo Tribunal Federal torna inexigível a Lei n° 109/97 do Estado do Espírito Santo? Ou é necessário ajuizar uma ADI contra a Lei n° 109/97, assim como foi ajuizada a ADI 2311 contra a Lei n° 2.120/99 do Estado do Mato Grosso do Sul?

Entendemos que o ajuizamento de uma Ação Direta de

Ministro Gilmar Mendes como novo relator em 24.6.2002, e encontra-se conclusos desde 5.2.2003, após o parecer da PGR no sentido de procedência do pedido).

Inconstitucionalidade contra a Lei n° 109/97 do Estado do Espírito Santo é absolutamente desnecessária[134]. A referência feita nas ADIs especificamente sobre a lei declarada inconstitucional é completamente irrelevante para reconhecer o efeito vinculante do precedente.

A *ratio decidendi* da decisão do Supremo Tribunal na ADI 2311 possui eficácia vinculante, por se tratar de Ação Direta de Inconstitucionalidade (Lei n° 9.868/99), e atinge *todos* os órgãos do Poder Judiciário. O que vincula – frise-se bastante isso – é a *ratio decidendi* que, no caso citado consiste na proibição de os Regimes Próprios dos Estados concederem benefícios distintos dos previstos no Regime Geral da Previdência. Assim, o Regime Próprio de um Estado não pode estender o benefício até a idade de 24 (vinte e quatro) anos, pois o artigo 16 da Lei n° 8.213/91 estipula que são beneficiários os filhos com idade inferior a 21 (vinte e um) anos.

A referência à Lei n° 2.120/99 do Estado do Mato Grosso do Sul na decisão da ADI 2311 **é mero *obiter dictum*** do precedente, vez que não integra a *ratio decidendi* e caracteriza-se como circunstância dispensável para a eficácia vinculante típica da doutrina do *stare decisis*. O que vincula – repita-se à exaustão – é a *ratio decidendi* (*holding*).

---

[134] Caso contrário, o efeito vinculante dos precedentes do STF não diminuiria o número de processos, sendo esse o escopo principal na instituição da eficácia vinculante.

Nessa linha de raciocínio, a decisão do STF na ADI 2311, ajuizada contra a Lei n° 2.120/99 do Estado do Mato Grosso do Sul, retira a eficácia da Lei n° 109/97 do Estado do Espírito Santo e de qualquer outra lei idêntica, estadual ou municipal, com idêntico teor. Isso dispensa até mesmo a propositura de uma ação direta de inconstitucionalidade contra a Lei n° 109/97, uma vez que a força de incidência normativa (efeito vinculante) da declaração anterior atinge plenamente as leis idênticas.

Pensar em sentido diverso significa esvaziar completamente o sentido do efeito vinculante: pela teoria dos precedentes vinculantes – adotada explicitamente pela Constituição Federal, através das ECs nºs 3/1993 e 45/2004 e da Lei nº 9.868/1999 –, a parte que vincula são as razões usadas para declarar a inconstitucionalidade da lei. E não a própria declaração. Para isso já existe a coisa julgada. E, mais. Se se reconhecer a eficácia vinculante das razões de decidir, considerando a lei (fundamento legal) como mero *obiter dictum*, então haverá, sim, uma diminuição significativa no número de processos, racionalizando a prestação jurisdicional. Qual mudança na diminuição do número de processos a serem julgados pelo STF, na hipótese de se limitar os efeitos da decisão para apenas aquela lei impugnada? Nenhuma, segundo entendemos. Nesse contexto, se se pretende adotar a teoria dos precedentes vinculantes como técnica para racionalizar a prestação jurisdicional, evitando-se a repetição de julgamentos idênticos, então necessariamente os tribunais precisarão aplicar a teoria dos precedentes vinculantes em toda a sua extensão.

Repetimos: a referência feita nos precedentes vinculantes a uma determinada lei consiste em mero *obiter dictum* e é irrelevante, no que tange ao efeito vinculante das decisões do STF.

4.2. Ainda a parte irrelevante do precedente: o dever da concisão e o excesso de fundamentos desnecessários nos precedentes

Por vezes, a fundamentação excessiva pode gerar texto desnecessário, que sobrecarrega o precedente e dificulta a compreensão da *ratio decidendi*. As sentenças e as decisões judiciais que abusam dos *obiter dicta* e não esclarecem qual é a razão que efetivamente fundamentou a decisão causam incerteza e confusão[135]. Para aqueles que sustentam a utilidade dos *obiter dicta* na decisão – ao argumento de que estaria justificada pelo menos para contextualizar a controvérsia –, seria no mínimo aconselhável que fosse identificado

---

135 Essa indesejada ocorrência já foi observada por diversos autores. Marino Bin, por exemplo, afirma que: "Infine qualche brevissima osservazione sullo 'stile' delle sentenze e sulle massime. Da quanto finora detto dovrebbe risultare chiaro perché appaia necessario che i nostri giudici modifichino lo 'stile' delle loro sentenze. Il metodo delle sentenze-trattato, causa di un inutile aggravio di lavoro e naturale terreno di coltura dell'eccesso di *obiter dicta*, va abbandonato. Occorre invece uma maggiore attenzione nell'enunciazione della *ratio decidendi* applicata alla fattispecie concreta e, soprattutto, delle vere ragioni della decisione (compresi – come hanno giustamente sottolineato Michele Taruffo ed ora, com particulare chiarezza, Giuseppe Sbisà – i giudizi di valore che hanno ispirato la scelta interpretativa adottata). (*Cfr. Il Precedente Giudiziario. Valore e interpretazione*. Padova: CEDAM, 1995, p. 211).

como tal[136]. Caso contrário, haveria sempre o risco de o precedente ser incorretamente interpretado e de o *obiter dictum* ser compreendido como parte essencial do precedente.

Pode ocorrer, ainda, que o relator – ou o integrante do órgão colegiado, ao proferir o seu voto – inclua comentários que não sejam determinantes da decisão. Essa parte do precedente, entretanto, por se tratar de *obiter dictum*, não vincula e pode ser reconhecido como tal até mesmo em outra demanda[137], ao se recusar o efeito vinculante pretendido.

Não raro, também, a empolgação e o fascínio que certos temas trazem, por vezes fazem com que alguns julgadores se esmeram em trazer uma fundamentação primorosa. No entanto, esse zelo, se excessivo, pode trazer fragmentos na decisão que, se analisados com minúcia, não têm relação com a questão (*issue*) a ser solucionada ou são desnecessários e somente dificultam a identificação da *ratio decidendi*. Mesmo quando essa manifestação decorra do propósito de

---

[136] Apesar de referir-se à *massima* italiana, a advertência de Marino Bin é oportuna: "Avrei qualche dubbio, invece, se la massima debba enunciare – qualora appaiano veramente importanti – anche taluni *obiter dicta*; ma ove la risposta dovesse essere positiva, indispensabile sarebbe almeno che gli *obiter dicta* fossero partitamente ed esplicitamente denotati come tali." (*Cfr. Il Precedente Giudiziario. Valore e interpretazione*. Padova: CEDAM, 1995, p. 212).

[137] No Agravo Regimental na Reclamação nº 2475/MG, Relator Ministro Carlos Velloso, Relator para Acórdão Ministro Marco Aurélio, julgado em 2.8.2007 pelo Tribunal Pleno, Dje-018, o Supremo Tribunal Federal decidiu que: "COFINS - LEI COMPLEMENTAR Nº 70/91 - AÇÃO DECLARATÓRIA DE CONSTITUCIONALIDADE Nº 1-1/DF - JULGAMENTO - ALCANCE. No julgamento da Ação Declaratória de Constitucionalidade nº 1-1/DF, o Colegiado não dirimiu controvérsia sobre a natureza da Lei Complementar nº 70/91, consubstanciando a abordagem, no voto do relator, simples entendimento pessoal".

prestar uma tutela jurisdicional escorreita – o qual não duvidamos –, não podemos deixar de concordar com Luís Roberto Barroso, quando afirma a necessidade de os tribunais – e os advogados – reduzirem seus textos ao mínimo necessário para a compreensão do problema e para a elucidação da controvérsia[138]. Com indiscutível acerto o ilustre autor, pois o discurso do direito já não mais se limita à comunidade jurídica, mas estendeu-se para atingir toda a sociedade.[139] O que não for

---

[138] "Tenho duas sugestões na matéria. A primeira importa em cortar na própria carne. Petições de advogados devem ter um limite máximo de páginas. Pelo menos as idéias centrais e o pedido têm que caber em algo assim como vinte laudas. Se houver mais a ser dito, deve ser junto como anexo e não no corpo principal da peça. Aliás, postulação que não possa ser formulada nesse número de páginas dificilmente será portadora de bom direito. Einstein gastou uma página para expor a teoria da relatividade. É a qualidade do argumento e não o volume de palavras que faz a diferença. A segunda sugestão corta em carne alheia. A leitura de votos extremamente longos, ainda quando possa trazer grande proveito intelectual para quem os ouve, torna os tribunais disfuncionais. Com o respeito e o apreço devidos e merecidos – e a declaração é sincera, e não retórica –, isso é especialmente verdadeiro em relação ao Supremo Tribunal Federal. (...) O fato é que, nas sessões plenárias, muitas vezes o dia de trabalho é inteiramente consumido com a leitura de um único voto. E a pauta se acumula. E o pior: como qualquer neurocientista poderá confirmar, depois de certo tempo de exposição, os interlocutores perdem a capacidade de concentração e a leitura acaba sendo para si próprio. Não há problema em que a versão escrita do voto seja analítica. A complexidade das questões decididas pode exigir tal aprofundamento. Mas a leitura em sessão deveria resumir-se a vinte ou trinta minutos, com uma síntese dos principais argumentos. Ou, em linguagem futebolística, um compacto com os melhores momentos." (BARROSO, *Cfr. A revolução da brevidade*, *in* Revista Jurídica Consulex, nº 279, p. 66).

[139] Barroso reconhece esse comportamento, tipicamente associado aos profissionais do direito, e alerta para essa circunstância, com as seguintes palavras: "De fato, em outra época, falar difícil era tido como expressão de sabedoria. Chamar autorização do cônjuge de 'outorga uxória' ou recurso extraordinário de 'irresignação derradeira' era sinal de elevada erudição. Hoje em dia, quem se expressa assim é uma reminiscência jurássica. Nos dias atuais, a virtude está na capacidade de se comunicar com clareza e simplicidade, conquistando o maior número possível de interlocutores. A linguagem não deve ser um instrumento autoritário de poder, que afaste do debate quem não tenha a chave de acesso a um vocabulário

necessário para justificar a decisão – nos termos do teste de Wambaugh – é *obiter dictum*, é linguagem desnecessária, é perda de tempo e de esforço.

4.3. Superação de um Precedente Vinculante: revogação e ineficácia contextual.

Um ponto que geralmente desperta dúvidas e indagações sobre os precedentes judiciais vinculantes decorre da possibilidade de superação da norma geral impositiva, que vincula o próprio tribunal e as cortes inferiores. É possível rever um precedente vinculante? Como se faz essa revisão? A decisão é imutável e, portanto, não pode ser revista? Ou, segundo a grande preocupação da atualidade, o uso do precedente judicial irá estagnar a evolução do direito, exigindo a aplicação de um precedente ultrapassado, não mais adequado à realidade social? Estas questões já foram amplamente discutidas nos sistemas jurídicos em que os precedentes têm força vinculante.

De forma geral, um precedente vinculante deixa de ser

---

desnecessariamente difícil. Essa visão mais aberta e democrática do Direito ampliou, significativamente, a interlocução entre juristas e tribunais, de um lado, e a sociedade e os meios de comunicação, de outro. Não se passam dois dias sem que a notícia de algum julgado importante esteja nas primeiras páginas dos jornais. Pois agora que finalmente conseguimos nos comunicar com o mundo, depois de séculos falando para nós mesmos, está na hora de fazermos outra revolução: a da brevidade, da concisão, da objetividade. Precisamos deixar de escrever e de falar além da conta. Temos de ser menos chatos." (*Cfr. A revolução da brevidade, in* Revista Jurídica Consulex, nº 279, p. 66,).

aplicado por intermédio do *reversing,* do *overruling* e do *distinguishing.* O *reversing* ocorre quando uma Corte Superior altera a decisão de uma Corte inferior na apelação do mesmo caso em que foi proferida a decisão. Assim, a corte superior entende não mais ser aplicável o precedente, e altera a decisão da corte inferior, que havia usado o precedente como fundamento. A *ratio decidendi* da nova decisão substitui a do precedente anterior, que não é mais seguido. Contudo, substitui *no caso concreto.*

O *overruling* (revogação ou cancelamento do precedente) já não atinge concretamente o caso, mas a própria *ratio decidendi*, e ocorre quando uma norma jurídica decorrente de um precedente, adotada pelas cortes inferiores, é alterada por uma corte superior em um caso diferente e posterior. O precedente é *overruled* (cancelado) quando estiver ultrapassado ou quando equivocado (*per incuriam*).

Pode ocorrer, também, o *express overruling* ou então o *implied overruling,* ou seja, o cancelamento do precedente pode ser explícita ou implicitamente elaborado. Este último equivale à ab-rogação, porém, raramente ocorre.

Na Inglaterra, existe o *retrospective overruling,* onde a regra superada (*overruled*) é considerada como se nunca tivesse sido *direito* e não será aplicada em casos futuros e presentes. Em outras palavras, por essa teoria, a retirada do precedente vinculante pelos tribunais tem efeito *ex tunc*, aplicando-se aos fatos pretéritos. Para explicar este efeito retrospectivo, surgiu a teoria declaratória da *ratio decidendi*, entendendo-se que o juiz não cria direito, mas apenas declara sua existência[140]. Assim, quando a decisão for alterada, o direito não muda, apenas sua natureza verdadeira – que existia durante todo o tempo – é descoberta. Atualmente, a teoria declaratória é considerada ultrapassada. Lord Simon of Glaisdale, no caso Jones v. Secretary of State for Social Services (1972), afirmou que a teoria declaratória era uma *ficção*, e Lord Reid chegou a afirmar que se tratava de um *"conto de fadas"*. Na verdade – e esta é a essência do *Common Law* – o juiz cria o direito, como decorre do princípio *judge-made law*. Lord Simon of Glaisdale, no citado caso Jones v. Secretary of State for Social Services (1972), chegou a sugerir que deveria ser concedido à corte, *por lei*, o poder de revogação prospectiva.

Mas a rejeição da teoria declaratória não foi suficiente para que a revogação do precedente deixasse de ser retrospectiva. Vejamos um curioso exemplo, citado por Ingman[141]. No caso R. v. Governor of Brockhill Prison (ex parte Evans) (1997), alegou-se que o diretor da prisão teria calculado a pena incorretamente e que a soltura do querelante atrasou 59

---

[140] Cf. Munster v. Lamb, 1883

[141] Cf. Ingman. *The English Legal Process*. Oxford: Oxford University Press, 2003.

dias. O caso foi rejeitado. Porém, no caso R. v. Governor of Brockhill Prison (ex parte Evans) (1998), o querelante reclamou danos por encarceramento indevido, sendo que o diretor da prisão argumentou que, muito embora o entendimento sobre o cálculo da pena havia mudado, na época o cálculo não era considerado incorreto. Porém, a Corte decidiu que a eficácia retrospectiva autorizava a indenização, e acolheu o pedido.

Nos USA, foi desenvolvido o *prospective overruling* em interesse da justiça, isto é, a revogação com efeitos *ex nunc*. Assim, a *ratio decidendi* superada continua sendo aplicada aos fatos ocorridos anteriormente. Outra curiosa espécie de superação do precedente vinculante encontramos no *anticipatory overruling*, também desenvolvido nos USA. Nesta espécie de superação do precedente, ocorre a revogação *preventiva* do precedente, pelas cortes inferiores, ao fundamento de que a regra contida na *ratio decidendi* já não é mais o 'bom direito' (*good law*).[142] Essa técnica, contudo, é tão controvertida quanto perigosa, pois pode subverter o princípio básico de vinculação do precedente: o de que as cortes inferiores encontram-se

[142] Em verdade, a hipótese é de perda de eficácia pela reiterada inobservância de sua força normativa, consistente no desuetudo. Nesse sentido, Tércio Sampaio Ferraz Jr. explica: "Por outro lado, a mesma doutrina reconhece que, se uma norma ficar sem observância e sem aplicação por longo tempo, entra em desuso, podendo-se falar na perda de seu sentido normativo: uma norma que proibisse o uso de camisas verdes na Câmara Municipal (decorrência da proscrição política do Integralismo, em 1937, que tinha a camisa verde como símbolo) e que nunca tivesse sido revogada, teria hoje ainda validade?" (cf. Introdução..., p. 199).

vinculadas às decisões das cortes superiores.

Por fim, é possível distinguir, ainda, a revogação judicial (*overruling*) da revogação legislativa (*overriding*) do precedente. O precedente pode ser revogado por outro precedente judicial (*overruled*) ou por lei, que prescreva conduta contrária (*overridden*). Nessa medida, o termo *overruling*, conforme vimos, diz respeito ao cancelamento, pelo próprio tribunal, da orientação constante em um precedente anterior[143]. Em sentido diverso, *overriding* refere-se à alteração do precedente, como ocorre, *e.g.*, na modificação consciente pelo Congresso da interpretação dada à uma lei por um precedente vinculante[144].

Uma importante e interessante possibilidade de modificação das normas jurídicas decorre da mutação dos valores constitucionais. Nessa hipótese, a norma jurídica não teria mais a mesma força de incidência porque as razões (políticas, sociais, econômicas e jurídicas) que fundamentavam a sua incidência deixaram de existir. O mesmo ocorre com os precedentes judiciais. Se a razão determinante (*ratio decidendi*) deixar de existir ou sofrer mutação (constitucional, social *etc.*), então o precedente perderá seu "*sentido normativo*", ou seja, perderá sua eficácia social, por não ter um mínimo de efetividade.

No mais, revoga-se o precedente vinculante do mesmo modo

---

[143] Nesse sentido, William K. Eskridge, Jr., *cfr. Overruling Statutory Precedents*, 76 GEO. Law Journal, 1361, 1988).

[144] Nas palavras de William N. Eskridge, Jr., "This article will use the term "override" to mean any time Congress reacts consciously to, and modifies a statutory interpretation decision." *(cfr. Overriding Supreme Court Statutory Interpretation Decisions*, 101 Yale Law Journal, 331, 332 n.1, 1991). Chamamos a atenção para a existência de outros sentidos para a expressão.

que as demais normas jurídicas são revogadas: através da metarregra de que a lei posterior prevalece sobre a anterior (*lex posterior derogat legi priori*).

O procedimento de revogação segue dois modelos: (i) através do sistema previsto na Lei nº 11.417/2006; (ii) através de decisão proferida em julgamento posterior, que seja incompatível com o precedente. O interessante deste segundo modelo é que um precedente considerando não vinculante (*v.g.*, o recurso extraordinário) pode prevalecer sobre um precedente vinculante (*v.g.*, a decisão em ADI, ADC, ADO e ADPF).

4.4. As circunstâncias distintivas da controvérsia (*distinguishing*). Definição e Exemplos.

O chamado método distintivo (*distinguishing*) merece ser examinado com um pouco mais de atenção, em razão da sua importância na teoria do precedente vinculante. Como restou demonstrado, uma Corte de Justiça pode rever um precedente vinculante. Porém, apesar dessa faculdade, as cortes preferem acatar a doutrina do *stare decisis*, preservando a força de incidência do precedente, utilizando uma cuidadosa distinção entre os casos ao invés de revogá-lo por decisões que seriam questionáveis.

Assim, o método distintivo (*distinguishing*) utiliza a diferença entre os casos, observando as circunstâncias factuais que distinguem as controvérsias. Nem todos os casos são exatamente idênticos nos fatos considerados relevantes. Ao contrário, geralmente há circunstâncias fáticas relevantes que diferem um caso de outro, o que, por si só, já autoriza a não aplicação do precedente vinculante. Desse modo, pequenas diferenças no conjunto de fatos podem fazer uma substancial diferença na aplicação de um precedente vinculante[145]. Portanto, os fatos substanciais (*substantive facts*) são aqueles juridicamente relevantes, que tornam o caso único, formando uma parte crítica para a obtenção da *ratio decidendi*.

O *distinguishing*, em verdade, consiste em uma exceção a ser aplicada à regra legal derivada do precedente. Essa característica encontra-se na base do senso comum e integra o próprio raciocínio lógico-jurídico. Vemos a cláusula de exceção

[145] Na Reclamação 4906/PA, Relator Ministro JOAQUIM BARBOSA, Julgada em 17.12.2007 em Sessão Plenária, o Supremo Tribunal Federal decidiu que: "(...) 4. Em relação às decisões reclamadas que reservaram vaga para duas candidatas que cumpriam o requisito temporal, embora as atividades por elas desempenhadas não fossem, no Estado do Pará, privativas de Bacharel em Direito à época da nomeação, não é possível vislumbrar afronta ao acórdão apontado como paradigma, tendo em vista particularidades dos respectivos casos concretos, sobre as quais não se pronunciou o Supremo Tribunal Federal naquele julgamento, que se deu em controle abstrato de constitucionalidade. 5. O Conselho Nacional de Justiça e o Conselho Nacional do Ministério Público vieram a considerar que os cargos ocupados pelas referidas candidatas, de oficial de justiça e de escrivã de polícia, preencheriam o requisito previsto no edital, tendo em vista as atividades por elas desempenhadas. Situação em que é impossível ao bacharel em direito o exercício da advocacia, dada sua incompatibilidade com o cargo público ocupado. 6. Assim, por não ter cuidado diretamente das situações específicas verificadas nestas duas decisões, não há de se falar em afronta ao acórdão da ADI 3.460/DF."

com freqüência no denominado raciocínio não-monótono[146]. O domínio jurídico convive normalmente com cláusulas de exceção sem questionar sua legitimidade para excluir a aplicação das leis. Já é bastante conhecido o *topos* jurídico de que a lei especial prevalece sobre a lei geral (*lex specialis derogat legi* generalis). Em última análise, o *distinguishing* estabelece uma cláusula de exceção, ao manter a regra geral existente no precedente, mas excepcionando sua aplicação na eventualidade de uma circunstância de fato que justifique outra solução.

O *distinguishing* ocorre não só na seleção dos precedentes vinculantes, mas também na aplicação da lei. Não raro os tribunais interpretam a regra legal, para não aplicá-la, em face da existência de uma circunstância – relevante – não prevista na lei e exclui a aplicação da norma (cláusula de exceção, em um raciocínio não-monótono). Usam, na verdade, o método distintivo, para não aplicar a lei, pois a situação refere-se a caso

[146] O raciocínio não-monótono (*non-monotonic reasoning*) é uma área de pesquisa que despertou o interesse de diversos cientistas ligados à inteligência artificial, principalmente a partir da década de oitenta. A base da pesquisa nesta área relaciona-se à obtenção de uma conclusão lógica derivada a partir de um conjunto de premissas que, dependendo da base de dados, pode ter cláusulas de exceção. Para ser mais claro, vejamos um exemplo. A constatação de que Caio matou alguém implica a conclusão de que ele cumprirá pena de reclusão (obviamente se a regra jurídica "matar alguém então pena de reclusão" estiver na base de dados"). Mas se Caio matar em legítima defesa, então ele não cumprirá pena de reclusão. A legítima defesa é uma exceção à consequência jurídica estabelecida na norma anterior. Remetemos os interessados ao nosso *A Mathematical Framework for Modelling Legal Reasoning Legal Reasoning through Condicional Logic*, UFES, 2004, que contém uma introdução ao raciocínio não-monótono.

não alcançado por essa norma. Vejamos um exemplo, concernente ao direito brasileiro: o DL 911/69 determina a concessão da medida liminar quando a mora for comprovada por notificação ou protesto do título. Mas o Superior Tribunal de Justiça, no REsp. 166.363/PE, DJ de 14.02.2000, p. 35, Relator Ministro Aldir Passarinho Júnior, entendeu não ser admissível a concessão da liminar "*se conexamente tramita ação de consignação em pagamento movida pelo devedor à credora, em que são depositadas as prestações do mútuo*". Declarou, ainda, que a aplicação do citado artigo 3º do DL 911/69 "*deve merecer tempero quando se trate de bem necessário ao sustento do réu e de sua família*". Por sua vez, nos Embargos de Declaração na MC 2.779/RJ, DJ de 02.10.2000, p. 160, Relator Ministro Carlos Alberto Menezes Direito, decidiu o STJ que a liminar não pode atingir bens indispensáveis à sobrevivência da empresa.

Em resumo, o STJ encontrou fatos relevantes nos casos concretos, que tornaram os casos únicos, distinguindo-os daqueles que o DL 911/69 buscava atingir. O exemplo, em verdade, refere-se ao uso do método distintivo com relação à lei. Mas o raciocínio é o mesmo, quando aplicado a precedentes judiciais.

4.5. As circunstâncias distintivas da controvérsia: fatos substanciais ou argumentos jurídicos?

A doutrina mais autorizada afirma que as circunstâncias distintivas da controvérsia são *fáticas*.[147] Isto é, somente a diferença fundada nos fatos substanciais para a solução da controvérsia – ou seja, os fatos relevantes[148] – são capazes de afastar a incidência normativa dos precedentes.

Novos fundamentos jurídicos podem ser usados para excepcionar a aplicação do precedente, como circunstâncias *jurídicas*? Muito bem. O *distinguishing* significa invocar *circunstâncias distintivas da controvérsia*, ou seja, as circunstâncias *fáticas* (fundamentos de fato) que demonstram a diversidade de situações. Se o argumento é exclusivamente *jurídico,* então não há porque o precedente prevalecer vigente. Em outras palavras, se há tese jurídica (fundamentos exclusivamente jurídicos) contrários ao da *ratio decidendi*, então o precedente deve ser *revogado* (*overruled*). Não se trata de *distinguishing*, mas de *overruling*.

O cuidado que é preciso tomar consiste em não considerar, equivocadamente, circunstâncias *fáticas* como se fossem argumentos jurídicos. Todo argumento judicial tem a forma de um raciocínio silogístico ou, no mínimo,

[147] Nesse sentido, José Rogério Cruz e Tucci afirma: "
[148] SMBJ: argumentos relevantes.

entimemático.[149] O argumento referente à *tese jurídica*, ou à *razão determinante* do precedente (*ratio decidendi*), tem a seguinte forma, conforme demonstrado José Rogério Cruz e Tucci, na imprescindível obra[150] sobre o tema: (i) os fatos substancialmente relevantes (*statement of material facts*); *(ii)* o raciocínio lógico-jurídico da decisão (*legal reasoning*);[151] e (iii) o juízo decisório (*judgement*). Ainda que um desses elementos não seja explicitamente declarado, ele estará presente no raciocínio (que passa a ser entimemático).

O *distinguishing* é um argumento e, como tal, segue o mesmo modelo de raciocínio: (i) os fatos (substancialmente relevantes) que distinguem as controvérsias; (ii) o raciocínio lógico-jurídico; e (iii) o juízo decisório.

Pois bem.

O juízo decisório pretendido no *distinguishing* é a **negativa do juízo decisório** da *ratio decidendi.* Em outras palavras, se as razões determinantes (*ratio decidendi*) do precedente afirmam

---

[149] O entimema é o silogismo imperfeito, em que falta uma premissa. Não obstante, a premissa faltante pode ser incluída no raciocínio para completar o argumento. Nesse sentido: " PECZENIK"

[150] Cf. *O precedente...*, p. 175.

[151] O raciocínio jurídico (*legal reasoning*) forma o nexo de ligação entre os "fatos substancialmente relevantes" *(datum,* no modelo de Toulmin) ao "juízo decisório" (*claim*, no modelo de Toulmin). Mas o nexo de ligação envolve tanto a "implicação condicional" da lógica clássica (*warrant*, no modelo de Toulmin), quanto a justificação do nexo implicacional através de outra razão (que, na teoria de Toulmin é o *backing*). Desse modo, o raciocínio jurídico (*legal reasoning*) compreende toda a estrutura argumentativa para justificar o juízo decisório.

que a obrigação **é** devida, então o juízo decisório do *distinguishing* sustenta que a obrigação **não é** devida. São, portanto, juízos contrários (*contradictory claims*).

O raciocínio lógico-jurídico do *distinguishing*, assim como o das razão determinante (*ratio decidendi*), consiste no nexo que liga os fatos distintivos (*data*) ao juízo decisório (*claim*).

Para simplificar, ambos os argumentos seguem a mesma estrutura. Tanto a *ratio decidendi* (*holding*), quanto a *ratio excipiendi* (*distinguishing*).

Isso pode gerar alguma confusão, a ponto de pensar que o *distinguishing* utilizou argumentos jurídicos. Na verdade, não usou. O *distinguishing* constitui *circunstâncias* ***fáticas*** *distintivas* das controvérsias, ou seja, refere-se à *inclusão* de novos fatos no discurso argumentativo. É claro que deve haver um mínimo de sustentação jurídica para explicar a transição dos fatos distintivos para o juízo decisório negativo. Essa sustentação jurídica mínima forma o raciocínio lógico-jurídico do *distinguishing* e pode ser confundida com argumentos jurídicos.

Em suma, a característica do *distinguishing* é a inclusão, na argumentação, de *fatos distintivos* substancialmente relevantes para, formar o juízo decisório contrário.

Vejamos um exemplo para compreensão melhor do raciocínio então desenvolvido.

No Supremo Tribunal Federal, houve demandas

envolvendo a constitucionalidade ou não da contribuição previdenciária dos inativos. Então, eventual tese jurídica do precedente consistia na incidência, ou não, da contribuição previdenciária. Essa era a razão determinante (*ratio decidendi*) do precedente. No entanto, houve nova discussão jurídica, referente à revogação da norma constitucional que seria de parâmetro para a inconstitucionalidade da lei estadual[152]. Eventual decisão sobre o tema formaria – se fosse o caso – uma exceção à aplicação de precedente anterior. Seria uma *ratio excipiendi* (*distinguishing*). Mas o raciocínio não é exclusivamente jurídico. Há um fato distintivo substancialmente relevante, a saber, a revogação da

---

152 EMENTA: AÇÃO DIRETA DE INCONSTITUCIONALIDADE. LEI ESTADUAL 3310/99. COBRANÇA DE CONTRIBUIÇÃO PREVIDENCIÁRIA DE INATIVOS E PENSIONISTAS. EC 41/2003. ALTERAÇÃO SUBSTANCIAL DO SISTEMA PÚBLICO DE PREVIDÊNCIA. PREJUDICIALIDADE. 1. Contribuição previdenciária incidente sobre os proventos dos servidores inativos e dos pensionistas do Estado do Rio de Janeiro. Norma editada em data posterior ao advento da EC 20/98. Inconstitucionalidade da lei estadual em face da norma constitucional vigente à época da propositura da ação. 2. Superveniência da Emenda Constitucional 41/2003, que alterou o sistema previdenciário. Prejudicialidade da ação direta quando se verifica inovação substancial no parâmetro constitucional de aferição da regra legal impugnada. Precedentes. Ação direta de inconstitucionalidade julgada prejudicada (ADI 2197/RJ, Relator Ministro Maurício Corrêa, j. 10.3.2004, DJ 2.4.2004, p. 8). Também "EMENTA: Reclamação. 2. Desrespeito à decisão proferida, em sede de cautelar, na Ação Direta de Inconstitucionalidade no 2.188. 3. Contribuição previdenciária sobre proventos de aposentadoria e pensão. 4. Repristinação de norma anterior que previa a contribuição previdenciária de servidores inativos e pensionistas, em virtude de suspensão de disposições de lei nova sobre a mesma matéria. Inadmissibilidade. 5. Construção desenvolvida pelo Estado do Rio de Janeiro, que pretende obter, com a aplicação de lei pré-constitucional, desiderato que a Corte considera não ser admissível com base em lei pós-constitucional. 6. Reclamação julgada procedente" (Rcl 1652/RJ, Relator Ministro Gilmar Mendes, j. 28.4.2003, DJ 22.8.2003, p. 21).

norma constitucional. O mesmo ocorre no argumento de repristinação da lei revogada, quando a lei revogadora foi considerada inconstitucional. A não repristinação da lei é argumento jurídico. Mas envolve circunstâncias fáticas (a revogação da lei revogadora).

Portanto, ainda que haja a necessidade do raciocínio lógico-jurídico para o *distinguishing*, haverá, sempre, a inclusão de fatos (distintivos) substancialmente relevantes. Caso contrário, não é *distinguishing*, é reformulação da tese jurídica, que leva à revogação, ao *overruling*.

5. A força de incidência normativa dos precedentes na dogmática jurídica

A força de incidência dos precedentes vinculantes não difere, na essência, daquela que é atribuída às leis. A partir do momento em que se reconheça a incidência normativa dos precedentes judiciais, não há como subtrair-se à sua imperatividade. Os precedentes passam a ser impositivos, tal como as leis.

Isso nos remete para a conceptualização dogmática dos precedentes, de modo a assinalar a sua integração ao ordenamento jurídico.[153] Não se trata de examinar o precedente como **norma individual e concreta**, cuja eficácia encontra-se limitada às partes

[153] Não se nega o caráter aberto da validade jurídica, a partir de um modelo tópico de raciocínio. Entretanto, torna-se importante mostrar – ou demonstrar – a formulação dogmática que os precedentes judiciais podem apresentar no ordenamento jurídico.

litigantes, mas de verificar os critérios dogmáticos do precedente enquanto **norma geral e abstrata**. Nesse sentido deve ser compreendida a presente Seção.

Inicialmente, é preciso que o precedente tenha validade jurídica (*issuance*).[154] Para que o precedente judicial passe a integrar validamente o ordenamento, ele deve ser enunciado por agente competente e obedecer o processo de produção normativa, atendendo aos requisitos que o próprio ordenamento estabelece. Há dois tipos distintos de processo de formação a se considerar, de acordo com o grau de eficácia normativa do precedente que será enunciada, a saber, (i) o processo ordinário de solução **concreta** das controvérsias, que produzirá os precedentes considerados dominantes; e (ii) o processo específico de solução **abstrata** das controvérsias ou à atribuição de eficácia vinculante à tese jurídica que for enunciada. Exemplo do primeiro pode ser obtido em qualquer demanda individual, enquanto do segundo encontramos nas ADIs e na edição de súmula vinculante. O controle abstrato de constitucionalidade pelo STF não visa a atribuir especificamente efeito vinculante a outros precedentes, como ocorre com as súmulas vinculantes, mas a amplitude da eficácia da decisão exige um diferenciado processo de elaboração da decisão.

Na hipótese do processo de formação ordinário, o respeito às

[154] Nas palavras de Tércio Sampaio Ferraz Jr., "Para a dogmática jurídica, para reconhecermos a validade de uma norma, precisamos em princípio e de início, que a norma esteja *integrada* no ordenamento. Exige-se, pois, que seja cumprido o processo de formação ou produção normativa, em conformidade com os requisitos do próprio ordenamento. Cumprido esse processo, temos uma norma válida" (cf. *Introdução...*, pp. 197-198).

condições normais de julgamento das controvérsias individuais são suficientes. Nele, as regras e princípios processuais, assim como as garantias constitucionais, formam os requisitos da enunciação válida.

Uma importante característica desse critério de integração ao ordenamento jurídico é a que reconhece a validade das normas jurídicas, ainda que determinadas etapas do processo de formação não tenham sido obedecidas. Elas mantêm a validade enquanto não sobrevier outro ato reconhecendo expressamente a nulidade. Esse fenômeno se repete com os precedentes judiciais. Enquanto não sobrevier outro ato reconhecendo a invalidade do anterior, o precedente conservará sua validade. Naturalmente que esta afirmação deve ser cotejada com os graus de rejeição das invalidades estabelecidos pelo sistema, ou seja, inexistência jurídica, nulidade absoluta, nulidade relativa *etc.*[155]

A propósito, a teoria de nulidades aplicada aos precedentes precisa ser, ainda, sistematizada. Ainda que o processo de elaboração contenha algum vício de invalidade, isso não modifica o entendimento do tribunal e não altera a força de incidência normativa do precedente. Ou seja, a posição institucional do tribunal já foi enunciada e, independentemente de eventual nulidade no processo de elaboração, as futuras demandas terão idêntico resultado, idêntico julgamento.

Nessa medida, dificilmente o argumento de invalidade do processo de formação do precedente irá retirar a sua força de

[155] Nesse sentido, importantes obras da doutrina, tais como Dinamarco (cf. *A instrumentalidade...*), Bedaque (cf. *A efetividade...*), Barbosa Moreira (cf.

incidência normativa. Se um caso foi julgado e o processo foi posteriormente anulado, o precedente já foi enunciado. Os futuros casos terão idêntica solução, ao menos até que o tribunal revogue o anterior. Esse argumento não se aplica, é óbvio, nas hipóteses de inobservância do quórum, seja qualificado (*v.g.*, súmula vinculante, ação direta de inconstitucionalidade no STF, representação de inconstitucionalidade nos TJs *etc.*), seja simples (julgamento de recurso por dois desembargadores em uma câmara ou turma composta por três membros ou por quórum abaixo do previsto regimentalmente *etc.*). Se isso ocorrer, o precedente será naturalmente inválido, pois não refletiu o entendimento do tribunal.

Outro critério essencial para a dogmática jurídica consiste na vigência das normas. Conforme alertado pela doutrina, uma norma pode ser válida sem ser vigente, o que demonstra que os dois critérios dogmáticos não se confundem.[156] Aplicada aos precedentes, a vigência da eficácia normativa dos precedentes começaria com a publicação, exatamente do mesmo modo que ocorre com as demais normas.[157] Contudo, a afirmação exige uma reflexão mais aprofundada. Embora a

---

[156] Nesse sentido, dentre outros, Tércio Sampaio Ferraz Jr. afirma: "Pelo exposto, validade e vigência não se confundem. Uma norma pode ser válida sem ser vigente, embora a norma vigente seja sempre válida. Os critérios dogmáticos de reconhecimento da validade não são os mesmos da vigência." (cf. *Introdução...*, p. 198).

[157] Novamente em Tércio Sampaio Ferraz Jr.: "Publicada a norma, diz-se, então, que a norma é vigente. *Vigência* é, pois, um termo com o qual se demarca o tempo de validade de uma norma 9cf. Vasconcelos, 1978: 316). Vigente, portanto, é a norma válida (pertencente ao ordenamento) cuja autoridade *já* pode se considerada imunizada, sendo exigíveis os comportamentos prescritos. Vigência exprime, pois, a exigibilidade de um comportamento, a qual ocorre a partir de um dado momento e até que a norma seja revogada. Em geral, a vigência começa com a publicação." (cf. *Introdução...*, p. 198).

publicação seja ato expedito, uma vez que os prazos recursais dependem da intimação das partes, pode ocorrer de o acórdão levar meses ou ano para ser publicado. Isso não é recomendável, pois a demora na publicação do precedente pode acarretar a defasagem do entendimento da Corte e repercutir diretamente na vigência do precedente. Vejamos uma hipótese para ilustrar o raciocínio. Imaginemos, por exemplo, que um dado tribunal profira decisão acolhendo determinada tese jurídica. No entanto, o acórdão somente é publicado após, digamos, seis meses da data do julgamento. Porém, depois de dois meses, o tribunal reviu sua posição e adotou entendimento diametralmente oposto, denegando o que antes concedia ou vice-versa. O acórdão deste julgamento, ironicamente, é publicado após um mês do julgamento. Ou seja, o novo entendimento do tribunal foi publicado três meses antes do entendimento anterior. Qual é o precedente vigente? Aquele que foi publicado por último? Mesmo que reflita entendimento já revogado do tribunal? Ou o primeiro? Que embora reproduza o entendimento atual, desafia o critério de vigência normativa, que ocorre através da publicação?

Pois bem. É a partir da publicação o comportamento passa a ser exigido de todos (juízes e tribunais, administração pública, particulares).[158] A publicação é critério de vigência, porque através dela é dada ciência (ainda que presumida ou fictícia) de que a norma integrou o ordenamento jurídico. Os atos internos e sem divulgação não

---

[158] Segundo a doutrina mais autorizada, "Vigência exprime, pois, a exigibilidade de um comportamento, a qual ocorre a partir de um dado momento e até que a norma seja revogada" (cf. Tércio Sampaio Ferraz Jr., *in Introdução...*, p. 198).

têm aptidão para produzir efeitos, para exigir socialmente o comportamento nele previsto. Por essa razão, a divulgação ou publicação é imprescindível para a vigência das normas. No âmbito dos precedentes judiciais, o julgamento não é ato interno. Pelo contrário, os julgamento são públicos. Contudo, a publicidade do julgamento não é suficiente para atribuir vigência ao precedente, uma vez que ela não é capaz de promover ampla divulgação, quando comparada com a publicação no diário oficial.[159]

Mas nem por isso podemos afirmar que prevalece o entendimento do acórdão publicado posteriormente. Justifica esse raciocínio o seguinte argumento. Sabe-se que, de regra geral, a vigência da norma começa após quarenta e cinco dias da publicação, salvo se for disposto de outro modo (art. 1º da Lei de Introdução ao Código Civil Brasileiro). Nesse período, denominado de *vacatio legis*, a norma já pertence ao ordenamento jurídico, mas **sua validade encontra-se suspensa.**[160] No âmbito dos precedentes judiciais, a enunciação *válida* ocorre na data do julgamento – que é ato público, e não interno –, momento este em que termina o processo de elaboração da sua eficácia normativa. Então, a validade do precedente judicial (vinculante ou

---

[159] Há aguda crítica de alguns autores sobre o conhecimento ficto trazido pela publicação no diário oficial, em razão da limitação do órgão em atingir a maior parte da população. Nesse sentido, estamos fortemente convencidos de que a mídia presta relevantíssimo serviço público ao divulgar as leis e os julgamentos, principalmente aqueles que regulam condutas sociais.

[160] Nesse sentido: "Durante aqueles quarenta e cinco dias, a norma já é válida (já pertence ao ordenamento), mas não é vigente, ou seja, sua validade fica suspensa. Assim, nesse período, ela convive com normas que lhe são contrárias que continuam válidas e vigentes até que ela própria comece a viger, quando, então, as outras estarão revogadas" (cf. Tércio Sampaio Ferras Jr., *in Introdução...*, p. 198).

dominante) surge no momento em que for concluído o julgamento. A vigência, porém, fica postergada para a publicação do acórdão. Nesse contexto, a validade normativa do precedente fica suspensa no período compreendido entre a data do julgamento (marco temporal da validade) e a data da publicação do acórdão (marco temporal da vigência), em um fenômeno semelhante ao da *vacatio legis*. Uma vez publicado o acórdão, o precedente passa a viger, embora a enunciação com validade tenha ocorrido na conclusão do julgamento.

Isso soluciona o dilema. O precedente **válido** é aquele decorrente da controvérsia que foi **julgada** por último (momento em que se formou a validade), independentemente da data da publicação do acórdão (momento em que se iniciou a vigência), uma vez que o processo de formação do precedente terminou na enunciação feita no julgamento. Nessa medida, embora a vigência tenha sido postergada – e a validade suspensa até a data da publicação do acórdão –, será **válido** o precedente enunciado **no julgamento mais recente**. O precedente julgado anteriormente não prevalece, porque não é mais válido. Embora o acórdão do entendimento anterior tenha sido publicado após o daquele julgado mais recentemente, o precedente não era mais válido, porque a data da enunciação (conclusão do processo de formação) é anterior à do entendimento atual. A publicação posterior do acórdão com o entendimento ultrapassado não tem o condão de restaurar a validade de enunciado normativo que foi substituído por outro, através de **posterior** processo de elaboração.

Em suma, a **validade** do precedente com força de incidência normativa (efeito vinculante ou dominante) surge na data de conclusão do **julgamento** e a **vigência** da eficácia normativa ocorre com a **publicação** do acórdão. A revogação formal do precedente ocorre com a publicação do acordão. Assim, enquanto não for publicado, o precedente não tem o condão de revogar o entendimento anterior. A validade daquele estava suspensa, pendente de vigência.

Em seguida, examinaremos a capacidade de produzir efeitos normativos sobre os destinatários do comando. Trata-se da *eficácia* normativa dos precedentes, que a doutrina classifica em *social* ou *técnica*.[161] Eficácia social – ou efetividade – consiste na produção fática dos efeitos, isto é, na conformidade da conduta prescrita com a realidade do universo fenomênico. Trata-se da observância fática do precedente pelos juízes e tribunais e pela administração pública. A eficácia técnica, por sua vez, é a graduação dos efeitos quando a norma

---

161 Para Tércio Sampaio Ferraz Jr., "Vigência e eficácia são qualidades distintas. A primeira refere-se ao tempo de validade. A segunda, à produção de efeitos. A capacidade de produzir efeitos depende de certos requisitos. Alguns são de natureza fática; outros, de natureza técnico-normativa. A presença de requisitos fáticos torna a norma efetiva ou socialmente eficaz. Uma norma se diz socialmente eficaz quando encontra na realidade condições adequadas para produzir seus efeitos. Essa adequação entre a prescrição e a realidade de fato tem relevância semântica (relação signo/objeto, norma/realidade normada). Efetividade ou eficácia social é uma forma de eficácia. (...) Para a concretização de função eficacial *primária*, a norma pode ou não depender de outras normas ou, delas prescindindo, pode admitir, no entanto, uma restrição por meio de uma futura norma que lhe reduzirá a eficácia. Quando a concretização da função eficacial é imediata, sem necessidade de outra norma, não podendo ser restringida, dizemos que a eficácia é *plena*: por exemplo, o art. 129 do Código Penal supramencionado. Quando, para a realização da função eficacial, há necessidade de outras normas, diz-se que a eficácia é *limitada*, caso, por exemplo, do art. 218 da Constituição Federal, citado. Quando pode ser restringida, sendo plena enquanto não sobrevier a restrição, dizemos que a eficácia é *contida*, caso, por exemplo, da norma: 'é livre o exercício de qualquer trabalho, ofício ou profissão, atendidas as qualificações profissionais que a lei estabelecer', art. 5º, XIII, da Constituição Federal (Silva, 1968:76)" (cf. *Introdução...*, pp. 199-200 e 201-202).

jurídica é comparada com outras. A doutrina fala, nesses casos, em eficácia plena, limitada e contida.[162]

No modelo atual – pelo menos em uma visão mais conservadora –, a eficácia *normativa* dos precedentes judiciais admite gradação. Os precedentes dominantes (jurisprudência dominante dos tribunais) têm eficácia diferenciada dos precedentes vinculantes (súmula vinculante, precedente em ADI *etc.*). Enquanto o efeito dos precedentes vinculantes incide sobre todos os sujeitos de direito, os precedentes da jurisprudência dominante não vinculam a administração pública.[163] Trata-se, em verdade, de ausência de sanção específica para alguns destinatários do precedente, o que diminui o grau de eficácia da norma.[164] A falta de sanção capaz de trazer efetividade ao precedente pode ser considerada como ausência de eficácia técnica, em face da inexistência de norma prevendo coerção física ou psicológica ao agente que resiste em obedecer a conduta nela prescrita. Nessa medida, os precedentes da jurisprudência dominante têm, para a administração pública, eficácia normativa *limitada*, pois dependem de outra norma para atribuir força de incidência normativa através da imputação de sanção como a responsabilização pessoal do agente (coerção psicológica). Para os juízes e tribunais, a força de incidência dos precedentes dominantes é equiparada à dos vinculantes, ou seja, todos têm eficácia *plena*.

---

[162] Cf. José Afonso da Silva, *in*

[163] A conveniência ou não desse sistema será examinada com profundidade mais adiante.

[164] Cf. infra, quando discutiremos, a partir de Robert Alexy, a eficácia enquanto conformidade com a prescrição (*compliance*) ou imputação de sanção (*sanction*).

No que tange à possibilidade de limitação dos efeitos do precedente por outra norma (precedente ou lei), é preciso reconhecer que **todos os precedentes judiciais têm potencialmente eficácia *contida***. O motivo é simples: outros precedentes podem limitar a extensão da eficácia normativa de outro precedente, ao afastar sua incidência com a utilização de argumentos fundados nas circunstâncias distintivas da controvérsia (*distinguishing*). Embora seja possível encontrar – ao menos em sede de especulação – precedente judicial que não possa ser restringido, parece ser altamente improvável que exista precedente que não tenha eficácia *contida*. Em tese, todo precedente admite a restrição de sua eficácia normativa, através de circunstâncias fáticas que tornam o caso único, distinguindo-o da situação enfrentada pelo tribunal. Ou seja, todo precedente tem a potencialidade de ter sua eficácia contida por outro precedente, através das circunstâncias distintivas da controvérsia (*distinguishing*).

Há, por fim, a possibilidade de a norma produzir efeitos, ainda que ela não mais pertença ao sistema. Trata-se da ultratividade da norma que, sem ser vigente (revogada), ainda conserva força de incidência normativa e produz efeitos. Alguns autores denominam esse fenômeno como "vigor"[165], enquanto outros o incluem no conceito de

---

[165] Tércio Sampaio Ferras Jr. define "vigor" do seguinte modo: "Em outras palavras, que uma norma tem vigor significa que ela tem força impositiva, não havendo, em princípio, como subtrair-se a seu comando, a seu império. *Vigor*, portanto, é expressão dogmática que manifesta a qualidade imperativa da norma, cuja força pode subsistir mesmo quando ela já não mais pertence ao sistema do ordenamento ou quando, declarada sua inconstitucionalidade por um tribunal supremo (no caso brasileiro, pelo Supremo Tribunal Federal) e não determinada a suspensão de sua eficácia pelo órgão competente (em nosso caso, pelo Senado Federal), continua a ser aplicada pelos tribunais. Em

"eficácia". O Superior Tribunal de Justiça tem reconhecido a eficácia (ou vigor) de precedente não mais vigente, recusando-se a adequar o julgamento ao novo entendimento da Corte.[166] Entretanto, é questionável se a recusa em adequar o julgamento pretérito ao novo entendimento decorre da ultratividade do precedente anterior ou tão somente da inadequação do instrumento, uma vez que – segundo os precedentes do STJ – os embargos de declaração não se prestam para essa pretensão. A ultratividade de precedente revogado e a eficácia *ex tunc* ou *ex nunc* do precedente atual referem-se à fixação no tempo da capacidade de produzir efeitos. Razão pela qual não reconheceremos, neste trabalho, diferença alguma entre o "vigor" e a "eficácia". Tanto o

---

suma, é possível dizer, diante do exposto, que uma norma pode (...) não ser nem válida nem vigente e, no entanto, ter força ou vigor, o que fundamenta a produção retroativa de efeitos (ultratividade), isto é, embora revogada, ela ainda conserva sua força vinculante e pode, por isso, produzir concretamente efeitos" (cf. *Introdução...*, pp. 202-203). A análise do emérito Filósofo é bastante pertinente. Neste trabalho, adotaremos porém a linha seguida por parte da doutrina que não distingue *vigor* de *eficácia*, uma vez que ambos se relacionam à produção concreta de efeitos, seja pela adequação da conduta, seja pela força impositiva através da sanção. A imperatividade da norma revogada pode ser compreendida tanto pelo *vigor* quanto pela *eficácia*.

166 O STJ entende que: "(...) Ressalva de que **não é possível, em sede de embargos declaratórios, a modificação do julgado por suposta e ulterior mudança de entendimento pretoriano** (AR 3.525/DF, Rel. Min. Eliana Calmon, Primeira Seção, julgado em 8/10/2008) quanto à aplicação da Súmula 343/STJ nos casos de ações rescisórias em que se discute a incidência do imposto de renda sobre complementação de aposentadoria na parte correspondente às contribuições vertidas pelos beneficiários sob a égide da Lei 7.313/88. A alteração do julgado em virtude de eventual e posterior mutação jurisprudencial, por meio da oposição de embargos de declaração encerra pretensão de caráter exclusivamente infringente, não se enquadrando nas hipóteses previstas no art. 535 do CPC. Precedentes: EDcl no REsp 1.044.019/SC, Rel. Ministro Mauro Campbell Marques, Segunda Turma, DJe 1/12/2008; EDcl no AgRg no Ag 926.636/SP, Rel. Ministra Denise Arruda, Primeira Turma, DJe 6/10/2008. (...)" (EDcl no REsp 1028831/DF, relator Ministro Benedito Gonçalves, julgado em 6.10.2009, DJe 13.10.2009 – o destaque não consta no texto original).

vigor quanto a eficácia consistem na aptidão de produzir efeitos. O vigor pode ser compreendido como eficácia de norma revogada. O marco temporal dessa produção de efeitos é que demanda estudo específico.

5.1. A compreensão da eficácia normativa dos precedentes judiciais a partir do âmbito linguístico do discurso judicial

Uma dúvida bastante intrigante conduz à investigação da força de incidência dos precedentes (efeito vinculante), estudada a partir de uma análise linguística. No âmbito da semiótica, há três planos distintos, que procuram explicar a comunicação discursiva. São eles: (i) o plano sintático, que verifica a relação signo-signo; (ii) o plano semântico, que regula a relação signo-objeto; e (iii) o plano pragmático, que cuida da relação signo-intérprete. Há sempre a possibilidade de alguma imprecisão linguística, decorrente de problemas denotativos (que surgem em razão da vagueza do signo) ou conotativos (revelados a partir da ambiguidade do enunciado). No campo dos precedentes vinculantes, o problema persiste, uma vez que são enunciados a partir da linguagem natural.

Por essa razão, os métodos de interpretação fundados no discurso são úteis para a compreensão dos precedentes.[167]

No plano sintático, o sentido do precedente pode ser obtido a partir de interpretação gramatical, lógica e sistemática. O método

[167] Os métodos de interpretação estudados nesta Seção foram fortemente inspirados em Tércio Sampaio Ferraz Jr. (cf. *Introdução...*, pp. 286 ss.)

gramatical consiste na conexão das palavras nas sentenças do próprio precedente, atribuindo-lhe sentido a partir da obediência das regras de sintaxe. O método lógico, por sua vez, consiste na compatibilidade do precedente com outro precedente usado na argumentação discursiva. Por fim, o método sistemático busca a compreensão do precedente a partir da estrutura unitária do ordenamento jurídico, ou seja, considerando o sentido normativo do precedente integrado na totalidade do sistema.

No plano semântico, o precedente pode extrair seu sentido normativo a partir da interpretação histórica, sociológica e evolutiva. O método histórico busca a correspondência do signo com o comportamento fático, tendo como parâmetro o momento (marco temporal) da gênese normativa. O sociológico, por seu turno, extrai o sentido semântico do precedente considerando as circunstâncias atuais da situação, ou seja, comparando a conduta fática (cultural, política, econômica) encontrada na sociedade no momento de incidência normativa. A transição entre os dois métodos permite uma interpretação histórico-evolutiva, que não precisa guardar coincidência nem com o resultado do método histórico, nem com o do método sociológico. Assim, é possível compreender o sentido normativo no momento de enunciação do precedente (histórico), alcançar o significado do comportamento fático no momento de aplicação do precedente (sociológico) e, ainda assim, buscar uma interpretação que se transforma espontaneamente em algo entre os dois fatores (evolutiva). Nem sempre é possível distinguir com nitidez esses fenômenos.[168]

Finalmente, no plano pragmático, são encontrados os métodos teleológico e axiológico de interpretação. No âmbito da interpretação teleológica, busca-se o sentido a partir da relação *meio-fim* – referenciada na moderna teoria dos princípios como relação *regra-princípio* –, o que conduz à verificação da proporcionalidade da solução. Já no método axiológico, o significado normativo do precedente decorre da compreensão e incorporação dos valores individuais e coletivos.

Nesse contexto conceitual, os precedentes judiciais – como qualquer componente da linguagem natural – admitem a compreensão a partir dos planos da linguagem, inserida no âmbito do discurso jurídico.[169]

Mas a questão vai além da mera congruência de sentido na relação dos precedentes entre si. É preciso buscar a compreensão a partir da relação dos precedentes com as demais normas jurídicas – ao menos aquelas que possuem a mesma força de incidência que eles. Nessa linha de raciocínio, é preciso compreender o precedente a partir

[168] Esta advertência é de Tércio Sampaio Ferraz Jr.: "Podemos distinguir entre a interpretação sociológica e a histórica conforme se leve em consideração a estrutura momentânea da situação ou sua gênese no tempo. Na prática, porém, é difícil sustentar a distinção. A busca do sentido efetivo na circunstância atual ou no momento de criação da norma mostra que ambos se interpenetram. Daí, às vezes, a idéia de uma interpretação histórico-evolutiva. É preciso ver as condições específicas do tempo em que a norma incide, mas não podemos desconhecer as condições em que ocorreu sua gênese" (cf. *Introdução...*, pp. 290-291).

[169] Além dos planos linguísticos (sintático, semântico e pragmático), há ainda a imposição normativa a partir das relações argumentativas no âmbito do discurso judicial. Essa característica será examinada em momento próprio, por se tratar de fenômeno diverso do que ora se estuda.

dos planos sintático, semântico e pragmático, cotejando-os com a relação existente nas leis, oriunda dos mesmos planos linguísticos.

Isso significa que as relações linguísticas dos planos sintático, semântico e pragmático guardam estreita relação com o grau de eficácia normativa dos precedentes e das leis.

5.2. Qual enunciado tem maior força de incidência normativa: a lei ou o precedente judicial?

A pergunta que inicia esta Seção é a seguinte: há diferença entre a força de incidência de uma lei e de um precedente vinculante? Apesar de a indagação ser feita com certa ingenuidade sistêmica – afinal, não haveria dúvidas de que a lei prevalece sobre o precedente judicial –, a eficácia das normas jurídicas (tanto a social quanto a técnica) tem conduzido a alguns resultados absolutamente surpreendentes.

Três situações são possíveis, no que tange à força de incidência comparada entre os precedentes e a lei: (i) o precedente tem força impositiva inferior à da lei; (ii) o precedente tem força impositiva igual à da lei; (iii) o precedente tem força impositiva superior à da lei.

Pois bem.

Como ponto de partida, uma característica elementar do sistema normativo: a lei prevalece sobre o precedente judicial. Havendo incompatibilidade linguística (contrariedade sintática e semântica) entre o precedente e a lei, então esta predomina sobre aquele.[170] Somente não é cabível falar em predominância de um sobre o outro na hipótese de as situações normatizadas serem diferentes, ou seja, quando não houver contrariedade sintática ou semântica (por exemplo, quando o precedente cria cláusula de exceção, regulamentando situação diversa daquela prevista na lei) Imaginemos o seguinte exemplo.

Exemplo. A Constituição de 1988 estabeleceu, no art. 37, XI[171], a possibilidade de a lei fixar o limite máximo de remuneração dos servidores públicos (teto remuneratório). O STF, interpretando o sentido da norma constitucional, excluía as vantagens pessoais do teto remuneratório.[172] Nesse caso, o STF criou verdadeira cláusula de

---

170 É claro que esta afirmação é apenas *prima facie*, consideradas as circunstâncias do argumento que queremos desenvolver. A força de incidência das fontes do direito (lei, jurisprudência, doutrina) e a relação de prevalência entre elas é um fenômeno complexo que vai além da discussão ora travada. Os precedentes judiciais podem, por exemplo, retirar a eficácia da lei por intermédio da argumentação. A doutrina pode interpretar a lei e os precedentes, trazendo outra solução argumentativa, aceita pelos destinatários da argumentação comparados ao auditório universal. Então, a prevalência da lei mencionada no texto deve ser compreendida como critério dogmático de prioridade normativa, porém sujeito à refutação pela argumentação. Isso revela o caráter derrotável do próprio argumento de prioridade normativa (*defeasible argumentation*).

171 O texto – revogado pela EC 19/1998 – dizia: "XI - a lei fixará o limite máximo e a relação de valores entre a maior e a menor remuneração dos servidores públicos, observados, como limites máximos e no âmbito dos respectivos poderes, os valores percebidos como remuneração, em espécie, a qualquer título, por membros do Congresso Nacional, Ministros de Estado e Ministros do Supremo Tribunal Federal e seus correspondentes nos Estados, no Distrito Federal e nos Territórios, e, nos Municípios, os valores percebidos como remuneração, em espécie, pelo Prefeito;"

172 Nesse sentido, **citando precedente vinculante** (ADI 14): "EMENTA: ADMINISTRATIVO. PROCURADORES DO MUNICÍPIO DE SÃO

exceção: manteve o teto remuneratório mas excluiu as vantagens pessoais. Trata-se de precedente judicial que atribuiu eficácia *contida* à norma constitucional. Não há, então, sequer conflito entre as duas normas jurídicas (precedente e Constituição), uma vez que o precedente judicial criou exceção que restringiu a eficácia normativa da Constituição. Posteriormente, a Constituição foi alterada pela EC 19/1998, incluindo expressamente as vantagens pessoais no teto remuneratório.[173] A partir desse momento, passou a existir incompatibilidade lógica (plano sintático) entre os precedentes do STF e o texto constitucional. O STF, porém, estabeleceu nova cláusula de exceção, reconhecendo que o modificado inciso XI do art. 37 da

PAULO. LEI Nº 10.430, DE MARÇO DE 1988, ART. 42. TETO REMUNERATÓRIO. GRATIFICAÇÃO DE GABINETE, ADICIONAL DE FUNÇÃO E HONORÁRIOS ADVOCATÍCIOS. Legitimidade do teto remuneratório, na forma fixada pelo dispositivo legal sob enfoque. Preceito que não foi recebido pela CF/88, no ponto em que fixou teto para a remuneração bruta, a qualquer título, dos servidores municipais. Orientação assentada pelo STF, **na ADI 14**, Rel. Min. Célio Borja, no sentido de que **deverão ser excluídas do cálculo do teto previsto no art. 37, XI, da CF/88, as vantagens pessoais**, como tais, entretanto, consideradas apenas as decorrentes de situação funcional própria do servidor e as que representem uma situação individual ligada à natureza ou às condições do seu trabalho. Hipótese a que não se subsome a última das vantagens em destaque. Ausência, nos autos, de elementos que permitam a identificação da natureza jurídica da segunda delas. Recurso conhecido e parcialmente provido." (RE 220397/SP, relator Ministro Ilmar Galvão, julgamento 9.12.1998, DJ 18.6.1999, p. 25 – o destaque não consta no original).

[173] O texto acrescentado pela EC 19/1998 – hoje revogado pela EC 41/2003 – dizia: "XI - a remuneração e o subsídio dos ocupantes de cargos, funções e empregos públicos da administração direta, autárquica e fundacional, dos membros de qualquer dos Poderes da União, dos Estados, do Distrito Federal e dos Municípios, dos detentores de mandato eletivo e dos demais agentes políticos e os proventos, pensões ou outra espécie remuneratória, percebidos cumulativamente ou não, **incluídas as vantagens pessoais ou de qualquer outra natureza**, não poderão exceder o subsídio mensal, em espécie, dos Ministros do Supremo Tribunal Federal;" (Redação dada pela Emenda Constitucional nº 19, de 1998)

CF/1988 era norma de eficácia *limitada*, cuja aplicação dependia de lei infraconstitucional ainda não editada. Mais uma vez, negou eficácia ao texto constitucional, mesmo a partir da EC 19/1998.[174] Em seguida, novamente a Constituição foi alterada, desta feita por intermédio da EC 41/2003, incluindo novamente as vantagens pessoais no teto remuneratório.[175] A partir de então, o STF passou a reconhecer a incidência normativa do teto remuneratório[176], pois o próprio texto

---

[174] Nesse sentido: "EMENTA: AGRAVO REGIMENTAL NO RECURSO EXTRAORDINÁRIO. CONSTITUCIONAL. TETO REMUNERATÓRIO. EXCLUSÃO DAS VANTAGENS PESSOAIS. PERÍODO POSTERIOR À EMENDA CONSTITUCIONAL N. 19/98 E ANTERIOR À NORMA DA EMENDA CONSTITUCIONAL N. 41/03. PRECEDENTES. AGRAVO REGIMENTAL AO QUAL SE NEGA PROVIMENTO. A jurisprudência do Supremo Tribunal firmou-se no sentido de que, **no período anterior à Emenda Constitucional n. 41/03, ainda que posterior à Emenda Constitucional n. 19/98**, as vantagens pessoais estavam excluídas do teto remuneratório." (RE 491480 AgR/SP, relatora Ministra Cármen Lúcia, julgamento 30.6.2009, DJe 157, de 20.8.2009 – o destaque não consta no original).

[175] A redação vigente é a seguinte: "XI - a remuneração e o subsídio dos ocupantes de cargos, funções e empregos públicos da administração direta, autárquica e fundacional, dos membros de qualquer dos Poderes da União, dos Estados, do Distrito Federal e dos Municípios, dos detentores de mandato eletivo e dos demais agentes políticos e os proventos, pensões ou outra espécie remuneratória, percebidos cumulativamente ou não, **incluídas as vantagens pessoais** ou de qualquer outra natureza, não poderão exceder o subsídio mensal, em espécie, dos Ministros do Supremo Tribunal Federal, aplicando-se como limite, nos Municípios, o subsídio do Prefeito, e nos Estados e no Distrito Federal, o subsídio mensal do Governador no âmbito do Poder Executivo, o subsídio dos Deputados Estaduais e Distritais no âmbito do Poder Legislativo e o subsídio dos Desembargadores do Tribunal de Justiça, limitado a noventa inteiros e vinte e cinco centésimos por cento do subsídio mensal, em espécie, dos Ministros do Supremo Tribunal Federal, no âmbito do Poder Judiciário, aplicável este limite aos membros do Ministério Público, aos Procuradores e aos Defensores Públicos;" (Redação dada pela Emenda Constitucional nº 41, 19.12.2003 – o destaque não consta no original)

[176] Nesse sentido: "CONSTITUCIONAL. ADMINISTRATIVO. EMBARGOS DE DECLARAÇÃO EM RECURSO EXTRAORDINÁRIO. CONVERSÃO EM AGRAVO REGIMENTAL. SERVIDORES PÚBLICOS. TETO DE

constitucional afirmava a eficácia plena do enunciado normativo, independentemente de qualquer lei infraconstitucional.

Este episódio é muito instrutivo. Observem que o STF adotou, por duas ocasiões, interpretações que excluíam a eficácia do teto remuneratório. Mas sempre que a Constituição re-estabelecia a identidade fática ou de comportamento (plano semântico) entre o precedente e a norma constitucional – criando, naturalmente, a incompatibilidade lógica (plano sintático) –, a norma constitucional prevalecia sobre o precedente judicial. É o que ocorre no momento atual: a norma constitucional que impõe o teto remuneratório tem eficácia normativa plena, prevalecendo sobre os precedentes contrários do STF.

A assertiva de que a lei prevalece sempre sobre os precedentes – assim como a afirmação contrária – também é ingênua, por desprezar a complexidade do raciocínio jurídico, enquanto possibilidades de ação argumentativa. Em verdade, não se pode afirmar que a lei prevalece. Podemos encontrar inúmeras hipóteses de predominância da jurisprudência sobre a lei! Vejamos um caso emblemático, que ilustra a situação.

VENCIMENTOS. VANTAGENS PESSOAIS. 1. Embargos de declaração recebidos como agravo regimental, consoante iterativa jurisprudência do Supremo Tribunal Federal. 2. **As vantagens pessoais estão incluídas no teto remuneratório**, previsto no art. 37, XI, da Constituição Federal, **após a edição da Emenda Constitucional 41/2003**. 3. O decidido pelo Supremo Tribunal Federal no julgamento do MS 24.875/DF, rel. Ministro Sepúlveda Pertence, não se aplica ao caso dos autos. 4. Agravo regimental improvido." (RE 466881 ED/MG, relatora Ministra Ellen Gracie, julgamento 31.3.2009, DJe 75, de 23.4.2009 – o destaque não consta no original).

Exemplo. O STJ tinha jurisprudência consolidada no sentido de afastar a necessidade de constituir capital para assegurar o cabal cumprimento da obrigação (conforme exigia o art. 602 do CPC), na hipótese de notória capacidade financeira do devedor. O Projeto de Lei nº 3.253, de 29.3.2004, alterou o CPC para incorporar a tese jurídica adotada pelo do STJ. Esse Projeto foi convertido na Lei nº 11.232, de 22.12.2005. Então, o precedente do STJ que não tinha efeito vinculante passou a ter a mesma força de incidência das leis, pois foi transformado em lei. Não obstante isso, antes mesmo da publicação da Lei nº 11.232/2005, o STJ aprovou, na Sessão de 25.5.2005 (DJ de 6.6.2005, p. 397), a Súmula 313, em sentido contrário ao seu próprio entendimento anterior. Nessa medida, o STJ passou a exigir a constituição do capital, ainda que o devedor tivesse notória capacidade financeira.

Vejam bem. A Lei procurou atribuir efeito vinculante (força de incidência normativa) a precedente do STJ destituído dessa eficácia, mas antes de sua vigência – ou mesmo de sua validade, uma vez que o processo legislativo ainda não tinha se encerrado –, o STJ alterou sua jurisprudência.

Poderíamos, então, perguntar: o que está sendo aplicado? Qual enunciado tem eficácia normativa? A Lei? Ou a jurisprudência? A Lei nº 11.232/2005 ou a Súmula 313 do STJ? Na linha do raciocínio anteriormente desenvolvido, a resposta que deveria surgir é: a Lei. Porém, não é isso que está acontecendo. A resposta é irrefutavelmente outra: o que está sendo aplicado é Súmula do STJ[177], ou seja, a jurisprudência que *a priori* não tem sequer efeito vinculante... O curioso é que o STJ não aplica a Lei que foi feita para tornar vinculante seus

177

precedentes. Não afirmamos que deveria aplicá-la. Não é esse o nosso argumento. Apenas sustentamos que, não raro, os precedentes judiciais – mesmo aqueles destituídos de eficácia vinculante – prevalecem sobre a lei, que é impositiva e tem força de incidência normativa.

Esse episódio demonstra a complexidade da argumentação jurídica e impede qualquer conclusão mais apressada no sentido de que a lei – sempre – prevalecerá sobre os precedentes judiciais. De regra geral, sim. É da essência do Estado Democrático de Direito. Mas não se pode excluir as demais opções argumentativas, sem conhecê-las.

Mas não é apenas a prevalência da lei sobre o precedente (que surge com a contrariedade sintática e semântica) que chama a atenção. O que deve ser examinada é a força normativa de ambos, **na hipótese de identidade sintática e semântica**. Em outras palavras, quando o precedente repetir o conteúdo linguístico da lei.

Admitida a eficácia vinculante do precedente, então ele terá a mesma *força de incidência normativa* das demais normas jurídicas, isto é, da lei. O precedente obrigará os sujeitos de direito assim como a lei os obriga. Ambos são imperativos. Portanto, uma vez reconhecida a eficácia vinculante dos precedentes (súmulas vinculantes, ADI, ADC, ADO, ADPF), ele teria a mesma força de incidência que a lei.

Porém, se o precedente tem a mesma força de incidência da lei, podemos dizer que ele é dispensável, que ele é irrelevante como parâmetro normativo? O precedente cujo conteúdo é idêntico ao da lei (coincidência sintática e semântica) é desnecessário, no que tange à força de incidência?

Na verdade, não é. Diversos são os indícios de diferença de força normativa entre eles. Inicialmente, é possível dizer que o precedente tem, para os juízes, maior força de incidência que a lei. A utilização de precedentes na fundamentação das decisões judiciais já ultrapassou a referência às leis. Como argumento, o precedente é mais persuasivo que a lei. Depois, podemos facilmente verificar que a própria legislação aumentou a força dos precedentes, admitindo consequências jurídicas que não são reconhecidas à própria lei. Por exemplo, as diversas prescrições normativas que permitem ao juiz ou tribunal decidir com base exclusivamente exclusivo no precedente. Assim, o juiz pode inadmitir a apelação quando a sentença estiver fundada em determinados precedentes judiciais, mas não pode inadmiti-la se estiver fundada apenas na lei, ainda que esta reproduza sintática e semanticamente o que estiver contido no precedente. Também o julgamento monocrático é permitido quando a decisão recorrida estiver em confronto com os precedentes judiciais, mas não é tolerado quando estiver em desconformidade com a lei. Cabe reclamação contra decisão ou ato normativo que contraria precedente vinculante do Supremo Tribunal Federal, mas não cabe se a violação for à Constituição. Não há remessa necessária se a sentença estiver fundada em precedente dominante ou súmula, mas cabe se a sentença fundar-se tão somente na lei. E, em grau máximo de eficácia decorrente da Lei nº 11.417/2006, não há sanção para o descumprimento da lei, em grau tão intenso como há para a decisão administrativa em desconformidade com súmula vinculante, ou seja, o agente administrativo que descumprir a decisão do STF que acolheu reclamação (por desrespeito a súmula vinculante) está sujeito à responsabilização pessoal nas esferas penal, civil e administrativa. Mas não há responsabilidade com a mesma intensidade para o descumprimento da lei.

Enfim, ainda que os precedentes judiciais coincidam sintática e semanticamente com as leis, há significante diferença de força de incidência normativa entre eles. A diferença é qualitativa. Não é derivada apenas da quantidade de normas (lei *e* precedente).

Portanto, no campo da constatação empírica, podemos afirmar, sem receio, que os precedentes têm, atualmente, força de incidência normativa diferente da lei. Se a diferença não se encontra nos planos sintático e semântico, então está no plano pragmático. Ou seja, na relação signo-intérprete (destinatário da força de incidência normativa).[178]

5.3. Aplicação de precedente a partir do seu sentido contrário (*argumentum e contrario*)

Nem sempre haverá a subsunção do caso em julgamento à situação descrita no precedente judicial. Pode ocorrer que a hipótese encontrada no precedente seja exatamente a situação oposta àquela que se pretende solucionar. A questão que surge, nessa medida, resume-se à seguinte indagação: é possível aplicar um precedente vinculante *a contrario sensu*? Ou a eficácia vinculante encontra-se restrita à hipótese de aplicação direta do precedente?

---

[178] Vejam, a propósito, o interessante argumento de Óscar Corrêa (cf.).

A resposta à essa indagação não é muito simples e exige a consideração de algumas circunstâncias relevantes para a correta compreensão do fenômeno. Senão, vejamos. O raciocínio *a contrário sensu* ocorre quando se conclui pela tese oposta, a partir de uma regra cujas condições de aplicação não foram completamente verificadas ou satisfeitas[179]. Usualmente, a aplicação de uma norma jurídica – seja ela abstrata (lei) ou concreta (precedente judicial) – ocorre a partir da satisfação de algumas condições descritas no seu antecedente[180]. Isso pode ser facilmente verificado a partir de inúmeras normas jurídicas elementares. Vejamos, como exemplo, as seguintes hipóteses: (i) auferir rendas (antecedente) acarreta a obrigatoriedade de pagar imposto de renda (consequente); (ii) matar alguém (antecedente) implica a aplicação da pena de reclusão (consequente); (iii) tomar imóvel em locação (antecedente) produz o dever jurídico de pagar aluguel (consequente) *etc*. Em todas as hipóteses normativas mencionadas, a consequência jurídica somente pode ser aplicada se a condição descrita

---

179 O argumento a contrario sensu é definido por TÉRCIO SAMPAIO FERRAZ JR. da seguinte forma: "Consiste, em termos simples, em concluir de um proposição admissível, pela proposição que lhe é oposta. Por exemplo: se o legislador especificou taxativamente os casos de incidência do tributo, *a contrario sensu* os demais casos não estão abrangidos." (*cf.* Introdução ao Estudo do Direito. Técnica, Decisão, Dominação. 4ª ed., São Paulo, Atlas, 2003, p. 338). E mais adiante, utilizando definição inspirada em ULRICH KLUG, afirma que: "Na argumentação jurídica, o argumento toma, pois, a seguinte forma: se um caso dado preenche os pressupostos legais *v, x, z*, seguem-se para ele as consequências *a, b, c*, porém, o caso não preenche aqueles pressupostos *v. x., z*, então *não* se seguem para ele as consequências *a, b, c*." (*cf.* Introdução..., pp. 338-339).

180 A doutrina utiliza denominações distintas para esses elementos, denominando-os de antecedente-consequente, hipótese-consequência, prótase-apódose *etc*. Para simplificar a compreensão e manter precisão linguística, utilizaremos neste trabalho a denominação antecedente-consequente.

no antecedente da norma for verificada[181].

No raciocínio *a contrario sensu*, se as condições de aplicação da norma não ocorreram, então conclui-se que a consequência prescrita também não irá ocorrer. Desse modo, se o imóvel não foi locado, então não há o dever de pagar o aluguel; do mesmo modo, se nenhuma renda foi auferida, também não haverá a obrigação tributária concernente ao imposto de renda; e assim por diante.

A doutrina utiliza esse método para justificar alguns raciocínios que não se encontram expressamente previstos em lei. Nesse sentido:

Exemplo (raciocínio *a contrario sensu* de enunciado doutrinário). Encontramos na doutrina o seguinte raciocínio para justificar o cabimento de ação rescisória de interpretação sugerida pela primeira vez por tribunal, por ofensa a literal disposição de lei: "Aliás devemos ter sempre presente o texto da Súmula nº 343 do STF: 'Não cabe ação rescisória por ofensa a literal disposição de lei, quando a decisão rescindenda se tiver baseado em texto legal de interpretação controvertida nos tribunais'. A *contrario sensu*, se a decisão rescindenda isoladamente acolhe pela vez primeira tese inusitada, sugere-se a violação." (Luiz Fux, in Curso de Direito Processual Civil, 2ª Ed., Editora Forense, Rio de Janeiro, 2004, pp. 849/850).

Por se tratar de um método de raciocínio, também podemos

[181] Pode ocorrer, também, que o enunciado prescritivo imponha a conduta sem condicioná-la a qualquer descrição de fato. A regra "é proibido matar", por exemplo, somente prescreve uma conduta (não matar) no consequente, não havendo qualquer descrição de fato de possível ocorrência no antecedente, que condiciona a aplicação da norma. Nessa espécie normativa, o raciocínio *a contrario sensu* é muito mais difícil de ocorrer.

encontrá-lo a partir de um enunciado legal. Vejamos um exemplo específico dessa espécie de argumento, usando a lei como parâmetro.

Exemplo (raciocínio *a contrario sensu* da lei). O art. 5º da Lei nº 12.016/2009 (Lei do Mandado de Segurança) estabelece literalmente que *"não se concederá mandado de segurança quando se tratar: I – de ato do qual caiba recurso administrativo com efeito suspensivo, independentemente de caução; II – de decisão judicial da qual caiba recurso com efeito suspensivo"; etc.* Este preceito legal permite uma clara utilização do raciocínio *a contrario sensu*, a partir da negação das condições de aplicação (pressupostos normativos), que estão enunciadas nos respectivos incisos. Ou seja, (i) se o ato impugnado **não** comportar recurso administrativo com efeito suspensivo que independa de caução (inciso I), ou (ii) se da decisão judicial **não** couber recurso com efeito suspensivo (inciso II), então *a contrario sensu* o mandado de segurança será cabível[182].

Observem que, em verdade, o enunciado legal não afirmou o cabimento do mandado de segurança nas hipóteses contrárias. Há tão somente uma proibição de admissibilidade do *mandamus* nos casos previstos na respectiva Lei[183]. A conclusão foi obtida a partir de uma interpretação contrária do estabelecido no texto legal.

Essa espécie de inferência prática é coerente e, inclusive, intuitivamente bastante persuasiva – do ponto de vista da retórica, pelo

---

[182] É óbvio que, embora o texto legal refira-se à "concessão", a hipótese é de admissibilidade do *writ*, pois não se pode afirmar que a mera inexistência de recurso com efeito suspensivo (inciso II) acarretará a concessão da segurança.

[183] Exceto se se usar o argumento kelseniano de que tudo o que não estiver proibido estará permitido.

menos –, pois é natural reconhecer no raciocínio uma dualidade de sentidos. No âmbito da lógica formal, a limitação a apenas dois possíveis valores das proposições normativas forma o princípio do terceiro excluído: ou a proposição é verdadeira ou é falsa, excluída a terceira hipótese[184]. Algo bem parecido ocorre com o raciocínio *a contrario sensu*. Se a consequência jurídica advém da satisfação de uma condição ou premissa, a não realização daquela premissa nos leva a concluir pelo afastamento da consequência. Ou a condição foi realizada e, em consequência, o resultado será produzido, ou a condição não foi realizada e o resultado não se produzirá. No exemplo acima, ou há recurso administrativo com efeito suspensivo e o mandado de segurança não é cabível, ou não há previsão de recurso e o mandado de segurança é cabível.

Logo, uma conclusão obtida a partir de um raciocínio *a contrario sensu* é um argumento intuitivamente admissível. Tem um razoável grau de coerência e força persuasiva.

Essa espécie de argumento pode ser utilizado não apenas na aplicação das leis, podendo ser encontrado – até mesmo com bastante frequência – em precedentes judiciais. Poderíamos citar da jurisprudência do STJ, por exemplo, o RMS 29063/SP, que utiliza o raciocínio *a contrario sensu* do preceito normativo indicado no exemplo acima[185]. Entretanto, ambos os precedentes desenvolveram o raciocínio

---

[184] Por não ser o objeto de investigação neste trabalho, não explicaremos o estudo de KURT GÔDEL que reconhece a possibilidade de um terceiro valor, apesar da inquestionável importância científica de sua teoria.

[185] No bem elaborado acórdão, o culto Ministro relator consigna que "(...) 3. Na falta de recurso específico contra a decisão do Tribunal de Justiça, admite-se

a *contrario sensu* a partir de um enunciado legal. Para o propósito deste trabalho, seria mais ilustrativo indicar um precedente em que esse raciocínio tivesse, como parâmetro, outro precedente judicial. Portanto, destacamos, ainda, o seguinte exemplo que ilustra, com muita clareza, a possibilidade desse raciocínio a partir da jurisprudência:

Exemplo (raciocínio *a contrario sensu* de precedente judicial). O Superior Tribunal de Justiça, no AgRg no Ag 1131351/MG, relatora Ministra ELIANA CALMON, julgado em 20.8.2009, DJe 10.9.2009, afirma que: "(...) *a jurisprudência desta Corte tem assentado o entendimento de que não são devidos honorários advocatícios à Defensoria Pública quando atua contra a pessoa jurídica de direito público da qual é parte integrante*". Logo em seguida, desenvolve o seguinte raciocínio: "*A* ***contrario sensu****, reconhece-se o direito ao recebimento dos honorários advocatícios se a atuação se dá em face de ente federativo diverso, como, por exemplo, quando a Defensoria Pública Estadual atua contra Município*".

Também com aplicação de argumento *a contrario sensu*, em interessante acórdão, o REsp 664.824/SC, relator Ministro MAURO CAMPBELL MARQUES, DJe 9.11.2009. Naturalmente que os precedentes do STJ ainda não têm efeito vinculante, admitidos pela maioria dos juristas. Porém, os exemplos citados são suficientes para demonstrar a possibilidade de se derivar uma conclusão aceitável dos precedentes judiciais, a partir de um raciocínio *a contrario sensu*.

---

a impugnação do decreto interventivo por Mandado de Segurança, pela interpretação contrario sensu do art. 5º, II, da Lei 12.016/2009, correspondente ao art. 5º, II, da recém-revogada Lei 1.533/1951. (...)" (RMS 29063/SP, relator Ministro HERMAN BENJAMIN, julgado em 1.9.2009, DJe 8.9.2009).

5.4. Ainda a incidência contrária do precedente: *argumentum e contrario* forte e fraco.

Embora seja admissível o argumento *a contrario sensu* aos precedentes judiciais, segundo vimos, a questão não é tão simples assim. Existe uma característica neste argumento que deve ser examinada cuidadosamente. Nem sempre a utilização do raciocínio contrário pode ser considerada aceitável, a ponto de justificar a aplicação inversa do sentido, seja do precedente, seja da própria lei. Isso ocorre porque, conforme bem salientado por Tércio Sampaio Ferraz Jr.,[186] esse argumento não tem validade lógica, mas apenas retórica. Isso significa que, do ponto de vista da lógica formal, o argumento *a contrario sensu* não é válido para justificar uma consequência jurídica.[187] Ele não é considerado logicamente válido, porque a consequência jurídica (consequente) pode ser obtida ainda que as condições de aplicação (antecedente) não ocorram.

Nada há de estranho nisso, uma vez que o consequente pode decorrer de outra condição, outro antecedente[188]. Vejamos, a partir de

---

[186] Cf. *Introdução...*, pp. 338-339. Essa crítica é originária de ULRICH KLUG, cf. *Lógica Jurídica*. Santa Fe de Bogotá: Editorial Temis S/A, 1998.

[187] O motivo é simples. O argumento a *contrario sensu* afirma que, na implicação $a \rightarrow b$, se a for falso, então b também será falso. Porém, na lógica formal, o *tableaux* semântico reconhece, entre outras interpretações, que a implicação $a \rightarrow b$ será verdadeira, quando o antecedente a for falso e o consequente b for verdadeiro. Isso demonstra que, mesmo não ocorrendo as condições de implicação (o antecedente), a consequência jurídica pode ocorrer. Como o argumento *a contrario sensu* nega o consequente, sempre que o antecedente for falso, então este argumento não é logicamente válido.

[188] Usando os diagramas de Euler, podemos dizer que o "antecedente" é um

um exemplo já citado. Matar alguém é condição (antecedente) para alguém cumprir pena de reclusão (consequente), mas mesmo que o antecedente não tenha ocorrido, ainda assim não se pode concluir pela impossibilidade de aplicação do consequente, pois o agente pode ter perpetrado outro ilícito com igual punição.

Nas situações descritas nos exemplos da seção anterior, também podemos obter consequências que podem não mais ser consideradas aceitáveis, em razão da existência de argumentos contrários. Senão, vejamos. Na hipótese do mencionado inciso II do art. 5º da Lei nº 12.016/2009, não é completamente correto afirmarmos que o mandado de segurança será **sempre** cabível na hipótese de decisão judicial da qual **não** caiba recurso com efeito suspensivo. E não é, porque essa assertiva não é um requisito de admissibilidade do *writ*. A existência de recurso com efeito suspensivo **impede** a impetração (segundo consta na Lei 12.016/2009), mas a inexistência do recurso **não implica** a admissibilidade do *mandamus*. Na verdade, outros requisitos devem ser preenchidos para que o mandado de segurança seja admitido (legitimidade, prova pré-constituída verificada *in statu assertionis*, interesse *etc.*). Em conclusão, ainda que não caiba recurso da decisão judicial, o mandado de segurança pode não ser admitido.

Também no citado exemplo do AgRg no Ag 1131351/MG, existe a possibilidade de refutação do raciocínio *a contrario*. Ou seja, não é sempre que haverá direito ao recebimento dos honorários advocatícios se o defensor público atuou em face de ente federativo diverso, como o

---

subconjunto do conjunto "consequente". Mas o "consequente" pode ter outros subconjuntos que também justificam a implicação.

Município, segundo consta no bem elaborado acórdão. Se a demanda for um mandado de segurança, por exemplo, então não haverá condenação em honorários advocatícios, independentemente da qualidade da autoridade coatora. Não haverá condenação, mesmo que a pessoa jurídica de direito público que figura no polo passivo do *writ* seja diversa daquela que mantém o vínculo com o defensor. Isso porque a verba honorária é incabível em mandado de segurança, nos termos das Súmulas 105 do STJ e 512 do Supremo Tribunal Federal. A impossibilidade de condenação em honorários não decorre do suposto vínculo havido entre o defensor e a pessoa jurídica que figura na relação processual, mas porque a natureza da demanda não a admite. Do mesmo modo que no exemplo anterior, o fato de o mandado de segurança ter, no polo passivo, pessoa jurídica diversa, é condição necessária, mas não suficiente, para autorizar a condenação em honorários advocatícios. Vejam que, em qualquer dessas situações o raciocínio contrário foi considerado coerente e aceitável. Mas, mesmo assim, pode não ser suficiente para qualificar normativamente a eventual relação jurídica.

O argumento *a contrario* pode ser *forte* ou *fraco*[189]. O *argumentum e contrario* **forte** ocorre quando há relação recíproca de implicação entre o antecedente (descrição do fato) e o consequente (prescrição de conduta) do enunciado normativo. Isto é, quando o primeiro implica o segundo e o segundo implica o primeiro. A relação, neste caso, é bicondicional. Se isso ocorrer, então o argumento *a*

---

[189] Nesse sentido, Ulrich Klug (cf. *Lógica...*, pp. 176 ss.), Tércio Sampaio Ferraz Jr (cf. *Introdução...*, pp. 338 ss.).

contrario é **forte** e a consequência dele extraída é logicamente justificável. Geralmente encontramos o argumento *e contrario* forte nas normas que criam exceções, que são sempre interpretadas restritivamente, e nas que apresentam um rol taxativo de cabimento, isto é, as hipóteses de incidência normativa são previstas em *numerus clausus*. No primeiro caso, o argumento é forte porque as exceções são sempre restritivas e não valem para as demais normas, notadamente as gerais; no segundo, porque as demais hipóteses de incidência são expressamente excluídas.

Vejamos um exemplo de argumento *a contrario* **forte**. Os precedentes do Superior Tribunal de Justiça admitem a antecipação de tutela contra a Fazenda Pública quando não houver proibição de concessão de liminar em mandado de segurança, em interpretação *a contrario sensu* do art. 1º-B da Lei nº 9.494/97[190]. Como o enunciado legal estabeleceu uma exceção à norma que autoriza a antecipação de

---

[190] O elucidativo acórdão afirma que: "RECURSO ORDINÁRIO EM MANDADO DE SEGURANÇA. DELEGADO DA POLÍCIA DO DISTRITO FEDERAL. REMUNERAÇÃO POR SUBSÍDIO. MANUTENÇÃO DAS VANTAGENS PESSOAIS INCORPORADAS. ANTECIPAÇÃO DE TUTELA. IMPOSSIBILIDADE. ART. 1º-B DA LEI N. 9.494/97. 1. O art. 1º-B da Lei n. 9.494/97 estabeleceu a impossibilidade de concessão da tutela antecipada contra a Fazenda Pública que objetivem reclassificação, equiparação, aumentos ou extensão de vantagens pecuniárias a servidores públicos, bem como lhes conceder pagamento de vencimentos. 2. Essas vedações foram interpretadas por esta Corte de forma restritiva, reforçando o entendimento de que, a **contrario sensu**, é permitida a eficácia da medida antecipatória em desfavor do ente público nas hipóteses não previstas no aludido dispositivo legal. 3. A pretensão de cumulação das vantagens pessoais incorporadas com o subsídio, regime remuneratório instituído pela Lei n. 11.361/2006, não configura exceção à regra estabelecida no art. 1º-B da Lei n. 9.494/97, pois demonstra desejo de aferir verdadeiro aumento de vencimentos. 4. Recurso ordinário improvido." (RMS 25828/DF, relator Ministro JORGE MUSSI, julgado em 25.8.2009, DJe 13.10.2009).

tutela, então podemos concluir que o argumento *a contrario* é forte. Também tem essa mesma força o argumento fundado em rol taxativo. O art. 103 da Constituição Federal de 1988, por exemplo, estabelece a relação dos legitimados para propor a ação direta de inconstitucionalidade. A *contrario sensu*, se não estiver relacionado no citado enunciado normativo, então não poderá propor a ação. Esse argumento também é **forte**, porque o antecedente implica o consequente e vice-versa.

Por sua vez, o *argumentum e contrario* **fraco** surge quando não há reciprocidade na relação de implicação entre o antecedente e o consequente da norma jurídica. Ou seja, quando o primeiro implica o segundo mas o segundo não implica o primeiro. A relação, nesta hipótese, é meramente condicional. Nessa linha, o argumento *a contrario* é **fraco** e a consequência dele extraída não se sustenta logicamente. Essa espécie de argumento *a contrario* pode ser encontrada em qualquer tipo de aplicação inversa do enunciado normativo e, embora sua força persuasiva não seja tão grande quanto a da sua contra-parte **forte**, ainda assim ele tem um considerável poder de persuasão.

Vejamos um exemplo de argumento *a contrario* **fraco**. A Constituição Federal fixa, no inciso II do art. 155, a competência dos estados-membros para instituírem impostos sobre "*operações relativas à circulação de mercadorias e sobre prestações de serviços de transporte interestadual e intermunicipal e de comunicação, ainda que as operações e as prestações se iniciem no exterior*". Segundo o modelo constitucional, portanto, se houver circulação de mercadorias ou prestação de serviço de transporte ou de comunicação, então incidirá o referido imposto (ICMS). O raciocínio contrário é direto: se não ocorrer alguma das hipóteses previstas no critério material da hipótese de incidência, então não surgirá a obrigação tributária. Este raciocínio – embora insistentemente afirmado pela doutrina – não foi acolhido pelos tribunais. Ainda que não tenha ocorrido o fato descrito no antecedente da norma, a obrigação tributária prevista no consequente pode ser exigida, como ocorre com a denominada "substituição tributária para frente". Neste exemplo, o argumento *a contrario* não teve força suficiente para excluir outras hipóteses de incidência – apesar de ser um argumento bastante sólido, de razoável persuasão.

Para alguns, isso seria suficiente para sustentar que o precedente vinculante (ou mesmo a lei) não pode ser aplicado *a contrario sensu*. Mas não vemos dessa forma. Em verdade, essa conclusão parece-nos um pouco precipitada. A inferência formada com o raciocínio contrário não chega a ser um absurdo jurídico. Pelo contrário. Ela oferece, conforme vimos nos diversos exemplos citados, até mesmo uma conclusão bastante aceitável. E mais. Os tribunais têm usado com certa frequência o argumento a *contrario sensu* para justificar suas decisões[191].

---

[191] Em pesquisa feita no dia 15.12.2009, o Superior Tribunal de Justiça havia usado o raciocínio a *contrario sensu* em 188 ementas e em 5.534 decisões monocráticas. Estão excluídos os acórdãos em que o raciocínio foi usado no voto mas não constam nas ementas, uma vez que a busca por palavra-chave não engloba o inteiro teor do acórdão. No âmbito do Supremo Tribunal Federal, foram encontradas 24 ementas e 101 decisões monocráticas. Também aqui, a busca por palavra-chave não recai sobre o inteiro teor, o que dificulta a estatística. Há, ainda, um aviso de que as decisões monocráticas

Então, como fazer para superar esse problema? Entendemos que não se trata propriamente de um problema a ser superado. Pelo menos não no âmbito da argumentação prática. No que se refere à aplicação das normas jurídicas, ele é apenas mais um argumento e sua força de convencimento ou de persuasão será averiguada conforme a força dos demais argumentos. Em outras palavras, o raciocínio *a contrario* é um mero argumento e, como tal, ele irá prevalecer ou não, de acordo com a força dos argumentos que a ele se opuserem. Apenas isso. Portanto, ele pode ser usado na argumentação prática, desde que não haja um argumento que o refute. Se é assim, então ele somente pode ser visto como problema no âmbito da justificação teórica, que exige uma razão plausível para a sua admissão no discurso jurídico. Mas mesmo no âmbito teórico, estamos convencidos de que é possível justificar a sua validade discursiva.

O argumento a *contrario sensu* – do mesmo modo que as demais normas jurídicas – tem natureza *derrotável* (*defeasible*)[192], propriedade que caracteriza o raciocínio não-monótono (*non-monotonic reasoning*). Ou seja, o argumento é sustentável, muito embora seja possível que ele não prevaleça, diante de outro argumento. Considerando que ele somente prevalece no silêncio do legislador – no que já foi denominado[193], por essa razão, de *argumentum e silentio* –, sua utilização restringe-se às hipóteses em que não haja expressa

---

existentes no website são selecionadas. Mas o número já demonstra que, em ambos os tribunais, o raciocínio a *contrario sensu* é um argumento usado com habitualidade para justificar as suas decisões.

[192] Sobre a natureza derrotável *(defeasible)* das normas jurídicas: Hart (cf. *The concept of law*).

[193] Cf. Ulrich Klug, Lógica Jurídica, p. 176.

qualificação jurídica da situação contrária descrita na norma usada como parâmetro. Desse modo, dada a sua natureza derrotável (*defeasible*), então ele pode ser usado no silêncio da lei ou da própria jurisprudência, para atribuir a qualificação jurídica a uma hipótese não expressamente prevista. Sim, porque a ausência de previsão explícita autoriza a integração da lacuna pelo aplicador do direito.

5.5. Eficácia do argumento *a contrario sensu* fundado em precedente vinculante.

Ainda que a aplicação de precedente judicial por interpretação *a contrario sensu* (forte ou fraco) seja admissível, surge uma questão talvez mais árdua de solucionar, o que afasta, desde já, uma resposta estrita e irrefutável. A questão diz respeito à extensão da eficácia da decisão dotada de efeito vinculante para o argumento *contrario*. Ou seja, se o precedente judicial tiver força vinculante e serviu de parâmetro para o argumento *a contrario sensu*, então é possível reconhecer essa mesma eficácia vinculante na conclusão obtida por aplicação inversa do precedente?

A questão deve ser cuidadosamente ponderada, porque uma vez reconhecida a eficácia vinculante também no argumento *a contrario sensu*, então todas as consequências legais pertinentes aos precedentes vinculantes serão igualmente aplicáveis à ilação obtida inversamente. Serão cabíveis, por exemplo, a reclamação e as sanções aos agentes administrativos introduzidas pela Lei nº 11.417/2006.

Pois bem. Iniciemos identificando alguns argumentos contrários a partir de súmulas vinculantes do STF.

A Súmula Vinculante nº 17, do STF, dispõe expressamente que *"**Durante** o período previsto no parágrafo 1º do artigo 100 da Constituição, **não incidem** juros de mora sobre os precatórios que nele sejam pagos"* (o destaque é nosso). Logo, podemos afirmar, a partir deste enunciado, que *"**Após** o período previsto no parágrafo 1º do artigo 100 da Constituição, **incidem** juros de mora sobre os precatórios que nele sejam pagos"*. Essa conclusão é coerente e completamente sustentável, muito embora não tenha sido explicitamente afirmada na Súmula Vinculante. Mas uma situação é admitir reclamação contra decisão que fez incidir juros de mora durante o período indicado na SV nº 17, outra, completamente diferente é admitir reclamação contra decisão que **não** fez incidir juros de mora **após** o mencionado prazo. Será a reclamação cabível ou não? Continuemos, com outros exemplos.

Na mesma linha de raciocínio, podemos utilizar, também, a Súmula Vinculante nº 18, em que o STF enuncia que *"A dissolução da sociedade ou do vínculo conjugal, **no curso** do mandato, **não afasta** a inelegibilidade prevista no § 7º do artigo 14 da Constituição Federal"* (o destaque não consta no texto original). É igualmente aceitável o argumento *a contrario sensu* de que **afasta** a inelegibilidade prevista na mencionada norma constitucional, a dissolução da sociedade ou do vínculo conjugal **antes ou após o mandato**. Também neste caso o argumento *a contrario* possui eficácia vinculante? Admite reclamação?

Também a Súmula Vinculante nº 10 admite uma conclusão

contrária. A decisão de órgão fracionário de tribunal que afasta a incidência no todo ou em parte de lei, ainda que não declare a sua inconstitucionalidade, viola a cláusula de reserva de plenário, prevista no artigo 97 da Constituição Federal. Isso impõe, aos órgãos fracionários dos tribunais, a submissão da questão constitucional ao Plenário ou ao Órgão Especial, onde houver. Contudo, a cláusula de reserva do plenário somente exige a remessa da questão constitucional ao respectivo órgão, quando a inconstitucionalidade for declarada ou quando a incidência da lei for afastada. Na hipótese de o órgão fracionário rejeitar eventual preliminar de inconstitucionalidade, por considerar constitucional a lei impugnada, então não é necessário submeter a preliminar ao plenário ou ao órgão especial. Essa conclusão também pode ser extraída *a contrario sensu* da Súmula Vinculante 10 do STF, isto é, **não** viola a cláusula de reserva de plenário a decisão de órgão fracionário de tribunal que **não** afasta a incidência de lei ou ato normativo do poder público.

Segundo vimos nos exemplos acima, o raciocínio *a contrario sensu* permite deduzir uma conclusão que, na argumentação prática, é bastante razoável e fortemente sustentável. Isso não muda, mesmo quando o parâmetro é uma súmula vinculante.

Mas agora precisamos responder a pergunta: o argumento *a contrario sensu* derivado do precedente vinculante ou de decisão do Supremo Tribunal Federal em ADI também é vinculante? Ou haverá, quando muito, apenas a falta de qualificação normativa da situação fática, passível de ser preenchida por uma nova norma, ainda não editada?

Segundo entendemos, haverá efeito vinculante também no argumento *a contrario sensu* de precedente vinculante se, e somente se, houver relação recíproca de implicação entre o antecedente e o consequente. Isto é, se se tratar de argumento *a contrario* **forte**. Porém, se o argumento *a contrario* for **fraco**, então não será possível estender-lhe o efeito vinculante do precedente usado como parâmetro. O argumento *a contrario* manterá sua validade argumentativa, mas não autorizará o uso das consequências legais previstas para o descumprimento de precedente vinculante. Podemos afirmar, então:

Teorema. O argumento a *contrario sensu* **forte** projeta força normativa se, e somente se, o precedente usado como parâmetro tiver efeito vinculante.

Este teorema torna-se intuitivamente aceitável com o seguinte exemplo. Em âmbito constitucional, se o STF acolhe o pedido declaratório de inconstitucionalidade de uma norma, então sua decisão – que terá efeito vinculante –, reconheceu que a referida norma violou a Constituição. Porém, se o STF julga improcedente a demanda de inconstitucionalidade, é porque reconheceu que a lei impugnada **não** contrariou a Constituição. Há o reconhecimento explícito pelo tribunal de conformidade da norma com a Constituição, o que permite atribuir, a esta declaração, eficácia vinculante, tal como encontrada nas ações declaratórias de constitucionalidade.

Isso ocorre porque as ações declaratórias têm natureza dúplice.

Isto é, a improcedência de uma demanda declaratória de inexistência de ato jurídico implica a declaração de que o ato existe. Portanto, a improcedência do pedido declaratório de inconstitucionalidade implica, *a contrario sensu,* o reconhecimento da constitucionalidade e vice-versa[194]. Nessa linha de raciocínio, não há diferença substancial se o STF

[194] Vejam, neste sentido, o seguinte precedente do STF: "DECISÃO: Cuida-se de agravo regimental interposto pela Companhia Energética de Brasília contra a decisão proferida às fls. 108/115, pela qual foi deferida medida liminar. 2. A Fundação Universidade de Brasília ajuizou esta reclamação, bem como a de n. 2165, em apenso, impugnando as decisões proferidas pelo Juízo da 9ª Vara Federal da Seção Judiciária do Distrito Federal nos autos de ação cautelar e de cobrança movidas em seu desfavor. Sustenta que aludidas decisões afrontam a autoridade de pronunciamento desta Corte, que indeferiu medida liminar nos autos da ADI n. 1104, na qual se discute a constitucionalidade da Lei n. 464/93, do Distrito Federal, que isentou as entidades assistenciais e beneficentes, declaradas de utilidade pública, das taxas e tarifas pelo fornecimento de água e energia elétrica. 3. Em suas informações, o reclamado ressaltou que as decisões atacadas observaram o efeito *erga omnes* da decisão proferida pelo Tribunal de Justiça do Distrito Federal e dos Territórios, nos autos do Mandado de Segurança n. 4448/95, que declarou a inconstitucionalidade da Lei n. 464/93. 4. O Ministro Nelson Jobim, relator à época, deferiu a liminar, suspendendo os efeitos das decisões reclamadas (fls. 108/115). 5. A Companhia Energética de Brasília, na qualidade de terceiro prejudicado, interpõe agravo regimental no qual, além de tecer considerações a propósito da inconstitucionalidade da Lei n. 464/93 do Distrito Federal, requer a suspensão da decisão agravada até o julgamento do mérito da ADI n. 1104. 6. O Procurador-Geral da República opinou pelo desprovimento do agravo regimental, por entender que pretende a agravante discutir a constitucionalidade ou não da Lei n. 464/93. No mérito, pugnou pela procedência do pedido, aduzindo que o TJ/DF, inadvertidamente, vulnerou o entendimento firmado por este Tribunal nos autos da ADI n. 1104, dotado de eficácia ex nunc e efeito vinculante (fls. 412/414). 7. É o relatório. 8. Ao deferir a liminar pleiteada nestes autos, o Ministro Nelson Jobim asseverou que "pelo menos num juízo severo de exame liminar, o Tribunal afastou a ilegitimidade da Lei em questão", e ainda que "**o Tribunal ao negar a liminar na ADI 1.104, a 'contrário sensu', presume-se declarar a constitucionalidade da Lei 464/93**". 9. Entendo, de modo diverso, que o efeito vinculante --- medida de caráter excepcional --- é conferido pela Lei n. 9868/99 às decisões concessivas de medida liminar, e não a todo e qualquer juízo da Corte sobre a pretensão de medida acauteladora. 10. E como ressaltado pelo Ministro Maurício Corrêa, no

acolhe ou rejeita pedido de declaração de inconstitucionalidade ou de constitucionalidade da norma. A implicação é recíproca – ou é constitucional, ou é inconstitucional –, excluídas outras hipóteses, revelando tratar-se de argumento *a contrario sensu* **forte**.

Todavia, nas normas em que não haja rol taxativo (*numerus clausus*), mas meramente exemplificativo, a mera possibilidade de um argumento contrário é suficiente para afastar o efeito vinculante do argumento *a contrario*.

---

julgamento da Rcl n. 2063, posicionamento diverso equivaleria a "atribuir à reclamação o efeito declaratório de constitucionalidade que ela não tem" (Rcl n. 2063, Relator para o acórdão o Ministro Maurício Corrêa; DJ de 05/09/2003). 11. Em situação semelhante, assim decidiu este Tribunal: "RECLAMAÇÃO. DESRESPEITO A DECISÃO QUE INDEFERIU MEDIDA LIMINAR EM ADI. Concessão de liminar, em reclamação, por desrespeito à decisão que indeferiu liminar em ação de declaração de inconstitucionalidade. Impossibilidade. Precedente. Agravo improvido." (Rcl 2431/Agr, Relatora a Ministra Ellen Gracie; DJ de 02/04/2004) Ante o exposto, reconsidero a decisão agravada e nego seguimento a esta reclamação e à de n. 2165, em apenso. Publique-se. Brasília, 07 de março de 2005. Ministro EROS GRAU – Relator" (Rcl 2121 AgR/DF, relator Ministro EROS GRAU, DJ 11.3.2005, p. 45 – o destaque é nosso).

CAPÍTULO 3
O PRECEDENTE VINCULANTE NO DIREITO BRASILEIRO

1. Precedentes verticais (eficácia vinculante) e horizontais (eficácia meramente persuasiva)

Os precedentes podem ser classificados em vinculantes ou persuasivos. Para que haja força vinculante no precedente, é necessário que ele tenha emanado do próprio tribunal ou de órgão hierarquicamente superior. São os precedentes verticais. Quando, porém, falamos em precedentes horizontais, sem qualquer relação de hierarquia entre os julgados, a eficácia é meramente persuasiva. Os dois tipos de precedentes apresentam diferenças estruturais em sua força normativa.

Os precedentes vinculantes impõem obrigatoriamente a sua observância, enquanto os persuasivos têm peso apenas para influenciar a formação da decisão, porém sem tornar obrigatória a sua aplicação. O presente estudo não pretende ignorar a importância do precedente persuasivo, como ocorre, v.g., com um julgado de um tribunal estadual que não vincula outros tribunais estaduais mas tem força persuasiva, podendo influenciar o resultado. Não obstante, o tema principal a ser investigado consiste no precedente *vinculante*.

A doutrina identifica três intensidades na força dos precedentes em nosso sistema jurídico atual: a eficácia normativa plena, a eficácia normativa intermediária e a eficácia meramente persuasiva de precedente que não possui eficácia vinculante.

Um precedente com eficácia normativa plena ocorre quando não é permitido, aos demais tribunais, divergir de sua *ratio decidendi*. A força normativa plena dos precedentes pode ser projetada das súmulas vinculantes, das Ações Diretas de Inconstitucionalidade, das Ações Declaratórias de Constitucionalidade e das Ações de Descumprimento de Preceito Fundamental.

A eficácia normativa intermediária, por sua vez, ocorre quando o precedente impõe um padrão de comportamento (no julgamento) para os tribunais e juízes, independentemente de exigir diretamente o resultado (não admite, por exemplo, a reclamação), sob pena de invalidar o julgamento (reformar ou anular). O grau intermediário dessa eficácia vinculante está disciplinada em diversos artigos do Código de Processo Civil, que indicam o procedimento do juiz na hipótese de precedentes dos tribunais ou do próprio juízo.

Por fim, a eficácia meramente persuasiva de um julgado é a menor intensidade que pode ser encontrada no precedente. Apesar de não vincular – nem direta, nem indiretamente –, pode exercer algum grau de convencimento no julgador, pela força do raciocínio ou pelo prestígio de quem o enunciou[195]. Não há qualquer eficácia normativa vinculante nessa espécie de argumento, a não ser a argumentativa. A eficácia persuasiva do precedente não vinculante pode ser encontrada na jurisprudência de um tribunal ou juízo, quando é capaz de influenciar a decisão de outro tribunal ou juíz com igual hierarquia. Por exemplo, quando o Tribunal de Justiça de um Estado usa a jurisprudência de Tribunal de Justiça de outro Estado, o precedente será apenas persuasivo, pois não tem eficácia vinculante, direta ou indireta, em razão da completa autonomia entre as duas Cortes. Do mesmo modo,

---

[195] Esse argumento é normalmente conhecido como *ab auctoritate*. Nesse sentido: "O argumento de autoridade é tipicamente um *topos* de qualidade, pois é o prestígio pessoal do invocado que garante a tese sustentada. Vez ou outra, porém, ele toma a forma de um *topos* de quantidade, quando é o grande número de opiniões que favorece a tese defendida. Muitas vezes, qualidade e quantidade combinam-se, quando a força do argumento provém do prestígio de que goza uma autoridade (qualidade) e da maioria de seus membros (quantidade) em favor de uma tese. No primeiro caso a autoridade tem por função sustentar um acordo. No segundo, é o acordo mesmo das autoridades que fortalece a tese sustentada. (...) No direito, é enorme a importância desse argumento. Basta pensar no valor da tradição, no papel dos jurisconsultos, na força da jurisprudência para ter-se uma idéia de sua presença" (*Cfr.* Tércio Sampaio Ferraz Jr., *in Introdução ao Estudo do Direito. Técnica, Decisão, Dominação*, 4ª ed., São Paulo: Atlas, 2003, p. 337).

quando um juiz de 1º grau utiliza um precedente de outro juízo de 1º ou de Tribunal Estadual a qual não esteja vinculado. Também quando houver inversão na hierarquia do Poder Judiciário[196], o precedente citado na decisão será apenas persuasivo, para demonstrar a origem do argumento que impressionou o julgador.

2. Precedentes com força normativa plena

Podemos citar, a título de vinculação *direta*, as decisões do Supremo Tribunal Federal no controle abstrato de constitucionalidade, cujo efeito vinculante encontra-se previsto no parágrafo único do art. 28 da Lei n° 9.868/99[197] e no § 2° do artigo 102 da Constituição Federal[198]. Outro exemplo de vinculação *direta* foi introduzido pela

---

196 Por exemplo, quando o Tribunal cita, como jurisprudência, uma sentença de 1º grau, ou o STF ou o STJ citam um precedente de Tribunal inferior. Embora essa hipótese seja rara e de difícil ocorrência, não é impossível de se verificar. Não se trata de sujeição de um órgão superior aos fundamentos de um órgão inferior. Longe disso. A citação pode ter por escopo apenas preservar a autoria do argumento, em plena honestidade científica. Assim como se cita a doutrina, indicando-se a fonte para preservar o desenvolvimento intelectual da tese jurídica, também pode ser citado o trabalho de um órgão judicial inferior, para resguardar a autoria do argumento.

197 O enunciado legal tem a seguinte redação: "**Art. 28**. *Omissis*. Parágrafo único. A declaração de constitucionalidade ou de inconstitucionalidade, inclusive a interpretação conforme a Constituição e a declaração parcial de inconstitucionalidade sem redução de texto, **têm eficácia contra todos e efeito vinculante** em relação aos órgãos do Poder Judiciário e à Administração Pública federal, estadual e municipal" (destacamos).

198 Originariamente, o efeito vinculante foi previsto pela primeira vez na Constituição de 1988 no § 2º do art. 102, acrescido pela Emenda Constitucional nº 3, de 1993, e atingia apenas a ação declaratória de constitucionalidade. Posteriormente, a Emenda Constitucional nº 45 o transformou em § 2º, ampliando o efeito vinculante para as ações diretas de inconstitucionalidade. A redação atual do enunciado constitucional é a

Emenda Constitucional n° 45/2004, que estabeleceu, no artigo 103-A, a possibilidade de o Supremo Tribunal Federal instituir súmulas vinculantes[199].

2.1. A força vinculante do precedente no controle abstrato de constitucionalidade das leis

Conforme já vimos no início deste projeto de pesquisa, a Emenda Constitucional nº 3, de 17.3.1993, acrescentou o § 1º ao artigo 102 da Carta de 1988, estabelecendo o efeito vinculante nas decisões do Supremo Tribunal Federal em ação declaratória

---

seguinte: "§ 2° As decisões definitivas de mérito, proferidas pelo Supremo Tribunal Federal, nas ações diretas de inconstitucionalidade e nas ações declaratórias de constitucionalidade produzirão eficácia contra todos e efeito vinculante, relativamente aos demais órgãos do Poder Judiciário e à administração pública direta e indireta, nas esferas federal, estadual e municipal".

199 O referido texto constitucional tem o seguinte teor: "**Art. 103-A**. O Supremo Tribunal Federal poderá, de ofício ou por provocação, mediante decisão de dois terços dos seus membros, após reiteradas decisões sobre matéria constitucional, aprovar súmula que, a partir de sua publicação na imprensa oficial, terá efeito vinculante em relação aos demais órgãos do Poder Judiciário e à administração pública direta e indireta, nas esferas federal, estadual e municipal, bem como proceder à sua revisão ou cancelamento, na forma estabelecida em lei. § 1° A súmula terá por objetivo a validade, a interpretação e a eficácia de normas determinadas, acerca das quais haja controvérsia atual entre órgãos judiciários ou entre esses e a administração pública que acarrete grave insegurança jurídica e relevante multiplicação de processos sobre questão idêntica. § 2° Sem prejuízo do que vier a ser estabelecido em lei, a aprovação, revisão ou cancelamento de súmula poderá ser provocada por aqueles que podem propor a ação direta de inconstitucionalidade. § 3° Do ato administrativo ou decisão judicial que contrariar a súmula aplicável ou que indevidamente a aplicar, caberá reclamação ao Supremo Tribunal Federal que, julgando-a procedente, anulará o ato administrativo ou cassará a decisão judicial reclamada, e determinará que outra seja proferida com ou sem a aplicação da súmula, conforme o caso".

de constitucionalidade[200]. A Lei nº 9.868/99, no parágrafo único do artigo 28, estendeu o efeito vinculante também às ações diretas de inconstitucionalidade[201], inclusive fazendo referência expressa à interpretação adotada pelo STF, que também vincula. Por fim, a Emenda Constitucional nº 45/2004 alterou o § 1º para § 2º, ampliando a eficácia vinculante da ação declaratória de constitucionalidade também para a ação direta de inconstitucionalidade. Criou, ainda, a figura da súmula vinculante, a ser editada pelo Supremo Tribunal Federal.

Assim, foi introduzido, em nosso sistema normativo, de forma explícita, o efeito vinculante nas decisões do Supremo Tribunal Federal nas ações declaratórias de constitucionalidade e nas ações diretas de inconstitucionalidade, assim como na súmula vinculante.

Apesar da já existente eficácia *erga omnes* das decisões proferidas nas ações de controle abstrato de constitucionalidade das leis, não havia um efeito vinculante para os órgãos do Poder Judiciário ou da Administração Pública. Trata-se de uma

---

[200] O teor do citado enunciado normativo é o seguinte: "§ 1o. As decisões definitivas de mérito, proferidas pelo Supremo Tribunal Federal, nas ações declaratórias de constitucionalidade de lei ou ato normativo federal, produzirão eficácia contra todos e efeito vinculante, relativamente aos demais órgãos do Poder Judiciário e ao Poder Executivo".

[201] O texto legal tem o seguinte enunciado: "**Art. 28.** A declaração de constitucionalidade ou de inconstitucionalidade, inclusive a interpretação conforme a Constituição e a declaração parcial de inconstitucionalidade sem redução de texto, têm eficácia contra todos e efeito vinculante em relação aos órgãos do Poder Judiciário e à Administração Pública federal, estadual e municipal".

experiência relevante – embora limitada a algumas decisões – buscando exatamente a concreção do princípio da segurança jurídica e, ainda, um tratamento igualitário de todos os litigantes, ainda que em processos distintos.

2.2. Súmulas vinculantes

A Emenda Constitucional nº 45, de 31 de dezembro de 2004, ao acrescentar o art. 103-A à Constituição Federal, criou a possibilidade de o Supremo Tribunal Federal editar súmulas com efeito vinculante. Esse texto normativo foi regulamentado pela Lei nº 11.417, de 19.12.2006.

A súmula vinculante, segundo consta no citado texto legal, pode ser editada de ofício, por iniciativa do próprio Supremo Tribunal Federal. Mas também pode ser proposta por agentes externos ao tribunal, desde que estejam dentre os legitimados do art. 3º. Essa legitimação não é apenas para a edição, mas também para a revisão ou para o cancelamento.

Uma rápida leitura permite constatar que os relacionados são os mesmos legitimados para a ação direta de inconstitucionalidade e para a ação declaratória de constitucionalidade, à exceção do Defensor Público-Geral da União, que não consta no art. 103 da Constituição Federal.

O quórum para a a edição, a revisão e o cancelamento de enunciado de súmula vinculante é de 2/3 dos membros do Supremo Tribunal, em sessão plenária, o que demonstra a preocupação do legislador em estabelecer um rigor maior na obtenção do efeito vinculante da súmula.

Uma proposição que chama a atenção encontra-se no art. 2º da Lei nº 11.417/2006 (que reproduz o art. 103-A da Constituição), quando condiciona a edição da súmula à existência de "reiteradas decisões sobre matéria constitucional". Primeiro, porque o problema da vagueza semântica da expressão "reiteradas decisões" pode limitar desnecessariamente a aplicação desse importante mecanismo. Quantas decisões são necessárias para que sejam consideradas reiteradas? Duas? Três? Cinco? Mais? O enunciado exige decisões "reiteradas" do Plenário, das duas Turmas ou são suficientes as de apenas uma Turma?

Segundo, porque limita a edição de súmula vinculante à matéria constitucional, o que poderia excluir a possibilidade de o Supremo Tribunal Federal editar súmula vinculante, na hipótese de "reiteradas decisões" em recursos extraordinários admitidos com fundamento na alínea *d* do inciso III do art. 102 da Constituição[202], incluída pela EC nº 45/2004. Ou seja, ainda que o Supremo julgue 5.000 recursos extraordinários de decisões que julgaram válida lei local contestada em face de lei federal, não estaria autorizado a editar súmula vinculante, pois a matéria não é constitucional. Entendemos, entretanto, que essa interpretação não pode prevalecer. Não se pode excluir a competência do Supremo Tribunal Federal para editar súmula vinculante, mesmo na

---

[202] CF/1988, Art. 102. Compete ao Supremo Tribunal Federal, precipuamente, a guarda da Constituição, cabendo-lhe: III - julgar, mediante recurso extraordinário, as causas decididas em única ou última instância, quando a decisão recorrida: d) julgar válida lei local contestada em face de lei federal. (Incluída pela Emenda Constitucional nº 45, de 2004)

hipótese de recurso extraordinário admitido para preservar a unidade e a "inteireza positiva" da legislação federal. Nessa linha, a expressão "sobre matéria constitucional" deve ser lida "sobre matéria de competência do Supremo Tribunal Federal". Essa interpretação encontra-se em harmonia com o escopo da súmula vinculante, conforme se verifica no § 1º do art. 103-A da Constituição, que é acabar com a insegurança jurídica e e evitar a multiplicação de processos sobre questão idêntica.

3. A eficácia normativa intermediária dos precedentes

O controle abstrato de constitucionalidade das normas e as súmulas vinculantes não são os únicos que produzem efeito vinculante. Existe, ainda, certa força de incidência intermediária, mas que, também, implica a sujeição de uma decisão a um precedente emanado do próprio tribunal ou de um hierarquicamente superior.

Há, em nosso ordenamento jurídico, diversas hipóteses, de vinculação considerada pela doutrina como intermediária,[203] por

---

[203] Patrícia Perrone Campos Mello, em obra de fôlego, distngue três categorias de força normativa dos precedentes: "Concluído o exame sobre a eficácia das decisões no controle de constitucionalidade brasileiro, passa-se, a seguir, a uma síntese sobre o assunto, tendo-se por base as categorias apresentadas no item 2 deste capítulo: a) *precedentes com eficácia normativa*: decisões que estabelecem um entendimento que deverá ser obrigatoriamente seguido em casos análogos, sob pena de invalidade ou reforma; b) *precedentes com eficácia impositiva intermediária*: julgados que não têm de ser obrigatoriamente seguidos, mas que são dotados de efeitos impositivos mais brandos, para além do caso julgado, não se podendo afirmar que possuem

exemplo, (i) a desnecessidade de se observar o princípio constitucional de reserva do plenário na hipótese de a inconstitucionalidade já haver sido reconhecida pela jurisprudência do próprio tribunal ou do Supremo Tribunal Federal[204]; (ii) a submissão do recurso ao órgão colegiado que o regimento indicar, com o escopo de *prevenir* ou compor divergência entre câmaras ou turmas do tribunal (a prevenção da divergência ocorre pela vinculação)[205]; (iii) a dispensa do reexame necessário previsto no art. 475 do CPC quando a sentença reproduzir jurisprudência do plenário do STF[206]; (iv) o julgamento monocrático pelo relator, com fundamento em jurisprudência do próprio tribunal ou de tribunal superior[207]; (v) o não recebimento

---

eficácia meramente persuasiva; c) *precedentes com eficácia meramente persuasiva*: aqueles cuja invocação se presta apenas para fins de argumentação e de convencimento do magistrado" (cf. *Precedentes. O desenvolvimento judicial do direito no constitucionalismo contemporâneo*. Rio de Janeiro: Renovar, 2008, p. 104-105).

204 CPC, **Art. 481.** Parágrafo único. Os órgãos fracionários dos tribunais não submeterão ao plenário, ou ao órgão especial, a argüição de inconstitucionalidade, quando já houver pronunciamento destes ou do plenário do Supremo Tribunal Federal sobre a questão (redação dada pela Lei nº 9.756, de 17.12.1998).

205 § 1º do artigo 555 do CPC, acrescentado pela Lei nº 10.352, de 26.1.2001.

206 CPC, **Art 475.** § 3º "Também não se aplica o disposto neste artigo quando a sentença estiver fundada em jurisprudência do plenário do Supremo Tribunal Federal ou em súmula deste Tribunal ou do tribunal superior competente. (Incluído pela Lei nº 10.352, de 26.12.2001)

207 CPC, **Art. 557.** O relator negará seguimento a recurso manifestamente inadmissível, improcedente, prejudicado ou em confronto com súmula ou com jurisprudência dominante do respectivo tribunal, do Supremo Tribunal Federal, ou de Tribunal Superior. (Redação dada pela Lei nº 9.756, de 17.12.1998); § 1º-A Se a decisão recorrida estiver em manifesto confronto com súmula ou com jurisprudência dominante do Supremo Tribunal Federal, ou de Tribunal Superior, o relator poderá dar provimento ao recurso.

da apelação pelo juiz de 1º grau quando a sentença estiver em conformidade com súmula do STJ e do STF[208]; (vi) o provimento do recurso especial no agravo de instrumento[209]; (vi) o julgamento de plano do conflito de competência, quando houver jurisprudência dominante do tribunal sobre a questão suscitada[210]; (viii) a instituição de súmula ou precedente para a uniformização da jurisprudência do tribunal[211]; (ix) a admissibilidade de recurso extraordinário por repercussão geral, que se presume quando a decisão impugnada contrariar súmula ou jurisprudência dominante do tribunal[212]; (x) a suspensão da admissibilidade de recurso especial, quando houver

---

(Incluído pela Lei nº 9.756, de 17.12.1998)

[208] CPC, **Art. 518, § 1º** "O juiz não receberá o recurso de apelação quando a sentença estiver em conformidade com súmula do Superior Tribunal de Justiça ou do Supremo Tribunal Federal." (Renumerado pela Lei nº 11.276, de 2006)

[209] CPC, **Art. 544, § 3º.** "Poderá o relator, se o acórdão recorrido estiver em confronto com a súmula ou jurisprudência dominante do Superior Tribunal de Justiça, conhecer do agravo para dar provimento ao próprio recurso especial; poderá ainda, se o instrumento contiver os elementos necessários ao julgamento do mérito, determinar sua conversão, observando-se, daí em diante, o procedimento relativo ao recurso especial." (Redação dada pela Lei nº 9.756, de 17.12.1998).

[210] CPC, **Art. 120.** *omissis*. Parágrafo único. Havendo jurisprudência dominante do tribunal sobre a questão suscitada, o relator poderá decidir de plano o conflito de competência, cabendo agravo, no prazo de cinco dias, contado da intimação da decisão às partes, para o órgão recursal competente. (Incluído pela Lei nº 9.756, de 17.12.1998)

[211] CPC, **Art. 479.** O julgamento, tomado pelo voto da maioria absoluta dos membros que integram o tribunal, será objeto de súmula e constituirá precedente na uniformização da jurisprudência.

[212] CPC, **Art. 543-A.** § 3o Haverá repercussão geral sempre que o recurso impugnar decisão contrária a súmula ou jurisprudência dominante do Tribunal. (Incluído pela Lei nº 11.418, de 2006).

jurisprudência dominante do Superior Tribunal de Justiça[213]; (xi) a possibilidade de o juiz julgar improcedente o pedido (portanto, mérito) antes da citação do réu, na hipótese de sentenças repetitivas emanadas do próprio juízo – há, aqui, uma vinculação do julgador aos precedentes do próprio juízo[214]; *etc.*

Uma previsão particularmente interessante é a d § 1º do artigo 555 do CPC, acrescentado pela Lei nº 10.352, de 26.1.2001, por exemplo, permite que o relator submeta o recurso ao órgão colegiado que o regimento indicar, para *"prevenir ou compor divergência entre câmaras ou turmas do tribunal"*. Este preceito legal busca manter o entendimento anterior do tribunal (*prevenir divergência*), porém, em razão da inexistência de efeito vinculante da decisão, pode ocorrer que, no dia seguinte, ocorra modificação do entendimento, acarretando problemas ao alcance deste preceito legal. Considerando que o escopo é o de assegurar a coerência da jurisprudência do tribunal, entendemos que, na hipótese de algum membro identificar julgados diferentes em questões idênticas, deve provocar a unificação da jurisprudência do tribunal (art. 555, § 1º, do CPC). Não é uma simples faculdade, ma um verdadeiro poder-dever do membro do tribunal, para assegurar

---

[213] CPC, **Art. 453-C**, § 2o Não adotada a providência descrita no § 1o deste artigo, o relator no Superior Tribunal de Justiça, ao identificar que sobre a controvérsia já existe jurisprudência dominante ou que a matéria já está afeta ao colegiado, poderá determinar a suspensão, nos tribunais de segunda instância, dos recursos nos quais a controvérsia esteja estabelecida. (Incluído pela Lei nº 11.672, de 2008).

[214] CPC, **Art. 285-A.** Quando a matéria controvertida for unicamente de direito e no juízo já houver sido proferida sentença de total improcedência em outros casos idênticos, poderá ser dispensada a citação e proferida sentença, reproduzindo-se o teor da anteriormente prolatada. (Incluído pela Lei nº 11.277, de 2006)

coerência e consistência da jurisprudência.

Ainda que, em todos esses casos, o efeito vinculante não seja projetado em sua plenitude[215] – pelo menos para grande parte da doutrina – sempre se deve fazer a análise do precedente para identificar com maior precisão os fundamentos determinantes do precedente, isto é, a *ratio decidendi.* Isso se faz necessário porque o *obiter dictum* não produz efeito nenhum para as futuras decisões, nem mesmo processuais. O Supremo Tribunal Federal, por exemplo, nega a admissibilidade de embargos de divergência quando as teses conflitantes ocorrem entre *ratio decidendi* e *obiter dictum*[216]. Portanto, as regras processuais que impõem vinculação mesmo indireta aos precedentes judiciais não dispensam a técnica do precedente vinculante e a verificação da *ratio decidendi.* O relator de um recurso, por exemplo, não pode julgá-lo monocraticamente, na forma do art. 557 e §§ do CPC, com fundamento em *obiter dictum* de um precedente. Somente a *ratio decidendi* autoriza o julgamento monocrático. Outro exemplo encontramos no parágrafo único do art. 541 do CPC exige, para a admissibilidade do recurso extraordinário e do recurso especial fundados em em dissídio jurisprudencial, a indicação das *"circunstâncias*

---

[215] A eficácia vinculante não é plena, porque não vincula a administração pública, mas apenas os respectivos órgãos do Poder Judiciário.

[216] O Ministro Sepúlveda Pertence, no RE-embargos-ED 176437/RS, julgado em 5.3.1998 pelo Tribunal Pleno do STF, publicado no DJ de 3.4.1998, p. 14, consignou expressamente que: "Embargos de divergência: descabimento se se pretende solver contradição entre a *ratio decidendi* do acórdão padrão e simples *obiter dictum* constante da decisão embargada: questão de validade das elevações da alíquota da contribuição exigível das empresas exclusivamente prestadora de serviço não resolvida pelo acórdão embargado que - embora incluindo *obiter dictum* a respeito - decidiu a causa como se se tratasse somente de empresas vendedoras de mercadorias: embargos de divergência não conhecidos".

que identifiquem ou assemelhem os casos confrontados". Ou seja, o que este preceito legal exige é a identidade de circunstâncias descritas na *ratio decidendi*. Esse raciocínio repercute em todas as regras processuais que reconhecem alguma força de incidência aos precedentes. A força intermediária de vinculação, porém, não decorre de súmula vinculante ou de decisões com efeito vinculante (como impõe a Lei n° 9.868/99). Na maior parte das vezes, a legislação faz referência à vinculação por um critério não muito claro, qual seja, a expressão "jurisprudência *dominante* dos tribunais". A razão para a distinção é simples: a vinculação plena já impõe a sua força normativa e dispensa qualquer referência suplementar.

Mas, por referir-se à "jurisprudência dominante", surge o problema de se definir o alcance da expressão, de forma a identificar as hipóteses em que a ordem jurídica autoriza a decisão monocrática do relator. O que define é a quantidade de precedentes? E qual seria essa quantidade? A jurisprudência permanece dominante se, a despeito de uma quantidade suficiente de julgados a favor, também existir um expressivo número de precedentes contrários? Essas questões serão examinadas adiante.

4. Técnica e características da aplicação dos precedentes judiciais

Examinemos um precedente judicial que já detém efeito vinculante – explicitamente declarado pelo Supremo Tribunal

Federal –, bem como sua eficácia no julgamento proferido pelas cortes inferiores, a quem a decisão vincula.

Na ADC (MC) 4, o Supremo Tribunal Federal reconheceu a constitucionalidade da Lei nº 9.494/97, que veda a tutela antecipatória contra a Fazenda Pública, nas hipóteses em que as Leis nº 4.348/64, nº 5.021/66 e 8.437/92 também proíbem a concessão de liminar em mandado de segurança ou medida cautelar, a saber, para pagamento de vencimentos, gratificações, reclassificação *etc.* O Supremo Tribunal Federal declarou, expressamente, que a decisão vinculava futuras decisões e ainda os efeitos futuros das tutelas antecipatórias já concedidas.

Estamos diante, portanto, de um claro exemplo de precedente judicial com eficácia vinculante. Porém, convém observarmos se este precedente estagnou a ordem jurídica, impedindo a "evolução do direito", como argumentam alguns autores que se posicionaram contra a súmula vinculante.

Segundo vimos, este precedente pode ser revisto pela própria corte, utilizando a técnica do *overruling*. No entanto, esta é uma competência conferida exclusivamente à própria corte que exarou a decisão com efeito vinculante. A técnica do *anticipatory overruling* criada no sistema jurídico norte-americano é bastante controvertida, reclamando uma profunda reflexão sobre sua conveniência, pois permitiria cortes inferiores *revogar* precedentes de cortes superiores *antecipadamente* (sic), sob o fundamento de que já não é mais '*bom direito*' (sic). Quer me parecer que esta técnica implicaria uma aplicação completamente temerária da teoria do *stare decisis*, que não teria mais eficácia vinculante.

Contudo, há, ainda, o método distintivo (*distinguishing*) como forma de não se aplicar o precedente judicial. Para tanto, é necessário encontrar, no conjunto de fatos, uma circunstância substancialmente relevante, que torne o caso único, distinguindo-o da situação prevista no precedente vinculante.

Imaginemos, por exemplo, uma situação em que a falta de pagamento pela pessoa jurídica de direito público é total – e não de apenas uma fração do pagamento –, o que comprometeria a própria subsistência do servidor público ou do beneficiário de uma pensão estabelecida por decisão judicial em uma condenação por ato ilícito. Nesta hipótese, teríamos um fato que não se encontra na *ratio decidendi* do precedente vinculante, e este fato é substancialmente relevante para tornar o caso diferente, distinguindo-o das demais hipóteses previstas na ADC (MC) 4.

O Superior Tribunal de Justiça já observou esta particularidade, e, inclusive, já autorizou a tutela antecipatória contra a Fazenda Pública – não aplicando o precedente vinculante do Supremo Tribunal Federal –, utilizando o método distintivo[217].

---

[217] No AGA 470.437-SP, relator Ministro José Arnaldo da Fonseca, DJ de

Este não foi o único julgado do Superior Tribunal de Justiça[218]. Como podemos constatar, o método distintivo tem se apoiado na circunstância fática de que a tutela antecipatória é necessária para preservar a vida humana[219].

O Superior Tribunal de Justiça também usou o método distintivo (*distinguishing*) para admitir a antecipação de tutela contra a Fazenda Pública diante de uma circunstância que entendeu substancialmente relevante, mas diversa da

---

19.12.2002, encontramos a seguinte decisão: PREVIDENCIÁRIO E PROCESSUAL CIVIL. RESTABELECIMENTO DE BENEFÍCIO. ANTECIPAÇÃO DA TUTELA CONTRA A FAZENDA PÚBLICA. PRESENÇA DOS REQUISITOS DO ART. 273 DO CÓDIGO DE PROCESSO CIVIL. ESTADO DE NECESSIDADE. DÍVIDA ALIMENTÍCIA. EXCEPCIONALIDADE CARACTERIZADA. POSSIBILIDADE DE CONCESSÃO. AGRAVO INTERNO DESPROVIDO. I - O Colendo Supremo Tribunal Federal, quando do julgamento da medida liminar na ADC nº 4, vetou a possibilidade da antecipação de tutela contra a Fazenda Pública. Todavia, esta Corte ressalvou situações especialíssimas, justamente para evitar o perecimento do "bem da vida" posto em debate. II - Na hipótese de restabelecimento de benefício acidentário, especialmente os de pequena monta, faz-se necessário excepcionar a regra estabelecida pelo Pretório Excelso. A justificativa deriva do estado de necessidade inerente ao caso. Desta forma, torna-se imperiosa a antecipação da tutela, desde que preenchidos os seus requisitos, para garantir a sobrevivência do jurisdicionado. Precedentes. III - Agravo interno desprovido.

218 ADMINISTRATIVO. TUTELA ANTECIPADA. FAZENDA PÚBLICA. ESTADO DE NECESSIDADE. VIDA HUMANA. Conquanto o colendo Supremo Tribunal Federal, quando do julgamento em plenário da medida liminar na ADC nº 4, tenha entendido pela impossibilidade da antecipação de tutela em face da Fazenda Pública, tal restrição deve ser considerada com temperamentos. A vedação, assim já entendeu esta Corte, não tem cabimento em situações especialíssimas, nas quais resta evidente o estado de necessidade e a exigência da preservação da vida humana, sendo, pois, imperiosa a antecipação da tutela como condição, até mesmo, de sobrevivência para o jurisdicionado. Precedentes. (REsp. 409.172-RS, Relator Min. Felix Fischer, D.J. de 29/04/2002).

219 No mesmo sentido, o Agravo Regimental no Agravo de Instrumento nº 518.684-SC, relator Ministro Gilson Dipp.

necessidade de preservação da vida humana. Em diversos julgados[220], o Superior Tribunal de Justiça entendeu que, se o benefício já existia, não se trata de concessão de nova gratificação, mas de restabelecimento de uma rubrica já existente e indevidamente retirada[221].

Todos os precedentes do Superior Tribunal de Justiça, ora citados, utilizaram o método distintivo (*distinguishing*) para afastar o efeito vinculante da decisão do Supremo Tribunal Federal. A propósito, o próprio Supremo Tribunal Federal utilizou o *distinguishing* nesse mesmo precedente vinculante, conforme podemos constatar na súmula 729[222].

---

[220] AGRAVO REGIMENTAL NO AGRAVO DE INSTRUMENTO. TUTELA ANTECIPADA CONTRA A FAZENDA PÚBLICA. SITUAÇÃO PECULIAR. ABSTENÇÃO DE REDUÇÃO. MANUTENÇÃO DE SITUAÇÃO EXISTENTE. LEI 9494/97. PRECEDENTES. As decisões citadas como paradigmas pela decisão agravada se amoldam à espécie, na medida em que esta Corte vem deliberando que em situações peculiares, ou seja, quando não se trate de aumento ou extensão de vantagens ou vencimentos, mas sim de uma manutenção de uma situação existente, não se aplica o entendimento sobre a impossibilidade de concessão de tutela antecipada contra a Fazenda Pública. Precedentes. Agravo desprovido (AGA 478721-RJ, relator Ministro José Arnaldo da Fonseca, DJ 22.04.2003, pg. 268).

[221] RECURSO ESPECIAL. ADMINISTRATIVO E PROCESSUAL CIVIL. MILITAR. PENSÃO POR MORTE. RESTABELECIMENTO. TUTELA ANTECIPADA. LEI 9.494/97. INAPLICABILIDADE. SITUAÇÃO PECULIAR. Esta Corte já se manifestou inúmeras vezes sobre a impossibilidade de concessão de tutela antecipada contra a Fazenda Pública, mas a espécie dos autos não se enquadra nos precedentes, pois como bem constatado pela instância ordinária, trata-se, tão-somente, de um restabelecimento de um benefício que já existia e teria sido cortado, aparentemente sem justificativa. Recurso desprovido. (REsp. 364.789-SC, Relator Min. José Arnaldo da Fonseca, D.J. de 13/05/2002).

[222] A súmula 729 do STF dispõe que: "a decisão na ação direta de constitucionalidade 4 não se aplica à antecipação de tutela em causa de

Observem que não se trata de reexame da matéria fática, em razão do óbice da súmula 07 do STJ, mas de, considerando o conjunto de fatos já admitidos pelas cortes inferiores, reconhecer a conseqüência jurídica que deles emana. Não há como imaginar a aplicação de uma conseqüência jurídica, completamente desvinculada de um conjunto de fatos. A própria *causa petendi* inclui os fundamentos de fato.

Convém destacar, inicialmente, que tanto no sistema jurídico norte-americano quanto no inglês, o direito codificado pelo legislador (*legislative law*) tem primazia sobre o direito decorrente dos casos previamente decididos (*case law*). A legislação do Parlamento (*enactment of legislative branch*) é hierarquicamente superior ao direito judicial (*judge-made law*) e um precedente pode ser afastado por uma lei (*overriding* ou *case reversed by statute*). Mas ainda assim há um considerável escopo para o direito judicial. Quando um juiz aplica ou estende uma regra (lei ou precedente) a novos fatos, ou então decide que esta regra não se aplica em certas situações, estamos diante de uma criação ou modificação do direito. E nada mais natural – para alcançarmos a previsibilidade e unicidade do sistema – que as decisões judiciais, como as leis abstratas, tenham uma eficácia vinculante.

Conforme sustenta Cândido Dinamarco, a vinculação ao

---

natureza previdenciária".

precedente judicial irá acarretar uma completa diminuição no número de processos julgados, não apenas em grau recursal, mas também no 1º grau de jurisdição. Uma característica importante do efeito vinculante do precedente judicial, segundo a construção brasileira, reside na vinculação não apenas dos órgãos judicantes, mas também da própria administração pública. Ora, se a *ratio decidendi* abstraída de um precedente vinculante é considerada *norma* (fonte do direito), então não há razão para que a Administração Pública relute em aplicar esta norma jurídica. Segundo o modelo proposto para o Brasil, esse argumento nem mesmo é necessário, pois a vinculação da Administração Pública já decorre do próprio texto legal (EC 03/1993, Lei nº 9.868/99 e EC 45/2004). Convém observarmos que, segundo estatística amplamente divulgada, 76 % dos recursos no Supremo Tribunal Federal referem-se apenas a questões envolvendo o INSS. Com a vinculação, bastaria uma única decisão do Supremo Tribunal Federal, para que a própria Administração Pública deixe de praticar o ato coarctado pelo Pretório Excelso.

O que não se pode admitir é a substituição da súmula vinculante por uma súmula impeditiva[223] de recursos, extinguindo-se aquela. A súmula impeditiva de recurso não

---

[223] Não nos opomos à súmula impeditiva de recursos como mais um instrumento visando a redução de atos processuais indevidos. O que criticamos é a substituição da súmula vinculante por uma súmula impeditiva de recursos. A convivência pacífica dos dois institutos é até salutar. Mas não a substituição de um pelo outro.

vincula a Administração Pública, e os atos considerados ilegais continuariam a ser praticados pelos órgãos do executivo, sem qualquer vinculação.

Conforme já vimos, no decorrer deste estudo, o precedente vinculante não impede a 'evolução do direito', como temem alguns, pois os casos dessemelhantes terão tratamento próprio, diverso daquele constante no precedente judicial. A razão chega a ser óbvia: a *ratio decidendi* dos dois casos é distinta. Contudo, existe a necessidade de se usar o método distintivo com muita ponderação e prudência, para que a possibilidade de se excepcionar a aplicação da norma não se transforme em uma faculdade de livremente se descumprir o efeito vinculante ditado pela doutrina do *stare decisis*. É possível distinguir os casos, mas apenas na eventualidade de depararmos com situações substancialmente distintas. O controle, nesta hipótese, fica até mesmo mais fácil, pois os tribunais limitar-se-ão a examinar, tão somente, se a circunstância apontada como relevante é, de fato, substancialmente relevante, de forma a tornar o caso único e diverso daquele constante no precedente. Nas decisões do STJ, afastando o efeito vinculante da ADC (MC) 4, não se questiona a proibição de antecipação dos efeitos da tutela contra a Fazenda Pública, mas, apenas, se um determinado fato (estado de necessidade e manutenção da vida humana) torna o caso único e diverso daquele que deu ensejo ao precedente vinculante.

Um problema mais profundo, a nível de Teoria Geral do Direito, consiste na justificação metodológica do precedente judicial como fonte do direito. Entretanto, quer me parecer que, mesmo adotando uma teoria mais formalista, como a de Kelsen, esta justificação é possível. Essa questão também deve ser investigada.

Concluindo, entendemos que a súmula vinculante será uma ferramenta útil, conveniente e de grande importância para o sistema jurídico brasileiro. Deveria, em verdade, começar pelo Supremo Tribunal Federal – aliás, como já ocorreu – e, depois, ser até mesmo estendida para os demais tribunais. Obviamente, a vinculação deve manter a hierarquia e competência dos tribunais, e um precedente vinculante de uma corte inferior pode ser revisto (*reversed*) pelas Cortes Superiores, cuja decisão também teria efeito vinculante.

4.1. Precedentes vinculantes: competência exclusiva do Supremo Tribunal Federal?

Uma questão que frequentemente surge diz respeito à competência para instituir precedentes vinculantes e remete à discussão sobre a possibilidade de os tribunais estaduais editarem súmulas vinculantes.

A questão já despertou a atenção da doutrina, a ponto de autores de renome afirmarem que o Supremo Tribunal Federal é a única

Corte com competência constitucional para editar súmulas e precedentes vinculantes[224]. Esse entendimento pode ter apoio no argumento decorrente da própria Emenda Constitucional nº 45/2004, que incluiu, no texto normativo, referência expressa e exclusiva ao Supremo Tribunal Federal, nas duas referências a súmula vinculante (art. 103-A) e no controle abstrato de constitucionalidade (§ 2º do art. 102)[225]. Nesse contexto, não seria esdrúxulo – embora incorreto, como veremos – interpretar que o enunciado normativo limitou a competência para editar súmulas vinculantes tão somente à mais alta Corte do país.

---

[224] Esse é o entendimento, por exemplo, de Luiz Flávio Gomes, que afirma: "As principais questões que envolvem as súmulas vinculantes são as seguintes: (a) Somente o STF pode aprová-las; nenhum outro tribunal do país pode fazer isso. Quando aprovada uma súmula no âmbito criminal, ela passa a ser fonte formal mediata do Direito penal. (b) A súmula vinculante só pode ser emitida pelo STF; a impeditiva de recurso é qualquer súmula criada pelo STF ou STJ. Por força da Lei 11.276, de 07.02.2006, que alterou o art. 518 do CPC, não cabe apelação quando o juiz segue o entendimento de uma dessas súmulas" (*cf. Súmulas vinculantes.* Disponível em http://jus2.uol.com.br/doutrina/texto.asp?id=9402, acesso em 17.11.2008).

[225] A Emenda Constitucional nº 45/2004 alterou o § 2º do art. 102 da Constituição de 1988 – originariamente introduzido pela Emenda Constitucional nº 3/1993, que passou a ter a seguinte redação: "Art. 102. *omissis.* § 2º As decisões definitivas de mérito, **proferidas pelo Supremo Tribunal Federal**, nas ações diretas de inconstitucionalidade e nas ações declaratórias de constitucionalidade produzirão eficácia contra todos e efeito vinculante, relativamente aos demais órgãos do Poder Judiciário e à administração pública direta e indireta, nas esferas federal, estadual e municipal" (o destaque não consta no original). O art. 103-A da Constituição, incluído pela EC nº 45/2004, estabelece que: "Art. 103-A. O Supremo Tribunal Federal poderá, de ofício ou por provocação, mediante decisão de dois terços dos seus membros, após reiteradas decisões sobre matéria constitucional, aprovar súmula que, a partir de sua publicação na imprensa oficial, terá efeito vinculante em relação aos demais órgãos do Poder Judiciário e à administração pública direta e indireta, nas esferas federal, estadual e municipal, bem como proceder à sua revisão ou cancelamento, na forma estabelecida em lei."

Não obstante isso, entendemos que essa interpretação não deve prevalecer, pois não alcança o sentido que se deve extrair do sistema jurídico como um todo. A referência explícita ao Supremo Tribunal Federal não é suficiente para excluir a competência dos demais tribunais.

São diversos argumentos que justificam esse raciocínio. Comecemos com um argumento de conveniência político-judiciária. Conforme sustentado por Cândido Dinamarco, existem matérias estaduais e municipais que, apesar de capazes de gerar um número grande de processos repetitivos, não serão suscetíveis de apreciação pelo Supremo Tribunal Federal[226]. Nessa hipótese, não existe razão que justifique a impossibilidade de os tribunais estaduais sumularem seus julgamentos repetitivos.

Analisemos, agora, outros argumentos que, por si sós, são suficientes para reconhecer a autorização de os tribunais locais editarem súmulas vinculantes, independentemente de qualquer alteração legislativa. Comecemos com a previsão constitucional dirigida apenas ao Supremo. Ao contrário do que se poderia pensar, a referência feita exclusivamente ao Supremo Tribunal Federal no § 2º do art. 102 e

---

[226] Citando as elucidativas palavras de Cândido Dinamarco, "é uma pena que também aos *tribunais locais* não se estenda a autorização a sumular. Como os temas referentes a direito estadual e municipal não são capazes de levar os processos ao Supremo ou aos Tribunais Superiores, a última instância nessas causas é representada por aqueles. E, sabido que também nessa matéria ocorre muita repetição de teses e consequente dispersão de julgados conflitantes, seria de toda conveniência que também os tribunais locais fossem autorizados a editar súmulas vinculantes – sempre, nos limites das questões sobre as quais emitem o julgamento último" (*cf. Efeito Vinculante das decisões judiciárias*, *in* Fundamentos do Processo Civil Moderno, volume II, 3ª ed., São Paulo: Malheiros, 2000, p. 1143).

no art. 103-A, ambos da Constituição Federal, não pretendeu excluir a competência dos demais tribunais, mas apenas explicitar a autorização concedida à Corte Suprema. Uma rápida observação permite verificar que o art. 102 da Constituição estabelece a competência do Supremo Tribunal Federal e não a de todos os órgãos do poder judiciário. Assim, não haveria coerência legislativa incluir, na competência do STF, a dos tribunais estaduais. Do mesmo modo, a previsão do art. 103-A (súmula vinculante) encontra-se na Seção II, que se refere ao Supremo Tribunal Federal. Assim, não faria sentido incluir, no art. 103-A a competência dos tribunais estaduais.

Assim, a falta de referência na Constituição aos tribunais estaduais não é um *silêncio eloquente*, mas simples omissão legislativa, que pode ser sanada com as regras de integração do sistema jurídico. E não se diga que não se pode atribuir eficácia vinculante à jurisprudência dos tribunais estaduais, simplesmente porque estes já têm previsão normativa para editar precedentes vinculantes! Os tribunais estaduais têm competência para processar e julgar ações diretas de inconstitucionalidade de lei municipal ou estadual, que estejam em confronto com a Constituição Estadual. Por se tratar de controle abstrato de constitucionalidade, todas as características do controle exercido pelo Supremo Tribunal Federal são mantidas nos controles estaduais. Todas, exceto uma: a definitividade da decisão, quando a Constituição Estadual repetir preceito da Constituição Federal ou a ele fizer remissão. Isso porque a decisão na ação de inconstitucionalidade estadual terá, sim, efeito *erga omnes* e *eficácia vinculante*, porém, nos limites da competência do tribunal estadual. É óbvio que a decisão do tribunal estadual não vincula o Supremo Tribunal Federal – até mesmo em razão da hierarquia funcional –, que poderá reexaminar a decisão em recurso extraordinário (isso, repito, na hipótese de a lei municipal contrariar a Constituição Estadual que repete preceito da Constituição Federal).

Assim, os Estados já têm autorização para editar precedentes vinculantes. Logo, não há nada de anormal em se reconhecer a possibilidade de os tribunais estaduais editarem súmulas vinculantes.

Há de se considerar, ainda, o princípio da simetria, que impõe aos estados-membros, a observância estrita do modelo jurídico estabelecido pela Constituição da República[227]. O Supremo Tribunal Federal já reconheceu, inclusive, o cabimento de reclamação aos tribunais locais para preservação da sua competência ou da autoridade de seus julgados[228].

---

[227] Explicar o princípio da simetria.

[228] Nesse sentido, STF: "Ação direta de inconstitucionalidade: dispositivo do Regimento Interno do Tribunal de Justiça do Estado da Paraíba (art. 357), que admite e disciplina o processo e julgamento de reclamação para preservação da sua competência ou da autoridade de seus julgados: ausência de violação dos artigos 125, caput e § 1º e 22, I, da Constituição Federal. 1. O Supremo Tribunal Federal, ao julgar a ADIn 2.212 (Pl. 2.10.03, Ellen, DJ 14.11.2003), alterou o entendimento - firmado em período anterior à ordem constitucional vigente (v.g., Rp 1092, Pleno, Djaci Falcão, RTJ 112/504) - do monopólio da reclamação pelo Supremo Tribunal Federal e assentou a adequação do instituto com os preceitos da Constituição de 1988: de acordo com a sua natureza jurídica (situada no âmbito do direito de petição previsto no art. 5º, XXIV, da Constituição Federal) e com os princípios da simetria (art. 125, caput e § 1º) e da efetividade das decisões judiciais, é permitida a previsão da reclamação na Constituição Estadual. 2. Questionada a constitucionalidade de norma regimental, é desnecessário indagar se a colocação do instrumento na seara do direito de petição dispensa, ou não, a sua previsão na Constituição estadual, dado que consta do texto da

Um problema aberto que reclama uma reflexão, refere-se à necessidade de uma legislação específica para reconhecermos a eficácia vinculante dos precedentes judiciais emanados dos demais tribunais (e não apenas do STF), ou se esta propriedade poderia ser reconhecida pela jurisprudência, a exemplo do que ocorreu na Inglaterra, onde a *House of Lords* reconheceu a doutrina do *stare decisis* independentemente de qualquer lei. Embora esta afirmação pareça ser exagerada, pois alguns autores insistem em dizer que nosso sistema jurídico é o do *Civil Law* (apesar de nosso entendimento pessoal de que, há muito tempo, já estamos em um sistema misto), já presenciamos, em diversas vezes, a introdução de conceitos jurídicos novos pelos tribunais. A título de exemplo, a Interpretação Conforme a Constituição e a Declaração de Inconstitucionalidade Parcial Sem Redução de Texto já era aplicada, há muito tempo, pelo STF e até mesmo por alguns tribunais estaduais[229], inspirados na Corte Suprema e na

---

Constituição do Estado da Paraíba a existência de cláusulas de poderes implícitos atribuídos ao Tribunal de Justiça estadual para fazer valer os poderes explicitamente conferidos pela ordem legal - ainda que por instrumento com nomenclatura diversa (Const. Est. (PB), art. 105, I, e e f). 3. Inexistente a violação do § 1º do art. 125 da Constituição Federal: a reclamação paraibana não foi criada com a norma regimental impugnada, a qual - na interpretação conferida pelo Tribunal de Justiça do Estado à extensão dos seus poderes implícitos - possibilita a observância das normas de processo e das garantias processuais das partes, como exige a primeira parte da alínea a do art. 96, I, da Constituição Federal. 4. Ação direta julgada improcedente (ADI 2480/PB, Relator Ministro SEPÚLVEDA PERTENCE, Julgamento: 2.4.2007, Órgão Julgador: Tribunal Pleno, Dje-037, DJ 15-06-2007 PP-0020, EMENT VOL-02280-01 PP-00165).

[229] Em 1998, o Tribunal de Justiça do Estado do Espírito Santo julgou uma ação de inconstitucionalidade de lei municipal, por violação à Constituição

obra do Ministro Gilmar Mendes, muito antes de a Lei nº 9.868/99 prever explicitamente esta técnica.

4.2. Uniformidade da jurisprudência dos tribunais: o dever de coerência e de igualdade

Com a modificação do valor dos precedentes e a sua inclusão como fonte normativa, os tribunais precisam ter um dever de coerência e um zelo com a igualdade que antes não eram tão destacados.

Logo, os tribunais precisam necessariamente zelar pela uniformidade de sua jurisprudência.[230] Devem afastar, indiscutivelmente, a possibilidade de decisões contrárias ou contraditórias. Não se pode mais tolerar, atualmente, que um mesmo tribunal tenha câmaras ou turmas julgadoras com decisões conflitantes – sem mencionar o conflito de jurisprudência de uma mesma câmara ou

---

Estadual, na qual funcionei como relator, aplicando a interpretação conforme a Constituição para afastar a interpretação incompatível com a Lei Fundamental, mantendo-se integralmente o texto legal. Essa decisão (assim como já ocorria no STF) foi tomada antes da vigência da Lei nº 9.868/99, que foi o primeiro texto legal a prever a interpretação conforme a Constituição. Isso levanta a questão que indaga sobre se apenas a lei pode ser fonte do direito ou se os precedentes dos tribunais podem, independentemente de qualquer prescrição legal, impor novos comportamentos, desde que não sejam vedados por lei.

230 Bobbio: "Todo o discurso defendido neste capítulo pressupõe que a incompatibilidade entre duas normas seja um mal a ser eliminado e, portanto, pressupõe uma *regra de coerência*, que poderia ser enunciada assim: 'Num ordenamento jurídico não *devem* existir antinomias'. (...) Uma regra que se refere às normas de um ordenamento jurídico, como o é a proibição de antinomias, pode ser dirigida apenas àqueles que têm relação com a produção e aplicação das normas, em particular ao legislador, que é o produtor por excelência, e ao juiz, que é o aplicador por excelência." (cf. *Teoria...*, p. 119).

turma. Isso somente acarretaria dúvidas e criaria incertezas sobre o que o direito é. Um dos fundamentos da eficácia vinculante dos precedentes jurisprudenciais consiste na igualdade que a ordem jurídica exige do julgamento das situações assemelhadas. Contudo, não haverá igualdade – ou sequer uniformidade – se o mesmo órgão julgador ou se diferentes órgãos de um mesmo tribunal decidirem de forma diversa, acentuando a desigualdade do resultado, mesmo quando os fatos substanciais da demanda forem os mesmos.

O procedimento para a preservação da uniformidade entre os julgados já se encontra previsto no ordenamento jurídico brasileiro e a ele já fizemos referência nas seções anteriores.

4.3. A proibição de reiteração de demandas

Uma técnica visando à diminuição de demandas que precisa ser cuidadosamente ponderada consiste na proibição de reiteração de demandas **em sentido lato** (*Wiederholungsverbot im weiteren Sinne oder Nachahmungsverbot*). Nesta, a vedação de demandar somente pode ser afastada se houver uma razão para não aplicar o precedente vinculante, que lhe é desfavorável. Proibição desse jaez impediria a propositura de outras demandas, mesmo que o dispositivo (*Urteilstenor oder Entscheidungsformel*) da decisão vinculante e o da possível ação a ser proposta sejam distintos. Para tanto, basta que as *questões* de ambas as controvérsias tenham igual conteúdo (*gleiche Rechtsfrage*) e que as razões determinantes (*tragende Gründe*) sejam aplicáveis a ambos os casos.

Em um primeiro momento, a técnica divide opiniões. Por um lado, a proibição de reiteração de demandas atende a toda a estrutura funcional da teoria dos precedentes judiciais. Afinal, se não houver razão suficiente, fundada em circunstâncias fáticas que distingam a controvérsia, para afastar o precedente judicial vinculante, então o desfecho natural será a improcedência do pedido. Isso é inquestionável. A técnica, então, visa a evitar tramitação indevida, que consumiria tempo e esforço aplicáveis a outras demandas, no mínimo, viáveis.

Por outro lado, causa espécie toda e qualquer limitação de acesso à justiça, pois há o perigo iminente de a parte ficar privada de tutela jurisdicional adequada. Com as ondas renovatórias do processo civil, a palavra de ordem é ampliar o acesso à justiça, e não restringi-lo.

Apesar de nossa postura intransigente para a ampliação do acesso à justiça, não nos parece que a técnica irá privar as partes da tutela jurisdicional adequada. Os interessados poderão demandar. Apenas haverá um requisito discursivo suplementar, além daqueles que eles já terão de preencher. Havendo precedente judicial vinculante que projete sua eficácia normativa sobre a controvérsia, o autor da demanda terá o dever legal de indicar as circunstâncias fáticas ou jurídicas que distinguem as situações (*distinguishing*). Assim fazendo, ele afirma que o juiz não está obrigado a aplicar o precedente naquele caso específico. Mas para isso, deverá citar *expressamente* o precedente vinculante desfavorável, assim como as circunstâncias que ou distinguem os dois casos. A discussão judicial a encargo do autor estaria limitada à comprovação das circunstâncias fáticas distintivas da controvérsia, que afastariam a incidência normativa do precedente vinculante.

Embora pareça ousada, essa técnica já é aplicada no modelo processual brasileiro. Não esqueçamos do art. 285-A do CPC, que autoriza o juiz a julgar improcedente o pedido na eventualidade de sentenças idênticas em sentido desfavorável ao demandante. Se analisarmos detidamente a técnica das chamadas sentenças repetitivas, veremos que, na verdade, é uma verdadeira proibição de reiteração de demandas (*Wiederholungsverbot*). Afinal, a eficácia normativa da sentença anterior é projetada para a nova demanda, que será julgada improcedente desde logo. Para se furtar aos efeitos do precedente, o demandante deverá demonstrar (i) que o precedente não tem mais vigência, pois foi revogado (*overruling*); (ii) a existência de circunstâncias fáticas relevantes que excluem o precedente (*distinguishing*); (iii) significativa e fundada mutação dos valores constitucionais (nas esferas política, social, econômica e jurídica), que justifiquem a revogação do precedente. Caso não logre demonstrar nenhum desses fundamentos, então a a pretensão estará fadada ao insucesso e a demanda será rejeitada.

5. As consequências do descumprimento dos precedentes vinculantes

Uma importante, senão essencial, propriedade da eficácia vinculante dos precedentes judiciais, consiste na imperatividade (sujeição normativa) e nas consequências pelo descumprimento da conduta que a partir deles se espera. Trata-se da sanção[231], compreendida como elemento imprescindível para assegurar a eficácia das normas jurídicas[232].

Se a vinculação não tiver força de incidência normativa alguma – ou seja, se o comportamento esperado não for observado e se não houver sanção para impor a sua eficácia –, a atribuição de efeito vinculante ao precedente será inócua. Poderemos dizer à vontade que o precedente tem efeito vinculante, mas não existirá eficácia abstrata alguma, em nenhum grau de força normativa. Nessa medida,deve haver meios de se impor alguma consequência jurídica pela não-observância do precedente vinculante e, com as mesmas razões, devem ser indicados, com clareza, os tipos de sanção e quais destinatários que a ela se sujeitam (órgãos do Poder Judiciário ou da administração pública).

---

[231] Dinamarco esclarece o conceito de "sanção" que caracteriza a execução, no sentido de imperatividade da norma concreta (sentença ou decisão judicial), ao explicar os meios de sub-rogação: "Sempre foi essa a razão de se afirmar que a execução é uma sanção (sanção executiva) e que a imposição desta se faz *independentemente da vontade do executado ou até mesmo contra ela*. Trata-se de medidas imperativas, apoiadas no poder estatal e na inevitabilidade dos efeitos de seu exercício (*supra*, n. 118), sendo, pois, natural que se efetivem sem qualquer necessidade da colaboração do sujeito passivo ou de qualquer atitude volitiva de sua parte" (cf. *Instituições...*, IV, p. 47).

[232] A recorrência para esclarecer quais são as normas jurídicas é sempre oportuna, dada a pretendida eficácia vinculante dos precedentes judiciais. No modelo kelseniano, as decisões judiciais são normas jurídicas individuais e concretas, em oposição às leis, que são normas gerais e abstratas. Com a nova força de incidência normativa dos precedentes judiciais, a *ratio decidendi* destes passa a ter a amplitude das normas gerais e abstratas.

5.1. A sanção por *coerção* e a sanção por *sub-rogação*.

O que caracteriza a sanção é, na verdade, a imposição física ou psicológica do comando normativo ao destinatário da norma, ainda que ele seja indiferente ou contrário ao comportamento por aquela exigido. Segundo encontramos em Max Weber, para que um sistema seja considerado normativo, deve existir a possibilidade de coerção, de modo a garantir a conduta desejada, ou – caso não ocorra – deve haver punição pela violação[233]. Em sentido análogo deve ser compreendida a sanção – enquanto elemento de eficácia – pela descumprimento das normas jurídicas: a atribuição de consequência pelo sistema, em razão da desconformidade da conduta com a prescrição normativa, que ocorre através de medidas imperativas. Essa consequência, por seu turno, pode utilizar meios físicos *(sub-rogação)* ou psicológicos *(coerção).*

A técnica processual identifica dois meios de imposição de sanção. São eles a execução por coerção (que corresponde a mecanismo psicológico) ou por sub-rogação (referente a mecanismo físico). Muito embora sejam técnicas da tutela executória (execução ou cumprimento de sentença), são os meios adequados para a transição do "dever ser" para o "ser"[234]. Logo, tem nítido caráter sancionatório,

---

233 Assim: "A system is to be called... law if it is externally guaranted by the possibility of (phisical or psychic) coercion through action aimed at enforcing compliance or punishing violation, the action of a staff of persons expressly geared to this task" (Max Weber, Law in Economy and Society, trad. para o inglês Max Rheinstein, in Weber, Economy and Society, Berkely and Los Angeles: University of California Press, 1978, p. 34).

234 Muito se discutiu na doutrina a chamada "falácia naturalística" ou "guilhotina de Hume". Afirma-se que não é possível derivar o "dever ser" a

compreendido este como elemento de eficácia da norma.

A sanção por *coerção*[235] ocorre quando a lei cria mecanismos de pressão psicológica para o destinatário da norma, de modo a persuadi-lo a praticar a conduta esperada. São situações que agravam tanto o agente, que ele terá o fundado receio da consequência insuportável e se sentirá compelido a cumprir o esperado.[236] Exemplos de medidas de

---

partir do "ser". Desse modo, não seria adequado derivar uma norma jurídica a partir de um fato social. O tema é fascinante e algumas propostas foram feitas para superá-lo, com base em alguns modelos teóricos atuais. Não pretendemos enfrentar o tema neste trabalho, até mesmo porque não é o escopo desta investigação. Porém, deve ser destacada uma característica desse debate. O problema não está limitado à passagem do "ser" para o "dever ser". Ele também ocorre no sentido inverso, ou seja, quando se pretende transformar o "dever ser" em um "ser". Em outras palavras, quando se pretende transformar uma norma jurídica, seja ela uma norma abstrata (lei, precedente vinculante), seja concreta (sentença, ato administrativo, contrato). No âmbito do direito processual, fala-se em *efetividade,* conceito que reflete com precisão o problema da adequação quando se busca a coincidência entre o "dever ser" e o "ser". Partindo da premissa de que as técnicas processuais utilizadas para a efetividade da tutela jurisdicional, são – não apenas, mas a partir de – as técnicas executórias, então podemos utilizá-las para compreender o modelo legal usado para obter a coincidência entre o precedente judicial e a realidade social nele desenhada.

[235] Cândido Dinamarco nos lembra a referência diversa de Chiovenda, recomendando, porém, a utilização preferencial deste vocábulo: "Chiovenda falava em *mezzi di coazione* (coação), não de *coercizione* (coerção). Tanto em língua italiana como portuguesa, porém, esses dois vocábulos têm significados muito próximos e, no que diz respeito à execução civil, equivalentes. Não há, portanto, razões muito sérias para escolher um deles e banir o outro, mas o emprego de *coerção* é preferível, para evitar a conotação de ilicitude que ordinariamente acompanha a palavra *coação*, a qual tradicionalmente designa também um vício de consentimento. *Coerção* é, segundo os léxicos, 'a força que emana da soberania do Estado e é capaz de impor o respeito à norma legal' (Aurélio)" (cf. *Instituições...*, IV volume, pp. 46-47).

[236] Não vejo melhor forma de definir essa medida, do que transcrever as palavras de Cândido Dinamarco: "As *medidas de coerção* consistem em pressões sobre a vontade do obrigado, para que cumpra. Mediante elas o Estado-juiz procura persuadir o inadimplente, impondo-lhe situações tão onerosas e inconvenientes que em algum momento seja para ele mais

coerção são (i) a imposição de multa; (ii) a ameaça de responsabilização civil do agente; (iii) a possibilidade de perda da função administrativa; (iv) a imputação de pena ou sanção criminal *etc*.

Já a sanção por *sub-rogação* se verifica quando o comportamento pretendido é praticado pelo próprio Estado-juiz, em substituição ao obrigado. Nessa espécie de sanção, a conduta esperada é praticada por um sujeito, em substituição à conduta desconforme perpetrada pelo sujeito obrigado[237]. Exemplo típico da execução por sub-rogação encontramos na execução forçada por quantia certa. Nesse caso, se o devedor não cumprir a obrigação pecuniária[238] de entregar uma determinada soma em dinheiro ao credor, o Estado-juiz retira bens do patrimônio dele e, após os procedimentos legais (avaliação, alienação em hasta pública ou por iniciativa particular, arrematação

---

vantajoso cumprir do que permanecer no inadimplemento. Trata-se de verdadeiras *coações*, no sentido em que esse vocábulo é empregado na lei civil, porque infundem no espírito do obrigado o fundado temor de um insuportável, ou ao menos muito indesejável, agravamento (CC, art. 151); (...) Essa é, contudo, uma coação (ou coerção) de absoluta legitimidade ética e jurídica, uma vez que se destina a remover uma conduta antiética e se realiza com o objeto de dar efetividade a um valor muito elevado, que é o acesso à justiça" (cf. *Instituições...*, IV, pp. 47-48).

[237] Vejamos a precisa definição de Cândido Dinamarco, que permitirá a compreensão mais adequada do fenômeno: "Embora presentes com muita intensidade na execução tradicional, as *medidas de sub-rogação* não se restringem ao âmbito desta e também se praticam na execução específica imediata regulada no art. 461 do Código de Processo Civil (esp. *Caput* e § 5º). Elas consistem em uma autêntica substituição de atividades, inclusive no plano físico (...). Daí serem medidas de *sub-rogação*, o que significa medidas realizadas por um sujeito, o juiz, em substituição à conduta de outro sujeito, que é o obrigado inadimplente (sub-rogar, em direito, é *pôr no lugar de*)." (cf. *Instituições...*, IV, p. 47).

[238] Em verdade, há referência na legislação processual sobre a obrigação pecuniária, que nada mais é do que a obrigação de dar coisa incerta (dinheiro). Desse modo, a execução por quantia certa refere-se à obrigação de dar coisa incerta (Dinamarco, *Instituições...*, IV).

etc.), faz exatamente o que ele deveria ter feito, a saber, entregar o dinheiro ao credor[239]. A *sub-rogação* também pode ocorrer em obrigações de fazer (desde que não sejam personalíssimas ou infungíveis), assim como nas de dar coisa certa ou incerta. Na hipótese de o obrigado recusar-se a transmitir a posse de um imóvel, por exemplo, o juiz – se acolher a pretensão do credor – substituirá a inação do devedor, imitindo na posse aquele que a ela faz jus.

Essa técnica é particularmente interessante no âmbito dos precedentes judiciais, quando o destinatário do efeito vinculante for o juiz, uma fez que o comportamento dele esperado pode ser classificado como uma verdadeira obrigação de fazer, qual seja, agir (decidir) em conformidade com o precedente. A atuação do juiz ou do tribunal ocorre através do discurso (argumentação jurídica), ou seja, por intermédio da fundamentação de suas decisões (agir-comunicativo). Desse modo, a sanção aplicada por *sub-rogação* aos juízes e tribunais consiste na substituição da decisão em desconformidade com o precedente por outra, com coincidência da razão determinante (*tese jurídica*).

No contexto destes argumentos, a teoria dos precedentes vinculantes comporta ambos os meios de sanção, o por *sub-rogação* e o por *coerção*.

Haverá sanção por *coerção* quando houver a utilização de técnicas de pressão psicológica para que o agente pratique, ele mesmo, o ato em conformidade com o precedente considerado vinculante.

[239] O exemplo é de Dinamarco (cf. *Instituições*..., IV, p. 47).

Encontramos exemplo dessa assertiva na própria Lei nº 11.417/200 – Lei da Súmula Vinculante –, que impõe sanções administrativas, civis e criminais aos agentes públicos, com o escopo de pressioná-los psicologicamente a decidirem conforme a *ratio decidendi* dos precedentes vinculantes. Afinal, infundiria temor de consequência absolutamente indesejável ou insuportável, uma vez que ninguém assumiria de bom grado as responsabilidades civil, administrativa e penal. A consequência é demasiadamente gravosa para que alguém persista na conduta iícita.

Por sua vez, haverá sanção por *sub-rogação* se o próprio estado-juiz substituir o ato do agente, praticando ele mesmo o que deveria ter sido feito. Isso ocorre, segundo vimos, quando o próprio tribunal substitui a decisão em desconformidade com os precedentes por outra, independentemente de outra ação do agente que a exarou. Uma interessante hipótese acontece no julgamento dos recursos repetitivos, em que o Superior Tribunal de Justiça devolve o recurso para que o tribunal de origem possa retratar-se ou não da decisão, adequando-a ao precedente representativo da controvérsia. Porém, na hipótese de o tribunal de origem manter a decisão, não há sanção por *coerção* (multa ou outra consequência civil, administrativa ou penal) e a única consequência é a imediata admissibilidade do recurso especial, o que possibilitará a sanção por *sub-rogação.*

Em verdade, a sanção por *sub-rogação* produz um grau mínimo de pressão psicológica para compelir o destinatário da eficácia normativa a praticar ele mesmo o comportamento descrito no precedente. Apesar de o princípio de que não se pode forçar ninguém a fazer alguma coisa contra sua vontade (*nemo ad factum praecise cogi potest*) admita, hoje, fecunda relativização, ainda assim a simples ameaça de substituição do ato por outro sujeito pode não ter força suficiente para impor o cumprimento voluntário. Ou seja, embora ela tenha um alto grau de efetividade (no sentido de coincidência entre a conduta esperada e a efetiva), a sanção por *sub-rogação* pode acarretar a acomodação do obrigado, que não se sentirá compelido a agir e aguardará que o Estado-juiz faça em seu lugar o que ele deveria ter feito. Assim, essa espécie de sanção tem um baixo grau de imposição social, em face da ineficiência do meio para exercer pressão psicológica com força suficiente para impor a prática do ato pelo próprio devedor. Em consequência, a sanção por *sub-rogação* não é adequada para reduzir o número de demandas, se aplicada aos órgãos da administração pública. Por esse motivo, a sanção por *sub-rogação* deve ser utilizada exclusivamente nas hipóteses em que a sanção por *coerção* não seja cabível. Nessa linha de raciocínio, quando o destinatário da eficácia normativa (do precedente ou da própria lei) for o juiz ou tribunal, a utilização de mecanismos de pressão psicológica (sanção por *coerção*) violariam a liberdade de convicção e comprometeriam a própria tutela jurisdicional. Desse modo, não é possível aplicar sanções por *coerção* aos juízes e tribunais. Logo, somente resta a sanção por *sub-rogação*. Se excluirmos até mesmo a possibilidade de substituição da decisão por outra em conformidade com a jurisprudência dos tribunais, então não haveria qualquer força de incidência normativa nos precedentes judiciais. Aqui, sim, poderíamos dizer que os precedentes não vinculariam, pois nenhuma seria sua eficácia normativa. Porém, havendo um mínimo de eficácia normativa, isto é, existindo força de incidência com possibilidade de (i) atuação em conformidade com os precedentes (*compliance*); ou, caso isso não ocorra, (ii) de sanção (*sanction*) por coerção ou por sub-rogação, então haverá eficácia vinculante.

A imputação de sanção por *coerção* aos juízes é algo que exige sempre bastante reflexão. É premissa inafastável que o juiz não pode ser punido pelo teor da decisões que proferir[240]. Isso é indiscutível. Desse modo, não há como imputar a responsabilização cível, administrativa ou penal aos juízes, simplesmente por discordarem dos precedentes normativos dos tribunais. A autonomia intelectual dos magistrados, neste ponto, é intangível. Ao menos no sentido de "pena", não é possível aceitar a aplicação de punição ao juiz que, através da interpretação por seus diversos métodos, deixe de aplicar um precedente judicial, mesmo vinculante. Pensar em sentido contrário afastaria até mesmo a utilização do método distintivo (*distinguishing*), pois os juízes absurdamente se submeteriam à punição, simplesmente por afastarem a incidência do precedente ao fundamento de existência de características fáticas distintas (*distinguishing*). Ora, isso é inimaginável.

A imputação penal do magistrado culminaria no fenômeno descrito por Rui Barbosa como *"crime de hermenêutica"*.[241]

---

[240] O art. 41 da Lei Orgânica da Magistratura, Lei Complementar nº 35, de 14 de março de 1979, dispõe que: "Salvo os casos de impropriedade ou excesso de linguagem o magistrado não pode ser punido ou prejudicado pelas opiniões que manifestar ou pelo teor das decisões que proferir".

[241] No dizer de Rui Barbosa: "Para fazer do magistrado uma impotência equivalente, criaram a novidade da doutrina, que inventou para o Juiz os

O caso clássico[242] é o do juiz do Rio Grande do Sul que, ainda no começo da República, negou aplicação a uma lei estadual, por considerá-la inconstitucional. A Lei afastava algumas características consideradas essenciais à instituição do júri (voto secreto e recusas peremptórias sem justificação das partes). O Tribunal de Justiça do Rio Grande do Sul entendeu que a lei era constitucional e condenou o juiz por crime de prevaricação, aplicando a pena de suspensão do emprego por nove meses. O juiz foi defendido por Rui Barbosa que sustentou a tese da independência da magistratura e da autonomia intelectual do juiz. Argumentou ser incabível a condenação do juiz pelo "*delito de interpretação inexata dos textos*", no que ele denominou, ao iniciar a segunda parte de sua defesa, de *"novum crimen* e o crime de hermenêutica". Rui afirmou que havia duas interpretações – a do juiz e a dos tribunais – proferidas "*com a mesma sinceridade*" e que a controvérsia se reduzia a um "*conflito intelectual de duas hermenêuticas, falíveis ambas e ambas convencidas*". Por fim, indaga o que o Tribunal deve fazer ao se convencer do erro da decisão impugnada: "*A reforma da sentença? Ou a punição do juiz? Se, além da reforma da sentença se houvesse de proceder a acusação do magistrado, uma jurisprudência tal negaria à consciência do juiz*

---

crimes de hermenêutica, responsabilizando-o penalmente pelas rebeldias da sua consciência ao padrão oficial no entendimento dos textos. Esta hipérbole do absurdo não tem linhagem conhecida: nasceu entre nós por geração espontânea. E, se passar, fará da toga a mais humilde das profissões servis, estabelecendo, para o aplicador judicial das leis, uma subalternidade constantemente ameaçada pelos oráculos da ortodoxia cortes" (Obras Completas de Rui Barbosa, Vol. XXIII, Tomo III, p. 228)

[242] Em concisa e precisa narrativa, o excelente artigo do Ministro aposentado do Supremo Tribunal Federal Evandro Lins e Silva, disponível em http://campus.fortunecity.com/clemson/493/jus/m05-011.htm, acesso em 28.12.2009.

singular os direitos que reconhecesse, no seu próprio seio, a todos os seus membros". O Supremo Tribunal Federal acolheu a defesa e absolveu o juiz. Argumentou que, mesmo fosse a lei considerada constitucional, não houve delito, mas erro na sua interpretação. Após a sua absolvição, o juiz persistiu em seu entendimento e novamente declarou a inconstitucionalidade da lei. Mais uma vez o juiz foi processado e condenado pelo tribunal local. Desta vez, o Supremo Tribunal Federal considerou a lei constitucional, porém absolveu novamente o juiz que, embora a tenha interpretado equivocadamente, não cometeu os crimes que lhe foram atribuídos.

A partir de então, consolidou-se com força absoluta a impossibilidade de o juiz ser punido pela interpretação que emprestar aos textos normativos. O Ministro aposentado do STF Evandro Lins e Silva ensina, com irrefutável argumento, que "*a liberdade de julgar dos juízes e tribunais inferiores, escritas em 1895, ecoam até hoje como uma advertência e uma lição.*" Tomando emprestado o argumento utilizado em seu trabalho, também incorreria no suposto "crime" o membro de tribunal que, em voto vencido, sustentou interpretação diferente.[243]

Por essa razão – e por envolver valores tão caros para a ordem jurídica constitucional, como a independência da magistratura, que somente existirá através da liberdade intelectual dos juízes –, não é possível nem mesmo cogitar de sanção por *coerção* aos juízes, fundada

[243] Assim: "A controvérsia é o cerne dos debates judiciários, em qualquer causa, onde os advogados sustentam posições antagônicas quanto ao direito das partes. Na aplicação da mesma lei varia a opinião dos juízes. E nos tribunais, é freqüente haver votos vencidos, isto é, interpretações diferentes." (cf. Evandro Lins e Silva, *in Crime de Hermenêutica...*).

em responsabilização civil, administrativa ou principalmente penal, para assegurar a eficácia normativa dos precedentes. Parafraseando Rui Barbosa, indagaríamos qual é a sanção a ser aplicada: "*A reforma da sentença? Ou a punição do juiz?*" A resposta surge indene de dúvidas e sem demandar maiores reflexões: a reforma da sentença. E nada mais.

Por tudo isso é que a única sanção aplicável aos juízes e tribunais pelo descumprimento dos precedentes e súmulas vinculantes é a por *sub-rogação*, com a substituição da decisão por outra, agora em conformidade.

Em resumo, encontramos no âmbito dos precedentes judiciais as duas formas de sanção, com aplicações bem distintas de acordo com o destinatário da eficácia normativa. Para os demais órgãos do Poder Judiciário, a sanção advém da substituição da decisão em desconformidade com os precedentes, por outra (sanção física ou por sub-rogação). Para a administração pública, a sanção, além de possibilitar a substituição da decisão administrativa, produz a responsabilização pessoal do agente nas esferas cível, administrativa e penal (sanção psicológica ou por coerção).

5.2. A reclamação constitucional para preservar a eficácia das decisões do STF

Se a força de incidência normativa de seus precedentes vinculantes não for observada, seja pela administração pública ou mesmo pelos juízes e tribunais, cabe reclamação ao Supremo Tribunal

Federal.[244]

A natureza jurídica da reclamação produziu opiniões divergentes, reconhecendo a doutrina ora que se trata de um *recurso*, ora que é uma verdadeira *ação* e ora que se refere a um *incidente processual*. A Professora Ada Pellegrini Grinover refuta as soluções anteriores, por entender que a reclamação é uma *garantia* constitucional, inserida no *direito de petição*[245].

---

[244] Assim é a jurisprudência pacífica do STF: "O DESRESPEITO À EFICÁCIA VINCULANTE, DERIVADA DE DECISÃO EMANADA DO PLENÁRIO DA SUPREMA CORTE, AUTORIZA O USO DA RECLAMAÇÃO. - O descumprimento, por quaisquer juízes ou Tribunais, de decisões proferidas com efeito vinculante, pelo Plenário do Supremo Tribunal Federal, em sede de ação direta de inconstitucionalidade ou de ação declaratória de constitucionalidade, autoriza a utilização da via reclamatória, também vocacionada, em sua específica função processual, a resguardar e a fazer prevalecer, no que concerne à Suprema Corte, a integridade, a autoridade e a eficácia subordinante dos comandos que emergem de seus atos decisórios. Precedente: Rcl 1.722/RJ, Rel. Min. CELSO DE MELLO (Pleno)." (RTJ 187/151, Rel. Min. CELSO DE MELLO, Pleno).

[245] Nas palavras da Profª Ada: "Afastadas assim, com a devida vênia, essas soluções alvitradas na doutrina e na jurisprudência, cabe então buscar uma resposta afirmativa para a questão da natureza jurídica da reclamação. Penso, antes de tudo, e especialmente diante da *constitucionalização* do instituto, a partir da Carta de 1988, que a solução deve ser buscada na própria Constituição. Essa visão já estava presente, de certo modo, na obra de José Frederico Marques, escrita à luz de texto constitucional que não contemplava expressamente a providência, quando afirmava o Mestre tratar-se de '*remédio ou medida de Direito Processual Constitucional* para garantir o cumprimento das decisões do Supremo Tribunal Federal' (grifei), acrescentando: 'Pode a ordem jurídica, *através de normas regimentais*, criar providências dessa natureza para a garantia da observância de julgados em que interfere o guardião supremo e último da própria Lei Magna' (grifei). Qual seria então, na ordem vigente, a natureza desse 'remédio ou medida de direito processual constitucional'? A meu ver, a providência em questão constitui uma *garantia especial* que pode ser subsumida na cláusula constitucional que assegura o 'direito de petição aos Poderes Públicos em defesa de direito ou contra a ilegalidade ou abuso de poder' (CF, art. 5º, XXXIV, *a*)" (*Cfr. A reclamação para garantia da autoridade das decisões*

A utilização de reclamação para preservar a autoridade dos julgados dos tribunais – incluída a eficácia vinculante dos precedentes judiciais – não apenas é reconhecida pela doutrina e corriqueiramente admitida no próprio Supremo Tribunal Federal, como também recebeu expressa previsão legal[246].

A reclamação é, em verdade, espécie de técnica processual adequada para provocar a sanção por *sub-rogação*, uma vez que submete o ato – judicial ou administrativo – em desconformidade com o precedente vinculante ao Supremo Tribunal Federal. O § 2º do art. 7º da Lei nº 11.417, de 2006, estabelece o modo pelo qual a atuação do Supremo Tribunal Federal promove a conformação ao precedente: se acolhida a reclamação, (i) o ato administrativo será anulado; ou (ii) a decisão judicial será cassada, com a determinação de que outra seja proferida com ou sem aplicação da súmula. Este artigo comporta dois comentários. O primeiro é de que a parte final de seu enunciado indica o cabimento de reclamação na hipótese de aplicação da súmula vinculante à situação fática em que ela não incide, ou seja, nas situações cujas características fáticas sejam diferentes daquelas que ensejaram a edição da súmula (caso clássico de *distinguishing*). Sim, porque o Supremo Tribunal Federal somente cassaria a decisão para determinar que outra fosse proferida **sem** aplicação da súmula vinculante, na

---

dos tribunais, *in O Processo. Estudos e Pareceres*. São Paulo: Perfil, 2005, pp. 75-76).

246 O art. 7º da Lei nº 11.417, de 19.12.2006, prevê expressamente que: "Da decisão judicial ou do ato administrativo que contrariar enunciado de súmula vinculante, negar-lhe vigência ou aplicá-lo indevidamente caberá reclamação ao Supremo Tribunal Federal, sem prejuízo dos recursos ou outros meios admissíveis de impugnação".

hipótese de circunstâncias fáticas distintas (*distinguishing*).[247] Poderíamos citar, como exemplo, a seguinte situação. O juiz ou tribunal aplica o entendimento da ADC 4 e nega a possibilidade de antecipação da tutela da vantagem de servidor público. A parte interessada poderia apresentar reclamação ao Supremo Tribunal Federal aduzindo que o servidor encontra-se na inatividade e que a eficácia vinculante da ADC 4 não alcança as situações previdenciárias. Observem que, neste caso, a reclamação não visa a aplicar o efeito vinculante, e sim o contrário. Seu escopo é de afastar a eficácia normativa do precedente, através da invocação de características fáticas distintas (*distinguishing*). Em outras palavras, a parte aduziria que a súmula vinculante foi aplicada quando não deveria ter incidido. A reclamação, portanto, teria por escopo afastar a aplicação do precedente ou súmula vinculante.[248] O segundo comentário refere-se à devolução da controvérsia para que outra decisão seja proferida, com ou sem a aplicação da súmula vinculante. Nesse ponto, entendemos que o texto legal é passível de crítica. Se houver elementos suficientes para a decisão, então que o Supremo Tribunal Federal substitua de uma vez a decisão judicial cassada e profira a decisão que o caso comportar. Não é producente cassar a decisão e devolver a controvérsia para o órgão judicial decidir novamente, se o próprio Supremo Tribunal Federal pode solucioná-la. Até mesmo porque o órgão judicial pode insistir em manter a decisão, o que recursivamente ensejaria nova reclamação, nova cassação e devolução ao mesmo juiz, nova reiteração da decisão e assim por

---

[247] Há, ainda, a possibilidade de revogação da súmula. Mas essa situação não comporta a dúvida que ora discutimos.

[248] Essa admissibilidade da reclamação somente pode ser explicada a partir do reconhecimento da eficácia vinculante *a contrario sensu*.

diante, recursivamente. Portanto, ao cassar a decisão, o Supremo Tribunal Federal deve, também, solucionar de vez a controvérsia.[249] Devolver os autos ao juiz ou tribunal para proferir outra decisão contraria, inclusive, a garantia da razoável duração do processo, por criar uma dilação desnecessária para a solução da controvérsia[250]. Nesse ponto, a vantagem denunciada por Barbosa Moreira do § 1º do art. 555 sobre o art. 479, ambos do CPC, é bastante pertinente.[251] Ora, se o Supremo Tribunal Federal já vai se pronunciar sobre a pertinência ou não da aplicação do precedente ou súmula vinculante, então não faz sentido postergar o resultado, devolvendo a controvérsia para o juiz. Felizmente, o Supremo Tribunal Federal, sempre que a situação processual permite, tem ele mesmo solucionado a questão, tornando desnecessária a devolução da controvérsia ao juízo originário.

Por sua vez, é essencial que se estabeleça limitação para o

---

[249] Naturalmente que este raciocínio se aplica apenas na hipótese de a causa comportar imediato julgamento. Caso contrário, o Supremo Tribunal Federal deverá apenas substituir a decisão impugnada por outra, em conformidade com o precedente ou súmula vinculante, e aguardar a instrução processual

[250] A "razoável duração do processo" deve ser compreendida como "adequada, necessária e proporcional solução definitiva da controvérsia", ou seja, em um procedimento sem dilações indevidas (inadequadas, desnecessárias e desarrazoadas). Desse modo, sempre haver a possibilidade de escolha dos meios, como orientado pelo postulado da proporcionalidade. Havendo, outro meio (procedimento) adequado mas com menor custo de tempo, então a sua não utilização viola a garantia da razoável duração do processo e, desse modo, é inconstitucional para o caso concreto. Nesse sentido: Brasil Jr. (cf. *Justiça, Direito e Processo...*).

[251] Assim: "Uma vantagem prática decerto se manifesta aqui. O órgão a que se remete a matéria não se limita a enunciar a solução da *quaestio iuris*, mas procede ao julgamento que competia ao outro. (...) Evita-se assim o vaivém, causa de maior demora" (cf. Barbosa Moreira, *in Comentários*..., p. 653). Muito embora o argumento não tenha sido formulado em comentário à reclamação, a vantagem é a mesma, pela semelhança da situação: a revisão da incidência ou não de súmula ou precedente vinculante.

exercício desse controle, sob pena de tornar inócua a atuação dos juízes e tribunais inferiores, inviabilizando o funcionamento do Supremo Tribunal Federal. Sim, porque uma vez que toda e qualquer contrariedade a efeito vinculante por ato da administração pública autoriza a reclamação, independentemente de o interessado ajuizar demanda em primeiro grau, seria muito mais fácil e rápido apresentar reclamação diretamente no Supremo Tribunal Federal. Haveria, dessa maneira, uma prestação jurisdicional *per saltum*, ignorando-se a atuação dos órgãos que integram a estrutura básica da prestação jurisdicional. Sem mencionar o efeito nocivo da medida, uma vez que o Supremo Tribunal Federal não terá estrutura para julgar *todas* as reclamações. Nessa linha, se não houver um "filtro" nas reclamações, haverá um insuportável congestionamento no Supremo Tribunal Federal e um injustificável desprezo das vias judiciais ordinárias.

No entanto, a Lei das Súmulas Vinculantes, que regulamentou a utilização da reclamação por descumprimento a súmula vinculante, cuidou de estabelecer essa limitação. No § 1º do art. 7º, a Lei nº 11.417/2006 condicionou o uso da reclamação ao esgotamento das vias administrativas, quando se tratar de omissão ou ato da administração pública.[252]

A admissibilidade de reclamação contra ato omissivo ou comissivo da administração é até justificável. Se ela fosse cabível apenas contra decisão judicial, a demora na atuação do juiz ou tribunal poderia

---

[252] Lei nº 11.417/2006, Art. 7º *omissis*, § 1º "Contra omissão ou ato da administração pública, o uso da reclamação só será admitido após esgotamento das vias administrativas".

perpetuar o dano e causar difícil gravame à parte. Imaginemos, por exemplo, uma hipótese em que o juiz ou tribunal ultrapasse em muito o prazo legal e não entregue a tutela jurisdicional devida. Nesse caso, a parte ficaria privada de tutela jurisdicional da Justiça ordinária e, também, do próprio Supremo Tribunal Federal. A competência do Supremo Tribunal Federal ficou resguardada, portanto, sendo-lhe possível atuar, ainda que o juiz não o faça.

Não obstante isso, entendemos que o argumento ainda não justifica a admissibilidade da reclamação contra ato da administração, independentemente de provocação judicial. Registre-se, de início, que a reclamação não substitui os recursos ou as ações cabíveis.[253] Nessa linha, pensamos que melhor seria se a reclamação fosse cabível, em um primeiro momento, apenas contra decisão judicial, o que reduziria significativamente a carga de trabalho do Supremo Tribunal Federal. Assim, a possibilidade de aplicação da súmula vinculante ficaria entregue inicialmente aos juízes e tribunais. Considerando que a grande maioria das decisões judiciais aplica os precedentes e súmulas vinculantes, então praticamente não haveria dano algum para as partes. Não vemos argumento forte o suficiente para justificar a utilização da reclamação diretamente no STF sem passar pelas vias judiciais ordinárias.

Resta, por fim, a hipótese de os juízes ou tribunais não

---

[253] Nesse sentido, a bem fundamentada decisão da Ministra Ellen Gracie, na Reclamação 1.591/RN, que afirma, transcrevendo precedentes: "A reclamação não pode servir de sucedâneo de recursos e ações cabíveis, como decidiu esse Plenário nas Rcl Ag.Rg 1852, relator Maurício Correa e Rcl Ag.Rg. 724, rel. Min. Octávio Gallotti."

decidirem, ultrapassando em muito o prazo legal. Mesmo aqui a solução da controvérsia teria sido buscada em âmbito judicial. A reclamação volta-se, então, contra a omissão do juiz ou tribunal, que não se manifestou no prazo legal e, dessa forma, impediu a eficácia normativa plena do precedente ou súmula vinculante. Não será reclamação contra omissão ou ato da administração pública, mas contra omissão do juiz ou tribunal em preservar a eficácia vinculante das decisões do STF.[254]

---

[254] Entendemos, com forte convicção, ser plenamente cabível tutela jurisdicional contra omissão do órgão judicial competente. Até mesmo a ausência de decisão no prazo de 10 (dez) autoriza, segundo entendemos, o cabimento de agravo de instrumento. Nesse sentido já tivemos a oportunidade de julgar: "EMENTA: PROCESSUAL CIVIL. TUTELA DE URGÊNCIA. AUSÊNCIA DE DECISÃO. NEGATIVA DE PRESTAÇÃO JURISDICIONAL. RECURSO PROVIDO. 1. A parte tem direito constitucional à tutela jurisdicional. As tutelas de urgência encontram-se nessa categoria e, portanto, a parte tem o inquestionável direito à manifestação judicial sobre a liminar, que deve ser prestada em, no máximo, 10 (dez) dias (se a urgência não o exigir antes). 2. O juiz não pode ¿deixar para examinar a liminar após a manifestação da parte contrária¿, pois isso implica negar a própria jurisdição ou equivaleria, no mínimo, à denegação da tutela de urgência, sem a devida fundamentação. Assim, o juiz deve necessariamente pronunciar-se sobre a liminar, concedendo ou negando a tutela de urgência requerida, ainda que se resguarde para reexaminá-la. 3. O pronunciamento judicial que posterga a análise da liminar para momento futuro tem, portanto, conteúdo decisório, hábil a causar gravame à parte interessada, que se vê privada da tutela jurisdicional. 4. Também é direito da parte o pronunciamento do juiz no prazo previsto em lei. Desse modo, a omissão do juiz em decidir a tutela de urgência no prazo legal pode causar gravame à parte, que estará legitimada para exigir do judiciário a devida prestação jurisdicional. 5. É inadmissível que a parte fique sem manifestação judicial sobre a tutela de urgência, seja em primeiro grau, seja em segundo grau. 6. Cabe agravo de instrumento tanto da decisão judicial que posterga a análise da liminar para momento futuro, quanto da inércia do juiz em decidir a tutela de urgência no prazo de 10 (dez) dias. No primeiro caso, a decisão seria, no mínimo, nula, por ausência de fundamentação, e o tribunal poderia substitui-la, sanando o vício através da motivação pertinente e, assim, conceder ou negar a liminar. 7. Não é aconselhável substituir um recurso judicial (agravo de instrumento) por uma atuação administrativa (correição parcial). O juiz natural para examinar a tutela (jurisdicional) de urgência é a

Nesse contexto, parece ser adequado limitar a admissibilidade da reclamação apenas para as hipóteses de omissão ou decisão judicial contrária à súmula ou precedente vinculante.

5.3. As consequências civis, administrativas e criminais no descumprimento de súmula vinculante

Na linha desenvolvida até agora, a sanção pode ocorrer por substituição do ato contrário ao precedente ou súmula vinculante (*sub-rogação*) ou através de mecanismos de pressão psicológica para compelir o próprio agente a manter a conformidade pretendida (*coerção*). A reclamação é meio adequado para a *sub-rogação*, conforme vimos, uma vez que permite a substituição da decisão em desconformidade por outra.

Mas além da reclamação, há, ainda, rigorosa sanção por *coerção* para a administração pública, com o escopo de desestimular o reiterado descumprimento dos efeitos vinculantes do precedente. A Lei nº 11.417/2006 acrescentou os artigos 64-A[255] e 64-B[256] à Lei nº 9.784,

---

câmara ou turma e sua atuação não pode ser substituída pela do Corregedor, que exerce função administrativa. Logo, a correição parcial não substitui o agravo de instrumento, nem mesmo na hipótese de ausência de decisão no prazo legal. 8. Recurso provido (AGRAVO DE INSTRUMENTO Nº 24089008882, relator para o acórdão Des. Samuel Meira Brasil Jr., julgado em 19.5.2009, DJe 1.7.2009).

[255] Lei nº 9.784/1999, Art. 64-A. "Se o recorrente alegar violação de enunciado da súmula vinculante, o órgão competente para decidir o recurso explicitará as razões da aplicabilidade ou inaplicabilidade da súmula, conforme o caso". (Incluído pela Lei nº 11.417, de 2006).

[256] Lei nº 9.784/1999, Art. 64-B. "Acolhida pelo Supremo Tribunal Federal a reclamação fundada em violação de enunciado da súmula vinculante, dar-se-

de 29.1.1999, que disciplina o processo administrativo no âmbito da Administração Pública Federal.[257] O artigo 64-B da Lei nº 9.784/1999 imputa a responsabilidade pessoal do agente nas esferas cível, administrativa e pena, caso ele não adeque as futuras decisões administrativas à decisão do STF que acolher a reclamação. Contudo, essa advertência não criou, por si só, a sanção. Ela somente faz remissão às penalidades que o ordenamento jurídico já prescreve[258].

Essa característica é importante para compor outra questão que eventualmente possa surgir. A Lei nº 11.417/2006 cuida especificamente da súmula vinculante. Desse modo, poder-se-ia imaginar que a coerção exercida pelo art. 64-B da Lei nº 9.784/1999 (imputação de responsabilidade civil, administrativa e criminal), estaria restrita tão somente para os casos de reclamação por descumprimento de **súmula vinculante**. Desse modo, estariam excluídas da sanção as reclamações fundadas na falta de incidência dos demais precedentes vinculantes do STF. No entanto, esse argumento é falacioso e não

---

á ciência à autoridade prolatora e ao órgão competente para o julgamento do recurso, que deverão adequar as futuras decisões administrativas em casos semelhantes, **sob pena de responsabilização pessoal nas esferas cível, administrativa e penal**." (Incluído pela Lei nº 11.417, de 2006). O recurso a que se refere a citada Lei é administrativo.

[257] Pelo princípio da simetria, a previsão deve ser estendida para a administração pública estadual e, também, municipal.

[258] A Lei nº 1.079, de 10.4.1950, por exemplo, estabelece no Capítulo VIII (Dos Crimes contra o Cumprimento das Decisões Judiciais) a seguinte prescrição normativa: "**Art. 12.** São crimes contra o cumprimento das decisões judiciárias: 1 - impedir, por qualquer meio, o efeito dos atos, mandados ou decisões do Poder Judiciário; 2 - Recusar o cumprimento das decisões do Poder Judiciário no que depender do exercício das funções do Poder Executivo; 3 - deixar de atender a requisição de intervenção federal do Supremo Tribunal Federal ou do Tribunal Superior Eleitoral; 4 - Impedir ou frustrar pagamento determinado por sentença judiciária."

prevalece. A súmula reproduz a *ratio decidendi* dos precedentes do STF. Inclusive algumas súmulas vinculantes foram editadas com base exclusivamente em precedentes que já detinham essa mesma eficácia vinculante, como, por exemplo, as SVs 2[259], 7[260], 13,[261] e 21[262]. Desse modo, a súmula vinculante não inova, mas declara os motivos determinantes da decisão, que têm a função de servir de paradigma para os casos futuros. O efeito vinculante consiste na atribuição de força de incidência normativa aos precedentes. Se o precedente tiver força de incidência normativa tal como a súmula vinculante – ADI, ADC, ADPF –, então ambos produzem as consequências previstas em lei. O que autoriza a responsabilidade civil, administrativa e penal não é a súmula, mas a contrariedade ao efeito vinculante.

A reclamação, corroborando o argumento, é cabível para preservar a autoridade das decisões do STF, ou seja, para as hipóteses de descumprimento da eficácia normativa da decisão da Corte Suprema, seja produzida por súmula vinculante, seja por precedente também vinculante. Nessa linha, forçoso convir que a lei disse menos do que pretendia o legislador (*lex minus dixit quam voluit*).

Não faz sentido algum ameaçar a autoridade administrativa com sanções civis, administrativas e penais caso insista em decidir em desconformidade com a súmula vinculante e afastar a responsabilidade na hipótese de desídia reiterada no cumprimento dos demais

[259] Precedentes ADI 2847, ADI 3147, ADI 2996, ADI 2690, ADI 3183, ADI 3277.
[260] Precedente, dentre outros citados, ADI 4.
[261] Precedentes, dentre outros citados, ADI 1521 MC, ADC 12 MC, ADC 12.
[262] Precedente ADI 1976.

precedentes vinculantes. Notadamente porque a súmula vinculante somente atribui eficácia normativa aos precedentes que ainda não a tenham reconhecida.

Teorema. A autoridade administrativa é civil, administrativa e penalmente responsável, nos termos do art. 64-B da Lei 9.784/1999, se e somente se não adequar as futuras decisões administrativas em casos semelhantes à decisão do STF que acolher a reclamação fundada em violação de enunciado de súmula **ou precedente** vinculante.

Por fim, uma ponderação deve ser feita. Nos termos em que foi redigido, o art. 64-B da Lei nº 9.784/1999 indica que somente haverá responsabilização pessoal do agente público (autoridade prolatora da decisão ou órgão recursal), na hipótese de reiteração de decisão após o acolhimento da reclamação pelo STF. Isso poderia gerar o entendimento incorreto de que, antes de a reclamação ser acolhida pelo STF, não haveria responsabilidade alguma dos respectivos agentes administrativos. Não entendemos dessa forma. Primeiro, porque a autoridade ou o órgão recursal tem o dever de "adequar as futuras decisões administrativas em casos semelhantes" (art. 64-B da Lei nº 9.784/1999), o que deve ocorrer mesmo sem qualquer reclamação no STF, em função da eficácia vinculante do precedente. Afinal, o efeito vinculante é do precedente ou da súmula, e não da reclamação. Segundo, porque condicionar a sanção à propositura de reclamação significaria excluir o caráter impositivo do precedente: o que vincularia (no sentido de impor o cumprimento) seria a reclamação, e não o precedente, o que é inaceitável. Terceiro, porque as sanções civil, penal e administrativa são aplicadas na hipótese de descumprimento do precedente ou da súmula vinculante e não da reclamação, que é instituto para preservar a eficácia normativa daqueles. Não podemos esquecer que a ameaça de responsabilização é sanção por *coerção,* enquanto a reclamação é instrumento para a sanção de *sub-rogação*. Por último – e talvez o argumento mais forte –, o art. 64-B da Lei nº 9.784/1999, acrescido pela Lei nº 11.417/2006, não criou as sanções civis, administrativas e penais. Elas existem por previsão própria como, por exemplo, a Lei nº 1.079/1950. O que o art. 64-B fez foi incluir na tipificação o descumprimento da eficácia normativa da súmula vinculante, o que inclui a do precedente que também seja vinculante.

CAPÍTULO 4
A MODIFICAÇÃO DA FORÇA DOS PRECEDENTES JUDICIAIS NO MODELO BRASILEIRO

1. A noção contemporânea da força de incidência normativa dos precedentes judiciais: revisitando o modelo brasileiro. 2. O sentido normativo da expressão "precedente vinculante." 2.1. Os destinatários da força de incidência normativa dos precedentes judiciais. 2.2. Vinculação dos órgãos do Poder Judiciário ao precedente judicial. 2.3. Há o risco de uma "hermenêutica da submissão" através dos precedentes vinculantes? 2.4. Vinculação da administração pública. 2.5. Vinculação das pessoas jurídicas de direito privado e das pessoas naturais. 2.6. Projeção da eficácia vinculante do precedente judicial para os órgãos do Poder Legislativo. 3. O sentido de Jurisprudência dominante. 3.1. Os âmbitos de validade dos precedentes e a eficácia meramente persuasiva. 3.2. O grau de força dos precedentes dominantes. 3.3. Diferença entre precedente vinculante e jurisprudência dominante. 3.4. A força normativa da jurisprudência *dominante* para os demais órgãos e sujeitos de direito. 4. O porquê de o efeito vinculante projetar-se de todo precedente judicial. 4.1. A desnecessidade de o precedente judicial ser convertido em lei para adquirir força de incidência normativa. 4.2. O precedente judicial vinculante acarretará a diminuição de demandas? 4.3. Técnica processual para a diminuição de demandas através da força de incidência normativa dos precedentes judiciais. 4.4. A utilização do

conceito de *leading case*, como caso representativo da controvérsia. 4.5. A necessidade de votação explícita da *ratio decidendi* na hipótese de decisões idênticas fundadas em razões diferentes. 4.6. O contraditório e a participação ampliada na formação do precedente. 5. O estilo dos precedentes judiciais judiciais. 5.1. O acórdão. 5.2. A ementa. 5.3. O relator do "acórdão" segundo a prevalência das razões determinantes. 5.4. As súmulas. 5.5. A edição de súmulas ou ementas em desconformidade com as *razões determinantes* dos precedentes. 5.6. A "pauta temática" e a eficácia normativa dos precedentes judiciais. 5.7. A composição do tribunal no momento da proclamação do resultado do julgamento.

1. A noção contemporânea da força de incidência normativa dos precedentes judiciais: revisitando o modelo brasileiro

Conforme vimos até aqui, é possível encontrar no atual sistema jurídico brasileiro uma distinção entre precedente vinculante e jurisprudência dominante. Por essa razão, a doutrina reconhece hipóteses de vinculação plena (forte) e intermediária (fraca). A primeira ocorre com as decisões do Supremo Tribunal Federal em controle abstrato de constitucionalidade e nas súmulas vinculantes. A segunda, por sua vez, é encontrada nas regras processuais que alteraram a força dos precedentes, mesmo que não tenham a mesma eficácia vinculante reconhecida ao Supremo Tribunal Federal. Nesta última hipótese, alguns afirmam que os precedentes sequer produzem efeito vinculante. Mas, a partir do momento em que eles conduzem à incidência dos precedentes, há, ainda que de forma indireta ou fraca, uma vinculação em certo grau. Não com a mesma extensão, mas com certo grau de vinculação.

Apesar da dualidade de eficácia vinculante (plena e intermediária) sustentada pela doutrina, pensamos que a distinção da força de incidência dos precedentes já não mais se justifica. Todos os precedentes devem ser considerados vinculantes.

Aliás, entendemos que **todos os precedentes judiciais já são vinculantes**.

Reconhecer a eficácia normativa nos precedentes judiciais significa, conforme veremos na próxima Seção, admitir que ele tem *força de incidência normativa*. Ou, em outras palavras, é dizer que ele não pode ser ignorado. Os juízes não podem mais dizer que conhecem o precedente mas que ele nada significa, que ele não tem força alguma de incidência sobre a controvérsia a ser solucionada. Em outras palavras, os juízes não podem mais ignorar os precedentes judiciais, como se eles não existissem. A todo momento a legislação processual utiliza o precedente como parâmetro, seja para autorizar o julgamento monocrático, seja para não admitir um recurso, seja para considerar válida sentença proferida sem contraditório. Então, existe, sim, *força de incidência normativa* **em todos os precedentes judiciais** que estejam na linha da competência funcional vertical dos tribunais. E – ousamos dizer – atualmente é possível reconhecer, em alguns precedentes judiciais, *força de incidência normativa* **superior** à da própria lei, por mais paradoxal que isso possa parecer![263]

Negar isso é fechar os olhos para o que está acontecendo empiricamente, neste momento da história do atual sistema jurídico brasileiro. Repetimos, para enfatizar: os precedentes judiciais já vinculam. No mínimo, vinculam todos os demais órgãos do Poder Judiciário que estejam na linha da competência funcional vertical.

Naturalmente que não há vinculação dos precedentes de tribunais distintos ou dos juízes vinculados a diferentes tribunais. Para exemplificar, um juiz do Rio de Janeiro estará vinculado às decisões do tribunal de seu estado, mas não precisa decidir conforme a jurisprudência do tribunal de Minas Gerais ou de São Paulo. Neste caso, o precedente será meramente persuasivo, pois não há o dever de conformidade (*compliance*), que é a característica mais marcante dos precedentes vinculantes. Essa classe de precedentes nem mesmo se inclui na dos citados anteriormente. Somente são impositivos as súmulas vinculantes ou os precedentes do STF em controle abstrato de constitucionalidade (vinculação plena, direta ou forte) ou os precedentes decorrentes de órgãos na linha da competência funcional vertical (vinculação intermediária, indireta ou fraca).

Portanto, excluídos os precedentes persuasivos – aqueles emanados dos órgãos fora da linha de competência funcional vertical –, todos os demais precedentes já podem ser considerados vinculantes.

Para corroborar esta afirmação, precisamos de conformidade

[263] Isso será discutido adiante, com a comparação das forças de incidência normativa da lei e do precedente judicial.

aos precedentes, encontrada empiricamente, e de uma construção teórica coerente, para justificar a conclusão. Examinemos por etapas.

Em termos de constatação empírica, poucos são os juízes que se distanciam dos precedentes judiciais do STF e do STJ. Ou, na ausência destes, dos precedentes dos próprios Tribunais a que estejam vinculados. Ao menos não sem criar alguma cláusula de exceção[264]. A grande maioria dos juízes e dos tribunais, na verdade, adotam o entendimento dos tribunais superiores.

No entanto, é preciso mais do que a mera eficácia social para reconhecer a força de incidência normativa dos precedentes. O efeito vinculante deve ser impositivo, com a mesma carga de imperatividade que encontramos nas leis.

Então, podemos indagar: o que é efeito vinculante? A resposta que naturalmente surge é a que reconhece a obrigatoriedade de o enunciado ser aplicado. É a exigência de conformidade (*compliance*) de um comportamento social com a situação prevista no enunciado ou, em contrapartida, a aplicação de sanção como forma de impor o

---

[264] Naturalmente esta assertiva foi afirmada considerando a totalidade dos tribunais e dos juízes. Algumas regiões têm uma resistência maior à aplicação dos precedentes judiciais dos tribunais superiores – embora apliquem os próprios precedentes, o que, por si só, corroboraria a tese –, enquanto outras os aplicam sem questionar. No portal do Superior Tribunal de Justiça, é possível encontrar as estatísticas dos recursos especiais admitidos por cada estado federado. No mês de novembro de 2009, a grande maioria não atinge 1% ou 2%. Alguns poucos situam-se entre 4% e 10% (SC, PR, MG e RJ), com apenas dois estados atingindo mais de 20% (SP e RS). Respeitadas as dimensões, a densidade demográfica e a extensão das relações jurídicas de cada estado, é possível verificar que o número de recursos admitidos não coincide com a quantidade de decisões divulgada, por estado, no portal do CNJ.

comportamento esperado (*sanction*).

A conduta enunciada no precedente, nessa medida, tem um caráter prescritivo e não meramente descritivo. Dizendo em outras palavras, os precedentes judiciais são, agora, normas jurídicas. Além de seu enquadramento como normas individuais e concretas, passam a ser considerados também normas gerais e abstratas. A incidência normativa das normas abstratas tem igualmente força vinculante para os sujeitos de direito.

Eficácia vinculante significa, então, ter *força de incidência normativa*. Os precedentes judiciais considerados vinculantes adquirem a característica de ter força de incidência *normativa*. A mesma *força de incidência* encontrada nas leis passa a qualificá-los. O sentido da expressão é, nessa medida, tão somente este: os precedentes judiciais têm, agora, o mesmo caráter impositivo das leis. Ou seja, tal como as leis, os precedentes judiciais vinculam os sujeitos do discurso.[265]

Conforme vimos, a eficácia vinculante das normas jurídicas, na hipótese em que não houver conformidade com a sua prescrição normativa (*compliance*), exige a imputação de sanção, que pode ocorrer por meios físicos (*sub-rogação*) ou psicológicos (*coerção*). Havendo sanção que atribua o efeito desejado pela lei, então há eficácia normativa. O que se deseja, é a coincidência (conformidade) da decisão judicial com o precedente. Isso pode ser obtido por sanção por meio de *sub-rogação*, com a substituição do ato desconforme. Isso já está

---

[265] Para Tércio Sampaio Ferraz Jr., "Por *força de incidência* entendemos o grau de impositividade da norma. Toda norma é impositiva, vincula os sujeitos (cf. Introdução..., p. 129).

previsto no modelo processual vigente, inclusive com diversos "atalhos" procedimentais, quando se tratar de precedente judicial dominante. Há, portanto, efeito vinculante. A sanção por *sub-rogação* não irá gerar a responsabilização do magistrado.

Por essa razão não vemos reflexos tão danosos na atuação dos juízes com a adoção da teoria dos precedentes vinculantes, conforme sustentam alguns autores. O alegado "engessamento" do Judiciário e a afirmada privação da liberdade decisória dos juízes não irá ocorrer em medida maior do que já ocorre com as leis. Os juízes estão "vinculados" às leis! Precisam observá-las. Sabe-se que as leis podem ser interpretadas[266]. Sim, mas os precedentes judiciais também. Exemplo disto encontramos na utilização do método distintivo (*distinguishing*), que afasta a incidência do precedente, mantendo a sua vigência normativa. Podemos facilmente constatar que, geralmente quando uma interpretação altera o âmbito de incidência da lei, ela cria uma cláusula de exceção[267]. O mesmo fenômeno ocorre no âmbito dos precedentes

---

[266] As palavras de José Roberto dos Santos Bedaque são, nessa questão, bastante elucidativas: "Ao interpretar as regras de Direito, inclusive as de natureza processual, não pode o hermeneuta limitar-se à análise dogmática do fenômeno, ignorando que o sistema de direito positivo é inspirado em experiências que o antecedem e visa a atingir determinados fins. Nessa medida, a realidade histórica e o aspecto teleológico devem influir na compreensão do significado das normas. É preciso cuidado, ainda, para que o resultado da interpretação não represente exclusivamente a valoração axiológica de quem o faz. Complexo, pois, o processo destinado a descobrir o verdadeiro significado da regra, na medida em que requer equilíbrio e bom senso – qualidades nem sempre presentes em todos os que se incumbem desse mister. É fundamental a consciência de que algo existe além da regra, devendo o hermeneuta considerar todas essas circunstâncias para determinar o verdadeiro alcance dela" (cf. *Efetividade...*, pp. 406-407).

[267] Um exemplo que demonstra com clareza esta propriedade pode ser encontrado na imposição legal que obriga o juiz a conceder a liminar na

judiciais. É possível que uma interpretação afaste a incidência do precedente, criando uma cláusula de exceção. Desse modo, o precedente continuará aplicável, com plena força normativa, desde que a situação descrita na referida cláusula de exceção não se verifique. Vejam o exemplo da Súmula 729 do STF, que afasta a incidência da decisão do Tribunal na ADC 4 – que tem eficácia vinculante – para as demandas com natureza previdenciária. Ambas as decisões têm eficácia normativa. Ambas são normas jurídicas. E nem por isso houve "engessamento" da atuação jurisdicional dos juízes. É possível – em tese – imaginar outra cláusula de exceção, que preservaria a eficácia normativa dos precedentes e manteria a liberdade decisória dos juízes.

O que não se admite é o juiz poder se afastar da norma sem justificar a sua não aplicação, simplesmente porque "não gostou" da norma. O juiz não poderá deixar de aplicar, por exemplo, o art. 121 do Código Penal sem dizer o motivo pelo qual ele se afastou da prescrição normativa. Ele não poderá dizer: "sim, o réu matou a vítima, mas eu não vou condená-lo" e não dar razão alguma para isso. É necessário dizer o motivo. É imprescindível justificar a decisão, indicando os argumentos que o convenceram a não condenar o réu, a afastar a incidência da regra jurídica. E, ao fundamentá-la, ele estará criando ou aplicando, respectivamente, uma nova ou uma pré-existente cláusula de

---

demanda de busca e apreensão de bem alienado fiduciariamente, quando comprovada a mora. O Superior Tribunal de Justiça, em inúmeros precedentes, criou uma cláusula de exceção para a prescrição normativa, afastando a possibilidade de a liminar ser concedida quando o bem alienado em fidúcia for de produção, essencial para a subsistência da parte requerida. Essa interpretação manteve a obrigatoriedade de a liminar ser concedida, mas criou uma exceção.

exceção[268].

Nessa linha de raciocínio, a prática dos precedentes judiciais vinculantes não irá tolher a liberdade decisória dos juízes, que ainda poderão interpretá-los[269].

Teorema. Todo precedente judicial é vinculante para os demais órgãos do Poder Judiciário que estejam na linha da competência funcional vertical (competência recursal).

A próxima questão a ser solucionada é, então, a necessidade ou não de se editar lei específica para que se reconheça a eficácia vinculante a todos os demais precedentes judiciais. A resposta, entretanto, exige uma reflexão mais cuidadosa.

Entendemos que a mudança da força de incidência dos precedentes, para reconhecê-la cogente, já ocorre *de lege lata,*

---

[268] A validade ou não da cláusula de exceção será objeto de apreciação judicial. Se o juiz disser que não condenará o réu, porque ele matou a vítima em legítima defesa, ele estará simplesmente aplicando uma cláusula de exceção já existente na Lei Penal. Se afirmar que não condenará o acusado porque o sistema prisional não recupera ninguém, ele criou outra cláusula de exceção, obviamente sem força argumentativa suficiente para justificar a não incidência da norma.

[269] A advertência de José Roberto Bedaque é bastante precisa, quando fala na possibilidade de interpretar a norma jurídica. Mesmo sustentando não ser adequado ignorar dos antecedentes da norma, ele adverte para o exagerado *"comportamento oposto"* que gera consequências *"não desejadas"*, por "*superestimar os dados externos e antecedentes à norma*", o que introduziria o arbítrio por desprezo absoluto do dogmático (cf. *Efetividade*..., p.407, nota 1). Interpretar a norma jurídica, sim; arranjar "pretextos" injustificáveis para não aplicá-la é prática inadequada que implica, apenas, a prevalência do arbítrio.

tornando dispensável qualquer outra previsão em lei. Muitas são as razões que fundamentam a assertiva. Primeiro, porque é possível que os próprios tribunais possam assumir que seus julgados tenham eficácia vinculante, a exemplo do que ocorreu com a eficácia *erga omnes* reconhecida pelo STF em Sessão Administrativa[270] e do que está acontecendo com o julgamento (ainda não concluído) da Reclamação 4.335. Nesse caso, a projeção do efeito vinculante dos precedentes judiciais decorre da *mutação constitucional* (*Verfassungswandlung*), por todos os seus elementos: interpretação, construção e até mesmo pela prática constitucional.[271] Por intermédio da interpretação, quando procura revelar o sentido da igualdade de direitos, que não deve ser compreendida apenas localizadamente, mas antes em sentido amplo, de modo a uniformizar a atuação dos tribunais. Por construção constitucional, a partir do momento em que diversos enunciados normativos – mesmo constitucionais – indicam claramente que os precedentes devem ter força de incidência normativa. Não só as prescrições de efeito normativo das súmulas vinculantes ou do controle abstrato de constitucionalidade, mas a partir do modelo constitucional de unidade normativa, assegurando ao STF e ao STJ a incumbência de uniformizar a interpretação das normas constitucionais e da legislação

---

[270] Na Inglaterra, a eficácia vinculante dos precedentes foi reconhecida pelo próprio tribunal – House of Lords –, independentemente de qualquer outro ato normativo oficial.

[271] A mutação constitucional pode ocorrer por interpretação, por construção e pelas práticas constitucionais. Veja-se, a propósito, Georg Jellinek. Reforma y Mutación de la Constitución. Tradução espanhola de Christian Förster, Madri: Centro de Estudios Constitucionales, 1991; Hsü Dau-Lin. Mutación de La Constitución. Tradução espanhola de Christian Förster e Pablo Lucas Verdú. Bilbao: IVAP, 1998; Uadi Lammêgo Bulos, Mutação Constitucional. São Paulo: Saraiva, 1997; Anna Cândida da Cunha Ferraz. Processos Informais de Mudança da Constituição. São Paulo: Max Limonad, 1986.

federal. Ora, isso implica reconhecer a força normativa dos precedentes. Por fim, através da prática constitucional, que pode ser constatada empiricamente com a conformidade das condutas sociais aos precedentes judiciais, notadamente os do STF e do STJ, que já mudaram, em diversas ocasiões, os comportamentos sociais. Sem mencionar a conduta dos tribunais que, reconhecendo a força de incidência dos precedentes judiciais, já decidem em conformidade com a jurisprudência.

Há, ainda, a previsão legal em inúmeras oportunidades, todas apontando para a modificação do valor do precedente e para a necessária unidade normativa.

Desse modo, entendemos que, de *lege lata*, já é possível reconhecer a eficácia vinculante a todos os precedentes judiciais. Isso significa, simplesmente, a concretização do princípio da igualdade ou universalidade, conjugado com o dever de coerência dos tribunais e com a necessidade de se manter a consistência do ordenamento jurídico. Afinal, o que mais a lei precisa dizer? Que todos os juízes precisam observar os precedentes? Este comando já está implícito na própria Constituição. Ao fixar a competência do STF e do STJ para para uniformizar a interpretação, a Carta de 1988 envia a clara mensagem de que não se pode decidir contrariamente aos precedentes dos Tribunais. Caso contrário, não haveria uniformização alguma. Ademais, todas as alterações legislativas infraconstitucionais indicam sem qualquer dúvida a modificação do valor do precedente. Elas reconhecem, se dúvida alguma, que os precedentes já tem força de incidência normativa. Todos eles.

De qualquer modo, ainda que entendamos tenham os precedentes eficácia normativa, não é de todo desnecessária a mudança legislativa, para produzir mudança social. Se não houver comportamento dos tribunais, então será necessária a alteração legislativa. Por fim, há necessidade de prescrição legal para a hipótese de impor responsabilização para a administração pública, uma vez que não há pena sem previsão legal (*nulla pena sine lege*).

Quanto ao resto, não há muito mais o que dizer. Conforme veremos em seguida, os precedentes judiciais já têm eficácia normativa plena.

2. O sentido normativo da expressão "precedente vinculante".

Efeito vinculante significa simplesmente ter *força de incidência normativa*, ou seja, é afirmar que o precedente não pode ser ignorado. Ao sustentarmos que os todos os precedentes judiciais já têm efeito vinculante, afirmamos que os juízes não podem se comportar como se o precedente judicial não existisse.

Mas isso não basta. O efeito vinculante dos precedentes pode ser admitido ou não, dependendo da interpretação que se dê à expressão. Portanto, torna-se imprescindível identificar os elementos que definem a eficácia vinculante dos precedentes, com o propósito de corroborar a tese. Caso contrário, o argumento não terá força para se manter e poderá ser prontamente refutado.

Como ponto de partida, podemos observar, com John Austin,

que *"every law or rule... is a command"*[272]. Ou seja, as normas jurídicas impõem obrigatoriamente comportamentos, compreendidos – em seu aspecto interno – como generalizações congruentes de expectativas normativas de conduta[273]. Esses comportamentos não podem ser meramente figurativos. Deve haver um modo de fazer coincidir a expectativa de conduta normativa com os atos e fatos sociais. Isso ocorre através do caráter coercitivo das normas.

Destacando o aspecto externo das normas jurídicas, Robert Alexy[274] identifica a eficácia social do direito pela conformidade do comportamento observado (fato social) com aquele prescrito no sistema jurídico (norma jurídica) ou, alternativamente, pela imputação de sanção.

Assim, a eficácia vinculante dos precedentes judiciais mantém a mesma característica da eficácia[275] das normas jurídicas: (i)

---

[272] Cf. *Lectures* vol. 1, p. 88.

[273] A definição é de Niklas Luhmann, cf. *A Sociological Theory of Law*, trad. Elizabeth King and Martin Albrow. Londres: Routledge & Kegan Paul, 1985, p. 82.

[274] Em suas palavras: "The external aspect of a norm consists in the regularity of compliance with the norm and/or the imposition of a sanction for non-compliance" (cf. The argument from injustice. A reply to legal positivism, trad. Bonnie Litschewski Paulson and Stanley L. Paulson. Oxford: Clarendon Press, 2002. p. 14-15).

[275] Tércio Sampaio Ferraz Jr. distingue três conceitos de eficácia, a saber: (i) eficácia técnica; (ii) eficácia jurídica; e (iii) eficácia social. Entretanto, há um interessante argumento que questiona a distinção: "Da forma como postos, os conceitos de 'eficácia técnica', 'eficácia jurídica' e 'eficácia social' encontram-se fora de contexto com a teoria segundo a qual o direito é um fato dependente da linguagem. Admiti-los sem a devida adaptação, acarretaria contradição no seio da teoria. Como a norma pode ter eficácia técnica, 'no sentido de descrever fatos que, uma vez ocorridos, tenham a aptidão de irradiar efeitos' sem que seja aplicada? Como um fato pode irradiar efeitos jurídicos antes da aplicação da norma jurídica? O simples

conformidade do comportamento (*compliance*); ou (ii) imposição de sanção (*sanction*). Se não houver nenhuma consequência pela inobservância dos precedentes, dificilmente poderíamos falar em eficácia vinculante. Aliás, talvez seja esta a razão pela qual os precedentes, no passado, não tinham força normativa ou vinculante. Porque não havia uma compreensão do que era sanção ou sequer técnica processual adequada para impor a conformidade do comportamento neles previsto. Há, atualmente, diversos mecanismos processuais que permitem o controle mais efetivo da sanção por *sub-rogação*, o que valorizou e ampliou a eficácia normativa do precedente.

Pois bem. Examinemos os elementos da definição por partes, iniciando pela conformidade do comportamento com as situações descritas nos precedentes. Para tanto, indaga-se: qual é o comportamento esperado dos juízes pela teoria dos precedentes vinculantes? A resposta surge com grande clareza: que suas decisões coincidam com os parâmetros estabelecidos nos precedentes[276]. Ou seja, as decisões judiciais devem necessariamente aplicar os precedentes que são adequados aos respectivos casos. Essa aplicação do precedente pelos juízes ocorre através da *fundamentação* das

---

cumprimento ou descumprimento da norma no mundo social é relevante juridicamente? Essa questões devem ser repensadas. A adaptação da teoria da eficácia, tal qual idealizada por PONTES DE MIRANDA, encontra sérias resistências quando vista pelo prisma da teoria dos atos de fala e da teoria do discurso" (Tárek Moyses Moussalem, cf. *Revogação em matéria tribunária*. São Paulo: Noeses, 2005, p. 151).

[276] É óbvio que, antes de estar vinculado aos precedentes, o juiz está vinculado à lei. A frase deve ser lida, então, no sentido de que deve haver coincidência com a **norma jurídica**, isto é, com a **lei** e com os **precedentes judiciais**. No entanto, considerando que o objeto de investigação cinge-se à aplicação dos precedentes, não fizemos a referência explícita à lei. Mas em momento algum essa característica deve ser esquecida.

decisões, ou seja, através da argumentação jurídica. Afinal, o juiz age discursivamente, justificando, através de argumentos e fundamentos, sua decisão. A própria Constituição Federal exige sejam fundamentadas as decisões judiciais.

Nessa linha de raciocínio, podemos afirmar que o precedente será vinculante – ou terá *força de incidência normativa* – se, e somente se, o seu uso for exigido na justificação das decisões judiciais. Simplificando, o precedente vinculante deve necessariamente ser usado na fundamentação das decisões judiciais, isto é, ele não pode ser ignorado.

Nesse ponto, poderia surgir uma dúvida. Conforme vimos nos capítulos antecedentes, até mesmo um precedente vinculante pode deixar de ser aplicado quando (i) for revogado (*overruling*); (ii) o caso em julgamento for substancialmente diverso da situação nele descrita (*distinguishing*). Indaga-se, então: se o uso do precedente é obrigatório **na fundamentação** das decisões, advindo daí seu efeito vinculante, então não haveria como ele não ser aplicado. Ao citar o precedente na justificação da decisão, ele incidiria imediatamente, o que afastaria até mesmo a possibilidade de se utilizar o método distintivo. Mas não é isso. Não se trata de aplicar o precedente judicial indistintamente. O raciocínio é exatamente o oposto. Ao se exigir a referência ao precedente vinculante na fundamentação, então os juízes terão a seguinte alternativa: (i) ou o aplicam, em razão da adequação do caso à situação nele descrita; (ii) ou justificam a sua não incidência, afirmando a distinção dos fatos substanciais da demanda (*distinguishing*). Nesta última hipótese *(distinguishing)*, o juiz mencionará o precedente e, em seguida, justificará o porquê de ele não ser aplicado, argumentará os motivos que excluem a sua incidência naquele caso específico. Mas em qualquer caso – repetimos, para enfatizar – o precedente (vinculante ou dominante) deve constar na decisão judicial. Assim, a exigência constitucional de fundamentação das decisões estará plenamente atendida, com a argumentação sobre a não aplicação do precedente, e serão mantidas a coerência das decisões dos tribunais e a consistência do sistema jurídico.

O que não pode ocorrer, em hipótese alguma – insistimos – é simplesmente ignorar o precedente, como se ele não existisse. Isso é inadmissível.

Pois bem. Aceita a premissa de que o precedente vinculante deve obrigatoriamente ser utilizado na justificação das decisões, resta examinar o que acontecerá se isso não acontecer.

Repetindo, para contextualizar, a eficácia vinculante das normas jurídicas, segundo demonstramos, advém da conformidade do comportamento com a prescrição normativa ou, se isso não ocorrer, com a imposição de sanção. Por sua vez, a sanção deve ser compreendida como a consequência jurídica pela desconformidade com a norma. Ou, dito de outra forma, o modo de impor a conformidade da conduta à prescrição normativa.

Na linha dos argumentos desenvolvidos no Capítulo anterior, a sanção pode ser física (por *sub-rogação*) ou psicológica (por *coerção*). A sanção por *sub-rogação* ocorre, no âmbito dos precedentes vinculantes, com a substituição do ato em desconformidade por outro, que seja adequado ao precedente. A sanção por *coerção* imputa consequência desfavorável, para provocar temor suficiente no destinatário da obrigação, de modo a compeli-lo a agir em conformidade com os precedentes.

Toda norma jurídica – lei ou precedente – admite a sanção por *sub-rogação*, constituindo um mínimo de eficácia para que tenha força de incidência normativa.

No contexto de nossos argumentos, é possível afirmar[277], então, que:

Teorema. Um precedente é vinculante se e somente se (i) for obrigatório o seu uso na fundamentação das decisões judiciais ou administrativas (*compliance*); ou (ii) for passível de sanção, que pode ser física (*sub-rogação*) ou psicológica (*coerção*), de acordo com o destinatário da eficácia normativa.

Esse teorema é bastante elucidativo quanto a eficácia vinculante dos precedentes judiciais e permite a projeção de sua força de incidência normativa ao mesmo tempo em que prestigia a coerência

---

277 Nesse sentido, já afirmamos, inspirado no trabalho de Peczenik, que: "A legal norm δ_i is binding if and only if δ_i is necessarily used in the justification of a judicial decision ψ, that is, $\Delta \cup \{ \delta_i \} \mid\sim \psi$." (*cf.* BRASIL JR., Samuel Meira, e GARCIA, Berilhes Borges, *in* Modelling Legal Reasoning in a Mathematical Environment through Model Theoretic Semantics, ICAIL, 2003 June 24-28, Edinburgh, Scotland, UK, ACM 1-58113-747-8. Na ocasião, não usamos na definição a necessidade de coerção, pois aquela investigação limitava-se a construir um modelo lógico para reproduzir um raciocínio jurídico razoável. Assim, não houve necessidade de se analisar a eficácia da norma jurídica, o que excluiu a coerção do conceito.

jurisprudencial e a consistência do sistema normativo. Sim, porque ao utilizar o precedente na argumentação (fundamentação) de suas decisões, então o julgador necessariamente irá aplicá-lo ou justificadamente enunciar a razão pela qual ele não incide. *(distinguishing)*

Corolário. Um sistema normativo é consistente se, e somente se, (i) a decisão citar o precedente e decidir em conformidade com as razões determinantes (*ratione decidendi*); ou (ii) a decisão citar o precedente e indicar as circunstâncias distintivas da controvérsia (*distinguishing*), justificando a não incidência das razões determinantes.

Desse modo, a utilização de precedentes na justificação das decisões – assim como o uso da lei – implica verdadeira parametrização do discurso. O precedente pode: (i) limitar o discurso argumentativo, reduzindo a extensão da cognição, ao ser aplicado; (ii) permitir a rediscussão do próprio precedente, quando se busca a sua superação; ou (iii) tornar necessária a indicação das razões usadas para afastar a sua incidência.

Logo, a obrigatoriedade de utilizar o precedente no discurso jurídico – isto é, na fundamentação das decisões – revela a força de incidência que ele projeta, a ponto de provocar a conformidade das decisões com a tese jurídica enunciada (*compliance*). A sanção, contudo, é variável, conforme o destinatário da eficácia normativa projetada pelos precedentes.

2.1. Os destinatários da força de incidência normativa dos precedentes judiciais.

A Constituição Federal é clara ao indicar os destinatários do efeito vinculante dos precedentes judiciais. São eles, no modelo constitucional vigente, os *"demais órgãos do Poder Judiciário e [a] administração pública direta e indireta, nas esferas federal, estadual e municipal."* (CRFB, art. 102, § 2º e art. 103-B). Sem mencionar a *"eficácia contra todos"* prevista no mesmo enunciado normativo.

Em trivial constatação, os destinatários da eficácia vinculante dos precedentes judiciais – e das demais normas jurídicas – são todos os sujeitos de direito, isto é, todo aquele apto a ser titular de direito ou de **obrigações** (âmbito pessoal de validade). Ou seja, os precedentes vinculantes obrigam tanto as pessoas naturais e as pessoas jurídicas de direito privado quanto as pessoas jurídicas de direito público, naturalmente que nos limites territoriais de sua incidência normativa (âmbito espacial de validade).

As pessoas naturais e as pessoas jurídicas de direito privado devem comportar-se em conformidade com os precedentes, do mesmo modo que devem se sujeitar às leis.

As pessoas jurídicas de direito público, por sua vez, também devem se conduzir na forma delineada pelos precedentes. Isso é óbvio. A sua atuação, no entanto, faz-se por intermédio dos diversos órgãos desconcentrados ou descentralizados, cuja competência encontra-se distribuída no âmbito dos três poderes, de acordo com a respectiva função constitucional. Não obstante cada Poder ter função específica estabelecida pelo modelo delineado na Constituição Federal, é sempre relevante destacar que há, ainda, o exercício remanescente de funções típicas de outros poderes, como, por exemplo, o exercício de funções administrativas pelos Poderes Judiciário e Legislativo. Isso significa que estão sob a influência da eficácia normativa dos precedentes judiciais tanto o exercício das funções primordiais de cada Poder, quanto o das secundárias. Quando o Supremo Tribunal Federal edita um precedente vinculante sobre matéria administrativa – *v.g.*, como ocorreu com a Súmula Vinculante 13, que proibiu o nepotismo – todos os três poderes devem observá-la, quando estiverem exercendo atribuições administrativas.

Desse modo, são destinatários do efeito vinculante dos precedentes judiciais (i) os demais órgãos do Poder Judiciário; (ii) a administração pública; (iii) o Poder Legislativo – com os limites que serão demonstrados; e (iv) as pessoas jurídicas de direito privado e as pessoas naturais.

Examinemos por etapas.

2.2. Vinculação dos órgãos do Poder Judiciário ao precedente judicial

O art. 102, § 2º, e o art. 103-A da Constituição Federal são muito claros: os demais órgãos do Poder Judiciário estão vinculados aos precedentes no controle abstrato de constitucionalidade e às súmulas vinculantes do STF. Ou seja, os demais órgãos do Poder Judiciário encontram-se obrigados a usar o precedente em sua argumentação (fundamentação). Não podem ignorá-lo, como se ele não existisse. Isso implica (i) a obrigatoriedade de utilização do precedente no discurso argumentativo (fundamentação da decisão); (ii) a possibilidade de substituição da decisão desconforme.

É verdade que a liberdade decisória e o livre convencimento devem ser assegurados aos juízes e tribunais. Isso é indiscutível e inafastável.

Contudo, o precedente vinculante não pode se transformar em mais um simples argumento a favor de um resultado, que pode ser descartado quando aprouver ao juiz. Caso contrário, de nada adiantaria afirmar uma eficácia vinculante, se os juízes e tribunais pudessem ignorar o precedente vinculante a seu talante.

Do mesmo modo que o aplicador do direito não pode ignorar as leis[278], também não pode deixar de aplicar o precedente vinculante. As razões são as mesmas: a necessidade de um sistema jurídico ordenado e efetivo.

2.3. Há o risco de uma "hermenêutica da submissão" através dos

[278] A lei somente pode deixar de ser aplicada se e somente se existir um argumento forte o suficiente para justificar a sua ineficácia normativa para aquele caso. Ao argumentar pela não aplicação da norma jurídica, o juiz permitirá o controle através dos instrumentos recursais existentes. O que não pode haver, repetimos, é o ato de simplesmente ignorar a norma jurídica, como se ela não existisse.

precedentes vinculantes?

Uma preocupação recorrente na magistratura diz respeito ao risco de limitação do convencimento judicial através da técnica dos precedentes vinculantes. Teme-se que os precedentes vinculantes limitarão a criatividade judicial e impedirão a evolução do direito. Por essa razão, muitos se insurgiram contra a eficácia vinculante. A ponto de surgir a alcunha de "AI-5 da magistratura"[279]. É fato que diversas renovações sociais surgiram a partir de ousadas decisões proferidas por juízes de primeiro grau. No entanto, também não se pode ignorar que algumas renovações surgiram a partir de decisões históricas dos tribunais, sobretudo do Supremo Tribunal Federal e do Superior Tribunal de Justiça, em demandas que os juízes negaram a pretensão da parte, para assumir posição mais conservadora. Dessa forma, a renovação judicial da sociedade advém do Poder Judiciário como um todo. Um órgão pode acolher a pretensão e influenciar o comportamento social, mas também pode rejeitá-la, hipótese em que a mudança advirá dos tribunais, inclusive superiores.

O argumento da imutabilidade do direito ("engessamento") também não é sólido o suficiente para desaconselhar o efeito vinculante dos precedentes. A Jurisprudência se renova, com uma velocidade muito grande. Aliás, a doutrina mais autorizada reconhece essa

---

[279] Essa referência consta na publicação *on-line* do artigo de Marcelo Semer, *Enquanto STF se eleva, outros tribunais são esmagados*. Em crítica pertinente, o autor alerta para a supressão da independência judicial (cf. http://www.conjur.com.br/2007-jan-17/enquanto_stf_eleva_outros_tribunais_sao_esmagados, acesso em 22.12.2009.

característica.[280]

Pensamos que, em verdade, o precedente vinculante valoriza a jurisprudência e reforça a atuação dos juízes. O precedente vincula a todos, inclusive a administração pública, que não mais poderá agir em desconformidade com as decisões judiciais. A partir do instante em que a força de incidência do precedente é comparada à da lei, a administração pública terá o dever de aplicá-lo. Logo, a força normativa dos precedentes repercutirá em todos os âmbitos de atuação judicial, causando uma redução imediata das demandas. Dos tribunais superiores ao juízes de primeiro grau.

2.4. Vinculação da administração pública

Um periódico na internet divulgou, há algum tempo, uma controvérsia entre alguns órgãos públicos, que nos remete a uma reflexão.[281] Sob o título *"Hermenêutica adrede",* a notícia informa um litígio em São Paulo decorrente da Lei Cidade Limpa. Na controvérsia, a prefeitura de São Paulo multou em R$ 79.000,00 (setenta e nove mil reais) o Juizado Especial Federal na avenida paulista pela utilização de letreiros em desacordo com a legislação municipal. A Procuradoria da

---

[280] Barbosa Moreira afirma: "A jurisprudência constante da *Súmula* não se torna, porém imutável. Disposição expressa do Regimento Interno prevê a revisão dos seus enunciados, por iniciativa de qualquer Ministro (art. 103). Aliás, o Supremo Tribunal Federal várias vezes tem abandonado teses jurídicas incluídas na *Súmula*. E seria, sem dúvida, grave erro imobilizar a natural evolução da sua jurisprudencia." (cf. *Comentários...*, p. 26).

[281] Cf. Migalhas nº 1.787, de 21.11.2007, em http://www.migalhas.com.br/mostra_noticia.aspx?cod=49761, acesso 1.12.2010.

União entrou com ação para cancelar a multa e a Justiça Federal acolheu a demanda. Observem que a controvérsia envolve exclusivamente pessoas jurídicas de direito público. A União Federal demandou contra o município de São Paulo para cancelar multa aplicada ao Juizado Especial Federal, órgão do Poder Judiciário Federal.

Como se não bastassem as inúmeras demandas de particulares entre si e destes com a administração pública, há também incontáveis litígios envolvendo exclusivamente órgãos públicos. Essas demandas estariam justificadas se se pretendesse a implementação de garantias constitucionais inadimplidas pelos respectivos órgãos.[282] Mas não há argumento que justifique demandas entre órgãos públicos em questões que poderiam ser facilmente solucionadas independentemente de atuação judicial. Será possível que, em uma sociedade desenvolvida como a nossa, os servidores públicos qualificados não têm condições de resolver questões sem a participação do Poder Judiciário? Não poderia haver um procedimento administrativo, que seja, com a notificação para adequar ao padrão antes de multar, defesa administrativa para justificar a necessidade ou não daquele letreiro, encontrar uma solução intermediária (adequada à lei mas também à divulgação) e encerrar a questão sem procurar o judiciário? Será que as autoridades públicas não conseguem dialogar, conciliar ou encontrar solução a não ser judicialmente? É óbvio que sim. Transferia a carga decisória ao judiciário é litigar desnecessariamente! Há claro desperdício de tempo e de energia, ao remeter, para o Judiciário, questões administrativas triviais,

[282] Nesse sentido, são legítimas ações civis públicas movidas pelo Ministério Público visando a compelir município, estado ou a União a implementar políticas públicas que satisfaçam direitos fundamentais.

em detrimento de controvérsias cuja solução é necessária para a manutenção da ordem jurídica justa.

Caso persista a situação, chegaremos ao ponto em que o Poder Judiciário não será capaz de entregar a tutela jurisdicional ao cidadão (estamos bem próximo disto), pois estará comprometido em solucionar impasses irrelevantes entre os próprios órgãos de sua própria estrutura funcional. Desse modo, a estrutura estatal não atenderá ao cidadão, pois estará consumindo a si mesma, alimentando-se da própria carne, dos próprios recursos (financeiros, estruturais, funcionais *etc.*). É verdadeira autofagia administrativa perversa, que priva o cidadão do acesso a justiça.

Além da hipótese denunciada – em que a administração litiga desnecessariamente contra si mesma –, existem incontáveis casos em que o particular se vê obrigado a demandar, muito embora haja precedentes judiciais contrários à tese do Poder Público. As varas federais e as estaduais da Fazenda Pública estão abarrotadas de exemplos neste sentido. São dezenas e centenas de milhares de demandas, em que juízes, tribunais – e até mesmo o Supremo Tribunal Federal – encontram-se obrigados a decidir matérias já decididas inúmeras vezes. São controvérsias repetitivas sobre exação tributária, gratificações ou vantagens funcionais, matéria previdenciária *etc.*

Para minimizar essa situação, é necessário desestimular a atuação administrativa, de modo a tornar dispensável a tutela jurisdicional. Ao menos em alguns casos mais simples, que já foram objeto de discussão judicial e já constituíram precedentes, pois o administrador poderia facilmente solucioná-los. Por esse motivo, já não é suficiente um modelo de sanção exclusivamente por sub-rogação para a administração pública, em que o ato desconforme seja substituído por outro. Tornou-se necessário elaborar sanção por coerção, através de mecanismos de pressão psicológica para compelir o agente público a respeitar e a seguir as teses jurídicas dos precedentes judiciais.

O precedente judicial passa a ter, para o administrador, a mesma força de incidência normativa das leis. Nessa medida, o princípio da legalidade estrita que informa a administração pública (só pode fazer o que a lei estabelece), inclui os precedentes judiciais que já tem eficácia normativa. Não é aceitável que o Superior Tribunal de Justiça tenha solucionado centenas de milhares de casos idênticos envolvendo a administração pública, que irá persistir em atuar em desconformidade com o entendimento dominante da Corte, ao argumento pueril de que os precedentes do STJ não têm efeito vinculante...

2.5. Vinculação das pessoas jurídicas de direito privado e das pessoas naturais

Com força de incidência normativa, o precedente vinculante é lei. Isso é indiscutível. Obriga no mínimo com o mesmo poder de império que a lei. Negar o efeito vinculante ao precedente judicial é negar igualmente a força de incidência normativa da lei. Portanto, é um equívoco pensar que as pessoas de direito privado – jurídicas ou naturais – escapam de sua incidência normativa. Não escapam. Sujeitam-se ao seu efeito assim como as pessoas jurídicas de direito público.

Grave problema surge quando alguém litiga por simples emulação, levando ao Judiciário pretensões ou defesas destituídas de qualquer fundamento, com o claro intuito, ou previsível resultado, de causar prejuízo ao outrem. O sujeito pode aproveitar-se do fato de os escaninhos judiciários estarem abarrotados com incontável número de processos e os juízes suportarem exagerada carga de trabalho, para resistir à pretensão alheia, como simples estratégia de protelar indevida e injustificadamente a entrega do bem jurídico reclamado. É utilizar os problemas sistêmicos como meio ilícito para obter vantagem indevida ou locupletar-se às custas de quem, por lei e por direito, deveria obter tutela jurisdicional que assegurasse aquilo e tudo aquilo a que tem direito, na máxima chiovendiana.

Atos deste jaez, além da perversidade inerente à privação infundada e injustificada do direito alheio, amplia a intensidade do problema, já bastante grave, da prestação jurisdicional em tempo adequado. Ou seja, além da consequência danosa ao *ex adverso*, ele acarretará ainda um problema grave para a coletividade, que é contribuir ainda mais para tornar inadequada a tutela jurisdicional em tempo razoável. Quanto mais litígios infundados houver, movidos por mero prazer de demandar ou como estratégia para aproveitar a ineficiência Judiciária, cada vez maior será o abarrotamento do Judiciário, criando um círculo vicioso difícil de escapar. Grande parte da responsabilidade pode ser atribuída aos órgãos públicos, com incontáveis demandas repetitivas. Mas não são somente as varas das Fazendas Públicas da Justiça Estadual ou as varas da Justiça Federal que estão com processos a mais não poderem. Também os litígios de massa, com a repetição de atos de natureza privada, entulham e obstruem o Judiciário, a dano do acesso à Justiça, enquanto direito à prestação jurisdicional adequada.

O modelo constitucional de eficácia vinculante dos precedentes soluciona parte do problema, ao menos no que tange à administração pública. Sim, porque houve expressa previsão legal de que o efeito vinculante obriga os órgãos administrativos. Inclusive com rigorosa sanção.

Mas, e quando o embaraço é causado pelo particular? Como desestimular o espírito de emulação de quem pretende aproveitar-se da inação do Judiciário? Este é o desafio a ser superado. A simples expectativa de que irá sucumbir não parece suficiente para desencorajar o litígio pelo litígio.[283] É preciso algo mais. É preciso criar mecanismos que impeçam a utilização indevida da máquina judiciária, emperrando ainda mais o que já não anda.

Entendemos, no entanto, que já há mecanismo adequado para atingir esse escopo e produzir, como consequência, o desestímulo pretendido. O efeito vinculante dos precedentes aliado a técnicas processuais já existentes pode trazer o resultado desejado. Senão, vejamos.

É certo que a força de incidência normativa dos precedentes

---

[283] Afinal, há mais de duzentos anos Beccaria advertia que não é a intensidade da pena que impede o ilícito, mas a certeza de sua aplicação. A certeza do castigo, mesmo moderado, causa maior temor do que outro mais severo, "aliado à esperança de impunidade" (cf. *Dos delitos e das penas*, p.

atinge, também, o particular. Deduzir pretensão ou defesa contra enunciado de Súmula ou precedente vinculante, sem ter qualquer argumento que justifique a conduta divergente, é causar embaraço à atuação judicial, de forma desnecessária e inadequada.

Aceita esta premissa, então resta estudar como impor o cumprimento da conduta na forma do comportamento neles delineado. A eficácia, conforme vimos, define-se pela conformidade social da conduta (*compliance*) ou pela imputação de sanção. Como não há comportamento conforme os precedentes vinculantes, resta a imposição de sanção, como método para compelir o comportamento das pessoas de direito privado.

A sanção por *sub-rogação* não parece suficiente, como mecanismo de desestímulo. A mera substituição ou adequação do ato jurídico (contrato) pelo ato judicial (sentença) não vai impedir o surgimento de demandas.

A solução consiste, então, na sanção por *coerção*, através de meios de pressão psicológica para compelir o particular a não deduzir pretensão ou defesa nas hipóteses em que os tribunais já consolidaram a jurisprudência. A legislação processual, por sua vez, já conta com esse mecanismo. O parágrafo único do art. 14, c/c o inciso III, do CPC considera ato atentatório ao exercício da jurisdição – inclusive com aplicação de multa – formular pretensão ou alegar defesa destituída de fundamento.[284] Ora, a pretensão formulada ou a defesa alegada contra

[284] CPC, Art. 14. "São deveres das partes e de todos aqueles que de qualquer forma participam do processo: (...) III - não formular pretensões, nem alegar

súmula ou precedente vinculante (ou mesmo contra a jurisprudência dominante) é destituída de fundamento. Desde que, é óbvio, não sejam invocadas circunstâncias distintivas da controvérsia (*distinguishing*) ou pretendida a revogação do entendimento (*overruling*). Por essa razão, a parte estará sujeita à multa por ato atentatório contra o exercício da jurisdição, sempre que, existindo manifestação dos tribunais em precedente vinculante ou dominante, furtar-se a mencioná-lo.

Espera-se um mínimo de seriedade e de compromisso das partes e de seus advogados, de modo a restringir as demandas apenas para os casos que tiverem sustentação argumentativa.[285] E, se os advogados têm plena ciência[286] dos precedentes vinculantes ou da jurisprudência dominante dos tribunais, e não tiver nenhum argumento

---

defesa, cientes de que são destituídas de fundamento; (...) Parágrafo único. Ressalvados os advogados que se sujeitam exclusivamente aos estatutos da OAB, a violação do disposto no inciso V deste artigo constitui ato atentatório ao exercício da jurisdição, podendo o juiz, sem prejuízo das sanções criminais, civis e processuais cabíveis, aplicar ao responsável multa em montante a ser fixado de acordo com a gravidade da conduta e não superior a vinte por cento do valor da causa; não sendo paga no prazo estabelecido, contado do trânsito em julgado da decisão final da causa, a multa será inscrita sempre como dívida ativa da União ou do Estado." (redação do *caput* e inclusão do parágrafo único pela Lei nº 10.358, de 27.12.2001).

[285] Nesse sentido, a doutrina mais autorizada é bastante clara: "Como consequência dessas premissas, a dedução de pretensões ou a alegação de defesas manifestamente infundadas importam violação de dever imposto às partes (inciso III). À medida que a demanda e a resposta são formuladas por advogados, o mínimo que se exige é que encontrem amparo no plano jurídico material. Ainda que controvertidas as teses apresentadas, é necessário que ao menos sejam sustentáveis. O que se pretende impedir é a dedução de argumentos teratológicos, evidentemente destituídos de fundamento jurídico" (cf. José Roberto Bedaque, *in Código de Processo Civil Interpretado*. Coord. Antonio Carlos Marcato, São Paulo: Atlas, 2004, p. 85).

[286] Segundo Bedaque: "A ciência quanto a essa situação, embora exigida pelo legislador, é ínsita ao advogado, que, como técnico, não pode desconhecer os fundamentos mínimos da ciência jurídica" (cf. *Comentários*..., p. 85).

que a afaste, então com certeza estará deduzindo pretensão ou alegando defesa manifestamente infundadas. Com isso, podemos afirmar o seguinte:

Teorema. A pretensão formulada ou a defesa alegada contra súmula ou precedente vinculante ou contra jurisprudência dominante sujeita a parte à multa do art. 14, III, p.u. do CPC, se e somente se não forem alegadas circunstâncias distintivas da controvérsia (*distinguishing*) ou pretendida a revogação do entendimento do tribunal (*overruling*).

Como operacionalizar a exigência de argumentação sustentável pela parte contra precedente vinculante ou dominante, de modo a impedir a incidência da multa? A resposta nos parece natural. Segundo vimos, o efeito vinculante exige necessariamente que o precedente judicial seja utilizado na fundamentação da pretensão ou da defesa. Essa é uma característica inafastável do precedente, à luz da argumentação jurídica. Ou seja, o precedente deve, obrigatoriamente, integrar o discurso jurídico. Se é assim, então a parte deve incluir em sua argumentação o precedente judicial vinculante ou dominante. Se incluir, deve refutá-lo. Seja através das circunstâncias distintivas da controvérsia (*distinguishing*), seja por intermédio da alegação de revogação (*overruling*). Se assim fizer, então a parte não formulou pretensão ou alegou defesa destituída de fundamento e a multa do art. 14, III, p.u., do CPC não incidirá.

Mas se a parte deixa de mencionar o precedente judicial, seja ele vinculante ou dominante – ou seja, se ela deixa de inclui-lo em sua argumentação – e em seguida deduz pretensão ou alega defesa a ele contrárias, então escusou-se de seu dever legal e estará sujeita à penalidade prevista no CPC.

A multa do art. 14, III, p.u., do CPC é impositiva. Os juizes devem aplicá-la – embora com cautela –, como meio de assegurar a efetividade também da força de incidência normativa dos precedentes judiciais.[287] De nada valerá reconhecer eficácia vinculante nos precedentes judiciais se as partes reiterarem o descumprimento, sem qualquer consequência jurídica. É preciso, pois, não apenas contar com mecanismos de desestímulo, mas efetivamente aplicá-los.

O valor da multa pode ser expressivo, chegando a até 20% (vinte por cento) da pretensão deduzida. Sim, porque o valor da causa – critério escolhido pelo legislador como parâmetro para a multa – deve corresponder ao bem jurídico pretendido, na forma do art. 259 do CPC.

2.6. Projeção da eficácia vinculante do precedente judicial para os

[287] Nas palavras de Bedaque: "É preciso que os julgadores apliquem a sanção, ainda que devam ser cautelosos ao fazê-lo. Não podem, todavia, deixar de apenas a parte, sob o fundamento de que quem descumpriu o dever processual foi o advogado. Este tem responsabilidade civil e criminal, além daquela prevista no Estatuto da Advocacia. No âmbito processual, a parte responde pelos atos praticados por seu procurador. O inciso V do art. 14 estabelece previsão objetiva, constituída por expressões de conteúdo não tão aberto, cujo significado pode ser identificado sem muita dificuldade. **A efetividade da tutela jurisdicional somente será alcançada se as decisões passarem a ser respeitadas, não apenas de forma retórica, mas também mediante o efetivo cumprimento daquilo que for determinado pelo julgador**. (cf. *Código de Processo Civil Comentado...*, p. 88 – o destaque não consta no texto original).

órgãos do Poder Legislativo

Há, por fim, uma questão a ser analisada, que se mostra muito mais desafiadora do que poderia inicialmente parecer. Trata-se da possibilidade de o precedente judicial vincular ou não os órgãos do Poder Legislativo.

O limite subjetivo da eficácia vinculante dos precedentes judiciais foi bem delineado pela Constituição Federal: a vinculação atinge exclusivamente os órgãos do Poder Judiciário e a administração pública. Isso significa que o Poder Legislativo não está obrigado a acatar as decisões judiciais, mesmo aquelas que tenham efeito vinculante.

O motivo é bastante simples e plenamente justificável. Os juízes têm, por função primordial, a aplicação da norma jurídica que, por competência constitucional, é editada pelo legislador. Desse modo, a eventual submissão dos órgãos legislativos à eficácia dos precedentes judiciais afastaria o exercício dessa função, impediria que o legislador alterasse a ordem jurídica e depositaria no judiciário o exercício de ambas as funções – criadora e aplicadora do direito –, com exclusão de qualquer forma de controle. Essa ilação, no entanto, é inaceitável. No âmbito dessa interpretação, a eficácia vinculante de um precedente seria inconstitucional, pois implicaria a subtração da própria atividade legislativa.

Por essa razão, a Constituição limitou a eficácia normativa dos precedentes judiciais vinculantes apenas aos órgãos do Poder Judiciário e da Administração Pública, excluindo expressamente os do Poder Legislativo.

Não obstante isso, não vemos motivo para afastar a tese de que, em determinadas circunstâncias, algumas decisões do Poder Judiciário terão eficácia vinculante sobre os órgãos do Poder Legislativo.

Em primeiro lugar, precisamos identificar a natureza da atuação do respectivo órgão legislativo. É óbvio que, naturalmente, os referidos órgãos não poderão ignorar o precedente judicial com eficácia vinculante, na hipótese em que atuam no exercício de sua competência administrativa. A exclusão do Poder Legislativo do âmbito de eficácia de um precedente vinculante limita-se à função primordial (legislativa), e não as secundárias (administrativa ou judicial). Ao exercer subsidiariamente a função administrativa, o respectivo Poder Legislativo estará sujeito à mesma incidência do precedente que os demais órgãos da administração pública. Estará, na hipótese, a eles equiparado, sujeitando-se ao disposto no entendimento do Supremo Tribunal Federal. Vejamos um exemplo que demonstra, com clareza, esse raciocínio.

Exemplo. A Súmula Vinculante nº 13 do STF, que veda a prática do nepotismo, estabelece textualmente que: "*A nomeação de cônjuge, companheiro ou parente em linha reta, colateral ou por afinidade, até o terceiro grau, inclusive, da autoridade nomeante ou de servidor da mesma pessoa jurídica investido em cargo de direção, chefia ou assessoramento, para o exercício de cargo em comissão ou de confiança ou, ainda, de função gratificada na administração pública direta e indireta* ***<u>em qualquer dos Poderes</u>*** *da União, dos Estados, do Distrito Federal e dos Municípios, compreendido o ajuste mediante designações recíprocas, viola a Constituição Federal*" (o destaque não consta no texto original). Vejam que a incidência normativa desta Súmula Vinculante atinge não apenas os órgãos dos Poderes Executivo e Judiciário, mas também os do Poder Legislativo. E, ainda, em todas as esferas (Federal, Estadual e Municipal). A razão é simples. A nomeação de servidor público é função tipicamente administrativa, que se subsume à expressão "administração pública", constante na norma constitucional. Quando nomeia um servidor, o Poder Legislativo não age no exercício de sua função primordial, mas sim como administração pública, sujeitando-se à eficácia normativa dos precedentes vinculantes.

O raciocínio desenvolvido é rigorosamente o mesmo para a hipótese de o Poder Legislativo exercer funções típicas do Poder Judiciário.[288] Afinal, se o Senado Federal exerce função tipicamente judicial, ao julgar certas autoridades nos crimes de responsabilidade, então no âmbito deste competência constitucional ele estará sujeito às teses jurídicas dos precedentes judiciais que asseguram as garantias constitucionais.[289] Logo, se houver precedente vinculante sobre sobre garantia constitucional a ser assegurada a quem responder por crime de

---

[288] CF/1988, **Art. 52.** "Compete privativamente ao Senado Federal: I - processar e julgar o Presidente e o Vice-Presidente da República nos crimes de responsabilidade, bem como os Ministros de Estado e os Comandantes da Marinha, do Exército e da Aeronáutica nos crimes da mesma natureza conexos com aqueles; II processar e julgar os Ministros do Supremo Tribunal Federal, os membros do Conselho Nacional de Justiça e do Conselho Nacional do Ministério Público, o Procurador-Geral da República e o Advogado-Geral da União nos crimes de responsabilidade;"

[289] Não podemos esquecer da Súmula 722, que dispõe: " São da competência legislativa da União a definição dos crimes de responsabilidade e o estabelecimento das respectivas normas de processo e julgamento". Porém, o enunciado não exclui do Judiciário a possibilidade de decidir sobre a constitucionalidade das normas de processo dos crimes de responsabilidade. Quando o precedente vinculante assegura garantias constitucionais, como a ampla defesa e o contraditório, por exemplo, então as "normas de processo e julgamento" que a União estabelecer deverão obrigatoriamente observá-las, sob pena de inconstitucionalidade.

responsabilidade, então o Senado Federal deverá pautar-se em conformidade com o precedente, independentemente da competência exclusiva da União para legislar sobre o respectivo processo. O Senado não estará, aqui, exercendo função legislativa. Nessa medida, ele estará sujeito, como qualquer órgão que exerça funções judiciais, à eficácia normativa do precedente, desde que não haja usurpação da competência da União.

Em resumo: nas hipóteses em que o Senado Federal exerça funções típicas da administração pública ou do Poder Judiciário, ele estará sujeito à força de incidência normativa dos precedentes judiciais.

Em segundo lugar, é preciso ter um pouco mais de cautela ao negar que o precedente vinculante projete sua eficácia normativa também ao legislador, uma vez que a atividade legislativa por reiterar ato incompatível com a Constituição.

O legislador poderia, por exemplo, editar uma nova lei, com idêntico conteúdo normativo de outra previamente declarada inconstitucional pelo Supremo Tribunal Federal em ação direta de constitucionalidade ou de inconstitucionalidade, e sem que tenha havido qualquer alteração no texto constitucional. Nessa hipótese, o mesmo vício de inconstitucionalidade da primeira lei persistiria no novo texto normativo. E, caso seja admitida a alternativa dada pela jurisprudência, o resultado não iria mudar, embora exija uma dilação temporal desnecessária[290]. Uma nova ação de inconstitucionalidade

[290] O que acarretaria até mesmo a violação ao princípio da razoável duração do processo, uma vez que a dilação seria indevida (inadequada, desnecessária

teria o mesmo resultado – desde que, é óbvio, não houvesse alteração na Constituição ou revogação do entendimento pelo próprio tribunal.

É verdade que a jurisprudência do Supremo Tribunal Federal nega, atualmente, essa possibilidade[291]. A Suprema Corte brasileira entende que a eficácia vinculante não alcança o Poder Legislativo. Contudo, essa conclusão só é parcialmente correta, se analisada à luz da teoria dos precedentes vinculantes. É preciso revisitar a interpretação desta questão, agora sobre a ótica do novo paradigma constitucional, que aponta, com mais força, para a diminuição de demandas através da ampliação subjetiva da eficácia dos precedentes judiciais.

Ora, se o escopo da eficácia vinculante dos precedentes judiciais é, entre outros, o de diminuir a quantidade de demandas, não há razão para que o Supremo Tribunal Federal mantenha esse entendimento.

---

ou desproporcional em sentido estrito). Nesse sentido, veja nosso Justiça, Direito e Processo. A argumentação e o direito processual de resultados justos. São Paulo: Atlas, 2007, pp. 125 ss.

291 Na Rcl-AgR 2617/MG, relator Ministro CEZAR PELUSO, julgado em 23.2.2005, DJ 20.5.2005, p. 7, o plenário do STF decidiu: "INCONSTITUCIONALIDADE. Ação direta. Lei estadual. Tributo. Taxa de segurança pública. Uso potencial do serviço de extinção de incêndio. Atividade que só pode sustentada pelos impostos. Liminar concedida pelo STF. Edição de lei posterior, de outro Estado, com idêntico conteúdo normativo. Ofensa à autoridade da decisão do STF. Não caracterização. **Função legislativa que não é alcançada pela eficácia *erga omnes*, nem pelo efeito vinculante da decisão cautelar na ação direta**. Reclamação indeferida liminarmente. Agravo regimental improvido. Inteligência do art. 102, § 2º, da CF, e do art. 28, § único, da Lei federal nº 9.868/99. **A eficácia geral e o efeito vinculante de decisão, proferida pelo Supremo Tribunal Federal, em ação direta de constitucionalidade ou de inconstitucionalidade de lei ou ato normativo federal, só atingem os demais órgãos do Poder Judiciário e todos os do Poder Executivo, não alcançando o legislador, que pode editar nova lei com idêntico conteúdo normativo, sem ofender a autoridade daquela decisão**" (o destaque é nosso).

Muito pelo contrário. Há inúmeros argumentos que justificam a tese inversa, sem que, com isso, seja excluída a função legislativa. Em verdade, não faz sentido exigir a propositura de uma nova demanda, idêntica à anterior, para obter o mesmo pronunciamento de um mesmo tribunal, que já julgou ação idêntica, com as mesmas partes. Isso significa desperdício de tempo e de esforço, que podem ser concentrados na solução de novos casos.

Por quê negar a eficácia vinculante de uma decisão proferida em controle abstrato (ADI, ADC, ADPF, ADO) para outra lei, de idêntico conteúdo que a anterior? Imaginemos uma lei posterior que repita exatamente as mesmas palavras que a anterior, declarada inconstitucional pelo Supremo Tribunal Federal. Não faz sentido – e sequer se pode imaginar uma razão plausível para justificar o raciocínio – exigir a propositura de uma nova ação de inconstitucionalidade para que o mesmo tribunal julgue o mesmo conteúdo de uma mesma controvérsia. É perda de tempo e de esforço, aumentando o custo da prestação jurisdicional, reduzindo a eficiência do tribunal, a manifesto e inquestionável dano à razoável duração do processo, enquanto instrumento para a solução das controvérsias.

Não há – repito – nenhum argumento que justifique novo pronunciamento do tribunal. O medo de que haverá uma limitação na atividade legislativa daquele que detém a legitimação direta não é argumento sólido o suficiente para suportar a tese. Se fosse assim, então o Supremo Tribunal Federal também não poderia declarar a inconstitucionalidade das leis, pois estaria interferindo na atuação do órgão diretamente legitimado para estabelecer as normas de conduta.

O raciocínio é o mesmo. Se se pode declarar a inconstitucionalidade das leis, então é possível estender os efeitos da declaração de nulidade de uma lei inconstitucional para outra, editada após o precedente judicial.[292]

O vício de inconstitucionalidade que maculava a primeira lei, continuará existindo e atingirá, com igual força, a segunda lei, que tem idêntico conteúdo.

Teorema. O legislador não pode editar lei idêntica a outra declarada inconstitucional pelo Supremo Tribunal Federal sem que haja alteração na Constituição.

Mas não é só. Já afirmamos, em seção pretérita, que o número da lei é apenas *obiter dictum*, ou seja, é irrelevante para a eficácia vinculante. Há de se distinguir, novamente, entre coisa julgada e efeito vinculante. A indicação da lei que foi declarada inconstitucional é relevante para a coisa julgada, pois constitui o próprio objeto da ação de inconstitucionalidade. Mas é completamente irrelevante para o

[292] Lembramos que, na aplicação adequada da teoria dos precedentes vinculantes, o número da lei ou do ato normativo é mero *obiter dictum*, pois a sua supressão não altera a conclusão. A norma específica pode ser relevante para o dispositivo da decisão judicial, pois terá sido o objeto de julgamento daquela demanda. Mas não terá relevância para a *ratio decidendi*, isto é, para as razões que levaram à declaração de inconstitucionalidade. Desse modo, não importa o número atribuído à lei ou se o conteúdo foi repetido em uma nova lei ou por outro ente federado. O que realmente importa para a teoria dos precedentes vinculantes é que aquele conteúdo normativo foi afastado, prevalecendo as razões que justificaram o afastamento da eficácia normativa para todas as demais leis, desde que idênticas.

efeito vinculante, pois, nos termos do teste de WAMBAUGH, pode ser suprimida e não haverá qualquer alteração na decisão.

Correndo o risco de sermos enfadonhos, na teoria dos precedentes vinculantes, o que vincula é a *ratio decidendi*, e não a *res iudicata*. Se é assim – e assim é –, então o capítulo da decisão que vincula é a fundamentação, são as razões pelas quais a lei ofende a Constituição Federal. Esta parte da decisão é que forma a *ratio decidendi*. E não o número da lei. Em consequência inafastável, se são as razões da ofensa à Constituição que formam o efeito vinculante, essa eficácia da decisão atingirá a nova lei, com o mesmo vigor que atingiu a anterior. Se desejar, o legislador poderá alterar a Constituição – o que irá revogar (*overridden*) o precedente do STF –, mas não editar lei idêntica à outra reconhecidamente inconstitucional.[293]

Naturalmente que não nos referimos à possibilidade de mutação constitucional. Se o Supremo Tribunal Federal rejeitar a inconstitucionalidade da lei nova que reproduziu o conteúdo da anterior, então não é a lei que prevaleceu sobre o precedente dominante. Não houve revogação *legislativa* do precedente (*overriding*). Não há como uma lei infraconstitucional revogar uma interpretação constitucional acolhida em um precedente vinculante. Na hipótese de mutação constitucional, foi o próprio Supremo Tribunal Federal que modificou o entendimento. Houve revogação *judicial*

[293] Por fim, precisamos estar atentos a mais um ponto. Ainda que se admita a não vinculação do legislador, isso não significa que a lei já editada não se submeterá ao precedente vinculante. Uma coisa é não impedir a atuação legislativa, outra completamente diferente é admitir a eficácia de uma lei, quando a jurisprudência vinculante lhe for contrária.

(overruling). De toda forma, essa mudança de entendimento deve constar na fundamentação da reclamação. Esse raciocínio é aplicável, também, aos Tribunais de Justiça, quando exercem a Jurisdição Constitucional concorrente (representação de inconstitucionalidade), no caso de lei municipal ou estadual que contrarie a Constituição estadual.

Em resumo, a nova demanda será desnecessária, pois o resultado será rigorosamente o mesmo. Isso nos permite sustentar, com forte convicção, o seguinte teorema:

Teorema. Não é necessário ajuizar demanda contra lei nova que repete o conteúdo de outra lei já declarada inconstitucional pelo Supremo Tribunal Federal se, e somente se, o primeiro julgamento tiver efeito vinculante.

Como consequência desta afirmação, podemos concluir que:

Corolário. Cabe reclamação contra ato normativo fundado em lei que repete o conteúdo de outra lei já declarada inconstitucional pelo Supremo Tribunal Federal, se e somente se o precedente em que houve a declaração de inconstitucionalidade tiver efeito vinculante.

A assertiva se justifica, à medida em que o mecanismo que assegura a efetividade do precedente vinculante é – além da pressão psicológica de responsabilização pessoal do agente –, a possibilidade de alteração do ato contrário, de modo rápido e direto. Ou seja, um instrumento idealizado para assegurar a efetividade da força de incidência normativa dos precedentes vinculantes é a reclamação. Ao não se admitir que a eficácia vinculante atinja o Poder Legislativo, o STF afasta a admissibilidade da reclamação, o que contribui para a ineficácia do precedente judicial.

O Supremo Tribunal Federal declara, ainda, que é necessário ajuizar uma nova demanda, uma nova ação direta de inconstitucionalidade e que a reclamação é incabível[294] Sim, é incabível porque reclamação constitucional não substitui ação direta de inconstitucionalidade. Mas também – e principalmente por isso –, porque a reclamação é desnecessária. A ADI já foi proposta e já foi julgada, formando o precedente vinculante. Uma vez que a razão determinante (*ratio decidendi*) da ADI anterior já tem efeito vinculante, então nova ADI é incabível, até mesmo por lhe faltar o interesse-necessidade. Ademais, a reclamação somente seria cabível contra ato **concreto,** que desrespeitasse o precedente ao aplicar a lei nova que

---

[294] ADI-MC 1850/RS, Relator Ministro Sepúlveda Pertence, Julgamento 2.9.1998, Tribunal Pleno, DJ 27.4.2001, PP-00057, EMENTA: "I. **Reclamação: cabimento para garantir a autoridade das decisões do STF no controle direto de constitucionalidade de normas**: hipóteses de cabimento hoje admitidas pela jurisprudência (precedentes), que, entretanto, **não abrangem o caso da edição de lei de conteúdo idêntico ou similar ao da anteriormente declarada inconstitucional, à falta de vinculação do legislador à motivação do julgamento sobre a validez do diploma legal precedente, que há de ser objeto de nova ação direta**. II. Medida cautelar: implausibilidade da arguição de inconstitucionalidade fundada na concessão de cautelar em outra ação direta sobre lei similar, que, no entanto, a decisão definitiva veio a declarar constitucional (ADIn 1591). III. Concurso público: não contraria a exigência do concurso público a criação de carreira por fusão de carreiras precedentes: o que pode afrontá-la é a forma de provimento dos cargos da carreira nova pelos integrantes das carreiras anteriores." (o destaque não consta no texto original).

padece da mesma inconstitucionalidade que a anterior.

Negar que o precedente vinculante projete sua eficácia normativa sobre lei nova que reproduza o conteúdo de lei já declarada inconstitucional pelo STF consiste na própria negação da eficácia vinculante. Se for preciso ajuizar uma ADI para cada lei considerada inconstitucional, qual é a função do precedente vinculante? O que o precedente iria produzir, a não ser um argumento superável a favor de uma dada tese, sem qualquer vinculação? Para isso, não seria necessário atribuir uma eficácia vinculante. Seria inócuo sustentar que os demais órgãos estariam impedidos de adotar entendimento diverso do precedente.

3. O sentido de Jurisprudência dominante

Agora surge talvez um dos mais discutidos problemas dos últimos tempos, a saber, o conceito de "jurisprudência dominante". As perguntas são muitas, dentre elas, qual o sentido de "jurisprudência dominante"? A expressão é adequada para transmitir a ideia do conjunto de precedentes em pleno vigor? Há outra expressão que permita melhor compreensão do fenômeno?

Não são poucas, pois, as dificuldades de se definir jurisprudência dominante. Diante dos obstáculos semânticos, há quem sustente que "dominante" é apenas a jurisprudência "unânime" dos tribunais, tenha sido ou não convertida em súmula.[295] Para essa

[295] Nesse sentido, em brilhante argumentação, Marcato afirma: "Resta,

interpretação mais restritiva, a existência de precedente divergente é suficiente para descaracterizar o que o legislador pretendeu ao condicionar diversos preceitos normativos ao conceito de jurisprudência dominante. Contudo, apesar do brilho daqueles que sustentam esse entendimento, entendemos – seguindo o STJ[296] – que o conceito é mais amplo e que a interpretação restritiva não reflete a *voluntas legis.* A compreensão extensiva do enunciado legal impede sejam excluídas diversas hipóteses de incidência previstas no CPC, cuja aplicação encontra-se vinculada à esse condicionante. Exclusão esta que importaria violação ao próprio escopo da norma: trazer celeridade ao processo, afastar dilações desnecessárias *etc.*

Sem mencionar as hipóteses em que não existe menção alguma sobre a força de incidência, mas apenas referência à origem da imposição normativa. O § 3º do art. 475 do CPC, por exemplo, dispensa a remessa necessária na hipótese de "jurisprudência do Plenário do Supremo Tribunal Federal", sem mencionar se se trata de "dominante"

---

entretanto, saber o que se deve entender por jurisprudência dominante do tribunal? Parece-nos que somente quando a tese jurídica for unânime no tribunal, havendo reiteradas decisões num mesmo sentido, ainda que a matéria não tenha sido convertida em súmula, é que se poderá entender haver jurisprudência dominante capaz de afastar a admissibilidade do recurso." (CPC Comentado. São Paulo: Atlas, 2005). Esse posicionamento, entretanto, tem sido afastado pelos tribunais, principalmente pelo STJ. Assim: "(...) Ao contrário do que defende o recorrente, não há empeço a que o relator, valendo-se do disposto no artigo 557 do CPC, negue seguimento ao recurso, uma vez que "jurisprudência dominante" não significa "jurisprudência unânime", mas, tão-somente, majoritária." (EDcl no AgRg no REsp 181410/MG, relator Ministro Franciulli Neto, DJ 20.6.2005, p. 179).

296 No AgRg no REsp 502340/PR, DJ 28.6.2004, p. 248, o Ministro Francilulli Neto, relator, entendeu corretamente que: "(...) Dessa forma, não há empeço a que o relator, com base no artigo 557 do CPC, negue seguimento ao recurso, uma vez que "jurisprudência dominante" não significa "jurisprudência unânime", mas, tão-somente, majoritária."

ou não.[297] Não obstante isso, é intuitivo que a jurisprudência que autoriza a remessa é a dominante. É destituída de sentido eventual interpretação que aceite a dispensa da remessa necessária com fundamento em jurisprudência superada.

Pois bem. Persiste, então, a necessidade de compreensão do que vem a ser jurisprudência **dominante.**

O Regimento Interno do Supremo Tribunal Federal fala, há algum tempo, em "jurisprudência predominante". O Código de Processo Civil utiliza, por diversas vezes,[298] a expressão "jurisprudência dominante" para transmitir a ideia de que devem ser usados apenas os precedentes que prevaleceram sobre os demais. *Dominante* é aquilo que prevalece, que prepondera, que domina, que se sobrepõe aos demais. Ou seja, o precedente é mais forte do que aquele que lhe é comparado. *Predominante* tem o mesmo sentido, principalmente no que se refere à força de se impor sobre os demais.

Além de *dominante,*[299] outras expressões foram e são usadas pela doutrina ou mesmo pelos tribunais: consolidada,[300] pacífica,[301]

---

[297] CPC, **Art 475.** § 3º "Também não se aplica o disposto neste artigo quando a sentença estiver fundada em jurisprudência do plenário do Supremo Tribunal Federal ou em súmula deste Tribunal ou do tribunal superior competente. (Incluído pela Lei nº 10.352, de 26.12.2001)

[298] Usam a expressão "jurisprudência dominante": art. 557; art. 544, § 3º; art. 120; art. 543-A; art. 543-C, todos do CPC. Usam a expressão "jurisprudência": art. 475, § 3º (porém, do plenário do STF); art. 479, ambos do CPC. Usa somente a expressão "súmula": art. 518, § 1º, do CPC.

[299] Acórdãos que usaram a expressão: EDcl no REsp 1031176/SP, DJe 13.11.2009, relator Ministro Herman Benjamin; EDcl no Ag 877541/RJ, DJe 23.11.2009, relator Ministro Luiz Felipe Salomão; REsp 939684/RS, DJe 17.11.2009, relator Ministro Luiz Fux; *etc.*

[300] Tem sentido bem próximo do que se espera da jurisprudência, a saber,

majoritária,[302] monótona,[303] unânime[304], sedimentada[305] *etc.* Algumas vezes, as expressões são usadas ao mesmo tempo, para reforçar o sentido.[306] Não se pode dizer que alguma delas esteja incorreta. Não há como. O sentido que se quer atribuir é rigorosamente o mesmo: a tese jurídica do precedente qualificado pelas expressões sobrepõe-se à dos demais, ou seja, é mais forte, é a que reflete como os recursos e ações

---

estável, duradouro, sólido, firme. Acórdãos que usaram a expressão: AgRg no Ag 711517, DJe 16.11.2009, relator Ministro Luiz Felipe Salomão; EDcl no AgRg no Ag 1109057, DJe 16.10.2009, relator Ministro Luiz Fux; REsp 1111672, DJe 20.11.2009, relatora Ministra Laurita Vaz; *etc.*

301 Atribui um sentido mais estável, de algo sem agitações, sereno, aceito sem disputa ou sem contestação. Acórdãos que usaram a expressão: REsp 1115102, DJe 20.11.2009, relatora Ministra Eliana Calmon; EDcl no REsp 670465, DJe 9.11.2009, relator Ministro Mauro Campbell Marques; AgRg no AgRg no REsp 724572, DJe 21.10.2009, relator Ministro Humberto Martins; *etc.*

302 Tem conotação de prevalecer pela quantidade, pois procura fixar o sentido de acordo com a maioria. Acórdãos que usaram a expressão: AgRg no Ag 1109558, DJe 9.10.2009, relatora Ministra Eliana Calmon; AgRg no Ag 860166, DJe 24.3.2009, relator Ministro Sidnei Beneti; HC 138544, DJe 21.9.2009, relator Ministro Arnaldo Esteves; *etc.*

303 No sentido de repetitivo. Acórdão que usou a expressão: REsp 437652, DJ 29.9.2003, p. 242, relator Ministro Carlos Alberto Menezes Direito. Talvez não seja aconselhável usar a expressão, para que não haja ambiguidade com outro fenômeno normativo, o de que o precedente não é derrotável (*defeasible*), em oposição ao raciocínio não-monótono (*non-monotonic reasoning*).

304 Mas não no sentido de que não haja voto divergente ou de que não existe precedente em sentido contrário. Acórdão que usou a expressão: REsp 199212/RJ, DJ 10.5.1999, p. 191, relator Ministro Bueno de Souza; REsp 28905/RS, DJ 18.12.1998, p. 357, relator Ministro Bueno de Souza; *etc.*

305 Acórdãos que usaram a expressão: REsp 1114407, DJe 18.12.2009, relator Ministro Mauro Campbell Marques; EDcl no AgRg no Ag 1127696, DJe 30.11.2009, relator Ministro Benedito Gonçalves; *etc.*

306 No EDcl no REsp 798287, DJe 28.10.2009, o Ministro Herman Benjamin menciona "APLICAÇÃO DA JURISPRUDÊNCIA DOMINANTE À ÉPOCA DO JULGADO. (...) deve ser observada a jurisprudência pacífica à época do julgado embargado(...)." No AgRg no REsp 1089645, DJe 25.11.2009, o Ministro Benedito Gonçalves assinala no acórdão "JURISPRUDÊNCIA PACÍFICA DO STJ (...) Agravo regimental no qual se alega que: (i) não há jurisprudência dominante sobre o assunto (...)."

foram e estão sendo julgados pelo Tribunal. Mas, embora todas estejam corretas, ao mesmo tempo todas têm alguma imprecisão em reproduzir o sentido normativo esperado.

O precedente pode predominar, sem ainda estar consolidado, por haver dúvida ou hesitação entre alguns componentes da Corte quanto a determinado argumento. A tese jurídica pode não estar ainda pacífica, pois os membros do Tribunal podem divergir sobre ela. Mas, ainda que haja controvérsia, ela prevaleceu. Majoritária reflete bem o sentido de quantidade, mas não expressa a força qualitativa do precedente. Embora suscetíveis de certa vagueza, o uso das expressões, contudo, não compromete o sentido de que o precedente tem força normativa. São, na medida do contexto em que forem usados, todas adequadas.

O vocábulo *dominante*, assim como os demais, revela-se de igual modo adequado para transmitir o sentido de predominância da tese jurídica (*ratio decidendi*) sobre os demais argumentos. Fornece uma boa ideia do que se espera dos precedentes: que eles prevaleçam sobre os que lhes são contrários, ou seja, que tenham maior força que os demais. Talvez é o que melhor transmite a ideia concernente à força de incidência normativa da jurisprudência e, como veremos em seguida, pode ser utilizado para ajudar a compreender e definir as hipóteses em que ocorre o fenômeno.

Mas, para isso, é preciso controlar ainda mais a vagueza da expressão por intermédio de uma interpretação denotativa, cuja redução das possibilidades normativas permitirá reconhecer qual precedente pode ser considerado dominante e, assim, saber qual deve ser aplicado.

Afinal, que *dominante* ou *predominante* é o precedente com maior força, maior vigor, isso está claro. A "consolidação" da jurisprudência é uma demonstração de que o precedente foi mais forte que os demais. A "pacificação" indica que ninguém pretende se opor à força do precedente. Jurisprudência "majoritária" é a que prevalece, pela força da quantidade (*majority rules*). "Sedimentada" é a jurisprudência imóvel, pois não há argumento forte o bastante para movimentá-la, alterá-la. Vejam, portanto, que todo e qualquer conceito de jurisprudência predominante envolve a "força", o "vigor" do argumento.

Logo, o conceito de jurisprudência dominante deve ser aquele que permite identificar o precedente mais forte, isto é, o argumento ou tese jurídica que prevaleça.

Mas, como definir a força do precedente? Através da quantidade de decisões? A jurisprudência formada com base em, digamos, trinta, cinquenta, cem precedentes com duvidosa argumentação prevalece prevalece sobre um precedente com força argumentativa inatacável? É claro que não. A quantidade de precedentes pode ser um indicativo da força do argumento. Afinal, se a tese jurídica não fosse tão convincente, ela não teria o número de adesões que obteve. Mas mesmo assim a força do argumento baseada na quantidade é relativa. Não podemos excluir a prática condenável de seguir o precedente por hábito, por mera disposição displicente de agir constantemente do mesmo modo, para acompanhar o argumento que negligentemente outros acompanharam, por mera convenção ou liberalidade intelectual, sem a ele opor contra-argumentos que retirariam a sua força de persuasão. Isso enfraquece o argumento de força do precedente fundada na quantidade.

Que a quantidade é um indicativo de força do precedente, não negamos. Mas afirmamos que a força proveniente da quantidade é relativa e pode sucumbir quando comparada com outro critério.

Opondo-se ao quantitativo, há o critério *qualitativo* de força do precedente. Mas, poderíamos indagar, como definir *qualitativamente* a força do precedente? Para tanto, usaremos como parâmetro a força do *argumento*, conforme definido na teoria da argumentação jurídica, desenvolvida nos campos da filosofia (geral e do direito) e da inteligência artificial. O modelo parece adequado, por diversas razões, dentre elas: (i) a força do precedente decorre da força da *ratio decidendi*, da razão determinante (tese jurídica) que consta na fundamentação da decisão, que, por sua vez, é formada por *argumentos*; (ii) o processo é um método *argumentativo* de solução das controvérsias[307], o que destaca a necessidade de se conhecer a força dos argumentos utilizados na justificação (fundamentação) das decisões que formarão os precedentes com força normativa; (iii) a existência de circunstâncias que afastam a incidência do precedente (*distinguishing*) consiste em um argumento que afasta a força da tese jurídica do precedente, sem contudo ter força suficiente para revogá-lo; *etc*.

---

[307] Cf. Samuel Meira Brasil Jr., *Justiça, Direito e Processo. A argumentação e o direito processual de resultados justos*. São Paulo: Atlas, 2007.

Assim, maior força terá o argumento (ou precedente) quando inexistir argumento que a ele se sobreponha, ou seja, quanto menor for a força dos argumentos contrários, em relação aos argumentos favoráveis.[308] Este, o conceito de *precedente dominante*. Falamos em *precedente dominante,* e não em *jurisprudência dominante,* porque um único precedente pode espargir sua eficácia normativa, ainda que não haja um conjunto de precedentes idênticos. A força de incidência advém da força do argumento (vigor qualitativo) e não da quantidade de argumentos idênticos (vigor quantitativo). Para nós, *jurisprudência dominante* representa, então, o conjunto de precedentes dominantes, cada qual sobre distintas controvérsias.

Na linha de raciocínio desenvolvida, um precedente será qualitativamente *fraco* se se puder a ele contrapor diversos outros argumentos, com maior poder de persuasão ou com razoável eficácia

---

308 Já sustentamos, a respeito da aceitação (predominância) da norma jurídica – e o precedente com eficácia normativa é norma jurídica (ou norma judicial) – , que "A legal norm δ_i is acceptable with respect to a normative system , for all $\delta_j \in \Delta$, iff either (1) δ_j is not an argument against δ_i , or (2) δ_j is outweighed by Δ" (cf. *A Mathematical framework for modelling legal reasoning through conditional logic*, dissertação de mestrado, inédito, 2004, p. 19). Isso significa que a força norma jurídica (*in casu*, o precedente) depende de dois critérios: (i) se não existe argumento contrário ao precedente; (ii) se o argumento contrário é afastado pelo conjunto de argumentos favoráveis. Por sua vez, "an argument δ_j is outweighed by Δ if and only if δ_j is outweighed either by δ_i which it attacks or by some $\delta_k \in \Delta$." (cf. *A Mathematical...*, p. 19). O sentido da expressão é de que o argumento contrário ao precedente é refutado pelo conjunto de argumentos favoráveis se o argumento contrário tiver menor peso que o precedente ou outro argumento integrante do sistema normativo. Em resumo, a norma jurídica (ou judicial) somente é aceitável (prevalece) em um sistema normativo, se não houver um argumento contrário à ela ou se o argumento contrário tiver "peso" (eficácia persuasiva) menor do que a norma atacada ou outro argumento que a justifique.

argumentativa. Em consequência, um precedente será qualitativamente *forte* na hipótese de não lhe ser possível opor argumento com igual ou superior força persuasiva, isto é, se todos os argumentos contrários ao precedente forem passíveis de refutação. A conclusão que segue é a seguinte:

Teorema. O precedente é dominante se, e somente se, (i) não houver argumento contrário; ou (ii) o argumento contrário não tiver força persuasiva superior à do argumento favorável.

Desse modo, se o precedente não tiver argumento contrário que sobre ele prevaleça, então ele é *qualitativamente* dominante, independentemente do número ou quantidade de precedentes contrários ou favoráveis à tese jurídica. Diversas consequências podem ser extraídas dessa afirmação, dentre elas:

Corolário. Cabe decisão monocrática do relator (art. 557, CPC) mesmo na hipótese de haver um único precedente se, e somente se, não existir precedente contrário com força argumentativa superior.

Essa consequência do teorema – de cabimento da decisão monocrática – pode ser estendida para todas as hipóteses em que a legislação utiliza a expressão *jurisprudência dominante* ou, simplesmente, *jurisprudência.* Até mesmo quando a legislação faz referência somente a *súmula* (*infra*,), como na hipótese do art. 518, §

1º, CPC.

Para completar o critério de identificação do precedente dominante, falta especificar, ainda, como identificar a força de cada precedente, para encontrar o predominante. Antes, porém, precisamos encontrar quais precedentes que podem divergir entre si. Afinal, não é necessário especificar a força argumentativa de cada precedente, se um deles não tem eficácia normativa alguma sobre o órgão em possível divergência.

3.1. Os âmbitos de validade dos precedentes e a eficácia meramente persuasiva

Inspirado na doutrina de Norberto Bobbio, podemos identificar quatro âmbitos de validade do precedente judicial. São eles: temporal, espacial, pessoal e material.[309] Se dois precedentes tiverem âmbitos de validade distintos, então eles não divergem entre si. Podem conviver harmonicamente no ordenamento jurídico sem qualquer antinomia. Nesse caso, não é necessário falar em *força do precedente*, a ponto de identificar qual prevalece. A solução consiste em encontrar qual precedente encontra-se fora do âmbito de validade, pois ele não terá incidência. Vejamos, então.

---

[309] Assim: "as duas normas devem ter o mesmo âmbito de validade. Distinguem-se quatro âmbitos de validade de uma norma: *temporal, espacial, pessoal* e *material*. Não constituem antinomia duas normas que não coincidem com respeito a: a) validade temporal (...); b) validade espacial (...); validade pessoal (...); d) validade material (...)." (cf. Norberto Bobbio, *Teoria...*, p. 87-88).

O âmbito de validade **temporal** consiste em aceitar a convivência de dois precedentes com tempos distintos de incidência. Exemplo marcante encontramos na modulação temporal dos efeitos da decisão do Supremo Tribunal Federal, prevista no art. 27 da Lei n° 9.868/1999.[310] Através dessa técnica, o Supremo Tribunal Federal pode reconhecer efeitos meramente prospectivos à declaração de inconstitucionalidade.[311] Quando isso ocorre, não haverá divergência – ao menos no prazo em que os efeitos foram modulados – entre precedentes judiciais, uma vez que o âmbito de validade *temporal* são diversos.

O âmbito de validade **espacial** relaciona-se à delimitação territorial da validade do precedente. Desse modo, um precedente do Tribunal de Justiça de um determinado Estado não predomina sobre o precedente do Tribunal de outro Estado, simplesmente porque ele não tem validade normativa para além de seu território. Para caracterizar a

---

[310] Lei n° 9.868/1999, Art. 27. Ao declarar a inconstitucionalidade de lei ou ato normativo, e tendo em vista razões de segurança jurídica ou de excepcional interesse social, poderá o Supremo Tribunal Federal, por maioria de dois terços de seus membros, restringir os efeitos daquela declaração ou decidir que ela só tenha eficácia a partir de seu trânsito em julgado ou de outro momento que venha a ser fixado.

[311] "EMENTA: IMPOSTO SOBRE SERVIÇOS (ISS). INCIDÊNCIA SOBRE LOCAÇÃO DE BENS MÓVEIS. CONTROLE DIFUSO DE CONSTITUCIONALIDADE. MODULAÇÃO TEMPORAL DA DECLARAÇÃO INCIDENTAL DE INCONSTITUCIONALIDADE. ALEGAÇÃO DE OMISSÃO NA DECISÃO EMBARGADA. OCORRÊNCIA. A orientação do Supremo Tribunal Federal admite, em situações extremas, o reconhecimento de efeitos meramente prospectivos à declaração incidental de inconstitucionalidade. Requisitos ausentes na hipótese. Precedentes da Segunda Turma. Embargos de declaração acolhidos apenas para suprir a omissão apontada, mantendo-se, contudo, a conclusão da decisão embargada." (RE 553223 AgR-ED/RJ, Relator Ministro Joaquim Barbosa, j. 19.8.2008, DJe 241, 18.12.2008).

divergência do art. 555, § 1º, do CPC, por exemplo, não adianta citar um precedente de Tribunal de Justiça de outro Estado, porque estes precedentes não têm força de incidência sobre o Tribunal de origem. Naturalmente que os precedentes do Supremo Tribunal Federal e do Superior Tribunal de Justiça têm validade em todo o território nacional, pois não encontram delimitação territorial alguma.

O âmbito de validade **pessoal** refere-se à qualidade jurídica da autoridade que enunciou o precedente. Desse modo, ainda que estejam localizados no mesmo território (âmbito de validade espacial), o precedente do Tribunal Regional Federal da respectiva região não forma divergência com a jurisprudência do Tribunal de Justiça da mesma localidade, porque não estão no mesmo âmbito de validade pessoal. O âmbito de validade pessoal relaciona-se com a competência funcional vertical.

Por fim, o âmbito de validade **material**, que se pauta conforme a matéria discutida no precedente. Trata-se de validade normativa apurada segundo a competência *ratione materiae* do órgão que enunciou o precedente. Não tem validade normativa para órgãos de diferente competência o precedente proveniente de órgão cuja competência em razão da matéria seja distinta. A definição de *domicílio* feita por um precedente *criminal* não tem a mesma força argumentativa que a definição feita por uma câmara ou turma cível, em controvérsia civil.

Se houver coincidência dos quatro âmbitos de validade, então haverá divergência (antinomia) entre os precedentes. Mas basta a ausência de um deles para retirar a força de incidência do julgado que não constituirá precedente. Nesta hipótese, o precedente será meramente *persuasivo*, destituído de qualquer eficácia normativa.

Assim, o julgado do TRF da 2ª Região (RJ e ES) não tem validade normativa como precedente para os juízes vinculados ao TJES (diferentes âmbitos de validade pessoal). O julgado da Quinta Turma do STJ, em matéria criminal, não tem validade normativa para as Câmaras dos Tribunais de Justiça (diferentes âmbitos de validade material). O julgado do TJES não tem validade normativa como precedente para o TJSP (diferentes âmbitos de validade espacial). Por fim, o julgado do STF com prospecção de efeitos não tem validade normativa para as decisões fora do intervalo da modulação temporal (diferentes âmbitos de validade temporal).

Em todos estes casos, os precedentes são simplesmente usados como um mero argumento, sem qualquer força de incidência normativa, sem qualquer obrigatoriedade de aplicação. Em outras palavras, são precedentes meramente persuasivos.

Excluídos os precedentes persuasivos, agora podemos identificar a força de incidência normativa dos demais precedentes.

3.2. O grau de força dos precedentes dominantes

Segundo vimos, dominante é o precedente cuja força prevaleça sobre a dos demais. O critério a ser utilizado para a identificação da força argumentativa do precedente ampara-se nos critérios usados para a solução das antinomias legais. A razão é simples, na hipótese de incompatibilidade entre dois precedentes, é preciso encontrar um critério que aponte o que prevaleça. Os critérios para atribuir força aos precedentes são três: cronológico, hierárquico e da especialidade. Para tanto, eles pressupõem que os precedentes estejam nos mesmos âmbitos de validade (espacial, temporal, pessoal e material). Vejamos, agora, cada um dos critérios de preponderância.

O **critério cronológico** é bem direto, uma vez que se funda na metarregra *lex posterior derogat legi priori.* Isto é, o precedente posterior (mais recente) prevalece sobre o precedente anterior. O próprio tribunal ou juiz modifica seu entendimento, em precedentes futuros que são incompatíveis com os anteriores. Exemplificando, dois precedentes com os mesmos âmbitos de validade (mesmos conteúdo, vigência, localidade e tribunal) são divergentes e incompatíveis. Prevalecerá, segundo o critério cronológico, o que foi enunciado por último. Nesse caso, o anterior foi revogado. A revogação pode ocorrer através do julgamento de casos análogos, em que a razão determinante (*ratio decidendi*) modificou-se, ou por intermédio de específica provocação dos entes legitimados (Lei nº 11.417/2006). Em ambos os casos, haverá revogação do entendimento anterior pelo próprio Tribunal do qual ele se originou. O precedente não terá mais força de incidência. Trata-se da revogação ordinária do precedente.

O **critério hierárquico** refere-se à força do precedente segundo o grau de hierarquia da autoridade que o enunciou e deriva da metarregra *lex superior derogat legi inferiori.* Para isso, deve ser considerada a linha hierárquica decrescente que ocorre na mudança do grau de jurisdição. Exemplificando, prevalecem os precedentes do TJES sobre as decisões do juiz de 1º grau do Estado do Espírito Santo, os do STJ sobre os precedentes do TJES, os do STF sobre os do STJ e assim por diante. Uma observação se impõe. Ainda que situados na mesma delimitação territorial (âmbito de validade espacial), o precedente do TRF da 2ª região não predomina sobre o precedente do TJES – ou vice-versa –, uma vez que os dois Tribunais não estão na linha da competência funcional vertical (âmbito de validade pessoal). Questão que reclama uma investigação maior repousa na verificação da delimitação da força do precedente através deste critério, para saber se há ou não revogação do precedente hierarquicamente inferior.[312]

Por fim, o **critério da especialidade**, que se revela um dos mais intrigantes de todos. Algumas controvérsias comportam determinada solução. Mas a medida que novas circunstâncias fáticas são acrescentadas, a controvérsia adquire novo contexto e a solução pode

[312] A hipótese comporta duas possibilidades: (i) há o afastamento *definitivo* da projeção da incidência normativa, em razão da revogação do precedente inferior pelo precedente superior. Apesar de o ato revogador originar-se de órgão diferente do que enunciou o precedente, isso não constitui problema, uma vez que a Constituição Federal também revoga as normas infraconstitucionais anteriores à sua vigência, que lhes são incompatíveis. A segunda possibilidade é de que: (ii) não se trata de revogação, mas de suspensão da eficácia do precedente inferior, em analogia ao que ocorre no âmbito da competência constitucional concorrente entre lei federal e lei estadual, prevista no art. 24, CF. A razão é simples: o precedente inferior conserva sua validade (enunciado por autoridade competente após processo legislativo regulamentar) e sua vigência (ainda não foi revogada), muito embora não se possa mais nele reconhecer força de incidência (perda do sentido normativo), isto é, ele não terá tenha mais eficácia alguma. Em termos teóricos, as duas possibilidades reclamam uma reflexão mais profunda. Em termos práticas, não há muita diferença, a não ser a existência ou não de repristinação do precedente inferior, na hipótese de o precedente superior ser revogado.

não mais ser adequada. Essas circunstâncias distinguem a controvérsia do parâmetro descrito no precedente anterior. Trata-se de verdadeira *ratio excipiendi* (*distinguishing*), que afasta a incidência do precedente. Não é revogação, mas cláusula de exceção fundada nas circunstâncias distintivas do caso (*distinguishing*). O precedente anterior conserva sua vigência e sua eficácia, mas sua aplicação é excluída para os casos que tenham circunstâncias especiais que o tornam diferente da situação que deu azo ao precedente vinculante. Nesse casos, ambos os precedentes – o geral e o específico – são válidos, vigentes e eficazes. O acréscimo de circunstâncias representa, na realidade, trazer singularidades do caso que não são encontradas na controvérsia usada como parâmetro no precedente. Dito de modo mais direto, o acréscimo de circunstâncias e de informações torna o argumento mais específico. Nesse contexto, incide a metarregra *lex specialis derogat legi generali*.

Em suma, os critérios para identificar a força dos precedentes, então, são três: (i) o cronológico, com a verificação da vigência do precedente; (ii) o hierárquico, com a predominância segundo a linha hierárquica; (iii) o da especialidade, que verifica a existência de razões ou circunstâncias distintivas das controvérsias (*distinguishing*), a ponto de tornar o precedente mais específico.

Na hipótese de conflitos entre os critérios, a solução não difere daquela apontada pela doutrina. O critério cronológico é fraco e os outros dois são fortes.

Assim, o precedente posterior mas de tribunal inferior não predomina sobre precedente anterior, proveniente de tribunal superior.

Do mesmo modo, o precedente posterior e geral, não predomina sobre precedente anterior mais específico.

No que tange aos dois critérios fortes – hierárquico e da especialidade –, entendemos, com forte convicção, que prevalece o da especialidade. Na verdade, ele forma a essência do método distintivo (*distinguishing*), em que as circunstâncias fáticas e singularidades do caso afastam a incidência do precedente, mesmo que emanado de tribunal superior.

Com a utilização desses critérios, torna-se possível identificar a força de incidência normativa existente entre dois precedentes, a ponto de encontrar aquele que predomina.

Como último recurso para a verificação da força argumentativa do precedente, há, por fim, um último critério, bem mais fluído. Esse critério diz respeito à força intrínseca do argumento (substancial) utilizado no precedente. Isso significa examinar a própria eficácia persuasiva da tese jurídica (*ratio decidendi*). Não há um modelo prévio de prevalência substancial entre argumentos. O que resta é um juízo de ponderação, em que argumentos contrários serão sopesados com argumentos favoráveis. Alguns *topoi* específicos do domínio jurídico podem ser indicativos da força do argumento, como, por exemplo, o postulado da proporcionalidade ou da vedação do excesso (*Verhältnismässigkeitgrundsatz oder Übermassverbot*), a pretensão de correção da norma jurídica (*Anspruch auf Richtigkeit*),[313] o grau

---

[313] Cf. Robert Alexy/Eugenio Bulygin, *in La pretensión de correción del derecho.*

intolerável de injustiça (fórmula da justiça de Radbruch), *etc*. Mas não há como delimitar previamente o argumento de maior peso, sem conhecer o seu conteúdo ou o argumento contrário. Nesse ponto, a argumentação é dinâmica.

Contudo, caso essa última espécie de argumentos prevaleça (os *topoi* jurídicos acima mencionados), então teremos duas possíveis situações: (i) o argumento cria uma exceção à aplicação do precedente anterior, que preserva a sua força de incidência – neste caso, haverá uma distinção de casos (*distinguishing*); ou (ii) o argumento é forte o suficiente para justificar a revogação do precedente (*overruling*). Uma das alternativas ocorrerá.

Temos, agora, critérios suficientes para identificar a predominância dos precedentes. Podemos reconhecer a jurisprudência dominante, então, através de um método que se desenvolve em duas etapas: (i) se existe precedente contrário com os mesmos âmbitos de validade; e (ii) se o precedente ou o argumento contrário tem força superior, considerados os critérios cronológico, hierárquico e da especialidade.

Se a resposta for negativa para as duas verificações, então o precedente é dominante, qualitativamente falando, e a predominância de sua eficácia normativa decorre do grau da força argumentativa da enunciação e da tese jurídica que forma a *razão determinante* (*ratio decidendi*). Nesse caso, ele somente pode deixar de ser aplicado se não for razoável ou se atingir grau insuportável de injustiça, de acordo com a pretensão de correção das normas jurídicas (*Anspruch auf Richtigkeit*).

3.3. Diferença entre precedente vinculante e jurisprudência dominante

Em termos de força de eficácia normativa, entendemos que não há diferença alguma entre precedente vinculante e jurisprudência dominante. Afinal, o precedente vinculante *predomina* sobre os demais. Por sua vez, se a jurisprudência é *dominante*, então ela exclui os demais precedentes e é obrigatório o seu uso.

Normalmente o vocábulo *jurisprudência* é usado no sentido de conjunto de julgados, enquanto precedente significa decisão anterior que serve de parâmetro para futuras controvérsias idênticas ou assemelhadas.

Mas, segundo vimos na Seção anterior, não é a quantidade de julgados que estabelece a predominância da jurisprudência, mas a qualidade dos argumentos. Nesse caso, a *jurisprudência dominante* pode ser formada até mesmo por um único precedente, desde que não haja outro em sentido contrário, com maior força argumentativa. Portanto, jurisprudência dominante **não** pode ser compreendida como "predominância da tese jurídica pela quantidade de precedentes." A expressão pode significar, também, o conjunto de precedentes sobre controvérsias distintas que predominam nos tribunais. Essa definição comporta mais o sentido originário do vocábulo *jurisprudência*, enquanto conjunto ou coleção de julgados. Mas também não reflete bem o conteúdo normativo da expressão, quando conjugada com o vocábulo *dominante*. Quando a lei autoriza o julgamento monocrático, por exemplo, ela não exige a indicação de diversos precedentes sobre controvérsias distintas, mas apenas o que prevalece, o que predomina *naquela específica controvérsia*. A expressão significa, então, precedente ou precedentes que *predominam*, ou seja, aquele que tiver *maior força de incidência*.

O precedente predomina sobre os demais – isto é, tem maior força de incidência – de acordo com os critérios estabelecidos na seção anterior: (i) se for mair recente; (ii) se estiver na delimitação territorial de sua eficácia; (iii) se observar o grau de jurisdição segundo estabelecido na linha hierárquica da competência funcional vertical; e (iv) se não existir argumento mais específico (*distinguishing*) ou com maior peso (postulado da proporcionalidade, pretensão de correção *etc.*).

Então, seguindo a linha de raciocínio, *dominante* expressa o sentido de prevalecer sobre o inferior, ter maior força de incidência, impor sua observância, seu cumprimento. Deve incidir, por exemplo, o precedente do Superior Tribunal de Justiça e não o de um tribunal estadual, quando se tratar do mesmo contexto fático. O precedente do STJ é dominante. Seu cumprimento é impositivo. Em outras palavras, *tem força de incidência normativa*.

Em suma, quando a expressão *jurisprudência dominante* é usada para expressar a força dos precedentes, então o sentido linguístico que se destaca é o de sua força de incidência, de impor comportamento. Ou seja, da força de incidência normativa.

O sentido de precedente vinculante, não é preciso dizer, significa que também tem força de incidência normativa o julgado a ser usado como parâmetro nas decisões futuras.

Em consequência, não há diferença alguma – pelo menos para os órgãos do Poder Judiciário – entre precedente vinculante e jurisprudência dominante.[314] Tanto o precedente vinculante quanto a denominada jurisprudência dominante devem, necessariamente, ser aplicados pelos órgãos do Poder Judiciário. Em outras palavras, tanto o precedente vinculante (ADI, ADC, ADO, ADPF e Súmula vinculante), quanto a jurisprudência dominante devem obrigatoriamente ser usados na justificação (fundamentação) das decisões judiciais. O juiz não pode ignorá-los. Assim:

---

[314] Na hipótese de divergência entre precedente dominante e súmula vinculante, o conflito é solucionado pela força argumentativa do precedente. Assim, se a súmula vinculante do STF contrariar jurisprudência dominante do TJES, aquele prevalece não porque o vinculante é mais do que o dominante, mas porque o grau hierárquico do STF na linha de competência funcional vertical (critério pessoal) é superior ao do TJES. Imaginemos a seguinte hipótese. O TJES julga ação de inconstitucionalidade de lei municipal por afronta a Constituição Estadual que repete preceito da Constituição Federal. A decisão do TJES tem efeito vinculante (foi proferida em controle abstrato) para os demais órgãos do Poder Judiciário Estadual (Espírito Santo) e para a administração pública. Posteriormente, a *ratio decidendi* da decisão proferida na ADI estadual é convertida em súmula. Este enunciado, então é uma súmula vinculante, por força da eficácia vinculante da decisão da ADI estadual, que foi reproduzida na súmula (cf. *infra*). Pois bem. O que prevalece? A súmula vinculante do TJES ou a jurisprudência dominante do STF? É claro que é a jurisprudência dominante. Então, não é o vocábulo *vinculante* que faz predominar o precedente, mas a força argumentativa, segundo os critérios que apresentamos.

Lema. Para os órgãos do Poder Judiciário, não há diferença alguma entre a força de incidência normativa do precedente vinculante e a do precedente dominante.

E, ainda:

Teorema. Todos os precedentes judiciais (Súmula Vinculante, jurisprudência dominante *etc.*) tem idêntica força de incidência normativa (efeito vinculante), para os órgãos do Poder Judiciário.

Na verdade, a única diferença entre os dois institutos que pode ser afirmada é que a jurisprudência dominante não tem eficácia normativa (efeito vinculante) para a administração pública e para os demais sujeitos de direito (pessoas jurídicas de direito público e privado e pessoas naturais).

3.4. A força normativa da jurisprudência *dominante* para os demais órgãos e sujeitos de direito

Comecemos com uma indagação: será necessário excluir as demais pessoas e órgãos da força normativa dos precedentes denominados "não vinculantes"? Qual é o benefício disso? Por quê excluir a administração pública e os particulares da força de incidência dos precedentes judiciais, quando se trata de jurisprudência dominante? Isso não irá permitir a multiplicação de demandas?

As perguntas já respondem, elas mesmas, no sentido de que é altamente recomendável que a força normativa dos precedentes dos tribunais seja projetada para todos os sujeitos de direito, independentemente de ela derivar da jurisprudência dominante.

Porém, agora surge a verdadeira questão: como atribuir força de incidência normativa (efeito vinculante) aos precedentes dos tribunais? Apenas *de lege ferenda*? Entendemos que não. A sanção por *sub-rogação* virá naturalmente, com a sentença judicial. Mas é preciso criar um desestímulo para que não se litigue desnecessariamente, quando não tiver um argumento mínimo capaz de afastar o precedente vinculante. Litigar em desconformidade com os precedentes judiciais dominantes, sem apresentar um argumento com um mínimo de razoabilidade, implica violar os deveres das partes, na forma prevista no art. 14, III, do CPC. Desse modo, quando houver jurisprudência dominante (ou vinculante) aplicável à controvérsia, a parte não pode formular pretensão ou alegar defesa contra sua força de incidência sem justificar a não aplicação do precedente. A parte somente se desincumbe do encargo se, ao formula pretensão ou alegar defesa, sustentar (i) a distinção do caso (*distinguishing*); (ii) a necessidade justificada de revogação do entendimento (*overruling*); (iii) ou outro argumento qualquer que retire a predominância da força normativa do precedente. Caso a parte promova ação ou defesa contra precedente dominante ou vinculante sem apresentar uma única razão para a não incidência de sua força normativa, então ela **tinha ciência de que seus argumentos são destituídos de fundamento**. Portanto, aplica-se o inciso III do art. 14 do CPC. E, em consequência, a multa prevista no parágrafo único. Assim:

Lema. A argumentação em desconformidade com os precedentes judiciais dominantes ou vinculantes constitui violação dos deveres das partes e de todos aqueles que participam do processo se, e somente se, formularem pretensões ou alegarem defesa sem justificar a não aplicação do precedente ao caso específico.

Como consequência do argumento:

Corolário. Incide a multa do art. 14, III, p.u., do CPC, por ato atentatório ao exercício da jurisdição, se e somente se a argumentação (da pretensão ou da defesa) estiver em desconformidade com os precedentes judiciais (súmula ou acórdãos representativos da controvérsia), sem indicar as circunstâncias que distinguem ou assemelham os casos.

A aplicação reiterada de multa irá, com certeza, desestimular a litigância pelo mero prazer de litigar. E, ao desestimular demandas temerárias em desconformidade com os precedentes judiciais, haverá um incremento na sua força de incidência normativa, fazendo surgir com maior evidência a eficácia vinculante dos precedentes tanto para a administração pública, quanto para as demais pessoas jurídicas e naturais.

A utilização da multa do art. 14, III, p.u., CPC, para desestimular demandas contrárias à jurisprudência dominante deve ser usada com equilíbrio. Ela não se destina, na verdade, às poucas controvérsias individualizadas, mas àquelas em que a parte resiste e insiste em descumprir a orientação do precedente.

4. O porquê de o efeito vinculante projetar-se de todo precedente judicial

Há alguns argumentos de ordem prática e outros, de natureza teórica. Os da razão prática já são suficientes, por si sós, para justificar o reconhecimento da a força de incidência normativa dos precedentes. São eles: (i) a significativa diminuição de demandas: (ii) a racionalização da atuação do Poder Judiciário; (iii) o aumento da eficiência da administração judiciária, com a maximização do resultado e a minimização do custo (esforço, recursos *etc.*); (iv) a uniformização do direito; (v) o aumento da segurança jurídica; (vi) redução das dilações indevidas, garantindo a razoável duração da solução definitiva da controvérsia em maior escala; *etc.* Estas são apenas algumas das vantagens que diretamente podem ser obtidas com o mero reconhecimento do efeito vinculante dos precedentes judiciais.

Os de ordem teórica não ficam atrás, também constituindo fortes argumentos em favor da tese. Para citar alguns: (i) o incremento da coerência normativa do ordenamento; (ii) a consistência do sistema jurídico; (iii) a concretização em maior grau do princípio da igualdade; (iv) a agilidade na formação do direito e do dever jurídico, independentemente da edição de lei; (v) os constantes e reiterados debates, que aumentam a legitimação discursiva da imposição normativa, constantemente colocada à prova através da força dos argumentos *etc.* A coerência normativa dos discursos jurisdicionais e a consistência sistêmica já são, isoladamente, razões teóricas suficientes em favor dos precedentes vinculantes.

Ademais, com a força normativa plena de todos os precedentes judiciais, algumas situações desvantajosas para o sistema jurídico poderiam ser evitadas. Imaginemos, por exemplo, uma única demanda com tese jurídica suscetível de provocar milhares de demandas idênticas, por exemplo, sobre determinado crédito tributário, vantagem de servidor público, reajuste previdenciário, obrigação do fornecedor em relação consumerista (*v.g.*, envolvendo automóveis ou outro produto de massa), capitalização de juros em contratos bancários ou qualquer outro tema. Em suma, imaginemos, qualquer controvérsia que tenha possibilidade de gerar multiplicação de demandas. Assuma, agora, que a controvérsia ainda é incipiente e a questão não foi, até o momento, consolidada nos tribunais.

É claro que a parte não tem interesse algum em responder uma inumerável quantidade de demandas. Então, na hipótese de a parte sucumbir, ela poderia optar por não recorrer, para não correr o risco de formar precedente contrário e se ver obrigada a responder incontáveis demandas idênticas. Afinal, os demais precedentes judiciais (exceto o do STF) não projetam força alguma de incidência normativa (efeito vinculante)... Se fosse o Estado ou o Município, por exemplo, aceitaria a condenação para restituir um tributo (através de precatório judicial), para evitar uma decisão vinculante do STF que o obrigaria a não mais exigir o crédito tributário decorrente da realização do fato imponível previsto na respectiva hipótese de incidência. Se fosse uma instituição financeira, aceitaria restituir os juros para não se ver obrigado a suspender a eventual cobrança indevida.

Em outras palavras, a parte aceitaria cumprir uma obrigação legal (que deveria ter cumprido espontaneamente) para apenas uma pessoa, evitando, assim, precedente que a obrigaria a cumprir a obrigação legal para os demais, lesionando milhares de outras pessoas.

Em suma, as vantagens são claras. Desvantagens, por sua vez, não são visíveis. Nem mesmo o receio de "engessamento" da atividade judicial não ocorre, conforme demonstramos à saciedade.

4.1. A desnecessidade de o precedente judicial ser convertido em lei para adquirir força de incidência normativa

Um fenômeno digno de menção – e que destaca ainda mais conveniência de se reconhecer a força de incidência normativa dos precedentes – é a tentativa do legislador de converter em lei as teses jurídicas acolhidas pelos tribunais. Em diversas ocasiões, o legislador buscou inspirar-se na jurisprudência dos tribunais, convertendo-a em lei. Desse modo, o precedente judicial, que não tinha qualquer eficácia normativa, passou a ter força vinculante, por intermédio da lei – apesar de que a eficácia normativa era da lei e não do precedente.

Esse fato tornou-se tão comum que a influência dos tribunais na criação das leis é cada vez maior. O STJ é um dos que mais contribuiu para a elaboração de leis, segundo amplamente divulgado na internet.[315] Vejamos alguns exemplos.

A jurisprudência dominante do STJ reconhece, desde 2002, que a pessoa solteira tem direito à impenhorabilidade de seu único imóvel residencial, apesar de a Lei nº 8.009/1990 assegurar a proteção ao "casal" ou "entidade familiar". Em decorrência, foi proposto o Projeto de Lei nº 104/2009, iniciado na Câmara dos Deputados, que altera a Lei nº 8.009/1990 para incluir, na garantia de impenhorabilidade, o único bem dos viúvos, divorciados, separados judicialmente e solteiros, adequando-a à jurisprudência do Superior Tribunal de Justiça.

Outro exemplo encontramos no Projeto de Lei nº 122/2008, iniciado no Senado Federal, que altera a Lei nº 8.112/1990. Este Projeto de Lei visa a incorporar a tese jurídica (*ratio decidendi*) de inúmeros precedentes do STJ, que assegura o direito de nomeação ao candidato aprovado em concurso público dentro do número de vagas oferecidas no edital.

Também digna de referência é a Lei nº 12.004, de 29.7.2009, que acrescentou o art. 2º-A e o parágrafo único à Lei nº 8.560/1992, para enunciar que "A recusa do réu em se submeter ao exame de código genético – DNA gerará a presunção da paternidade, a ser apreciada em conjunto com o contexto probatório". Esse entendimento, todavia, apareceu no STJ em precedente da Quarta

[315] No próprio portal do STJ consta a notícia com a chamada "Jurisprudência do STJ influencia cada vez mais a elaboração de leis", com a relação de algumas teses jurídicas submetidas ao legislativo (cf. http://www.stj.jus.br/portal_stj/publicacao/engine.wsp?tmp.area=398&tmp.texto=95438, acesso em 3.1.2010).

Turma datado de 1998 e foi sumulado na Sessão do dia 18.10.2004 pelo tribunal.[316]

Apesar da elogiosa atuação Poder Legislativo, que cada vez mais procura trazer unidade ao Direito mediante a normatização da jurisprudência do STJ, não vemos necessidade disso. Qual é a utilidade de tomar o tempo do legislador com essa tarefa? Para quê ocupar a pauta do legislador com discussões e debates já consolidados na jurisprudência, apenas para repetir a tese jurídica dominante ou vinculante? O argumento ganha força principalmente se considerarmos a constatação (*infra*) de que, em dadas circunstâncias, o precedente tem força de incidência normativa superior à da lei. Em suma, independentemente de os precedentes serem convertidos em lei, os juízes e tribunais praticar diversos atos que lhes são vedados, quando fundados somente na lei. Poderiam, por exemplo, negar seguimento a apelação, julgar monocraticamente o recurso *etc.* A lei então nada acrescentou. Pelo menos, não nestes casos, em que a jurisprudência dominante do STJ já era suficiente para impor o comportamento desejado.

Isso não torna dispensável a função legislativa, que é um dos pilares do Estado Democrático de Direito. Nosso argumento somente afirma a inutilidade de a matéria constante em precedente ser novamente objeto de deliberação legislativa. Não é necessário novo processo legislativo para editar lei cuja matéria já consta em precedente

[316] STJ, Súmula 301: "Em ação investigatória, a recusa do suposto pai a submeter-se ao exame de DNA induz presunção *juris tantum* de paternidade." (julgado na Sessão do dia 18.10.2004, Dj de 22.11.2004 p. 425, RSTJ 183/624 e 185/670).

judicial, que tem força de incidência normativa. Contudo, a atuação legislativa continuará necessária, até mesmo para controlar o conteúdo dos precedentes. Em outras palavras, se o legislador não concordar com a tese jurídica adotada pelos tribunais, poderá editar norma alterando o disposto no precedente. Vejam que a importância da atuação legislativa é preservada, tornando-se desnecessária apenas quando pretende repetir o que já consta em precedente judicial, seja vinculante, ou mesmo dominante.

E mais. O legislador terá mais tempo para debater as matérias verdadeiramente importantes para a nação. Não precisará perder tempo repetindo o que os tribunais já dizem. Isso representa verdadeira racionalização funcional dos agentes políticos, aumentando a eficiência legislativa através da maximização dos resultados e da minimização os custos (esforço, recurso *etc.*).

Sem mencionar que a atuação dos tribunais na edição de precedentes é muito mais rápida do que a do legislativo. Por vezes, projetos de lei tramitam por anos no Congresso Nacional – não raro, por serem imprescindíveis o debate consciente e responsável e o amadurecimento das ideias –, enquanto as decisões judiciais tratam da matéria com a velocidade de um julgamento.

Há, nesse caso, uma clara e perigosa desvantagem.

A conversão das teses jurídicas dos precedentes em lei corre o risco de, dada a natural demora do processo legislativo, entrar em vigor **após** a modificação do entendimento dos tribunais! Teríamos, então, a seguinte situação: os tribunais decidem diferentemente do que está previsto na lei e o legislador edita nova norma para adequar a previsão normativa aos precedentes. Porém, quando a lei adquire vigência, após o longo processo legislativo, os tribunais já modificaram seu entendimento, aplicando novamente o da lei que, agora, estaria revogada... Não precisamos imaginar esse exemplo. Caso bastante parecido aconteceu recentemente, com a modificação do processo de execução.

Senão, vejamos.

O art. 602 do CPC estabelecia expressamente a necessidade de o devedor de prestação de alimentos, em ação de indenização por ato ilícito, constituir capital para assegurar o cabal cumprimento da obrigação.[317] A jurisprudência do STJ, no entanto, apontava para a dispensa da constituição do capital, se o nome do credor fosse incluído na folha de pagamento do devedor que possuísse notória capacidade econômica.[318] Por muitos anos, o entendimento do STJ prevaleceu. Até que o legislador optou por convertê-lo em lei, autorizando

---

[317] Assim era o teor do art. 602, antes de ser revogado pela Lei nº 11.232/2005: "Art. 602. Toda vez que a indenização por ato ilícito incluir prestação de alimentos, o juiz, quanto a esta parte, condenará o devedor a constituir um capital, cuja renda assegure o seu cabal cumprimento."

[318] RESPONSABILIDADE CIVIL. ACIDENTE DE TRABALHO. DANOS MORAL E ESTÉTICO. CUMULABILIDADE. POSSIBILIDADE. ORIGENS DISTINTAS. FIXAÇÃO NESTA INSTÂNCIA. CRITÉRIO. HONORÁRIOS ADVOCATÍCIOS. ART. 20, §§ 3º E 5º, CPC. CONSTITUIÇÃO DE CAPITAL. ART. 602, CPC. SUBSTITUIÇÃO. INCLUSÃO EM FOLHA DE PAGAMENTO. POSSIBILIDADE. EMPRESA IDÔNEA. RECURSO PARCIALMENTE PROVIDO. (...) III - Assentado pelo acórdão impugnado a idoneidade e solvabilidade da empresa condenada, é admissível, em substituição à constituição de capital prevista no art. 602, CPC, a inclusão do vencedor na folha de pagamento da empresa." (REsp 244839/RJ, relator Ministro Sálvio de Figueiredo Teixeira, julgado em 15.6.2000, DJ 14.8.2000, p. 178).

expressamente a dispensa da constituição de capital na hipótese de solvabilidade do devedor, o que aconteceu na reforma do processo de execução.[319] A partir daí, a legislação passou a acompanhar a posição dos tribunais. O STJ, porém, reformulou seu entendimento e passou a exigir a constituição de capital, independentemente da situação financeira do devedor. E mais, a matéria estava tão sedimentada que o STJ a incluiu o enunciado 313 na Súmula de sua jurisprudência![320]

Vejam só. Desde 2000 a jurisprudência dominante do STJ afastava a necessidade de constituição do capital, na hipótese de notória capacidade financeira do devedor. Em 29.3.2004, foi apresentado o Projeto de Lei nº 3.253, alterando o CPC para adotar o entendimento do STJ. Na Sessão do dia 25.5.2005 (DJ de 6.6.2005, p. 397; RSTJ 191/591), o STJ editou a Súmula 313, em sentido contrário ao seu entendimento anterior, passando a exigir a constituição do capital, ainda que o devedor tivesse notória capacidade financeira. Em 22.12.2005 (DOU de 23.12.2005), o Projeto de Lei nº 3.253/2004 foi convertido na Lei nº 11.232/2005, dispensando a exigência. Ou seja, mantendo o entendimento revogado do STJ. Desse modo, quando a Lei

---

[319] A Lei nº 11.232/2005 incluiu o art. 475-Q e o § 2º, que dispõem: "Art. 475-Q. Quando a indenização por ato ilícito incluir prestação de alimentos, o juiz, quanto a esta parte, poderá ordenar ao devedor constituição de capital, cuja renda assegure o pagamento do valor mensal da pensão. § 1º *Omissis*. § 2º O juiz poderá substituir a constituição do capital pela inclusão do beneficiário da prestação em folha de pagamento de entidade de direito público ou de empresa de direito privado de notória capacidade econômica, ou, a requerimento do devedor, por fiança bancária ou garantia real, em valor a ser arbitrado de imediato pelo juiz."

[320] STJ, Súmula 313: "Em ação de indenização, procedente o pedido, é necessária a constituição de capital ou caução fidejussória para a garantia de pagamento da pensão, independentemente da situação financeira do demandado."

nº 11.232/2005 adquiriu vigência, no final de maio de 2006 (a *vacatio legis* foi de seis meses), os precedentes do STJ já lhe eram contrários. Em outras palavras, entrou em vigor sem ter... vigor. É norma jurídica destituída de eficácia, antes mesmo de sua vigência.

Aqui está a ironia. O legislador modificou o ordenamento jurídico para adequá-lo aos precedentes do STJ mas o próprio STJ reformulou seu entendimento, distanciando-se da tese jurídica que foi convertida em lei.

Essa linha argumentativa nos leva a somente uma conclusão: é completamente desnecessário e ineficaz editar leis para atribuir força de incidência normativa aos precedentes (efeito vinculante) aos precedentes judiciais.

Teorema. Se existir precedente judicial (dominante ou vinculante) sobre determinada controvérsia, é desnecessário editar leis para projetar eficácia normativa exceto para (i) regular a produção de efeitos de modo diverso do previsto no precedente; ou (ii) revogar o entendimento (*overridden*).

Na verdade, a força normativa do precedente judicial deve ter eficácia plena. Quando muito, a eficácia pode ser contida – excetuada a óbvia hipótese de o legislador anular a eficácia, como ocorre no *overriding* –, seja através de outro precedente (*distinguishing*), seja através de lei, que restrinja a extensão da força normativa do precedente. Mas não há como reconhecer nos precedentes judiciais a eficácia limitada, no aguardo de conversão em lei da tese jurídica jurídica (*ratio decidendi*). Os vinculantes (STF) já têm a eficácia normativa plena explicitamente declarada. Os dominantes, de igual modo, também desfrutam de força normativa, caso contrário sequer poderiam ser argumento para – entre todos os outros possíveis exemplos – provocar a devolução do recurso ao Tribunal de origem, com o fito de adequar o julgamento ao precedente do *caso representativo da controvérsia* (art. 543-C, CPC). O precedente judicial, portanto, não tem eficácia limitada, no aguardo de lei para que possa projetar sua força de incidência normativa.

Notem que, ao afirmarmos a desnecessidade de o legislador enunciar leis para que o precedente judicial projete sua eficácia normativa, pretendemos tão somente valorizar a função legislativa, verdadeira expressão da representação democrática, resguardando-a da prática de atos desnecessários.

4.2. O precedente judicial vinculante acarretará a diminuição de demandas?

Há, no momento, um verdadeiro paradoxo, relacionado à força normativa dos precedentes judiciais, que repercutirá na resposta a esta indagação. Na atualidade, houve verdadeira valorização do precedente judicial, a ponto de nele reconhecer força de incidência normativa. Nunca, na história brasileira, o precedente judicial foi tão valorizado como hoje. São inúmeras regras processuais, normas constitucionais, decisões judiciais e textos e mais textos doutrinários, que empreenderam verdadeira revolução no âmbito da força dos precedentes.

Não obstante isso, é possível constatar em inúmeras decisões de todos os tribunais, que o precedente acaba sendo usado como mais um argumento para justificar a decisão. Mas não como *"o"* argumento. Em verdade, ele se torna mais um recurso retórico, para persuadir o destinatário da argumentação – sejam as partes, os advogados, os demais membros do tribunal ou, mesmo, a comunidade jurídica. São citados como reforço do raciocínio, como um simples argumento *a exempla, ab auctoritate*, ou mesmo *a posteriori.*[321] Mas não produzem os verdadeiros efeitos normativos que dele se espera.

Ora, a partir do momento em que se reconheça a sua força normativa, o precedente judicial deve ser muito mais do que um argumento de eficácia meramente persuasiva, voltado para um auditório particular. É preciso nele reconhecer uma eficácia capaz de impor a redução do número de processos. Isso somente ocorrerá com a obrigação de a argumentação contrária ao precedente vinculante justificar a sua não aplicação. Caso contrário, ele de nada servirá... Qual seria a utilidade de se dizer vinculante, se não tiver força alguma de incidência normativa? Vejamos um exemplo que ilustra bem o argumento.

---

[321] Esses argumentos, em verdade, são falácias lógicas cujo escopo é o de persuadir um auditório particular. Não têm validade lógica, mas apenas eficácia argumentativa. Tércio Sampaio Ferraz Jr. os define do seguinte modo:

Exemplo. Há pouco tempo, surgiram inúmeras demandas sobre a contribuição dos inativos. No Estado do Espírito Santo – como em todos os outros Estados da federação –, a quantidade de processos aflorava cada vez mais. Havia um número considerável de demandas. Nelas, discutia-se a incidência da contribuição previdenciária dos inativos. O Supremo Tribunal Federal concluiu o julgamento das ADIs 3105 e 3128, encerrando o debate judicial sobre as controvérsias.[322] Não obstante, mesmo após o julgamento das duas ADIs, havia ainda um grande acervo de processos a serem julgados. Por mais de um ano, o Tribunal e os juízes das Varas de Fazenda Pública continuaram julgando demandas envolvendo a mesma controvérsia: a contribuição previdenciária dos inativos. Arrisco dizer que, ainda hoje, deve existir alguns processos (poucos, em razão da Meta de Nivelamento 2, do CNJ) sobre o mesmo conflito.

Ora, aqui está o paradoxo. Os dois precedentes do Supremo Tribunal Federal têm efeito vinculante! São duas ações de inconstitucionalidade. Nos termos da CF/1988 e da Lei nº 9.869/1999, as decisões da ação direta de inconstitucionalidade tem efeito vinculante para os demais órgãos do Poder Judiciário e para a administração pública. Apesar disso, as demandas continuaram tramitando, ocupando a pauta que poderia ser preenchida com casos ainda não solucionados, ainda sem precedentes.

[322] O Supremo Tribunal Federal reconheceu a constitucionalidade da contribuição dos inativos, a partir da EC 41/2003, mas declarou a inconstitucionalidade das "expressões "cinquenta por cento do" e "sessenta por cento do", constante do art. 4º, § único, I e II, da EC nº 41/2003. Aplicação dos arts. 145, § 1º, e 150, II, cc. art. 5º, caput e § 1º, e 60, § 4º, IV, da CF, com restabelecimento do caráter geral da regra do art. 40, § 18. São inconstitucionais as expressões "cinqüenta por cento do" e "sessenta por cento do", constantes do § único, incisos I e II, do art. 4º da Emenda Constitucional nº 41, de 19 de dezembro de 2003, e tal pronúncia restabelece o caráter geral da regra do art. 40, § 18, da Constituição da República, com a redação dada por essa mesma Emenda." (ADI 3105/DF, Relator para o acórdão Ministro Cezar Peluso, j. 18.8.2004, DJ 18.2.205, p. 4).

O exemplo citado não é único. Quem nunca encontrou um processo cuja controvérsia já não tenha sido solucionada por decisão com força normativa projetada (efeito vinculante) e que, ainda assim, continuava tramitando? Só eu já encontrei centenas.

Nesses casos, o precedente do Supremo Tribunal Federal é utilizado como um simples recurso retórico, como mais um argumento em favor da tese. Efeito vinculante? Tem para o juiz, que irá julgar em conformidade com o precedente (julgaria, mesmo se fosse dominante). Mas, e o efeito vinculante para a administração pública? Como isso vai gerar a redução de processos?

A continuar como está, não haverá redução alguma do número de processos. A força normativa dos precedentes servirá, apenas, para que os juízes continuem fazendo citações jurisprudenciais em suas decisões, mas com a mesma quantidade de processos. Os precedentes continuarão como sempre foram: com reduzida força de incidência normativa.

É preciso mudar o comportamento social, de todos os sujeitos de direito. Sejam órgãos do Poder Judiciário – que, em grande parte, já aplicam os precedentes –, sejam da administração pública ou mesmo as pessoas jurídicas de direito privado e as pessoas naturais. Para isso, é necessário estabelecer um método para que a real eficácia dos precedentes judiciais – principalmente do Supremo Tribunal Federal e do Superior Tribunal de Justiça – possam efetivamente projetar sua força de incidência normativa. É o que veremos na sequência.

4.3. Técnica processual para a diminuição de demandas através da força de incidência normativa dos precedentes judiciais

Um dos escopos da força normativa dos precedentes é a tão desejada diminuição de demandas. Para que isso ocorra, é preciso que a força de incidência normativa projetada dos precedentes judiciais tenha eficácia plena. Conforme verificamos, a eficácia consiste na conformidade com o comportamento desejado (aplicar o precedente) ou a imputação de sanção, que pode ser por substituição do ato desconforme (*sub-rogação*) ou por pressão psicológica (*coerção*). A substituição do ato administrativo em desconformidade com o precedente pelo ato judicial que o aplique não resolve. O que se pretende é a diminuição de demandas.

Assim, é preciso desenvolver um procedimento para provocar o cumprimento espontâneo do precedente pela administração pública ou pelo particular (nas hipóteses de demandas repetitivas, envolvendo algumas instituições financeiras, companhias telefônicas *etc.*). E, na hipótese de descumprimento, a imputação de sanção com força suficiente para desestimular – naturalmente que dentro do razoável, adequado ao postulado da proporcionalidade.

A solução nos parece possível, por intermédio da legislação já existente, isto é, *de lege lata*. Não é necessário editar nenhuma norma jurídica para sua implementação.[323] Vejamos, então.

O juiz ou tribunal, ao verificar – no curso da demanda, é óbvio –

[323] A não ser que se deseje impor o procedimento como modelo obrigatório e não facultativo.

a existência de precedente vinculante, determina a notificação da autoridade administrativa para se manifestar especificamente sobre o precedente, no prazo que fixar (aconselha-se o mesmo da resposta). A administração pública tem o dever de se manifestar especificamente sobre o precedente judicial. Em razão da força de incidência normativa dos precedentes, que obriga a citação na fundamentação (mesmo das decisões administrativas), então a respectiva autoridade irá (i) afirmar a incidência do precedente, praticando o ato reclamado pela parte contrária; (ii) afirmar a não incidência do precedente. Este dever legal não é meramente teórico, mas decorre da legislação vigente. O art. 64-B da Lei nº 9.784/1999, acrescentado pela Lei nº 11.417/2006, estabelece o dever de utilizar o precedente vinculante na fundamentação do recurso, explicitando as razões da aplicabilidade ou inaplicabilidade da súmula, conforme o caso.

Se a autoridade administrativa informar que o precedente judicial projeta sua força normativa sobre a controvérsia, então ela aplicará administrativamente o precedente e a demanda estará prejudicada, por ausência superveniente do interesse processual. Por outro lado, se a autoridade administrativa afirmar que o precedente judicial **não** incide sobre a controvérsia, então deverá dizer o porquê da inaplicabilidade, apontando as circunstâncias que distinguem a controvérsia do precedente (*distinguishing*). Nesse caso, a controvérsia prossegue apenas para a verificação das circunstâncias distintivas.

Pois bem. O procedimento não é complexo. Mas não pode parar por aqui.

A autoridade administrativa pode não responder a notificação, não reconhecer a aplicação do precedente (mesmo se for o caso de incidência) ou negar-se a informar as circunstâncias distintivas da controvérsia (*distinguishing*). Então, é preciso estabelecer sanção que cause situação desvantajosa para compelir o administrador. A sanção já existe. Não se trata da responsabilização pessoal nas esferas cível, administrativa e penal prevista no art. 64-B da Lei nº 9.784/1999, pois ela somente incide para a hipótese de a reclamação fundada em violação de enunciado da súmula vinculante ser acolhida pelo STF. [324]

A sanção é outra e já foi descrita neste trabalho. O art. 14, III, p.u., do CPC impõe a multa por ato atentatório ao "exercício da jurisdição", para a hipótese de a parte formular pretensões ou *alegar defesa* ciente de que são destituídas de fundamento. A defesa contra precedente vinculante sem a indicação de circunstâncias distintivas da controvérsia (*distinguishing*) é, na verdade, destituída de fundamento. Pois até o relator pode decidir monocraticamente a controvérsia! Então incide a multa do art. 14, III, p.u., do CPC, no silêncio da autoridade. Não é preciso dizer que a multa é pessoal do agente. Na hipótese de se entender que a multa incide para a pessoa jurídica de direito público, haverá, ainda, direto de regresso em razão do prejuízo causado pelo agente público, o que justifica, até mesmo a cobrança direta.

A multa é, na verdade, a segunda razão para a notificação prévia. A primeira é para permitir que a autoridade administrativa (ou o

[324] Muito embora não estejamos muito convencidos assertiva. Não me parece possa ser excluída a responsabilização ao menos na esfera cível e, talvez, administrativa. Na esfera penal, concordamos, uma vez que não há crime sem lei que o preveja.

particular, conforme o caso) reveja seu ato, adequando-o ao precedente vinculante – o que causaria a perda superveniente do interesse processual. A segunda, para advertir a autoridade de que, se não justificar especificamente a inaplicabilidade do precedente, estará sujeita à multa do art. 14, III, p.u., do CPC.

O procedimento (algoritmo) tem o seguinte formato:

Procedimento:

(1) **SE** o juiz ou tribunal verificar a existência de precedente vinculante que projete seus efeitos sobre a controvérsia, **ENTÃO** determinará a notificação da respectiva parte para aplicar o precedente **OU**, alternativamente, para explicitar as razões de sua inaplicabilidade, indicando as circunstâncias que distinguem os casos (art. 64-A, Lei 9.784/1999). Na notificação, deverá constar a advertência de que a falta de aplicabilidade ou da justificação da inaplicabilidade importará na multa prevista no art. 14, III, p.u., do CPC;
(2) **SE** a parte reconhecer a incidência do precedente, **ENTÃO** a demanda será extinta, por falta superveniente de interesse processual;
(3) **SE** a parte não reconhecer a incidência do precedente **E** não justificar a inaplicabilidade com circunstâncias que distinguem o caso, **ENTÃO** o pedido será acolhido, aplicando-se a multa do art. 14, III, p.u., do CPC;
(4) **SE** a parte não reconhecer a incidência do precedente vinculante **E** justificar a inaplicabilidade, indicando explicitamente as circunstâncias que distinguem o caso (*distinguishing*), **ENTÃO** a demanda prosseguirá apenas sobre tais circunstâncias.

Fim do procedimento

Uma importante vantagem do procedimento é estimular, mediante ameaça de sanção, o cumprimento voluntário da incidência normativa do precedente. Mas a vantagem principal é processual. Haverá, aqui, verdadeiro respeito ao contraditório, permitindo que a parte se manifeste especificamente sobre o eventual precedente que irá incidir na solução judicial da controvérsia. Assim, a parte terá a possibilidade de aduzir defesa efetiva.

Com esse procedimento, pensamos ser possível diminuir efetivamente o número de demandas, ao menos para as controvérsias repetitivas, que não são poucas. Afinal, o que se torna necessário evitar, a todo custo, é a repetição de demandas idênticas a outras, já julgadas, bem como a necessidade de o juiz proferir decisões idênticas a incontáveis precedentes, muitos com declarado efeito vinculante.

É claro que o procedimento é aplicável apenas para a discussão jurídica. Não há como utilizá-lo para a hipótese de a controvérsia reclamar produção de provas.

Por fim, entendemos que o procedimento é aplicável também para a hipótese de violação da jurisprudência dominante. Os motivos são dois: (i) conforme já sustentamos, não vemos diferença na força de incidência normativa do precedente, seja dominante ou vinculante; (ii) a sanção ocorre por alegar defesa destituída de fundamento. Ora, considerando a nova força de incidência dos precedentes (julgamento monocrática, inadmissibilidade de recurso, devolução das controvérsias repetitivas para rejulgamento etc.), alegar defesa sem indicar as circunstâncias distintivas da controvérsia é, sim, alegar defesa destituída de fundamento.

4.4. A utilização do conceito de *leading case*, como caso representativo da controvérsia

Com a utilização da técnica processual de julgamento dos recursos repetitivos, surgiram os *casos representativos da controvérsia*. Esses recursos são, na verdade, os *leading cases* que servirão de precedentes com força de incidência projetada para os demais recursos. Assim, basta o julgamento de um único recurso (no Supremo Tribunal Federal ou no Superior Tribunal de Justiça) para que ele sirva de parâmetro e projete com plenitude sua força normativa.

A técnica é bastante adequada. Com a identificação específica do precedente que originou a tese jurídica, a referência será direta e inconfundível. Não raro são mencionados nas decisões judiciais diversos precedentes que não são os representativos da controvérsia. Assim, não se sabe se o precedente mencionado é mera repetição de tese jurídica ou se ele inaugurou o entendimento na jurisprudência. Não se sabe, sequer, se ele prevalece ou não.

Nessa medida, a técnica processual dos recursos repetitivos vai, em pouco tempo, alterar significativamente o modo de compreender os precedentes e de identificar os casos representativos da controvérsia.

4.5. A necessidade de votação explícita da *ratio decidendi* na hipótese de decisões idênticas fundadas em razões diferentes.

A divergência ou discordância não ocorre tão somente quanto a conclusão ou juízo decisório, podendo surgir, também, sobre a tese jurídica (*legal reasoning*) que a fundamenta. Na hipótese de divergência de *fundamentos*, ainda assim a conclusão adotada pelo relator pode prevalecer, uma vez que razões distintas podem conduzir à mesma conclusão. Mas nessa hipótese, os demais integrantes do colegiado contam com a opção de aderir à tese jurídica do relator ou, alternativamente, às razões aduzidas pela divergência.

Nesse caso, a votação deve prosseguir com a indicação precisa, por parte de cada votante, da tese jurídica que está acompanhando, se é a do relator ou a da divergência. A votação final deve indicar, com bastante clareza, a tese jurídica que foi sufragada pelo Tribunal.

Esse argumento adquire fundamental importância se nós considerarmos que a força normativa do precedente encontra-se nas razões determinantes (*ratio decidendi*) e não no dispositivo. Se os demais integrantes do órgão proferirem lacônico voto no sentido de "acompanho" ou "concedo", não se saberá quais razões prevaleceram. Nessa medida, a eventual divergência na fundamentação impede a identificação clara da *ratio decidendi*, ou seja, da parte vinculante da decisão.[325]

---

[325] O comentário de Barbosa Moreira é preciso: "O Supremo Tribunal Federal, o Superior Tribunal de Justiça e outros tribunais adotaram o costume de fazer consistir o acórdão, pura e simplesmente, na série de votos proferidos

Esse problema não ocorre em alguns países, que adotam o sistema de deliberação secreta, sem a identificação do votante.[326] Então a *ratio decidendi* será aquela que consta na fundamentação – única – que for divulgada. Como nosso país admite a votação nominal e aberta, inclusive como forma de permitir o controle da atividade judicial, [327] as razões divergentes devem ser consignadas – e votadas. Por essa razão, cada integrante do órgão deve explicitamente enunciar qual é a *tese jurídica* que ele acompanha, sob pena de surgir fundada dúvida no momento de identificar a *ratio decidendi*, o que pode comprometer a segurança jurídica e a compreensão da posição institucional do tribunal.

---

pelos juízes que hajam participado do julgamento. Semelhante orientação não se afeiçoa à sistemática legal e pode gerar inconvenientes graves. Se a decisão foi unânime na conclusão, ou resultou de votos que em maioria, para ela convergiram, mas votantes houve que, num caso ou no outro, partiram de premissas diferentes, não raro se tornará difícil identificar *a tese jurídica* abraçada pelo tribunal. Faz-se mais agudo o problema à medida que cresce a tendência a prestigiar os precedentes" (cf. *Comentários...*, p. 686). Não é preciso mencionar que a *tese jurídica* constitui a *ratio decidendi*.

326 Barbosa Moreira explica esse procedimento no direito comparado: "Em numerosos ordenamentos estrangeiros, as coisas passam-se diversamente: a deliberação é secreta, anunciando-se apenas, depois, o resultado do julgamento. Tal o sistema adotado, entre outros países, em Portugal (Código de Processo Civil, art. 653, nº 1), na França (*Code de procédure civile*, art. 448), na Itália (*Codice di procedura civile*, art. 276, 1ª alínea), na Alemanha (*Gerichtsverfassungsgesetz*, § 193). Tão rigoroso é o ordenamento francês, na matéria, que inclui no texto do juramento prestado pelo juiz, ao investir-se no cargo, o compromisso de "*garder religieusement le secret des délibérations*". Para a hipótese de ocorrer divergência na votação, as soluções variam: ora se permite, ora não, que os juízes dissidentes formulem por escrito votos em separado; e, no primeiro caso, podem esses votos (*dissenting opinions*) receber ou não divulgação. O problema, como é óbvio, nem sequer se põe em nosso país." (cf. *Comentários...*, pp. 648-649).

327 Para Barbosa Moreira "A publicidade da deliberação tem seus prós e seus contras, mas ao nosso ver aqueles superam estes." (cf. *Comentários...*, p. 649).

4.6. O contraditório e a participação ampliada na formação do precedente

Uma característica bastante relevante deve ser destacada, por força do princípio constitucional do contraditório. Duas situações são possíveis: o julgamento único de diversas controvérsias ou o julgamento individual das demandas.

No primeiro caso, além dos requisitos necessários à validade da tutela jurisdicional *individual*, o precedente deve permitir, na medida do possível, a ampla participação das outras pessoas interessadas, ainda que elas não integrem a demanda. Uma vez que o precedente terá força de incidência normativa, pessoas que não integram a relação jurídica processual têm interesse legítimo – seja pela existência de outras demandas das quais participem, seja porque mantêm relações jurídicas substanciais, que podem ser objeto de demanda – de sustentar argumentos que possam influenciar a decisão. Isso já ocorre com algumas enunciações dos precedentes. Nas ações de inconstitucionalidade (controle abstrato), é admitida a participação de *amicus curiae*, como forma de colaborar no convencimento da Corte.[328] Também nas hipóteses de recurso extraordinário submetido a repercussão geral[329] (art. 543-A, § 6º, CPC) e de recurso especial

---

[328] Lei nº 9.868/1999, art. 7º, § 2º "O relator, considerando a relevância da matéria e a representatividade dos postulantes, poderá, por despacho irrecorrível, admitir, observado o prazo fixado no parágrafo anterior, a manifestação de outros órgãos ou entidades."

[329] CPC, art. 543-A. *Omissis.* § 6º "O Relator poderá admitir, na análise da repercussão geral, a manifestação de terceiros, subscrita por procurador habilitado, nos termos do Regimento Interno do Supremo Tribunal Federal." (Incluído pela Lei nº 11.418, de 2006).

repetitivo[330] (art. 543-C, CPC), existe previsão legal de participação de terceiros. Em suma, a ausência da oportunidade de participação subtrai a possibilidade de o tribunal conhecer argumentos que podem ser decisivos para a solução da controvérsia. E, pior. Exclue da formação do precedente aqueles que sentirão os efeitos abstratamente impositivos da decisão.

Em profunda obra sobre o assunto[331], Cássio Scarpinella Bueno demonstra que a legitimação das decisões do Supremo Tribunal Federal, cuja eficácia prolonga-se sobre número indeterminado de pessoas, ocorre através da participação discursiva de pessoas ou entidades representativas da sociedade civil, através dos *amici curiae*.[332] A participação ampliada dos sujeitos do processo, ultrapassando as partes da demanda, é elemento legitimador da eficácia normativa, conforme reconhece a doutrina.[333]

Após a argumentação desenvolvida, sobressai a seguinte dúvidae: e se não houver participação de determinado sujeito de

---

330 CPC, art. 543-C. *Omissis*. § 4º "O relator, conforme dispuser o regimento interno do Superior Tribunal de Justiça e considerando a relevância da matéria, poderá admitir manifestação de pessoas, órgãos ou entidades com interesse na controvérsia." (Incluído pela Lei nº 11.672, de 2008).

331 Cf. Amicus Curiae *no processo civil brasileiro*, São Paulo: Saraiva, 2006.

332 Em sua notável obra, Cássio Scarpinella Bueno ainda acentua a importância da participação de pessoas jurídicas de direito público, sensíveis aos "(...) valores dispersos do Estado, suas diversas opiniões e visões políticas a serem perseguidas *também* em juízo (...)" (cf. Amicus Curiae..., p. 626.

333 Assim: "A previsão de eficácia futura para casos idênticos da decisão que reconhece a inexistência de repercussão geral, constitui fator suficiente para que o maior número possível de "interessados" possa manifestar-se perante aquela Corte em busca da mais adequada definição do que se amolda e daquilo que não se amolda naquela expressão..." (cf. José Rogério Cruz e Tucci, *in Anotaçoes...*).

direito? Até que ponto a decisão o vincula e impede que desenvolva suas razões, seus argumentos?

Plenamente, é a resposta. Entretanto, nos limites do fundamento determinante (*ratio decidendi*), não atingindo circunstâncias e argumentos que não foram explicitamente examinados.

Pode-se falar tanto em (in)eficácia preclusiva da coisa julgada para quem não foi parte na demanda, quanto em sentença com reserva das exceções substanciais indiretas.

Lema. A eficácia preclusiva da coisa julgada não atinge quem não foi parte na demanda (se e somente se ele não interveio na argumentação).

5. O estilo dos precedentes judiciais

De acordo com o estilo de julgamento e de reprodução escrita adotado, pode haver maior ou menor compreensão da *tese jurídica* encampada pelos tribunais. Vejamos, no modelo brasileiro, como isso se desenvolve.

5.1. O acórdão

Na dicção do art. 163 do CPC, acórdão é a denominação dada ao julgamento proferido pelos tribunais. Também segue esse sentido o art. 543-C do CPC. No entanto, outros enunciados do CPC usam a palavra "acórdão" com o sentido de designar a "peça escrita" que registra o julgamento.[334] Com esse conteúdo semântico, os arts. 563 e 556, ambos do CPC. O art. 17 da nova Lei do Mandado de Segurança (Lei nº 12.106/2009), indica, inclusive, que o *acórdão* (no sentido de *peça escrita*) será substituído pelas notas taquigráficas do julgamento, caso não seja publicado no prazo de 30 (trinta) dias.

Não obstante a imprecisão linguística da lei, o acórdão refere-se ao *julgamento* dos tribunais (CPC, art. 163), que é composto pela somatória dos entendimentos individuais. Ao proferir seu voto, o relator fundamenta sua posição explicando a *tese jurídica* que o convenceu. Os demais integrantes do órgão podem acompanhá-lo ou não, tanto no que diz respeito à conclusão (provimento ou desprovimento, concede ou denega), quanto a própria fundamentação da decisão. Mesmo na hipótese em que os demais membros do colegiado acompanhem o relator na conclusão, pode haver divergência quanto a fundamentação constante em seu voto.

Por essa razão, a elaboração da peça escrita que registra o julgamento deve ser elaborada com o cuidado necessário para expor a *tese jurídica* acolhida pelo tribunal, sobe pena de tornar inacessível a identificação da *tese jurídica* – ou seja, a razão determinante (*ratio decidendi*) – que projetará a eficácia normativa do precedentes.[335]

---

[334] Barbosa Moreira faz essa importante observação: "Tal como no art. 556, usa aqui o Código a palavra 'acórdão' para designar não o *julgamento* proferido pelo tribunal, consoante a definição do art. 163, mas a *peça escrita* que o registra e documenta." (cf. *Comentários...*, p. 685).

[335] Explica Barbosa Moreira que "A fundamentação há de indicar, de maneira clara e tão completa quanto possível, os motivos, de fato e de direito,

5.2. A ementa

O Código de Processo Civil estabelece no art. 563 que todo acórdão conterá ementa. Considerando que acórdão é a denominação dada às decisões finais dos tribunais, então tanto a redação da fundamentação – com a exposição da *tese jurídica* – quanto a da ementa seriam encargo do relator. Não obstante isso,

A ementa consiste na identificação da *tese jurídica* que prevaleceu no julgamento.[336] Há, assim, uma primeira tentativa de indicação da *ratio decidendi*: a redução da fundamentação às razões estritamente necessárias para justificar o juízo decisório. Mas para que isso aconteça, é necessário expor de forma cuidadosa apenas (i) as razões determinantes do julgado (*ratione decidendi*); acrescidas, quando for o caso, (ii) das circunstâncias que distinguem a controvérsia

---

efetivamente adotados pela maioria – os quais podem não coincidir, no todo ou em parte, com os apontados no voto do relator do acórdão. Nada impede, porém, que este, em declaração pessoal, faça referência às razões específicas do seu próprio convencimento. Tem grande relevância prática a distinção entre fundamentos *do acórdão* e fundamentos *do voto*: assim, *v.g.*, quando se haja de examinar, à luz do enunciado nº 283 da *Súmula da Jurisprudência Predominante* do Supremo Tribunal Federal, a admissibilidade do recurso extraordinário, cumprirá verificar com toda a precisão se o(s) fundamento(s) acaso não abrangido(s) na impugnação realmente integra(m) 'a decisão recorrida' ou apenas algum (ou alguns) dos votos vencedores. Com acerto dispõe o art. 92, § 2º, do regimento interno do Tribunal de Justiça do Estado do Rio de Janeiro: "A fundamentação do acórdão será exclusivamente a vencedora, podendo o relator aduzir, em seguida a sua assinatura, como declaração de voto, os fundamentos não acolhidos pela maioria'." (cf. *Comentários...*, p. 686).

[336] Nesse sentido: "Consiste a ementa no enunciado sintético da tese jurídica (ou das várias teses jurídicas) esposada(s) no julgamento. É útil por mais de um aspecto: permite a rápida identificação do tema versado e da posição adotada a respeito, (...)" (cf. *Comentários...*, p. 688).

de outro precedente (*distinguishing*), expondo com clareza as singularidades do caso. E deve evitar, ao máximo, incluir circunstâncias acidentais e irrelevantes (*obiter dicta*).[337]

A redação da ementa é labor a ser executado com zelo, uma vez que a prática judiciária tem substituído a remissão ao inteiro teor do acórdão, em favor de exclusiva referência à ementa. Com a valorização do precedente e a projeção de sua eficácia normativa, a ementa que não reflita a *tese jurídica* adotada no julgamento formará um *falso precedente*, capaz de gerar divergências inúteis e até de comprometer o acesso à ordem jurídica justa, com regras judiciais equivocadas.[338]

A citação de precedentes na ementa não é de todo necessário. Mas pode ser útil quando destinada a (i) manter a consistência da jurisprudência, indicando o caso representativo da controvérsia (*leading*

---

[337] Em narrativa bastante elucidativa: "A redação da ementa é tarefa mais delicada do que à primeira vista parece: nem sempre constitui fácil empresa resumir sem desfigurar. O relator há de esforçar-se por captar a verdadeira substância da decisão, traduzindo-a em fórmula concisa, que permita apreensão imediata. Não escamotear as possíveis singularidades da espécies, nem, por outro lado, perder-na na catalogação de aspectos acidentais e irrelevantes. É inútil a mera reprodução de textos legais; inadequada, a enunciação de simples fatos – v.g., a afirmação de que 'a jurisprudência se orienta em tal sentido', o que a rigor nada revela daquilo que o órgão julgador entendeu *in casu.*" (cf. Barbosa Moreira, *Comentários...*, pp. 688-689)

[338] Assim adverte Barbosa Moreira: "Há grande perigo ementa redigida com má técnica: o de criar um falso 'precedente', despistando os estudiosos da matéria e – máxime quando se trata de acórdão de tribunal superior – exercendo sobre outras decisões um tipo de influência que o teor autêntico do julgamento não abonaria. Avoluma-se o risco, sem dúvida, com a prática, adotada por vários tribunais, de substituir o acórdão, propriamente dito, por mera 'coleção' de votos justapostos (supra, comentário nº 375). Aí, redigir a ementa pode equiparar-se a autêntico exercício de virtuosismo – do qual nem todos se saem bem..." (cf. *Comentários...*, p. 689).

case); ou (ii) para revogar o entendimento anterior (*overruling*). A transcrição de doutrina na ementa também não é imprescindível, mas pode – ou, melhor, deve – ser usada para resguardar a autoria intelectual da tese jurídica encontrada no argumento doutrinário. No entanto, o abuso na citação não é recomendável, uma ver que a referência integral deve ser feita no voto.

Também não é recomendável elaborar uma ementa muito extensa, pois isso poderia contribuir para o próprio mal que a ementa visa a afastar: a dúvida sobre a verdadeira tese jurídica (*ratio decidendi*) que justificou o juízo decisório.

5.3. O relator do "acórdão" segundo a prevalência das razões determinantes

O CPC ressalva a competência para redação do "acórdão" o autor do primeiro voto vencedor.[339] No entanto, há imperfeição semântica no enunciado legal, uma vez que *acórdão* é o julgamento do Tribunal (CPC, art. 163). Desse modo, o presidente designa o relator ou o autor do primeiro voto vencedor para redigir a *ementa*. No sistema jurídico estadunidense, o presidente da *Supreme Court* escolhe, após a votação, um *Justice* para redigir a *opinion*. O art. 556 do CPC faria o sentido que a expressão literal denota nesse contexto. No ordenamento jurídico brasileiro, que utiliza o sistema de votação aberta, o acórdão é

[339] CPC, Art. 556. Proferidos os votos, o presidente anunciará o resultado do julgamento, designando para redigir o acórdão o relator, ou, se este for vencido, o autor do primeiro voto vencedor

formado pela integralidade dos votos, com a identificação nominal de cada votante. A redação pretendida pelo art. 556 do CPC é, assim, da *ementa*, e não dos votos, que já foram enunciados.

No entanto, pelas mesmas razões que justificam a votação explícita dos fundamentos determinantes do julgado, recomenda-se que a ementa seja lavrada por quem proferiu o primeiro voto cujas razões prevaleceram. Ora, ser vencido não significa sucumbir apenas na votação do juízo decisório, do dispositivo, mas principalmente nas razões que justificam o resultado da votação. Vencedor, portanto, é voto cujas razões predominaram sobre as demais, cabendo a quem as enunciou a redação do acórdão.

Em verdade, o escopo dessa medida de precaução é o de assegurar fidelidade ao fundamentos determinantes do julgado. Como os fundamentos determinantes não serão aqueles indicados no voto do relator, haverá a possibilidade de equívoco na identificação, na ementa, das razões que justificaram a decisão. Se o relator redigir a ementa com os argumentos que originariamente constaram em seu voto, haverá a indicação equivocada da *ratio decidendi*. A ementa será formada meramente por *obiter dictum*, isto é, pela parte dispensável do julgado. Nessa linha de raciocínio, deverá redigir a ementa aquele que proferiu o primeiro voto vencedor, não apenas quanto ao resultado (negar ou dar provimento ao recurso *etc.*), mas principalmente no que tange aos fundamentos determinantes da decisão.

Mesmo que a ementa seja redigida por aquele que sustentou, pela primeira vez, o voto-vencedor, isso não assegura que ela será formada apenas pela *ratio decidendi* e que não haverá nenhum texto desnecessário e marginal. O tribunal – para manter a coerência de seus julgados – deve atentar para a redação da ementa, para evitar que se acrescente o que não consta no voto-vencedor ou que se exclua argumento que formou a *ratio decidendi*.

Esse modelo incorpora, ainda, diversas vantagens. Sabe-se, por óbvio, que os embargos de declaração são examinados pelo relator. Então, na eventualidade de a fundamentação originária do relator não prevalecer e ele continuar designado para redigir o acórdão, os aclaratórios seriam por ele examinados. Porém, os embargos de declaração podem impugnar especificamente as razões que prevaleceram, ou seja, as razões que não constam no voto do relator originário. O relator originário veria-se obrigado a esclarecer (e até sustentar) tese contrária à sua,[340] em detrimento daquele que explicitamente a acolheu.

Não se sustenta, então, a preservação da relatoria originária, na hipótese de o voto inicial do relator sucumbir às razões enunciadas posteriormente por outro integrante do colegiado.

---

[340] Por esse motivo, alguns relatores consignam na ementa a ressalva de seu entendimento. Assim: "TETO CONSTITUCIONAL - VANTAGENS PESSOAIS. Na dicção da ilustrada maioria, **entendimento em relação ao qual guardo reservas**, votando vencido, não se incluem no cotejo próprio para saber-se da observância do teto as vantagens pessoais. CONTROLE CONCENTRADO DE CONSTITUCIONALIDADE - REMISSÃO A LEIS - IMPROPRIEDADE. Na dicção da ilustrada maioria, entendimento em relação ao qual guardo reservas, votando vencido, constando do dispositivo legal atacado mediante ação direta de inconstitucionalidade remissão a outros preceitos de leis diversas, descabe o controle concentrado de constitucionalidade." (ADI 2116 MC/AM, Relator Ministro Marco Aurélio, julgamento 16.2.2002, Tribunal Pleno, DJ 29.11.2002, p. 18).

5.4. As súmulas

O Ministro Victor Nunes Leal, preocupado com o sempre crescente número de processos no Supremo Tribunal Federal,[341] propôs, em 1963, a simplificação do exame de processos rotineiros. A sugestão não era a de restringir o julgamento com uma "vaga alusão à nossa jurisprudência" (do STF), mas através da indicação precisa dos precedentes que examinaram profundamente a controvérsia.[342] Essa indicação ocorreria por intermédio de verbetes ou enunciados dos temas mais comuns julgados pelo Tribunal, que foram chamados de "Súmulas da Jurisprudência Predominante"[343]. Apoiaram de modo

---

[341] Cf. Sérgio Sérvulo da Cunha, *in O efeito vinculante e os poderes do juiz*. São Paulo: Saraiva, 1999, pp. 42 ss.

[342] Segundo as palavras do Ministro Victor Nunes Leal, após mencionar a Suprema Corte estadunidense: "Não temos a prerrogativa de escolher os casos de relevância jurídica, mas poderíamos alcançar, indiretamente, resultados comparáveis. Bastaria simplificar o exame dos processos rotineiros não mediante vaga alusão à nossa jurisprudência, mas com precisa indicação dos precedentes em que a matéria foi mais amplamente apreciada." (cf. *Atualidade do Supremo Tribunal*, *in* RDPC 5/71).

[343] Segundo esclarece o Ministro Evandro Lins e Silva: " Para os não iniciados, para o público em geral, diremos: **Súmula** foi a expressão de que se valeu Victor Nunes Leal, nos idos de 1963, para definir, em pequenos enunciados, o que o Supremo Tribunal Federal, onde era um dos seus maiores ministros, vinha decidindo de modo reiterado acerca de temas que se repetiam amiudadamente em seus julgamentos. Era uma medida, de natureza regimental, que se destinava, primordialmente, a descongestionar os trabalhos do tribunal, simplificando e tornando mais célere a ação de seus juízes. Ao mesmo tempo, a Súmula servia de informação a todos os magistrados do País e aos advogados, dando a conhecer a orientação da Corte Suprema nas questões mais freqüentes. Houve críticas e resistências à sua implantação sob o temor de que ela provocasse a estagnação da jurisprudência ou que pretendesse atuar com força de lei. Seu criador, Victor Nunes, saiu a campo e, em conferências proferidas na época, explicou e deixou bem claro que a Súmula não tinha caráter impositivo ou obrigatório.

decisivo a ideia, dentre outros[344], os Ministros Gonçalves de Oliveira, Pedro Chaves e Evandro Lins e Silva. Apesar de haver certa resistência de alguns ministros mais antigos,[345] decorrente da preocupação de não aplicação dos enunciados, a ideia prevaleceu e, por emenda ao seu Regimento Interno de 28.8.2963, surgiu a Súmula do Supremo Tribunal Federal.

Nesse contexto, as súmulas foram idealizadas como técnica de descongestionamento do STF, através da simplificação de seus trabalhos. Os julgamentos poderiam ser feitos com a mera indicação do entendimento sumulado da Corte, dispensando-se a referência a outros julgados no mesmo sentido.[346] Concomitantemente, a súmula constituía um norte para os demais juízes e tribunais, que poderiam pautar suas decisões na linha de entendimento nela estabelecida. Estas, as duas características principais que as definiam.

Em momento algum se pretendeu atribuir eficácia vinculante às súmulas. Pelo menos não era essa a intenção do Ministro Victor Nunes Leal ou dos que aderiram à sugestão. Muito pelo contrário. A possibilidade de a súmula restringir a jurisprudência da Corte era

---

Ela era matéria puramente regimental e podia ser alterada a qualquer momento, por sugestão dos ministros ou das partes, através de agravo contra o despacho de arquivamento do recurso extraordinário ou do agravo de instrumento." (cf. *Crime de Hermenêutica...*).

[344] Cf. Roberto Rosas, *in Da Súmula à Súmula Vinculante*, Justiça & Cidadania, edição 106, maio de 2009, pp. 44 ss.

[345] Cf. Roberto Rosas, *in Da Súmula...*, p. 44.

[346] Barbosa Moreira comenta essa dispensa ao analisar o § 4º do art. 102 do RISTF.

explicitamente afastada pelos próprios proponentes da ideia.[347]

A súmula, então, consistia em uma enunciação com a linha de pensamento da Corte, com a indicação precisa dos precedentes que examinaram com maior amplitude a controvérsia.[348]

Apesar do escopo bem delineado no momento de sua criação, não podemos esquecer que o direito altera-se com o tempo – aliás, o que o próprio Ministro Victor Nunes Leal fez questão de salientar, com incomparável sensibilidade jurídica, ao se posicionar contrário à rigidez

---

[347] O próprio Ministro Victor Nunes Leal, que propôs a ideia de edição das súmulas, argumentou: "Firmar a jurisprudência de modo rígido não seria um bem, nem mesmo seria viável. A vida não pára, nem cessa a criação legislativa e doutrinária do direito" (cf. *Atualidade...*, p. 71). Também o Ministro Evandro Lins e Silva refutou, com vigor, essa eficácia normativa das súmulas do STF: "Nunca se imaginou a possibilidade de conferir à Súmula o poder vinculante ou de cumprimento obrigatório, imutável para o próprio tribunal que a edita ou para as instâncias inferiores. Do contrário teríamos a revivescência dos Assentos do Superior Tribunal de Justiça, na esteira dos Assentos das Casas de Suplicação, considerados inconstitucionais pelo Supremo Tribunal Federal, desde a fundação da República. Súmula "vinculante" seria um novo nome para os velhos Assentos. O grande Ministro Pedro Lessa já estigmatizara a figura do "juiz legislador", não prevista "pelos que organizaram e limitaram os nossos poderes políticos". A Súmula é um valioso instrumento, que pode ser invocado pelos advogados como elemento de persuasão, **mas não vincula nem mesmo os juízes de primeiro grau. Único sobrevivente dos ministros presentes à sessão de sua criação, reivindico o conhecimento da sua origem, da sua razão de ser, da sua finalidade e das suas limitações**. Em nosso sistema, a fonte primária do direito é sempre a lei, emanada do Poder Legislativo, para isso eleito pelo povo diretamente. Os juízes não têm legitimidade democrática para criar o direito, porque o povo não lhes delegou esse poder. A sua função precípua, na organização estatal, é a de funcionar como árbitros supremos dos conflitos de interesse na aplicação da lei." (cf. *Crime de Hermenêutica...* - o destaque não consta no original).

[348] Não é esse o sentido atribuído pelo § 7º do art. 543-A do CPC, que dispõe: "A Súmula da decisão sobre a repercussão geral constará de ata, que será publicada no Diário Oficial e valerá como acórdão. "

da jurisprudência.[349] A doutrina destaca, com nítida autoridade argumentativa, a necessidade de adequação das normas jurídicas à realidade social.[350] A alteração dos conceitos no percurso da vida acarreta a modificação e a evolução do próprio direito. E, em consequência, dos instrumentos usados para o seu implemento. Isso se verifica também com as súmulas. A compreensão do que foi e a adequação ao que é ou ao que será, apenas revelam o caráter dinâmico do direito e destacam a possibilidade de alteração denotativa e conotativa do comportamento esperado. Como tal, a súmula idealizada com o fecundo e criativo labor intelectual do Ministro Victor Nunes Leal também pode adquirir nova conotação, adequada ao momento. Na atual conjuntura temporal, busca-se não apenas o descongestionamento do Supremo Tribunal Federal – embora isto seja também desejável –, mas principalmente a concretização de outros valores constitucionais, como a segurança jurídica, a unidade e a consistência normativa, a coerência jurisprudencial e a redução das dilações indevidas para garantir uma razoável duração da solução definitiva das controvérsias. Nada mais apropriado, então, que interpretar a súmula no contexto jurídico atual, incluindo na conotação do signo os valores e princípios constitucionais que se pretende realizar. Afinal, é incorreto afirmar que a única interpretação é aquela dada por

---

[349] "A vida não pára, nem cessa a criação legislativa e doutrinária do direito" (cf. *Atualidade*..., p. 71).

[350] Rudolf von Jhering, já preconizava em inolvidável obra: ""a vida não é o conceito; os conceitos é que existem por causa da vida. Não é o que a lógica postula que tem de acontecer, o que a vida, o comércio, o sentimento jurídico postulam é que tem de acontecer, seja logicamente necessário ou logicamente impossível" (Jhering, Geist des romischen Rechts, vol. IV, 1864).

quem elaborou a norma (*voluntas legislatoris*), uma vez que o sentido da norma deve considerar necessariamente o contexto em que ela há de incidir (*voluntas legis*).[351]

A súmula, portanto, deve ser compreendida, no contexto jurídico que se desenha na atualidade, através da sua inserção na teoria dos precedentes vinculantes. Caso contrário, longe de ser uma ferramenta de racionalização da atuação jurisdicional, ela se converterá em fonte de incerteza e insegurança jurídica.

E o modo de se compreender o papel da súmula no âmbito da teoria que atribui eficácia normativa às decisões judiciais é nela reconhecer a especificação da *ratio decidendi* dos precedentes que autorizaram a sua edição. Em verdade, isso não distancia da ideia originária. Ao expor sucintamente a *tese jurídica* adotada pelo STF, a súmula já indicava a *ratio decidendi* dos precedentes que a formaram.

A edição das súmulas do entendimento predominante do tribunal revelou-se um forte e adequado mecanismo de agilização dos julgamentos – apesar de que seu uso poderia ser menos tímido – e de garantia da segurança jurídica. Afinal, a súmula evitaria a elaboração

---

[351] A polêmica entre os objetivistas e subjetivistas é antiga (cf. Karl Engisch, *in Introdução ao pensamento jurídico*). À míngua de uma solução, em razão da força dos argumentos e contra-argumentos, resta o fortalecimento de um sentido no âmbito de uma argumentação específica. Parece-nos ser esta a resposta: a prevalência dinâmica da tese, de acordo com a força dos argumentos que justificam a sua incidência no caso a ser interpretado. Desse modo, a prevalência ou não da tese objetivista ou subjetivista será adequada ao contexto da controvérsia que se busca solucionar. Na linha de raciocínio que desenvolvemos, os argumentos em favor da adequação do conceito de "súmula" ao modelo constitucional e legal em vigor justificam a adoção da tese objetivista.

desnecessária de longa fundamentação nos votos e a dispensável construção de argumentos para os casos análogos aos já decididos.

Por essa razão, o modelo foi estendido para todos os tribunais pelo Código de Processo Civil. O Superior Tribunal de Justiça, por exemplo, faz amplo uso das súmulas como meio de divulgar o entendimento da Corte nos casos em que costumeiramente é chamado a decidir. E isso muito antes da valorização dos precedentes judiciais. A sua primeira súmula foi publicada no Diário da Justiça em 2.5.1990, p. 3619 (RSTJ, vol. 16, p. 15). Atualmente, encontramos no STJ uma preocupação tão grande com a segurança jurídica, que ele editou um número recorde de súmulas neste ano. Das 416 súmulas editadas em 20 anos, 41 foram editadas apenas em 2009.[352] Os tribunais locais também adotaram a súmula como meio de racionalização da prestação jurisdicional.

5.5. A edição de súmulas ou ementas em desconformidade com as *razões determinantes* dos precedentes

A advertência feita na Seção anterior – da possibilidade de a súmula converter-se em fonte de incerteza normativa – tem por escopo admoestar uma situação indesejável: a de a súmula **não** reproduzir a *ratio decidendi*. É possível que ocorra a edição de súmula em desconformidade com a tese jurídica encontrada nos precedentes. Os

[352] Cf. STJ, http://www.stj.jus.br/portal_stj/publicacao/engine.wsp?tmp.area=398&tmp.texto=95162, acesso em 14.12.2009

tribunais precisam tomar extremo cuidado para evitar que isso aconteça.

A propósito, considerando o atual caráter normativo da força de incidência das súmulas – mesmo que limitado aos aspectos processuais –, todos os operadores do direito, inclusive os advogados, procuradores *etc.*, devem apontar eventual discordância entre a súmula e a *ratio decidendi* dos precedentes que a informam. Ao receber esse expediente, os tribunais deverão deliberar pelo esclarecimento do alcance da súmula.[353]

5.6. A "pauta temática" e a eficácia normativa dos precedentes judiciais

Uma técnica bastante produtiva que tem sido adotada por diversos tribunais para racionalizar os julgamentos e diminuir as votações desnecessárias, até com relativo sucesso, consiste na utilização de uma "pauta temática". Através deste expediente, diversos processos com teses jurídicas idênticas e situações fáticas assemelhadas – isto é, controvérsias fundadas em idênticas causas de pedir próximas (fundamentos jurídicos) e semelhantes causas de pedir remotas (fundamentos de fato) – são reunidos e julgados simultaneamente. Identifica-se a controvérsia e a votação de todos ocorre ao mesmo tempo.

[353] Os argumentos passarão a integrar a *ratio decidendi* dos precedentes, tal como ocorre com as circunstâncias distintivas da controvérsia (*distinguishing*), servindo de modelo para a compreensão futura da tese jurídica vinculante.

Essa prática já foi adotada inclusive nos tribunais superiores. O Supremo Tribunal Federal, por exemplo, divulga na internet a pauta temática, dando a conhecer a tese jurídica que será discutida. A iniciativa é digna de elogios. Além da transparência e do respeito com a comunidade jurídica com a divulgação prévia, o julgamento concentrado adianta os trabalhos e racionaliza a prestação jurisdicional. Evita que as partes aguardem indefinidamente o julgamento de seu recurso ou demanda e atende, em sua plenitude, a garantia constitucional da razoável duração do processo[354]. O julgamento individual de cada processo, com a votação única por demanda, contraria até mesmo as novas ondas do processo, que buscam a concentração das demandas em uma tutela coletiva, para evitar o abarrotamento da Justiça, o atraso desnecessário da atuação dos juízes e – o mais reprovável – a possibilidade de decisões judiciais desiguais para situações jurídicas assemelhadas, o que produz insuportável insegurança jurídica. As situações fáticas semelhantes devem receber decisões semelhantes. Esta – repetimos por todo o trabalho – é a essência do princípio constitucional da igualdade e o fundamento da segurança jurídica.

Nessa linha de entendimento, portanto, a técnica de

---

[354] A garantia constitucional da razoável duração do processo deve ser compreendida, sempre, como o dever de afastar os atos inúteis e desnecessários, evitando-se, desse modo, as dilações indevidas. O juiz deverá indagar, a todo momento, se aquele determinado ato processual é necessário ou mesmo adequado para o fim pretendido. Se a resposta for negativa, ou se existir outro ato que produza o mesmo resultado com um custo de esforço ou de tempo menor, então insistir em praticar aquela medida acarretará uma dilação indevida, ofendendo a garantia da razoável duração do processo (cf. Samuel Meira Brasil Jr., *in Justiça, Direito e Processo*. São Paulo: Atlas, 2007).

julgamento através de pautas temáticas traz maior segurança jurídica, ao assegurar resultados idênticos para situações assemelhadas.

Outra vantajosa característica desta prática é o aumento da eficiência na atuação dos juízes. Tanto maior será a eficiência do juiz quanto mais ele (i) maximizar o resultado (quantidade maior de solução das controvérsias, com incremento de qualidade através do incremento de pacificação social e redução da taxa de recorribilidade); e (ii) minimizar os custos (esforço e tempo). O julgamento em bloco de processos assemelhados, identificados em pauta temática, significa expressivo aumento na quantidade de processos julgados, com diminuição significativa de tempo e de esforço dos tribunais, que poderão utilizá-los para julgar outras controvérsias. Há, portanto, inquestionável aumento de eficiência.

Vejamos um exemplo de pauta temática. No Tribunal de Justiça do Estado do Espírito Santo, algumas pautas temáticas eram concernentes a mandados de segurança visando à distribuição de medicamentos excepcionais, contribuição de inativos, ilegalidade de exclusão de candidato a concurso público em exame físico, limite de idade em concurso público *etc.*

Em todos estes temas, anunciavam-se os processos constantes nas pautas temáticas e o julgamento ocorria em bloco, com o mesmo resultado para todas as demandas referidas. Cada relator, quando seu processo entrava em julgamento, apenas anunciava o resultado que, se coincidisse com a votação anterior, era seguido por todos os demais.

Vê-se, assim, que o julgamento em bloco certamente agiliza o trabalho dos tribunais.

No entanto, apesar das indiscutíveis vantagens dos julgamentos temáticos, há, ainda, a possibilidade de algumas (poucas) desvantagens. O julgamento através de pautas temáticas pode excluir a discussão envolvendo as circunstâncias particulares de um caso, de modo a afastá-lo da solução usualmente adotada pelos tribunais, como ocorre no *distinguishing*. Poderá, ainda, haver relativa dificuldade no julgamento em bloco, se houver diversos requerimentos de sustentação oral em diversas demandas ou recursos. As alternativas para este problema não são muitas. Ou o tribunal cerceará o contraditório e a ampla defesa, impedindo a sustentação oral ou – única solução que nos parece plausível – desmembrará a pauta temática, que perderá sua força de impingir eficiência e celeridade na prestação jurisdicional.

Sem mencionar aquela que, para nós, consiste na maior desvantagem. A concentração de julgamentos não pode impor atraso na inclusão de processos em pauta, principalmente se houver grande intervalo temporal. Isso significa o seguinte. Se houver processos prontos para inclusão em pauta em janeiro, não será possível suspender a tramitação por, digamos, vários meses para inclui-los apenas em novembro – ou mesmo no ano seguinte –, aguardando os demais processos temáticos. Isso produz o seguinte resultado: haverá diversas pautas temáticas, em seguidas sessões de julgamento, simplesmente porque não foi possível concentrá-las em um único momento. Então, embora haja um incremento na eficiência dos tribunais, continuará existindo diversos julgamentos sobre a mesma matéria, em sessões diferentes.

Além dessas desvantagens, há, por fim, um efeito nocivo para a teoria dos precedentes judiciais vinculantes. A partir do momento em que os processos são julgados em bloco, o voto de cada relator não será lido e não será conhecido dos demais membros do tribunal. Em consequência, situações idênticas podem receber fundamentações distintas. Se isso ocorrer, o julgamento através de pautas temáticas poderá produzir um efeito altamente prejudicial para a segurança jurídica, qual seja, decisões semelhantes poderão ter fundamentações diversas. Não se saberá qual é a *ratio decidendi*, qual é a tese jurídica que deve ser considerada como precedente, como norma a ser seguida. Enquanto o relator de um processo pode afirmar, *v.g.*, que a limitação de idade para exercício do cargo específico é inconstitucional, o relator do outro processo pode sustentar que a limitação é constitucional, mas que não havia lei infraconstitucional prevendo a exigência e que, por essa razão, não poderia constar no edital. Vejam que as teses jurídicas são diversas e que poderá haver repercussão no julgamento das demais controvérsias. Imaginemos que este julgamento em bloco tenha ocorrido no Supremo Tribunal Federal. Admitamos, ainda, que os precedentes tenham efeito vinculante. O julgamento em bloco apenas anunciará o resultado, privando os ministros de discussão da *ratio decidendi*, e os tribunais de todo o país aplicarão, indistintamente, as duas *rationes decidendi*. Mesmo que alguns ministros não tenham esse entendimento.

Essa possibilidade de consequência danosa no julgamento através de pauta temática é a que mais nos preocupa, dada a inafastável exigência de segurança jurídica para a pacificação social.

Percebam que não estamos simplesmente criticando a prática – que se mostrou mais eficiente que os julgamentos tradicionais –, mas apenas aceitando suas limitações, para procurar alternativas mais eficientes. Comparando com os sistemas tradicionais de julgamento, é óbvio que a utilização de pautas temáticas traz vantagens. Mas devemos ter consciência plena de possíveis desvantagens e consequências indesejáveis. Devemos reconhecer que ela poderá acarretar problemas.

Então, como solucionar estes problemas? Abandonar a pauta temática e retornar para os julgamentos individualizados, o que consumirá maior tempo e esforço e ampliará a possibilidade nociva de julgamentos inconsistentes? Esta também não nos parece ser a solução adequada. Devemos buscar alternativa mais vantajosa ou, apesar das suas deficiências, manter a prática.

Porém, pensamos haver alternativa viável. Para nós, a melhor solução é, simplesmente, reconhecer a eficácia vinculante dos precedentes judiciais. De todos os precedentes, independentemente do tribunal que emanarem.

Em outras palavras, para nós, a utilização da pauta temática demonstra, indiscutivelmente, apenas a inquestionável necessidade de se admitir a eficácia vinculante plena de todas as decisões judiciais.

Afinal, somente faz sentido usar uma pauta temática se for necessário julgar diversos recursos ou pedidos idênticos. Qual é o propósito de se julgar "em bloco" cem, duzentos, quinhentos ou até mil processos idênticos? Acelerar a solução das controvérsias e diminuir tempo e esforço dos tribunais, para que julguem outras demandas.

Ora, se esse é o escopo, então que se julgue apenas 1 (uma) demanda e que a solução seja estendida a todos os demais processos com idênticas ou assemelhadas controvérsias![355] Simplesmente, isso.

Qual é o sentido de o STF usar pauta temática para julgar inúmeros REs ou ADIs, se já foi julgada ADI – que tem efeito vinculante – ou se já existe Súmula Vinculante sobre a matéria? Qual será a utilidade de, digamos, trinta ou cinquenta recursos, com diferentes relatores, para repetir aquilo que já foi dito no julgamento com efeito vinculante? Para que o STF precisa repetir, em incontáveis recursos, o mesmo pronunciamento exarado em decisão vinculante anterior? Seria uma inutilidade indescritível, pois o mesmo resultado pode ser obtido com o pronunciamento único[356]. Esse mesmo raciocínio deve ser aplicado aos demais tribunais (STJ, TJs, TRFs *etc.*), em razão do princípio da simetria.

É preciso racionalizar a prestação jurisdicional.

Parece-nos justificada, portanto, a seguinte conclusão:

---

[355] Como estender a decisão para as outras demandas já em andamento é uma indagação que responderemos em Seção própria, quando discutirmos especificamente a questão.

[356] É claro que não estamos cogitando a possibilidade de *distinguishing* ou de *revogação*. Mas, se este for o caso, então que se faça, também, discussões específicas sobre as circunstâncias particulares (*distinguishing*) ou apenas uma vez, para revogar o entendimento da Corte (*overruling*). Na hipótese do método distintivo, o julgamento também constituirá precedente, criando cláusula de exceção para as situações assemelhadas; no caso da revogação, que se faça, também, apenas um único julgamento.

Lema. A projeção da força normativa dos precedentes judiciais torna desnecessária a pauta temática.

Nessa linha, a utilização de pautas temáticas, muito embora tenha sido medidas altamente produtivas – fazemos questão de reconhecer –, pode ser substituída, com bastante vantagem, pela eficácia vinculante dos precedentes judiciais.

Caberá ao interessado demonstrar que o caso dele é diferente daquele já decidido. Assim, ele deverá indicar, explicitamente, as circunstâncias que distinguem a situação (*distinguishing*). Nessa hipótese, a admissibilidade do recurso ou do pedido ficará limitada à essa parte.

5.7. A composição do tribunal no momento da proclamação do resultado do julgamento

A decisão do tribunal somente é tomada no momento em que se encerra a votação, com a proclamação do resultado. Antes disso, qualquer modificação na votação é tolerada e consiste, até mesmo, na razão de o julgamento ser colegiado[357]. Em alguns sistemas normativos, a votação ocorre em um ato único, prévio à Sessão Pública, e a Corte se reúne apenas para comunicar ao público o resultado. A experiência jurídica brasileira, porém, optou pelo modelo em que a votação é pública, e cada membro do órgão julgador enuncia explicitamente seu

[357] Veja a advertência de Barbosa Moreira, em *Comentários...*, p. 656.

entendimento.

Naturalmente algum dos juízes votantes pode modificar sua convicção sobre o caso, após ouvir os argumentos novos ou após refletir um pouco mais sobre aqueles já enunciados. Isso ocorre até mesmo com certa frequência nos tribunais e encontra apoio irrestrito na doutrina[358].

O pedido de vista não impede a reformulação do voto já proferido por juiz que, movido pelos novos argumentos enunciados na votação subsequente, convença-se pela solução sugerida no voto divergente[359].

Até aqui, não há qualquer problema a ser solucionado. A prática dos tribunais sempre admitiu a modificação do voto, não sendo necessário tecer nenhum outro comentário sobre esse ponto. A dificuldade surge, porém, quando o pedido de vista interrompe o julgamento e há modificação na composição do tribunal, seja por aposentadoria de um dos juízes, seja por outro motivo qualquer. Nessa hipótese, o julgamento final pode não refletir o entendimento do tribunal.

---

358 As palavras de Barbosa Moreira são dignas de referência neste tópico: " Seria absurdo proibir-se em termos absolutos a modificação do pronunciamento emitido, pois assim se eliminaria precisamente a grande vantagem do julgamento colegiado, que reside em propiciar a influência dos raciocínios expostos pelos diversos votantes sobre a formação do convencimento dos seus pares (cf. *Comentários*..., p. 656).

359 Nesse sentido: "a admissibilidade da modificação [do voto] não fica excluída pela circunstância de suspender-se o julgamento, *v.g.*, em virtude de pedido de vista. Reiniciado que seja ele noutra sessão, qualquer dos juízes que já tenham votado pode ainda retratar-se do seu pronunciamento" (Barbosa Moreira, cf. *Comentários*..., p.656).

A título de ilustração, o Supremo Tribunal Federal, em louvável iniciativa do Ministro Gilmar Mendes, Presidente da Corte, passou a divulgar a relação dos processos cuja votação foi interrompida com pedido de vista e que retornaram à pauta de julgamento. Essa medida, digna dos maiores elogios, permitiu inclusive a constatação de que o voto de ministro que não mais integra a Corte permanece válido, excluindo a participação dos atuais integrantes. Vejamos alguns exemplos, que demonstra bem o ocorrido.

O Agravo de Instrumento nº 132755 foi distribuído em 1.8.1989 e recebeu, como relator, o Ministro Moreira Alves[360]. O relator proferiu voto em 28.9.1989, não conhecendo do agravo por incompetência do STF e determinando a remessa dos autos ao STJ. Após o voto-vista do Ministro Celso de Mello, o julgamento foi novamente interrompido em 26.4.1990, com novo pedido de vista. O recurso somente foi julgado em 19.11.2009, constando da ata da sessão que *"o Tribunal, por maioria, vencido o Senhor Ministro Moreira Alves (Relator), resolveu a questão de ordem no sentido de reconhecer a sua competência para processar e julgar o agravo de instrumento, nos termos do voto do Ministro Dias Toffoli, que redigirá o acórdão"*. Curioso é notar que consta, ainda, a seguinte referência: *"Não votou o Senhor Ministro Joaquim Barbosa por suceder ao Senhor Ministro Moreira Alves"*. Não é fora de propósito ressaltar que o Ministro Moreira Alves – um dos grandes juristas que integrou a Suprema Corte, registre-se – não mais integra o tribunal desde 19.4.2003, ocasião em que se aposentou. Não obstante isso, não

---

[360] Consulta feita no seguinte endereço: http://www.stf.jus.br/portal/processo/verProcessoAndamento.asp?incidente=1490096, no dia 16.12.2009.

houve oportunidade de o novo integrante do tribunal pronunciar-se sobre a questão. Imaginemos, *ad argumentandum tantum*, que o Ministro Moreira Alves ainda estivesse integrando o Supremo Tribunal Federal. Não seria inconcebível que o relator reconsiderasse seu voto, após ouvir os novos argumentos enunciados em sessão, cuja continuação do julgamento se deu 10 (dez) anos após o voto inicial ter sido proferido. Conforme a doutrina afirma, sem discussão, a modificação do voto é plenamente possível[361]. Mas, como o relator não mais compõe o tribunal, sequer a modificação do voto foi possível, pois o sucessor do relator que se aposentou não pode participar da votação. Vejam que 6 (seis) anos após a aposentadoria do relator, o seu voto continuou a ser computado para a proclamação do resultado. Isso sem que o novo ocupante da cadeira pudesse se pronunciar.

Nesse caso em estudo, a situação não trouxe maiores consequências, uma vez que o resultado final foi decidido por grande maioria. Mas é possível antever situações em que o resultado do julgamento não refletirá a posição atual do tribunal. Isso poderá trazer um alto grau de insegurança jurídica, já que estamos em um período de fortalecimento da jurisprudência e de exigência da observância dos precedentes.

Não podemos esquecer da premissa básica da atuação do Supremo Tribunal Federal: seus julgamentos são direcionados para a nação, e não para o indivíduo. Tanto na hipótese de controle abstrato de constitucionalidade, quanto na de controle incidental e concreto,

---

[361] Cf. Barbosa Moreira, *Comentários...*, p. 656.

uma vez que, hoje, a admissibilidade do recurso extraordinário encontra-se condicionada à demonstração de repercussão geral.

Nessa linha de raciocínio, o julgamento pelo Supremo Tribunal Federal não visa a solucionar controvérsias individuais, mas a indicar a interpretação a ser utilizada como parâmetro pelos demais órgãos judiciais – e também pela administração pública, na hipótese de precedente vinculante –, em suas futuras atuações.

Ora, se é assim, então não faz nenhum sentido manter um voto já proferido, impedindo o novo integrante do tribunal de rever o voto enunciado por quem não mais pertence à Corte.

Isso poderia conduzir a uma situação até mesmo contraditória e insustentável, em franca violação ao princípio da segurança jurídica, produzindo manifesta incerteza. Imaginemos, *v.g.*, que a votação seja retomada após pedido de vista – prolongado ou não – e, computando o voto do(s) juiz(es) que não mais integra(m) o tribunal, o resultado seja por reconhecer a inconstitucionalidade de uma lei. Proclamado o resultado da votação, o tribunal prossegue com a pauta de julgamento e o próximo processo refere-se a matéria idêntica. Porém, desconsiderada a participação dos juízes que não mais integra o colegiado e computados os votos dos novos integrantes, a solução seja completamente oposta, a saber, o reconhecimento da constitucionalidade da lei. Isso, na mesma sessão de julgamento! Ora, esse resultado é inaceitável, seja do ponto de vista do senso comum jurídico, seja a partir de todos os princípios que orientam a consistência do sistema normativo e impõem a coerência na atuação dos tribunais.

O que preocupa é que a situação é bem mais comum do que poderíamos imaginar e ocorre com bastante frequência. Apenas para citar apenas o Supremo Tribunal Federal. Em uma rápida pesquisa em seu portal na internet, encontramos as seguintes situações referentes à devolução dos pedidos de vista para retomada de julgamento.

Há, por exemplo, a ADI 2797, relator Ministro Menezes Direito; ADI 2669, relator Ministro Nelson Jobim; MS 26.749, relator Ministro Sepúlveda Pertence; MS 26749, relator Ministro Sepúlveda Pertence; ADI 2356 – MC, relator Ministro Néri da Silveira; RE 194.662, relator Ministro Sepúlveda Pertence; ADI 3235, relator Ministro Carlos Velloso; RE 379.154, relator Ministro Carlos Velloso; e inúmeros outros.

Ou seja, diversas vistas foram devolvidas para a retomada do julgamento, com o voto do relator que não mais compõe o tribunal.

Isso sem mencionar todos os demais casos de julgamentos suspensos para vista de um dos membros da Corte, que ainda não foram devolvidos, pois o Supremo Tribunal Federal divulga tão somente a devolução dos pedidos de vista. Não há informação sobre os processos suspensos e ainda não devolvidos. Desse modo, podemos imaginar que há, ainda, um grande número de processos cujo julgamentos foram iniciados com outra composição do tribunal.

Há, ainda, as hipóteses em que houve pedido de vista interrompendo o julgamento e o relator ainda continua compondo o colegiado, porém diversos votos foram proferidos por juízes que se afastaram do tribunal. O raciocínio é o mesmo. Retomado o julgamento com o novo argumento aduzido no voto-vista, seria possível aos que já votaram – inclusive o próprio relator – a reformulação do voto. Mas o afastamento dos antigos membros impedira a modificação e, em tese, seria possível que a decisão fosse tomada por maioria, apenas dos votos dos ausentes. Vejamos, em números, como ocorreria a situação. Imaginemos um tribunal com 11 membros, tal como é a composição do Supremo Tribunal Federal. O relator profere seu voto, no que é acompanhado por quase todos os integrantes do tribunal. Admitamos, para exemplificar, que 8 juízes acompanharam o relator. Em seguida, um dos que ainda não votaram pede vista dos autos e quando retoma o julgamento, 6 juízes já não integram mais o colegiado. O novo argumento convence a todos, inclusive o relator, que reformula seu voto para acompanhar a divergência. Porém, o julgamento estaria encerrado sem a possibilidade de modificação do voto dos juízes que se afastaram e sem a consulta aos que os sucederam.

Em colegiados com menos membros, essa situação pode ocorrer com mais frequência. Uma câmara ou turma julgadora com apenas 3 membros tem a probabilidade mais elevada de se ver nessa situação. O relator profere seu voto e é acompanhado pelo segundo votante. Após, o julgamento é interrompido com o pedido de vista. Se os outros dois membros se afastarem do órgão (aposentadoria, remoção *etc.*), então sequer adiantaria proferir voto divergente, pois o resultado já estaria imutável, ante a impossibilidade de retratação pelos novos integrantes.

Vejam bem. O julgamento estaria encerrado e o resultado proclamado, sem refletir a posição institucional atual do órgão julgador que poderia, no processo seguinte da pauta, decidir de modo contrário.

E, mais. se houve alteração da jurisprudência no período, teríamos uma situação insustentável. O tribunal teria um entendimento sedimentado (podemos imaginar até sumulado), em seguida, há uma modificação na sua jurisprudência, para adotar a solução oposta. Após algum tempo de pacificação desse segundo entendimento, um pedido de vista é devolvido e o julgamento, retomado. Se a composição do tribunal permaneceu a mesma, não haverá problema algum, pois será suficiente que os juízes que já votaram reformulem seus votos. No entanto, se houve alteração da composição, então não mais seria dada a oportunidade de o novo integrante reformular o voto proferido, para adequar o julgamento à nova posição do tribunal? Esse raciocínio é inaceitável, pois repristinará um entendimento que não mais vigora.

Talvez a tese fosse sustentável em outro contexto histórico. Podemos até mesmo aceitá-la quando os tribunais julgavam situações individuais. Nesse quadro, então o voto já proferido poderia ser mantido. Mas atualmente, com o fortalecimento cada vez maior da jurisprudência dos tribunais e com a expansão dos efeitos de um julgamento para todas as situações assemelhadas, a manutenção dessa prática resultará em incontáveis contrariedades nas decisões dos tribunais e enorme inconsistência normativa.

Como solucionar o problema? A resposta não é difícil, mas exigirá uma nova postura dos tribunais. A solução consiste em simplesmente ouvir o novo integrante, que poderá reformular o voto – se assim entender –, para expressar o entendimento atual do tribunal. Isso nos leva à seguinte tese:

Teorema. O afastamento definitivo de membro de tribunal não impede que seu sucessor profira voto, mantendo ou reformulando a posição originária.

Aqui deve ser feita uma advertência. O fato de o relator ou outro juiz que já proferiu voto não mais compor o tribunal quando o julgamento for retomado não é nada de extraordinário. Seu voto não deve ser desconsiderado. Muito pelo contrário. A solução indicada pelo antigo membro do colegiado pode ser a mais adequada e pode, inclusive, persuadir os demais integrantes da Corte.

O que defendemos não é a desconsideração dos votos já proferidos, mas a possibilidade de o novo integrante do tribunal não ser excluído da deliberação, independentemente do teor do voto anterior. Assim, ele poderá – se for o caso de se convencer dos novos argumentos – reformular o voto anterior e proferir seu entendimento pessoal.

CAPÍTULO 5
A TÉCNICA PROCESSUAL E OS PRECEDENTES JUDICIAIS

1. A pré-compreensão e a compreensão da força dos precedentes. 2. A tutela de urgência nas controvérsias em que já existem precedentes judiciais vinculantes ou dominantes. 3. Retratação da sentença contrária a precedentes vinculantes. 4. Embargos de declaração por divergência jurisprudencial e a contradição externa da decisão. 4.1. Ainda os embargos de declaração por divergência jurisprudencial: o momento de julgamento do recurso e o da modificação da jurisprudência. 4.2. Há nulidade na decisão dos embargos de declaração que modifica o julgamento? 5. O julgamento monocrático dos recursos com base na jurisprudência dos tribunais. 5.1. O agravo interposto contra decisão que julga monocraticamente o recurso. 5.2. Cabimento de decisão monocrática em ações de competência originária dos tribunais. 5.3. Remessa necessária de sentença fundada em precedentes judiciais. 5.4. Remessa necessária em Mandado de Segurança. 5.5. A admissibilidade dos recursos contra decisão fundada em precedentes judiciais. 6. O incidente de uniformização da jurisprudência e o § 1º do art. 555 do Código de Processo Civil. 6.1. A identificação do "interesse público" para o julgamento de recurso para compor divergência entre câmaras ou turmas.

1. A pré-compreensão e a compreensão da força dos precedentes

O subsistema processual já convive com inúmeras procedimentos que destacam a valorização do precedente judicial. Entretanto, a técnica legislativa não foi toda construída sob esse modelo teórico. A partir da revisitação das técnicas processuais, faz-se necessário interpretá-las a partir de um novo paradigma hermenêutico. Isso se mostra adequado à medida em que nenhuma interpretação é feita em uma posição original, sem qualquer concepção prévia ou circunstancial em um dado contexto.[362] Portanto, a verdadeira possibilidade de sentido surge quando a compreensão não inicia com opiniões arbitrárias, subjacentes ao intérprete.[363]

Considerando o recente modelo que se desenha sob o manto da nova força normativa dos precedentes judiciais, as técnicas processuais precisam ser re-interpretadas, sem a posição rígida que as vinculava à tradição jurídica de outrora. É preciso, então, revisitar cada técnica com a pré-compreensão, legitimada com os valores históricos vigentes, de

[362] Assim, Martin Heidegger: "A interpretação de algo como algo funda-se, essencialmente, numa posição prévia, visão prévia e concepção prévia. A interpretação nunca é a apreensão de um dado preliminar isenta de pressuposições. (...) Em todo princípio de interpretação, ela se apresenta como sendo aquilo que a interpretação necessariamente já "põe", ou seja, que é preliminarmente dado na posição prévia, visão prévia e concepção prévia." (cf. *Ser e Tempo*. Petrópolis, Vozes, 1988, I, pág. 207).

[363] Nas lições de Hans-Georg Gadamer: "A compreensão somente alcança sua verdadeira possibilidade, quando as opiniões prévias, com as quais ela inicia, não são arbitrárias. Por isso faz sentido que o intérprete não se dirija aos textos diretamente, a partir da opinião prévia que lhe subjaz, mas que examine tais opiniões quanto à sua legitimação, isto é, quanto à sua origem e validez." (cf. *Verdade e Método*. Petrópolis, Vozes, 1997, pág. 403).

que os precedentes judiciais já projetam força de incidência normativa. Vejamos algumas delas.

2. A tutela de urgência nas controvérsias em que já existem precedentes judiciais vinculantes ou dominantes

Alguns princípios constitucionais mantêm uma constante tensão entre si. E as regras processuais que os concretizam, como não poderia deixar de ser, reproduzem essa tensão. Então, a aparente incompatibilidade que decorre da eventual colisão entre os princípios pode ser encontrada no âmbito do processo. Exemplo desse fenômeno encontramos na garantia constitucional da razoável duração do processo, concretizada por princípios e regras processuais, e na necessidade de segurança jurídica – outra garantia encontrada na Constituição –, também concretizada por diversas normas infraconstitucionais de natureza processual. Exemplos do primeiro caso (razoável duração do processo) são as normas que asseguram a celeridade e a economia, as do procedimento sumário, *etc.*, enquanto podemos citar, como exemplo do segundo, as regras que protegem a coisa julgada, as que asseguram uma ampla instrução, dentre outras.

Desse modo, se se tem, por um lado, a necessidade de segurança jurídica, por outro exige-se a razoável duração da solução da controvérsia, com a entrega da prestação jurisdicional no prazo mais curto possível[364]. Para lidar com esses princípios em constante tensão,

[364] Essa constante tensão e a necessária ponderação já foi denunciada pela

mantendo a segurança jurídica mas permitindo que as situações emergenciais recebem a adequada tutela jurisdicional, a ordem jurídica utiliza a técnica processual das tutelas de urgência.

Aspecto que merece destaque é a identificação de quem deva suportar o dano marginal que o tempo causa na duração do processo, quando a controvérsia consiste em matéria já decidida pelos tribunais.

Nessa hipótese, o dano marginal deve ser necessariamente suportado por aquele que pretende afastar a aplicação do precedente vinculante. Se houver jurisprudência sobre a matéria controvertida, a parte que pretenda demonstrar a não incidência do respectivo precedente deverá, então, suportar o ônus da duração do processo até a tutela definitiva. Em outras palavras, a existência de precedente judicial do mesmo tribunal ou de tribunal superior torna obrigatória a solução da controvérsia naquele sentido. Somente não se admite a solução idêntica à do precedente na hipótese de revogação ou de não incidência pela diferença dos fatos substanciais (*distinguishing*). A revogação deve ser demonstrada com a indicação de precedente em sentido contrário, presumindo-se a sua vigência enquanto não houver revogação expressa, tal como ocorre com as leis. O ônus da demora na demonstração da não incidência do precedente (*distinguishing*) deve ser suportado por aquele que a arguiu. Desse modo, se o autor ampara

---

doutrina: "As tutelas de urgência, máxime a técnica antecipatória, exigem uma ponderação de interesses consagrados na Constituição Federal. Enquanto o inciso LIV e o LV pugnam tutela oferecida com lastro em segurança jurídica, o inciso XXXV e o LXXVIII exigem a entrega de tutela que realize, na prática, o direito material." (cf. Luiz Gustavo Tardin, *in A fungibilidade das tutelas de urgência*. São Paulo: RT, 2006, p. 192).

sua pretensão em precedente judicial dominante ou vinculante e o réu afirma, em sua defesa, a não incidência do precedente, então a este último cabe suportar o dano marginal pela demora na tramitação do processo.

Nessa linha de raciocínio, a tutela de urgência passa a ser medida necessária, quando houver precedente judicial dominante ou vinculante. Isto é, sempre que a controvérsia estiver fundada em matéria sobre a qual a jurisprudência já consolidou entendimento ou seja objeto de precedente vinculante, então os efeitos da tutela devem ser imediatamente antecipados, independentemente de existir perigo de dano. A tutela de urgência transforma-se em tutela de evidência.

Isso atende ao princípio da razoável duração do processo, compreendido como solução **definitiva** da controvérsia, em prazo adequado e necessário[365].

Essa sugestão vai ao encontro das modernas teorias processuais que remetem para o responsável pela dilação processual o ônus da duração do processo. Vejam, por exemplo, a lúcida e oportuna observação de Marinoni, quando defende a reserva de cognição da exceção substancial indireta improvável[366]. Como o ônus da prova da

---

365 Nesse sentido, nosso *Justiça, Direito e Processo. A argumentação e o direito processual de resultados justos*. São Paulo: Atlas, 2007, pp. 127-132.

366 Luiz Guilherme Marinoni atenta para essa característica, quando afirma: "*b) O princípio de que o tempo do processo deve ser suportado pela parte que necessita da instrução da causa.* A tutela antecipatória, através da técnica da reserva da cognição da exceção substancial indireta infundada, permite a realização antecipada do direito, evitando que o tempo do processo, que serve ao réu, seja suportado pelo autor. Nestes casos, segundo a boa doutrina italiana, a tutela responde ao princípio pelo qual "i tempi immediati del

exceção substancial indireta é do demandado, então é dele o encargo de demonstrar que o precedente judicial não se aplica. Ele deverá fazê-lo, apontando explicitamente, através da indicação das circunstâncias fáticas que afastam a consequência jurídica pretendida. Em verdade, a exceção substancial indireta é um argumento que guarda estreita relação com o *distinguishing*, muito embora com ele não se confunda[367].

3. Retratação da sentença contrária a precedentes vinculantes.

O art. 463 do Código de Processo Civil é bastante claro: publicada a sentença, o juiz não mais poderá alterá-la, exceto para corrigir eventual erro material. A alteração, na hipótese tolerada, poderá ocorrer de ofício ou a requerimento da parte, ou no caso de provimento de embargos declaratórios. Mas tão somente se existir erro material. Pelo menos é o que estabelece o texto legal.

---

processo devono andare a danno della parte che ha bisogno della trattazione della causa per provare l'esistenza del diritto o dell'eccezione" (cf. Giuliano Scarselli, La condanna con riserva, cit., p. 551). Com efeito, se os fatos constitutivos estão evidenciados e o réu apresenta uma exceção substancial indireta infundada que requer instrução dilatória, é racional fque este suporte o tempo que correrá em seu único benefício. A tutela antecipatória, no presente caso, exatamente porque abre oportunidade para a generalização de um mecanismo de distribuição do tempo do processo, evita que se veja na aceleração da execução qualquer privilégio atribuído a uma determinada posição social em detrimento de outra" (cf. Luiz Guilherme Marinoni, *in Tutela Antecipatória e Julgamento Antecipado. Parte incontroversa da demanda*. São Paulo: RT, 2002, pp. 55-56).

367 A exceção substancial indireta fundamenta-se em circunstâncias fáticas distintas das enunciadas na *causa petendi*, que podem incorrer no método distintivo (*distinguishing*). Porém, com ele não se confunde. É possível haver circunstâncias distintivas entre as controvérsias (*distinguishing*) que não sejam exceções substanciais indiretas.

Não obstante essa vedação explícita na lei, deve ser indagado se o juiz pode alterar a sentença, depois de publicada, não para corrigir erro material, mas para adequá-la à jurisprudência dominante ou a precedente vinculante.

Uma resposta dada de imediato, com base exclusivamente no texto normativo, apontaria para a impossibilidade da tese. Embora correta a resposta, do ponto de vista da vedação imposta pelo enunciado legal, não podemos nos precipitar para aceitá-la, sem considerar a nova ordem constitucional e legal referente à força dos precedentes.

Como premissa elementar do raciocínio, devemos nos atentar, sempre, para o fato de que um enunciado normativo não deve ser interpretado isoladamente. A interpretação sistemática, por exemplo, possibilita extrair um sentido do texto legal que se harmoniza com as demais regras jurídicas. Desse modo, mantém-se a unidade do sistema jurídico, notadamente quando uma das normas encontra-se em âmbito constitucional, como é o caso dos precedentes vinculantes. Outros métodos hermenêuticos também recomendam uma reflexão maior antes de se responder essa pergunta. A interpretação evolutiva[368],

---

[368] Nas palavras de Tércio Sampaio Ferraz Jr, "Podemos distinguir entre a interpretação sociológica e a histórica conforme se leve em consideração a estrutura momentânea da situação ou sua gênese no tempo. Na prática, porém, é difícil sustentar a distinção. A busca do sentido efetivo na circunstância atual ou no momento de criação da norma mostra que ambos se interpenetram. Daí, às vezes, a ideia de uma interpretação histórico-evolutiva. É preciso ver as condições específicas do tempo em que a norma incide, mas não podemos desconhecer as condições em que ocorreu sua gênese. Para o levantamento das condições históricas, recomenda-se ao intérprete o recurso aos *precedentes normativos*, isto é, de normas que

dentre eles, aponta para a necessidade de um novo sentido extraído do contexto normativo atual, em contrapartida ao modelo construído em outro momento histórico.

No que tange ao problema ora enfrentado, as regras processuais pertinentes aos precedentes judiciais indicam a possibilidade de revisão do ato jurisdicional, quando em confronto com a jurisprudência dominante ou vinculante. Isso, pelo mesmo órgão. Como exemplo, podemos citar: (i) a possibilidade de o relator reconsiderar a decisão monocrática proferida com fundamento no art. 557 do CPC; (ii) a retratação da sentença de improcedência pelo próprio juiz, na hipótese do art. 285-A; (iii) a devolução da cognição de recurso já julgado pelo tribunal local para que ele reveja ou mantenha o julgamento, quando contrário ao julgamento de REsp representativo da controvérsia, no âmbito do recurso repetitivo previsto no art. 543-C do CPC; (iv) a retratação dos julgamentos impugnados por recursos extraordinários sobrestados nos tribunais de origem, quando julgado o RE admitido por repercussão geral *etc.* Em todas estas hipóteses, a lei faculta ao mesmo órgão julgador rever o julgamento de mérito, quando contrário à jurisprudência dos tribunais.

Ou seja, a imutabilidade da sentença pelo esgotamento do

---

vigoraram no passado e que antecederam à nova disciplina para, por comparação, entender os motivos condicionantes de sua gênese. (...) Já o levantamento das condições atuais deve levar o intérprete a verificar as funções do comportamento e das instituições sociais no contexto existencial em que ocorrem" (Cf. *Introdução...*, pp. 290-291). Em seguida, o emérito Professor das Arcadas diferencia as hipóteses, com base em Alf Ross (Cf. Sobre el derecho y la justicia. Buenos Aires: Eudeba, 1970), entre controle da ambiguidade por interpretação conotativa e controle da vaguidade por interpretação denotativa.

ofício judicante não é mais absoluta, admitindo forte temperamento. Até mesmo a expressão "*cumpre e acaba o ofício jurisdicional*", encontrada na antiga redação do art. 463 do CPC, foi afastada pela Lei nº 11.232/2005. É verdade que a alteração legislativa teve por escopo reconhecer que o "ofício jurisdicional" continua, na fase de cumprimento de sentença. Apesar de não visar à regulamentação dos precedentes judiciais, a modificação do texto normativo demonstra, claramente, que a atuação judicial na solução das controvérsias não se esgota com a sentença. Isto é de demonstração trivial.

Além das duas interpretações aventadas, podemos, ainda, invocar o método teleológico para recomendar a revisitação denotativa do art. 463 do CPC. Alguns princípios constitucionais poderiam ser mitigados, na hipótese de interpretação literal ou meramente gramatical do enunciado em estudo. A garantia da razoável duração do processo, por exemplo, sofreria interferência em grau elevado, em razão de uma dilação indevida para a solução da controvérsia. Ao reconhecer a violação à jurisprudência dominante mas imaginar-se impossibilitado de ele mesmo modificar o julgado, o juiz estaria impondo ao processo uma dilação desnecessária. O tempo de tramitação de um eventual recurso é indevido, uma vez que o próprio juiz poderia adequar a sentença à jurisprudência dominante. Outro princípio constitucional que sofreria interferência é o da segurança jurídica.

O princípio da segurança jurídica encontra-se em constante tensão com o da razoável duração do processo. Enquanto um recomenda a prática de inúmeros atos visando à certeza jurídica, o que consome mais tempo, o outro tenta acelerar a prestação da tutela jurisdicional. Porém, é curioso notar que, no problema da reinterpretação do art. 463 do CPC, ambos os princípios constitucionais apontam para a mesma solução, a saber, a possibilidade de o juiz reconsiderar a sentença, para adequá-la à jurisprudência dominante ou vinculante. Essa retratação trará maior segurança jurídica e, simultaneamente, contribuirá para a redução do tempo de solução da controvérsia, antecipando o que um eventual recurso iria fazer.

Nessa linha de raciocínio, tanto a interpretação sistemática (plano sintático), como a interpretação evolutiva (plano semântico) e a interpretação teleológica (plano pragmático) sugerem uma revisitação da vedação do art. 463 do CPC, visando a adequá-la ao modelo normativo dos precedentes vinculantes ou dominantes.

Em resumo, uma análise minuciosa da técnica processual, tomada à luz da nova força normativa dos precedentes, permite concluir, de modo justificado, pela possibilidade de alteração da sentença. Mesmo sem qualquer erro material. Apenas para adequá-la à jurisprudência dominante ou vinculante.

Mas ainda resta um obstáculo. A lei é clara e veda a alteração. Não há previsão normativa para o juiz de primeiro grau retratar-se da sentença, mesmo quando contrária aos precedentes judiciais. Então, poderíamos imaginar que essa tese seria apenas *de lege ferenda*, não podendo ser aplicada de imediato. No entanto, não vemos desse modo. Muito pelo contrário. Entendemos que, mesmo no sistema jurídico atual e sem qualquer alteração legislativa, o juiz pode alterar a sentença para adequá-la aos precedentes dos tribunais. O raciocínio que justifica esse entendimento é simples. A adequação da sentença vai ao encontro da

E mais, não haverá qualquer invalidade na decisão que adequou a sentença aos precedentes judiciais, uma vez que irá antecipar o resultado do eventual recurso interposto pela parte. Imaginemos, para ajudar na demonstração, que não seja possível ao juiz modificar a sentença, aplicando a vedação do art. 463 do CPC. Então o recurso será cabível e o tribunal irá provê-lo para ele mesmo modificar a sentença. Admitamos, agora, que mesmo vedada a modificação pelo juiz de primeiro grau, ele modifique a sentença. Então novo recurso será cabível desta segunda decisão – que também tem natureza de sentença, uma vez que solucionou a controvérsia e se adéqua ao art. 162 do CPC – e o tribunal estará diante de um dilema. O tribunal poderá reconhecer a validade ou invalidade da segunda sentença. Se se reconhece a validade, então não há dificuldade alguma, pois o recurso será desprovido e o seu julgamento seguiu a tese ora defendida. Porém, na hipótese de o tribunal reconhecer a invalidade, pergunta-se: o que ele fará? Irá anular a segunda sentença para tornar válida a primeira, que é contrária à sua jurisprudência ou à dos Tribunais Superiores? Irá anular a segunda sentença e, em seguida, anulará também a primeira por violar a jurisprudência dos tribunais? A primeira hipótese é inaceitável, pois não faz sentido o tribunal reconhecer a validade da (primeira) sentença contrária à jurisprudência. Isso permitiria até mesmo eventual recurso para os Tribunais Superiores, conforme a natureza da controvérsia, com o intuito de preservar e unificar a jurisprudência. Essa solução fica, portanto, afastada de plano. Resta, ainda, a segunda possibilidade, qual seja, a anulação de ambas as sentenças. A segunda, por não ser admissível ao juiz modificar a sentença (art. 463 do CPC), e a primeira, por ser contrária à jurisprudência. Porém, não faz sentido anular a segunda sentença. Se ela se adéqua aos precedentes judiciais que deveriam ter sido observados – e em um primeiro momento não foram –, então o julgamento do recurso contra ela iria produzir o mesmo resultado que a segunda sentença! Não há razão ou motivo para reformá-la.

Não podemos esquecer que a própria legislação processual reconhece a validade do ato que, mesmo praticado de outra forma, alcançou a finalidade legal[369]. Ora, a segunda sentença produziu o mesmo resultado que o provimento do recurso produziria. E com ganho de tempo, evitando-se desnecessariamente o julgamento do recurso que, dadas as circunstâncias, seria uma dilação indevida.

Naturalmente que o limite para essa interpretação é a inexistência de recurso. Se as partes se conformaram com a sentença e não interpuseram recurso algum, então não será permitido ao juiz alterar a sentença. Nesse caso, a imutabilidade da sentença não mais se ampara na vedação do art. 463 do CPC, mas sim na preservação da coisa julgada. Portanto, o juiz poderá alterar a sentença para adequá-la à jurisprudência dos tribunais (local e Superiores) desde que haja recurso – qualquer que seja ele – das partes. Outro cuidado a ser observado na

---

[369] CPC, art. 244: "Quando a lei prescrever determinada forma, sem cominação de nulidade, o juiz considerará válido o ato se, realizado de outro modo, lhe alcançar a finalidade".

aplicação dessa tese consiste na identificação do recorrente e da pretensão recursal, assim como a verificação da extensão e da profundidade da cognição reabertas pelo recurso. Se o recurso impugna apenas um capítulo da sentença e se não é cabível ao tribunal pronunciar-se sobre os demais capítulos, em razão da limitação da cognição, então o juiz também não poderá rever a sentença nos pontos vedados ao próprio tribunal.

Podemos, então, formular a seguinte conclusão.

Teorema. O juiz de primeiro grau poderá modificar a sentença para adequá-la aos precedentes judiciais provenientes dos tribunais a que se encontra vinculado (competência funcional vertical), nos capítulos cujo recurso devolveu a cognição ao tribunal.

Um alerta é de boa ordem: a retratação é cabível somente para adequar a sentença aos precedentes que projetam força normativa, ou seja, aqueles que estão na linha recursal direta da competência funcional vertical[370].

4. Embargos de declaração por divergência jurisprudencial e a contradição externa da decisão

[370] Sim, porque não faz sentido, conforme já demonstramos, adequar a sentença a jurisprudência de tribunal que não poderia re-examinar a controvérsia. Exemplificando, não seria correto adequar uma sentença proferida por um juiz de São Paulo à jurisprudência do tribunal de outro estado. Nesse caso, a jurisprudência do tribunal seria meramente persuasiva, sem qualquer repercussão na atuação do órgão de primeiro grau, que não faz parte da competência funcional vertical de eventuais recursos.

Diversos tribunais não admitem embargos de declaração para compor eventual divergência jurisprudencial. A negativa de admissibilidade dos aclaratórios, para aqueles que perfilham essa orientação, ocorre tanto na hipótese de divergência da decisão com julgados de tribunais diversos, quanto na de contrariedade de entendimento do próprio tribunal[371]. Segundo essa linha, não são cabíveis embargos de declaração quando o recorrente busca o pronunciamento da Corte para aclarar eventual contradição com a jurisprudência de outro tribunal. Também não se admite o recurso, na hipótese em que o embargante busca a manifestação sobre precedente de outra Câmara ou Turma, ainda que do mesmo tribunal.

Do ponto de vista técnico, e atento à natureza e à finalidade do recurso – afastar eventual omissão, contradição ou obscuridade –, esse entendimento é bastante sustentável, uma vez que os embargos declaratórios visam a sanar a contradição existente na própria decisão. Não é o escopo dessa espécie recursal o rejulgamento da demanda, ou mesmo a uniformização da jurisprudência[372]. Para isso, a legislação

---

[371] Essa era a posição do Superior Tribunal de Justiça, conforme se verifica no seguinte precedente que, inclusive, faz referência a outro, também relevante para o tema em discussão: "PROCESSUAL CIVIL. EMBARGOS DE DECLARAÇÃO. EVENTUAL DIVERGÊNCIA JURISPRUDENCIAL. 1. A mera existência de acórdãos discrepantes no âmbito do Superior Tribunal de Justiça, ainda que na mesma Turma, não é suficiente a autorizar o acolhimento dos embargos declaratórios, os quais se prestam única e exclusivamente a sanar os vícios estipulados no art. 535 do CPC, a saber, omissão, contradição e obscuridade, o que não é o caso dos autos. 2. "A contradição capaz de ensejar o cabimento dos embargos declaratórios é interna ao julgado, não servindo de parâmetro posicionamentos divergentes adotados sobre a mesma tese pelo Tribunal (EDAgA 568.473/RS, Rel. Min. João Otávio de Noronha, DJU 03.10.05). 3. Embargos de declaração rejeitados." (

[372] O Supremo Tribunal Federal já decidiu, no HC 88954/RS, relator Ministro

processual estabeleceu procedimento próprio, previsto no art. 476 e seguintes do CPC. Na linha desse argumento, portanto, a contradição que autoriza os embargos declaratórios é apenas a interna, ou seja, aquela encontrada na própria decisão. Seja entre a fundamentação e o dispositivo, seja entre os argumentos que a justificam.

Não obstante a razoabilidade da tese, não há mais razão para que ela prevaleça. Muito pelo contrário. A valorização da jurisprudência e o seu papel na ordem jurídica atual justificam a flexibilização ou mesmo o completo afastamento dessa interpretação. Os embargos declaratórios podem, sim, ser usados para que haja, na decisão, manifestação sobre outros precedentes judiciais, seja a título de contradição dita "externa", seja por omissão no pronunciamento dos precedentes contrários.

Como premissa essencial do raciocínio, devemos atentar para o fato de que os precedentes judiciais adquiriram nova força normativa. Logo, ao revisitarmos os institutos com base nas emendas constitucionais e nas leis que prestigiam essa nova eficácia dos precedentes, devemos sempre considerar essa característica, a de que o julgador deverá manter a coerência normativa e a unidade do sistema jurídico. Ou seja, a aplicação dos precedentes deve buscar preservar a uniformidade da jurisprudência. Hoje, os precedentes judiciais são, indiscutivelmente, fonte do direito. Sejam os denominados vinculantes (ADI, ADC, Súmula Vinculante *etc.*), sejam todos os demais, que

---

Marco Aurélio, DJ 15.12.2006, que "EMBARGOS DECLARATÓRIOS - OBJETO. Consoante a legislação instrumental de regência - artigo 619 do Código de Processo Penal -, os embargos declaratórios não têm como objeto a uniformização da jurisprudência"

autorizam tratamento diferenciado pelos órgãos jurisdicionais (inadmissibilidade de recurso pelo próprio juiz, julgamento monocrático, afastamento da remessa necessária *etc.*). Partindo desta premissa, a amplitude e a finalidade dos embargos declaratórios devem ser revisitadas, para levar em consideração essa nova propriedade normativa dos precedentes.

É certo que, se o juiz ou tribunal profere decisão sem aplicar um precedente judicial, então ele deve – necessariamente – trazer o motivo da divergência. Conforme já vimos, o precedente pode deixar de ser aplicado sem que haja inconsistência no ordenamento jurídico. Isso se verifica, por exemplo, na hipótese de o caso em julgamento não se adequar completamente ao mencionado precedente, ou seja, quando forem distintos os fatos substanciais da demanda (*distinguishing*). Mas, para assim proceder, o juiz deverá **explicitamente** enunciar as razões que autorizam a divergência, indicando, com exatidão, as circunstâncias que tornam o caso diverso da situação prevista no precedente.

Se ele não o fizer, então haverá, no mínimo, uma omissão na decisão. Lembramos que o conceito de precedente vinculante exige que o julgador obrigatoriamente o utilize na fundamentação, seja para aplicá-lo, seja para afastá-lo. Trata-se, nesse contexto, de *"ponto sobre o qual devia pronunciar-se o juiz ou tribunal"*, atendendo na essência o disposto no inciso II do art. 535 do CPC. A falta de referência do precedente na decisão, principalmente quando ele não é aplicado, caracteriza omissão na fundamentação. Essa omissão viabiliza o cabimento dos embargos declaratórios. Ou seja, o juiz deve, necessariamente, citar o precedente vinculante ou a jurisprudência dominante em sua fundamentação. Não o fazendo, cabem embargos declaratórios para que a omissão seja sanada. E, ao se pronunciar sobre esse ponto, o juiz (i) aplicará o entendimento jurisprudencial; ou (ii) justificará a sua não aplicação. Nesse último caso, haverá o controle da correção da decisão, que poderá se limitar sobre a viabilidade ou não das circunstâncias diversas para afastar a incidência do precedente.

Se uma sentença, por exemplo, não segue a jurisprudência dominante ou vinculante, a parte interessada poderá opor embargos de declaração para que o juiz declare o motivo da divergência. É digno de nota que os precedentes sobre os quais o juiz encontra-se obrigado a se manifestar são aqueles, em escala hierárquica decrescente, que ele deve necessariamente seguir. Ou seja, do Supremo Tribunal Federal, do Superior Tribunal de Justiça, do tribunal a que esteja vinculado ou, por fim, o dele próprio[373].

Esse raciocínio não se encontra limitado à atuação dos juízes de 1º grau de jurisdição. Em verdade, os embargos declaratórios por divergência jurisprudencial também são cabíveis no âmbito dos tribunais, incluindo os de superposição. O raciocínio é o mesmo: há um dever de coerência na aplicação do direito, para se manter a consistência do ordenamento jurídico. Esse dever de coerência exige que a decisão siga a linha de entendimento já estabelecida na

---

[373] Conforme demonstramos em capítulo precedente, o juiz de 1º grau está obrigado a seguir sua própria jurisprudência, como indica o art. 285-A do CPC. Ele não pode conceder para um, negar para outro e voltar a conceder para um terceiro – exceto se as circunstâncias de fato forem diversas, é claro –, sob pena de rompimento do dever de coerência e de eventual alegação de favorecimento ou prejuízo para a parte.

jurisprudência ou que, na hipótese de não a seguir, indique a nova posição da Corte (revogação do entendimento anterior ou *overruling*) ou as circunstâncias que diferenciam as situações fáticas (distinção de casos ou *distinguishing*). O que não pode haver é decisão do mesmo tribunal favorecendo uns e prejudicando outros.

A princípio, o Superior Tribunal de Justiça não admitia o provimento de embargos de declaração para adequar o julgado à jurisprudência da Corte. Posteriormente, alterou seu entendimento e passou a admitir o recurso, inclusive com efeitos modificativos – mesmo sem a ocorrência das hipóteses do art. 535 do CPC –, para fazer prevalecer a jurisprudência dominante[374]. Trata-se de verdadeiro reconhecimento da modificação do valor da jurisprudência e, acima de tudo, cuida de assumir a função uniformizadora da atuação do tribunal. Sim, porque não se pode esquecer, que a competência recursal do Superior Tribunal de Justiça, atribuída pelo inciso III do art. 105 da Constituição Federal, visa à unificação e à uniformização da aplicação e interpretação da legislação federal[375]. Seu escopo, portanto, é o de

---

[374] Em interessante acórdão, inclusive destacando a função uniformizadora da Corte: "PROCESSUAL CIVIL. ADMINISTRATIVO. EMBARGOS DE DECLARAÇÃO. AGRAVO REGIMENTAL. AGRAVO DE INSTRUMENTO. HONORÁRIOS ADVOCATÍCIOS. EXECUÇÃO. SENTENÇA GENÉRICA PROFERIDA EM AÇÃO COLETIVA. ART. 1º-D DA LEI Nº 9.494/97. NÃO APLICAÇÃO. EXCEPCIONALIDADE. (...) II – O recente entendimento desta Corte impõe acolher os declaratórios, com excepcional efeito modificativo, a fim de que prevaleça a função precípua deste Superior Tribunal de Justiça, qual seja a de uniformizar a aplicação e interpretação da matéria infraconstitucional. Precedentes. Embargos acolhidos com efeitos infringentes." (EDcl no AgRg no Ag 689048/RS, Rel. Min. FELIX FISCHER, QUINTA TURMA, DJ 1º.8.2006).

[375] O recurso especial advém de uma cisão da competência que, originariamente, era atribuída ao recurso extraordinário, que foi inspirado no *writ of certiorari* do modelo recursal estadunidense, instituído pelo art. 25 do

manter a consistência nacional do direito infraconstitucional, evitando-se que a interpretação e a aplicação dadas em um estado sejam diferentes daquelas encontradas em outro.

Se é assim, então o Superior Tribunal de Justiça deve guardar coerência com seus próprios julgados, para que haja a unidade de interpretação e de aplicação da lei federal em âmbito nacional. Com base nesta construção, plenamente justificada estará a utilização dos embargos declaratórios por divergência jurisprudencial.

Também o Supremo Tribunal Federal reconhece – excepcionalmente – a possibilidade de atribuir efeito modificativo aos embargos declaratórios opostos com fundamento em superveniente alteração da jurisprudência do tribunal[376].

Há, ainda, outro argumento que, por si só, já justifica a utilização dos embargos declaratórios para a adequação da decisão à nova posição jurisprudencial. O § 1º do art. 555 do CPC impõe um dever aos tribunais, a saber, a obrigação de submeter a divergência ao órgão competente para compor a divergência. Se o relator concluir pela

---

Judiciary Act de 1789 e pela legislação posterior (de 1867 a 1875). Desse modo, a natureza e o escopo do recurso especial podem ser estudados a partir da compreensão do recurso extraordinário. Pontes de Miranda dizia que a finalidade do Recurso Extraordinário era assegurar a "inteireza positiva" (letra a), a validade (letra b), a autoridade (letra c) e a uniformidade de interpretação (letra d) da Constituição Federal e das leis federais. Consequentemente, esse escopo pode ser reconhecido ao recurso especial – ao menos no que tange à sua competência constitucional, limitada à eventual violação da legislação federal –, que visa a manter a unidade e a integridade da legislação federal. Ou, na expressão de Pontes de Miranda, a "inteireza positiva" da legislação.

376 Nesse sentido: AI 550.735 AgR-ED/MG, relator Ministro Celso de Mello, 2ª Turma, julgado em 19.2.2008, DJe 74, de 25.4.2008.

manutenção da decisão, em divergência com o entendimento do Tribunal, então ele deve submeter o recurso para o órgão com a função uniformizadora. Ora, para evitar dilações indevidas, que o próprio relator profira o julgamento uniformizador!

4.1. Ainda os embargos de declaração por divergência jurisprudencial: o momento de julgamento do recurso e o da modificação da jurisprudência

Aceita a tese de que os embargos de declaração podem ser usados para a adequação da decisão ao precedente vinculante ou dominante, resta saber se a alteração do entendimento jurisprudencial ocorrida enquanto o recurso ainda estiver pendente de julgamento permite atribuir aos aclaratórios o efeito modificativo. Ou seja, o juiz ou tribunal decide com base na jurisprudência que vigorava à época, em seguida a parte opõe embargos de declaração – sob qualquer fundamento – e, antes do julgamento dos aclaratórios, a jurisprudência modifica-se para acolher o entendimento contrário ao adotado na decisão. Nesta hipótese, poderá o juiz ou tribunal modificar a sua decisão, para adequá-la ao novo precedente judicial? Mesmo após já haver solucionado a controvérsia com base na jurisprudência que, à época, vigorava?

Se o recurso principal já foi julgado, então a controvérsia já recebeu a devida resposta do judiciário e os argumentos das partes já foram todos examinados. Inclusive aplicando a jurisprudência que prevalecia na época do julgamento. A modificação da jurisprudência ocorrida após o tribunal decidir o recurso principal e antes do julgamento dos embargos não se refere a omissão de ponto essencial, conforme vimos na seção anterior. A decisão teria sido tomada com base na jurisprudência que prevalecia no momento do julgamento. Portanto, não havia omissão sobre precedente contrário que deveria ser aplicado. O precedente contrário surgiu após o julgamento (e, às vezes, após a própria oposição dos aclaratórios).

Os embargos de declaração, nessa situação, seriam usados para rediscutir questão já decidida, o que não é admitido pela doutrina e pela jurisprudência. Por essa razão, alguns tribunais têm decidido pela impossibilidade de modificação do julgado em embargos de declaração, se a alteração da jurisprudência ocorreu após o julgamento da controvérsia[377]. Por isso, os precedentes do STF reconhecem que os embargos declaratórios somente podem ter efeito modificativo se a alteração da jurisprudência ocorreu antes do julgamento do recurso principal – no caso, o especial –, não sendo admissível ajustar a decisão

---

[377] Nesse sentido já decidiu o Superior Tribunal de Justiça, conforme se vê no seguinte precedente: "PROCESSUAL CIVIL EMBARGOS DE DECLARAÇÃO. RECURSO ESPECIAL. ICMS. BACALHAU. IMPORTAÇÃO. GATT. CONVÊNIO N.º 60/91. SÚMULA N.º 20/STJ. SÚMULA N.º 575/STF. NOVA ORIENTAÇÃO. INEXISTÊNCIA DE QUALQUER DAS HIPÓTESES DO ARTIGO 535 DO CPC. REEXAME DO MÉRITO. IMPOSSIBILIDADE. 1. Infundada a pretensão da embargante, pois, no caso, não se verifica a ocorrência das hipóteses previstas no artigo 535 do CPC. 2. Os aclaratórios não se prestam para que sejam novamente analisadas questões já discutidas. 3. O estabelecimento de nova orientação jurisprudencial sobre determinada matéria não autoriza a atribuição de efeitos infringentes aos aclaratórios para adaptar, com pretende a embargante, a decisão judicial à tese jurídica posteriormente consagrada nos Tribunais. Precedentes da Turma e da Primeira Seção. 4. Embargos de declaração rejeitados. (EDcl no REsp 727894 / PE, Relator Ministro CASTRO MEIRA, Data do Julgamento 25.4.2006, DJ 8.5.2006, p. 183).

já tomada à mudança posterior da orientação jurisprudencial[378].

No entanto, o próprio Superior Tribunal de Justiça já acolheu embargos de declaração para adequar o julgado à nova orientação jurisprudencial. Nos EDcl no AgRg no Ag 801663/SP, a relatora Ministra Maria Thereza de Assis Moura reconheceu que *"tem conferido efeitos*

---

[378] Nesse sentido, com referência a diversos precedentes, o EDcl no REsp 1044019/SC, Relator Ministro MAURO CAMPBELL MARQUES, Segunda Turma, julgado em 6.11.2008, DJe 1.12.2008, cuja ementa foi lavrada com o seguinte teor: "DIREITO PROCESSUAL CIVIL. EMBARGOS DE DECLARAÇÃO PARA ADEQUAR O ACÓRDÃO À NOVA ORIENTAÇÃO JURISPRUDENCIAL. JULGAMENTO DO RECURSO ESPECIAL ANTERIOR À ALTERAÇÃO JURISPRUDENCIAL. INADMISSIBILIDADE DOS ACLARATÓRIOS DOS CONTRIBUINTES. EMBARGOS DE DECLARAÇÃO DA FAZENDA NACIONAL PARA FAZER CONSTAR DO ACÓRDÃO A INVERSÃO DO ÔNUS DA SUCUMBÊNCIA. OMISSÃO CONFIGURADA. EMBARGOS ACOLHIDOS. 1. Os embargos de declaração somente são cabíveis para sanar omissão, obscuridade ou contradição na sentença ou acórdão. Quando assim interpostos e acolhidos, podem eventualmente gerar efeitos infringentes se o suprimento da omissão, o aclaramento da obscuridade ou a supressão da contradição gerarem essa consequência. Precedentes: EDcl na SEC 969 / AR, Corte Especial, Rel. Min. Arnaldo Esteves Lima, julgado em 05 de março de 2008; EDcl no AgRg nos EAg 305.080 / MG, Corte Especial, Rel. Min. Carlos Alberto Menezes Direito, julgado em 19 de fevereiro de 2003. 2. Não têm os embargos de declaração a faculdade de alterar decisão para ajustá-la a orientação posteriormente firmada. Precedentes: EDcl nos EREsp 75.197 / SP, Corte Especial, Rel. Min. Hélio Mosimann, julgado em 07/05/1997; EDcl nos EREsp. Nº 480.198 – MG, Primeira Seção, Rel. Min. João Otávio de Noronha, julgado em 25 de agosto de 2004. 3. Exceção à regra acima se dá quando ocorre o julgamento do recurso especial em momento posterior à alteração da jurisprudência. Neste caso, é cabível, excepcionalmente, o manejo dos embargos de declaração para modificação do julgado. Precedente: EDcl no REsp 554096 / SE, Segunda Turma, Rel. Min. Franciulli Netto, julgado em 15 de setembro de 2005. 4. O julgamento do presente recurso especial se deu em data anterior à mudança de orientação jurisprudencial, impondo a não-acolhida dos aclaratórios. 5. O provimento do recurso especial importa na inversão do ônus da sucumbência havendo omissão no acórdão que assim não determina. 6. Embargos de declaração dos contribuintes rejeitados e embargos de declaração da Fazenda Nacional acolhidos, sem efeitos infringentes."

infringentes a embargos declaratórios para aplicar nova orientação jurisprudencial desta Corte, competente, por força de determinação constitucional, pela uniformização da interpretação da legislação infraconstitucional federal." Neste precedente[379], o recurso de agravo foi julgado monocraticamente em 14.11.2007 e o agravo regimental foi negado provimento em 29.11.2007 (DJ 17.12.2007). A decisão foi pela aplicação da Súmula 256 do Superior Tribunal de Justiça. Em seguida, no AgRg no Ag 792.846/SP, relator para o acórdão Ministro Luiz Fux, a Corte Especial revogou a Súmula 256, em julgamento ocorrido em 21.5.2008 (DJe 3.11.2008). Ou seja, a modificação da jurisprudência do Superior Tribunal de Justiça ocorreu após o julgamento do recurso. Porém, em embargos de declaração julgados em 18.11.2008 (DJe 9.12.2008), o Superior Tribunal de Justiça emprestou efeito modificativo para adequar o julgamento à nova orientação.

---

[379] Na mesma linha do precedente anterior e, também, destacando a função uniformizadora do Superior Tribunal de Justiça atribuída pela Constituição Federal: "EMBARGOS DE DECLARAÇÃO NO AGRAVO REGIMENTAL NO AGRAVO DE INSTRUMENTO. PROCESSO CIVIL. SÚMULA 256/STJ. REVOGAÇÃO PELA CORTE ESPECIAL. EMBARGOS DE DECLARAÇÃO. POSSIBILIDADE DE CONCESSÃO DE EFEITOS INFRINGENTES ANTE A MUDANÇA DE ORIENTAÇÃO JURISPRUDENCIAL DESTA CORTE. PRECEDENTES. 1. A Corte Especial, no julgamento do AgRg no Ag 792.846/SP, revogou a Súmula 256/STJ, para admitir a interposição de recurso da competência desta Corte por meio de protocolo integrado. 2. Este Superior Tribunal de Justiça tem conferido efeitos infringentes a embargos declaratórios para aplicar nova orientação jurisprudencial desta Corte, competente, por força de determinação constitucional, pela uniformização da interpretação da legislação infraconstitucional federal. 3. Embargos de declaração acolhidos, com efeitos modificativos, para afastar a aplicação da Súmula 256/STJ e tornar sem efeito o acórdão que negou provimento ao agravo regimental e a decisão que não conheceu do agravo de instrumento." (EDcl no AgRg no Ag 851.384/SP, Rel. Ministra MARIA THEREZA DE ASSIS MOURA, SEXTA TURMA, julgado em 11/11/2008, DJe 01/12/2008).

A solução parece-nos adequada ao novo modelo normativo que reconhece a força de incidência do precedente. Há, ainda, outro argumento, suficiente para justificar a possibilidade de os embargos corrigirem o julgamento anterior. O julgamento final do recurso não se encerra, enquanto os embargos declaratórios não forem julgados. Se é assim, haveria manifesta divergência entre precedentes do mesmo tribunal, na eventualidade de o órgão julgador não acolher os embargos. Isso impõe a aplicação do § 1º do art. 555 do CPC. Portanto, o relator tem o dever de submeter a controvérsia ao Órgão Especial – ou a outro, que o regimento indicar – que, assumindo a competência, julgará o recurso. Essa medida é absolutamente necessária para a uniformização da jurisprudência.

Mais grave do que aceitar a adequação do julgado aos precedentes dominantes (do próprio tribunal ou de Tribunal Superior) é permitir a inconsistência do sistema normativo e a falta de coerência dos tribunais através de precedentes incompatíveis.

4.2. Há nulidade na decisão dos embargos de declaração que modifica o julgamento?

Apesar da conclusão sustentada na seção anterior, há precedentes – diversos – do Superior Tribunal de Justiça que afirmam a impossibilidade dos efeitos modificativos dos embargos de declaração, na hipótese de a decisão embargada haver sido proferida antes da alteração da jurisprudência. A posição do STJ já é dominante, nesse sentido. Os precedentes do STJ não admitem a modificação do julgamento anterior para adequá-lo à nova interpretação do próprio tribunal. Muito embora sustentamos a possibilidade, pelos argumentos que destacamos, reconhecemos também que há a possibilidade de

Isso impediria a tese ora sustentada, pois o Superior Tribunal de Justiça poderia reformar ou anular a decisão. Mas a questão não é tão simples assim.

Essa conclusão desconsidera, todavia, que o reconhecimento da invalidade depende da ausência de prejuízo e da impossibilidade de o ato atingir o escopo pretendido, ainda que praticado de modo diverso daquele previsto em lei.

A denominada "contradição externa" surge com a falta de manifestação na decisão sobre o precedente que, *prima facie*, deveria ser aplicado. Sim, porque se houver na decisão embargada referência explícita sobre o precedente, ou ele foi aplicado, ou o juiz justificou a sua não aplicação. Em ambas as hipóteses não haverá contradição. Na primeira, porque ele foi aplicado; na segunda, porque, ao justificar que o caso é distinto da situação fática em que o precedente foi aplicado, o *distinguishing* afasta a contradição, criando uma cláusula de exceção.

Repetimos, para enfatizar: o julgador deve, obrigatoriamente, citar o precedente vinculante ou dominante na fundamentação de sua decisão. Com isso, podemos afirmar a seguinte conclusão:

Lema. A decisão em embargos de declaração que provê o recurso para adequar a *tese jurídica* à do precedente dominante, não é inválida.

Naturalmente que não haverá a obrigatoriedade de o julgador se pronunciar sobre qualquer precedente judicial. Apenas alguns justificam o enfrentamento e, assim, impõem a obrigatoriedade de manifestação.

Não haverá, por exemplo, necessidade de mencionar jurisprudência proveniente de órgão jurisdicional de grau hierárquico igual ou inferior ao que profere a decisão. O motivo é simples. O precedente não terá o condão de influir na decisão.

Assim sendo, são cabíveis embargos de declaração por omissão jurisprudencial nas seguintes hipóteses: (i) decisão de juiz de 1º grau de jurisdição que diverge de suas próprias decisões, sem explicar porque não aplicou os seus próprios precedentes; (ii) decisão de juiz de 1º grau de jurisdição que não aplica precedentes do tribunal a que esteja vinculado ou de tribunal superior, sem mencionar as circunstâncias que distinguem os casos; (iii) decisão de tribunal local (estadual ou federal)

O juiz não pode, simplesmente, ignorar um precedente vinculante ou mesmo a jurisprudência dominante, como se eles não existissem. Não há mais espaço para que sua decisão contrarie toda a consistência lógico-jurídica do sistema normativo.

5. O julgamento monocrático dos recursos com base na jurisprudência dos tribunais

Em 17.12.1998 foi editada a Lei nº 9.756, que alterou a redação do art. 557 do CPC para permitir o julgamento monocrático do recurso em confronto com súmula ou jurisprudência dominante dos tribunais. Essa técnica legislativa reconheceu, expressamente, a projeção da eficácia normativa dos precedentes judiciais.[380] Afinal, o procedimento abreviado de julgamento somente se justifica na eventualidade de o relator aplicar à controvérsia os precedentes sobre casos assemelhados. O julgamento pelo colegiado passou a ter novo significado: não é a possibilidade de reforma da sentença que exige o re-exame por parte de três ou mais desembargadores, mas a violação do precedente judicial. Nessa linha de raciocínio, a função do colegiado não é mais a de exigir que o julgamento feito por um juiz somente possa ser modificado

---

[380] O Ministro Gilmar Mendes, comungando do entendimento de que o art. 557 do CPC significa reconhecimento da projeção da eficácia normativa dos precedentes, aduziu os seguintes argumentos: "No que se refere aos recursos especial e extraordinário, a Lei n. 8.038, de 1990, havia concedido ao relator a faculdade de negar seguimento a recurso manifestamente intempestivo, incabível, improcedente ou prejudicado, ou ainda, que contrariasse Súmula do Supremo Tribunal Federal ou do Superior Tribunal de Justiça. O Código de Processo Civil, por sua vez, em caráter ampliativo, incorporou disposição que autoriza o relator a dar provimento ao recurso se a decisão recorrida estiver em manifesto confronto com súmula ou com a jurisprudência dominante do respectivo tribunal, do Supremo Tribunal Federal ou de Tribunal Superior (art. 557, § 1o-A, acrescentado pela Lei n. 9.756, de 1998). Com o advento dessa nova fórmula, passou-se a admitir não só a negativa de seguimento de recurso extraordinário, nas hipóteses referidas, mas também o provimento do aludido recurso nos casos de manifesto confronto com a jurisprudência do Supremo Tribunal, mediante decisão unipessoal do relator. Também aqui parece evidente que o legislador entendeu possível estender de forma geral os efeitos da decisão adotada pelo Tribunal, tanto nas hipóteses de declaração de inconstitucionalidade incidental de determinada lei federal, estadual ou municipal - hipótese que estaria submetida à intervenção do Senado -, quanto nos casos de fixação de uma dada interpretação constitucional pelo Tribunal. Ainda que a questão pudesse comportar outras leituras, é certo que o legislador ordinário, com base na jurisprudência do Supremo Tribunal Federal, considerou legítima a atribuição de efeitos ampliados à decisão proferida pelo Tribunal, até mesmo em sede de controle de constitucionalidade incidental." (cf. Voto proferido na Reclamação 4.335).

por uma turma de magistrados. O foco é outro. A função do colegiado agora é a de proteger a consistência do sistema jurisprudencial, evitando decisões contrárias aos precedentes vinculantes ou à jurisprudência dominante (além, é claro, da revisão *fática* da controvérsia, com a reapreciação das provas). A sentença pode ser reformada isoladamente, mas o julgamento contrário aos precedentes judiciais somente é tolerado quando empreendido por, no mínimo, três desembargadores.

Sobre o tema, uma observação se impõe. Apesar de o texto legal mencionar que o relator poderá negar "seguimento" (juízo de admissibilidade), a competência outorgada pelo enunciado legal permite o julgamento da própria controvérsia (juízo de mérito). Primeiro, porque o enunciado legal prevê a negativa de "seguimento" (*rectius*: provimento) na hipótese de recurso improcedente, que envolve claramente o mérito do recurso. Segundo, porque o confronto com súmula ou com jurisprudência dominante não se restringe à admissibilidade do recurso, podendo existir desconformidade da decisão com os precedentes também no caso de mérito do recurso. Tanto é assim que o § 1º-A do mencionado art. 557 do CPC permite o **provimento** do recurso, quando em confronto com os precedentes judiciais. Logo, o relator tem a possibilidade de negar seguimento (quando se tratar de admissibilidade do recurso) e de negar ou dar provimento (quando se tratar de mérito) a recurso improcedente ou quando a controvérsia (recurso ou decisão, respectivamente) estiver em confronto com os precedentes judiciais.

Alguns aspectos dessa oportuna técnica processual chamam a

atenção, pelo menos no que dizem respeito à conformidade da decisão com os precedentes. Em primeiro lugar, o legislador pretendeu diferenciar as hipóteses de acolhimento ou de rejeição do recurso. O *caput* prevê a possibilidade de o relator negar provimento, mas limitou essa competência às hipóteses em que a decisão esteja em confronto com a jurisprudência dominante do Supremo Tribunal Federal, de Tribunal Superior (nos limites da competência recursal vertical) e do respectivo tribunal a que o juiz esteja vinculado. No entanto, o § 1º-A autorizou a reforma da decisão tão somente quando ela estiver em confronto com os precedentes do Supremo Tribunal Federal ou de Tribunal Superior. Nessa medida, o enunciado legal excluiu, expressamente, a possibilidade de o relator dar provimento a recurso quando a decisão estiver em confronto com precedentes dominantes do respectivo tribunal. O que pretendeu o legislador foi valorizar a atuação do juiz de primeiro grau[381]. Além disso, estabeleceu-se um critério quantitativo para a prevalência das decisões. Desse modo, se o entendimento do relator estiver na mesma linha da decisão impugnada, serão dois pronunciamentos judiciais no mesmo sentido, havendo indicativo de que deva prevalecer. Porém, se a convicção do relator for contrária à da decisão recorrida, então haveria uma decisão em cada sentido, a do juiz e a do relator. A divergência de teses limitaria o

---

[381] Muito oportuna a preocupação do legislador com o juiz de primeiro grau. É necessário fortalecer a atuação dos juízes, uma vez que o contato direto com o jurisdicionado e com as provas se dá por intermédio deles. Técnicas como a oralidade, a identidade física do juiz, o ativismo judicial *etc.*, devem ser revisitadas com o propósito de ampliar os poderes instrutórios e de ressalvar a adequada compreensão da controvérsia, em franca valorização do juiz de primeiro grau. Enfraquecer a atuação dos juízes somente enfraquece a própria magistratura e, em consequência, também os tribunais.

provimento do recurso somente para as situações em que a decisão esteja em confronto com os precedentes dos Tribunais Superiores, excluídos os tribunais locais.

Não obstante isso, entendemos que não há razão para manter distinção. Não há diferença substancial entre dar e negar provimento a recurso com fundamento em decisão do próprio tribunal. Pelo menos, não do ponto de vista das partes.

Como ponto de partida, vejam que não se justifica adotar procedimento ampliado – com o julgamento colegiado – para obter exatamente o mesmo resultado que seria obtido com o julgamento monocrático. Submeter a controvérsia ao julgamento colegiado apenas para repetir entendimento já dominante no tribunal é causar uma dilação indevida, a dano da razoável duração do processo. Não podemos esquecer que indevida é a dilação inadequada e desnecessária. O julgamento colegiado, ao aplicar os precedentes do próprio tribunal, será coincidente com a decisão monocrática. Então, adequação há. Mas necessidade, não. Quando dois procedimentos são ambos aptos a produzir o resultado, mas um viola menos o princípio que o outro – no caso, o da razoável duração do processo –, então aquele é preferível a este. E, reconhecendo que a decisão monocrática produzirá o mesmo resultado que o julgamento colegiado, então aquela é preferível a esta, pois haverá menor consumo de tempo. Esse raciocínio aplica-se igualmente para as hipóteses em que o provimento do recurso esteja fundado apenas em precedentes do próprio tribunal. O resultado será o mesmo, independentemente de o recurso ser julgado monocraticamente pelo relator ou colegiadamente pela Câmara ou Turma. Não haverá diferença alguma quanto a solução final da controvérsia.

Em verdade, no que tange à decisão recorrida, duas hipóteses são possíveis: (i) o juiz de 1º grau decide conforme os precedentes do tribunal local; ou (ii) o juiz decide em desconformidade com os precedentes locais. Cada hipótese também admite duas alternativas, a saber, (a) o provimento; ou (b) o desprovimento do recurso. Iniciemos com a primeira hipótese (i.a), que apresenta os resultados mais aceitáveis. Se o relator negar provimento ao recurso, então ele confirma a decisão que, por sua vez, encontra-se conforme os precedentes. Aqui estamos na situação ideal. Há consistência integral, pois ambas as decisões seguem o entendimento sufragado nos precedentes judiciais. A decisão monocrática pode – e deve – ser utilizada, sem qualquer problema (art. 557, *caput*, CPC – negar provimento). Na segunda alternativa da primeira hipótese (i.b), o critério legal é, também, indiscutivelmente adequado. Neste caso, a decisão recorrida reproduziu os precedentes do tribunal local, mas o relator entende por dar provimento ao recurso, reformando a decisão. Como a decisão do relator estará em desconformidade com os precedentes, então a decisão monocrática não será cabível. O relator deverá submeter o recurso ao colegiado que, em última hipótese, poderá revogar o entendimento anterior. Aqui, o sistema também está perfeito, pois não cabe decisão monocrática (art. 557, § 1º-A, CPC – dar provimento). A situação muda quando a decisão recorrida não aplica os precedentes do tribunal. Agora o resultado apresenta-se incoerente. Vejamos a segunda hipótese (ii.a), em que a decisão recorrida contrariou os precedentes do tribunal e o relator pretende mantê-la. Nesse caso, a confirmação da decisão recorrida implicaria a alteração do entendimento do tribunal. Então, não cabe decisão monocrática, uma vez que o relator não teria precedente para justificar o desprovimento do recurso e a confirmação da decisão. Essa hipótese não estaria autorizada, por não existir jurisprudência dominante do respectivo tribunal, conforme previsto no enunciado legal (art. 557, *caput*, CPC – negar provimento). A quarta, e última, hipótese é a que mais chama a atenção. Nesta situação (ii.b), a decisão recorrida contrariou os precedentes do tribunal e o relator pretende reformá-la. Pelo teor do texto legal (art. 557, § 1º-A, CPC – dar provimento), o relator deve submeter ao colegiado o provimento do recurso. Mas esse procedimento é inútil e desnecessário, uma vez que o colegiado irá reproduzir o entendimento que consta nos precedentes da Corte. Ora, se o resultado é o mesmo, tanto do julgamento monocrático quanto do colegiado, então deve ser escolhido o procedimento com o menor custo (de tempo, esforço *etc.*).

Nessa linha, a vedação de provimento monocrático do § 1º-A do art. 557 do CPC somente incide na hipótese de a decisão recorrida estar em conformidade com os precedentes do tribunal local.

E é assim, porque toda declaração de conformidade com os precedentes – inclusive a de provimento ou de desprovimento – tem natureza dúplice. Dar provimento, neste caso, significa que a decisão está desconforme os precedentes, ao passo que negar provimento implica afirmar que ela os contraria. Seja qual for o conteúdo discutido, o que importa é a adequação da decisão aos precedentes. Vejamos um exemplo para ilustrar melhor o raciocínio.

Exemplo. Imaginemos que uma lei municipal tenha concedido uma determinada gratificação funcional para os servidores municipais. Por um motivo qualquer, a administração pública suspendeu o pagamento e, depois de diversas demandas, o tribunal local firmou o entendimento, no sentido de que a vantagem **é devida**. Assuma, agora, que existem duas demandas ajuizadas, respectivamente, em duas varas distintas. O juízo de uma vara julga procedente o pedido (concede a vantagem), aplicando os precedentes do tribunal local, enquanto o juízo da outra vara profere decisão diversa, julgando improcedente o pedido (denega a vantagem), em direta violação dos precedentes. Nas duas hipóteses foram interpostos recursos, na primeira demanda pela municipalidade, para afastar a vantagem; na segunda, pelo servidor, visando a receber igual tutela que seu colega de repartição obteve. Suponhamos, ainda, que ambos os recursos tenham sido distribuídos para o mesmo relator. Neste caso, o relator irá julgar monocraticamente o recurso do município, para confirmar a sentença, e submeterá ao colegiado o recurso do servidor, com o propósito de reformar a sentença – ainda que ambas as decisões tenham rigorosamente o mesmo conteúdo! Ora, isso é incoerente. Se o sentido da tutela recursal é rigorosamente o mesmo, então não há razão que justifique o tratamento diverso. Em verdade, quem sofrerá prejuízo é a parte, que precisará suportar um procedimento desnecessário (o julgamento pelo colegiado), para receber tutela jurisdicional idêntica a que seu colega de repartição recebeu.

Vejam, então, que o parâmetro para o provimento monocrático

do recurso não é a decisão recorrida, que pode estar ou não em conformidade com a jurisprudência dominante. O parâmetro para o julgamento monocrático é o precedente do tribunal local. Se o relator pretende decidir conforme os precedentes, então cabe decisão monocrática; se, por outro lado, o relator pretende decidir contra o que consta nos precedentes, então ele deve necessariamente submeter a matéria ao colegiado. Este deve ser o parâmetro, independentemente do sentido da sentença ou do resultado do julgamento (provimento ou desprovimento).

O raciocínio é o mesmo, inclusive, para os tribunais superiores. Cabe decisão monocrática na hipótese de o relator pretender aplicar os precedentes judiciais; cabe julgamento pelo colegiado se o relator convencer-se por contrariar os precedentes. Ocorre, porém, que não é preciso justificar quando se trata dos tribunais superiores, porque houve expressa ressalva nos enunciados legais, admitindo o provimento do recurso quando a decisão estiver em confronto com os precedentes dos STF ou de tribunal superior. Mas, por que a diferença? Qual é a razão do tratamento divergente? Em verdade, não há. Assim, podemos concluir:

Teorema. O relator pode dar provimento monocraticamente a recurso quando a decisão estiver em confronto com os precedentes do respectivo tribunal, desde que não haja precedente dos tribunais superiores em sentido contrário.

Por fim, poderíamos indagar por que admitir o provimento do recurso quando houver precedentes exclusivamente do tribunal local? A resposta tem sido sustentada ao longo deste trabalho, com base em argumento de Cândido Dinamarco: há controvérsias fundadas exclusivamente em leis locais (estaduais e municipais), que refogem à competência dos tribunais superiores. Nestes casos, a solução definitiva da controvérsia será dos tribunais locais. Então, nada mais coerente do que aceitar, também, que o provimento do recurso possa ocorrer por decisão monocrática do relator, com fundamento em jurisprudência do próprio tribunal. Outrossim, na eventualidade de a controvérsia envolver matéria passível de recurso para os tribunais superiores, ainda assim entendemos que a decisão monocrática é cabível. Se este for o caso, então haverá duas possíveis situações: (i) embora haja decisão dos tribunais locais, a matéria já foi submetida aos tribunais superiores; (ii) há decisão dos tribunais locais e a matéria ainda não foi examinada pelos tribunais superiores. No primeiro caso, é óbvio que os precedentes dos tribunais superiores serão aplicados, independentemente de qual for o sentido da jurisprudência local. A força de incidência normativa dos precedentes segue a hierarquia estabelecida pela competência recursal vertical. No segundo caso, competirá à parte interessada fazer a controvérsia chegar aos tribunais superiores, para que a tese jurídica seja confirmada ou reformada. Se assim não fizer, é porque conformou-se com a decisão local. Uma característica relevante da teoria dos precedentes é a que reconhece eficácia vinculante nos limites da hierarquia funcional. Ou seja, prevalece, sempre, o precedente do tribunal que estiver no mais alto grau da competência recursal vertical. Se não houver decisão de tribunal superior, então prevalecerá a do inferior até que aquele se pronuncie sobre a matéria.

5.1. O agravo interposto contra decisão que julga monocraticamente o recurso

Um interessante enunciado normativo, mas cuja relevância para a teoria dos precedentes vinculantes nem sempre é notada, é o parágrafo único do art. 541 do CPC, com a redação dada pela Lei nº 11.341, de 2006.[382]. Este preceito legal estabelece que, na hipótese de o recurso (extraordinário ou especial) fundar-se em dissídio jurisprudencial, o recorrente deverá (i) provar a divergência, através de um dos meios descritos no texto, com indicação da fonte; (ii) mencionar, em qualquer caso, as circunstâncias que identifiquem ou assemelhem os casos confrontados.

Esta segunda parte é que adquire indiscutível importância quando tratamos de precedentes judiciais. Exigir a indicação das circunstâncias que justifiquem a incidência do precedente significa impor ao recorrente o ônus de demonstrar em que medida o julgamento anterior divergiu dos precedentes. Isso somente é possível

---

382 CPC, art. 541. *omissis*. Parágrafo único. Quando o recurso fundar-se em dissídio jurisprudencial, o recorrente fará a prova da divergência mediante certidão, cópia autenticada ou pela citação do repositório de jurisprudência, oficial ou credenciado, inclusive em mídia eletrônica, em que tiver sido publicada a decisão divergente, ou ainda pela reprodução de julgado disponível na Internet, com indicação da respectiva fonte, mencionando, em qualquer caso, as circunstâncias que identifiquem ou assemelhem os casos confrontados.

quando o recorrente indica o precedente que alegadamente foi contrariado pela decisão recorrida. Ou, então, quando cita circunstâncias fáticas que diferenciam a controvérsia do caso do qual defluiu o precedente. Deste modo, o recorrente tem o encargo de: (i) citar o precedente judicial que pretende seja aplicado, indicando as circunstâncias fáticas que identificam ou assemelham as controvérsias; (ii) indicar as circunstâncias distintivas da controvérsia em julgamento e a situação fática enfrentada no precedente (*distinguishing*).

A prática não constitui novidade no âmbito dos recursos extraordinário e especial. Contudo, a demonstração dessas circunstâncias pode ser exigida também de qualquer recurso que se funde em divergência jurisprudencial. Isso inclui o agravo interno (ou regimental, ou legal), previsto no § 1º do art. 557 do CPC.[383] O raciocínio é direto. Se a autorização legal para o julgamento monocrático encontra-se na projeção da eficácia normativa dos precedentes, então ao recorrer da decisão monocrática do relator, o agravante deverá indicar em que medida as circunstâncias fáticas de sua controvérsia aproxima-se ou, ao contrário, distancia-se do precedente usado como parâmetro para a decisão. Nessa linha, todo agravo interno fundado em

---

[383] Em outra ocasião, tive a oportunidade de sustentar: "EMENTA: PROCESSUAL CIVIL. AGRAVO INTERNO NO AGRAVO DE INSTRUMENTO. DECISÃO MONOCRÁTICA COM BASE NO ART. 557 DO CPC. INEXISTÊNCIA DE ENTENDIMENTO JURISPRUDENCIAL DIVERSO. MANUTENÇÃO DA DECISÃO UNIPESSOAL. RECURSO DESPROVIDO. 1. O escopo do artigo 557 do Código de Processo Civil é o de evitar debates desnecessários no colegiado, nas hipóteses em que a questão jurídica não admite controvérsia. Assim, devemos compreender a expressão "jurisprudência dominante" no sentido de "inexistência de divergência jurisprudencial", ou seja, de "inexistência de discussão, na jurisprudência, sobre a aplicação na interpretação da norma jurídica". (AgInt no AI nº 11079001258, relator Des. Samuel Meira Brasil Jr., DJ).

divergência jurisprudencial tem o encargo de demonstrar a divergência, indicando com precisão as circunstâncias que assemelham *ou distinguem* as controvérsias. Se o recorrente não indicar nenhum precedente contrário ao da decisão monocrática – ao menos nas circunstâncias fáticas relevantes –, então presume-se que não existe divergência na jurisprudência e a pretensão recursal não será acolhida. Na eventualidade de o recorrente citar precedente contrário, o relator deverá: (i) verificar se as circunstâncias fáticas do caso permitem a incidência normativa do precedente citado; e, se a resposta for positiva, (ii) verificar qual dos precedentes predomina, por um dos critérios já descritos.

Já utilizamos esse raciocínio em diversos julgamentos de agravo interno.[384] O fato de a previsão normativa estar direcionada aos

[384] Nesse sentido: "CIVIL E PROCESSUAL CIVIL. AGRAVO INTERNO. DISSÍDIO. 1. "A inversão do ônus da prova pode ser determinada em contratos de mútuo habitacional, regidos pelo Sistema Financeiro da Habitação, quando estiverem presentes os pressupostos previstos no CDC" (STJ, AgRg no REsp 802.206/SC, Relatora. Ministra NANCY ANDRIGHI, DJ 03.04.2006 p. 343). 2. O agravo interno, por fundar-se em dissídio jurisprudencial, exige que o recorrente faça a prova da divergência, mediante a reprodução de julgado (mesmo que disponível da internet), mencionando, em qualquer caso, as circunstâncias que identifiquem ou assemelhem os casos confrontados. Essa exigência decorre da aplicação analógica do parágrafo único do art. 541 do CPC, com a redação dada pela Lei nº 11.341, de 7.8.2006. 3. Recurso desprovido. (TJES, AgInt no AI 24069011336, relator Des. Samuel Meira Brasil Jr., julgado em 23.1.2007, DJ 6.3.2007). Também no mesmo sentido: "EMENTA: AGRAVO INTERNO NO AGRAVO DE INSTRUMENTO. DECISÃO MONOCRÁTICA COM BASE NO ART. 557 DO CPC. AGRAVO INTERNO INFUNDADO. APLICAÇÃO DE MULTA. RECURSO DESPROVIDO. 1. O agravo interno fundado em dissídio jurisprudencial deve cumprir o disposto no parágrafo único do artigo 541 do CPC, com a redação dada pela Lei nº 11.341, de 7.8.2006. Nessa linha de raciocínio, o recorrente deve (i) provar a divergência (através de um dos inúmeros modos destacados no enunciado normativo); e (ii) mencionar, "em qualquer caso, as circunstâncias que

recursos especial e extraordinário não impede a projeção de sua eficácia para o agravo interno.[385]

Observem que a exigência legal de que sejam mencionadas as circunstâncias fáticas do caso, busca a indicação, pelo recorrente, dos elementos que possibilitem a verificação da incidência do precedente. Mas não são apenas as que identifiquem ou assemelhem os casos. Também as circunstâncias que os distinguem, quando se pretende reformar o acórdão por aplicação indevida do precedente.

5.2. Cabimento de decisão monocrática em ações de competência originária dos tribunais

O Supremo Tribunal Federal e o Superior Tribunal de Justiça já sedimentaram o cabimento de decisão monocrática

---

identifiquem ou assemelhem os casos confrontados". 2. Apesar de o parágrafo único do art. 541 do CPC referir-se a recurso para os tribunais de superposição, a *ratio essendi* é a mesma para todos os recursos que se fundam em dissídio jurisprudencial, o que inclui o agravo interno. 3. A multa prevista no artigo 557, § 2º do CPC é impositiva e deve ser aplicada em todas as hipóteses de não cabimento (inadmissibilidade) do agravo interno, como desestímulo ao uso inadequado do recurso. 4. Recurso Desprovido. Aplicação da multa prevista no artigo 557, § 2º do CPC. (AgInt no AI nº 24079002424, relator Des. Samuel Meira Brasil Jr., j.).

385 Nesse sentido: "(...) 4. O recorrente, ao interpor agravo interno, deve cumprir o disposto no parágrafo único do artigo 541 do CPC, com a redação dada pela Lei nº 11.341, de 7.8.2006. Apesar de o citado texto normativo referir-se a recurso para os tribunais de superposição (recursos especial e extraordinário), a *ratio essendi* é a mesma para todos os recursos que se fundam em dissídio jurisprudencial, incluindo o agravo interno. 5. Recurso desprovido." (TJES, AgInt no AgInt na ACi 24060162302, relator Des. Samuel Meira Brasil Jr., julgado em 21.7.2009).

para o julgamento das ações originárias[386]. Essa possibilidade consta, inclusive,em previsão regimental de ambos os tribunais.

O Regimento Interno do Supremo Tribunal Federal assenta que os relatores terão a possibilidade de julgar monocraticamente não apenas os recursos, como consta expressamente previsto no art. 557 do CPC, mas também os *pedidos*. Como ensina a doutrina, o pedido refere-se ao mérito, à própria controvérsia. As hipóteses de julgamento monocrático encontradas no Regimento Interno do Supremo Tribunal Federal são cinco[387]: (i) manifesta inadmissibilidade; (ii) improcedência; (iii) contrariedade à jurisprudência dominante ou a Súmula do Tribunal; (iv) incompetência manifesta; e (v) contrariedade à orientação firmada nos termos do art. 543-B do CPC.

Nessa medida, a competência unipessoal do relator alcança, portanto, as ações originárias do próprio Tribunal como, por exemplo, os mandados de segurança, os mandados de

---

[386] O STJ tem não só decidido monocraticamente algumas ações, como também tem confirmado acórdãos que reconheceram a validade de julgamento monocrático de ações originárias. Nesse sentido, há um interessante precedente do STJ: "(...) Não é teratológica decisão monocrática de relator que, de acordo com os artigos 490, inciso I e 295, inciso II, do Código de Processo Civil, extingue ação rescisória, sem julgamento de mérito, por ilegitimidade passiva de parte" (AgRg no RMS 29593/MG, Relator Ministro HAMILTON CARVALHIDO, DJe 15/10/2009).

[387] Art. 21. São atribuições do Relator: § 1° Poderá o(a) Relator(a) negar seguimento a pedido ou recurso manifestamente inadmissível, improcedente ou contrário à jurisprudência dominante ou a Súmula do Tribunal, deles não conhecer em caso de incompetência manifesta, encaminhando os autos ao órgão que repute competente, bem como cassar ou reformar, liminarmente, acórdão contrário à orientação firmada nos termos do art. 543-B do Código de Processo Civil.

injunção, as reclamações constitucionais *etc.* Trata-se de verdadeira interpretação extensiva, usando como premissa o *topos* de que a lei disse menos do que pretendia o legislador (*lex minus dixit quam voluit*). Ora, se o escopo do julgamento monocrático é o de concretizar os princípios da razoável duração do processo (afastando dilações indevidas), da igualdade ou universalidade, da coerência jurisprudencial, da consistência do sistema jurídico, da segurança jurídica, entre outros, então não há razão para que as ações originárias não possam ser decididas monocraticamente, sempre que a controvérsia já tiver parâmetro na jurisprudência dominante ou vinculante dos tribunais.

A iniciativa do Supremo Tribunal Federal é digna de elogios e deve servir de modelo para todos os outros tribunais.

O Superior Tribunal de Justiça também definiu em seu Regimento Interno as hipóteses de julgamento monocrático. Praticamente repetiu as situações previstas no RISTF[388]. Porém, houve uma significativa alteração. A previsão regimental não utiliza a expressão "jurisprudência dominante", preferindo o vocábulo "súmula do Tribunal". A substituição não é irrelevante e, se for utilizado o método gramatical de interpretação, implicará significativa redução da competência do relator para julgar monocraticamente os recursos. Sim, porque é possível encontrar

388 Art. 34. São atribuições do Relator: XVIII - negar seguimento a pedido ou recurso manifestamente intempestivo, incabível, improcedente, contrário a súmula do Tribunal, ou quando for evidente a incompetência deste.

diversas situações já solucionadas, de modo dominante, pela jurisprudência do STJ, mas que ainda não foram transformadas em súmulas. Nem toda matéria decidida pelo STJ foi convertida em súmula. Nesses casos, não haveria a possibilidade de o relator decidir monocraticamente a ação originária.

Entendemos, outrossim, que essa limitação é inadequada. Tanto a matéria constante em súmula quanto aquela encontrada apenas na jurisprudência prevalecente ou dominante do Tribunal podem ser decididas isoladamente pelo relator.

E parece ser esse o entendimento do STJ que, a despeito de sua previsão regimental, tem decidido algumas demandas monocraticamente, independentemente de a matéria haver sido sumulada ou não. No julgamento do HC 153.705, DJ 18.12.2009, o relator não só decidiu o *writ* monocraticamente, como afastou a Súmula 691 do STF[389] – citando precedentes da própria Suprema Corte –, para manter a "*jurisprudência das Cortes Superiores*" (segundo consta na decisão)[390]. Apesar de não estar fundada em súmula e de não se

[389] Observem como a nossa definição de efeito vinculante socorre a tese de que essa eficácia já é comum para os demais órgãos do Poder Judiciário. O STJ citou, explicitamente, o precedente (Súmula 691, STF), para justificar a sua não aplicação (*distinguishing*). Se o precedente não tivesse força suficiente para prevalecer sobre o julgamento do STJ (ou seja, se não tivesse eficácia vinculante), então ele sequer precisaria ser citado na decisão. A verdade é uma só: os precedentes judiciais já adquiriram – em bom tempo – força normativa diferenciada. Reafirmamos nosso entendimento desenvolvido em todo o trabalho: eles já têm eficácia vinculante para todos os órgãos do Poder Judiciário.

[390] A decisão monocrática traz o seguinte argumento: "(...) 1. Necessário superar o enunciado 691 da Súmula do Supremo Tribunal Federal, o qual proíbe conhecer de habeas corpus contra decisão denegatória da ordem, se se tratar de decisão monocrática, quando a decisão contrarie jurisprudência das

adequar à previsão regimental, entendemos absolutamente adequada a decisão monocrática neste caso. A matéria já estava consolidada na jurisprudência do STJ. Encaminhar a ação para julgamento colegiado somente iria causar uma dilação desnecessária, atrasando a prestação jurisdicional. Há, ainda, outras demandas decididas monocraticamente pelo STJ[391].

Apesar da limitação regimental, entendemos correta essa posição. Não há nenhum argumento sólido que justifique a impossibilidade de o STJ decidir monocraticamente as demandas originárias, quando o próprio tribunal já tiver se manifestado sobre a matéria. Isso somente iria abreviar a prestação jurisdicional, em atendimento ao princípio da razoável duração do processo e da celeridade. Ademais, poderíamos indagar, ainda, qual seria a possível

---

Cortes Superiores. 2. A jurisprudência deste Sodalício repudia a decretação e manutenção da segregação provisória com fundamento apenas na gravidade abstrata do crime e inferências a respeito da reiteração criminosa por parte dos acusados". Em seguida, a decisão monocrática cita precedentes do STJ decorrentes de outros Hcs – mas nenhuma súmula – e conclui do seguinte modo: "Sendo repetidamente decidida a matéria posta em debate, conforme os precedentes citados, o presente writ comporta pronta solução, nos moldes do art. 557, §1º-A, do Código de Processo Civil c/c artigo 3º do Código de Processo Penal, com o fim de se agilizar a prestação jurisdicional".

391 Para citar apenas algumas, localizadas em uma rápida pesquisa, temos HC 153450, DJe 18.12.2009, relatora Ministra Maria Thereza de Assis Moura; HC 149162, DJe 18.12.2009, relator Ministro Haroldo Rodrigues (Desembargador convocado do TJCE); HC 152543, DJe 18.12.2009, relator Ministro Arnaldo Esteves Lima; HC 145176, DJe 18.12.2009, relator Ministro Napoleão Nunes Maia Filho; *etc.* Até mesmo ações rescisórias têm sido decididas monocraticamente no âmbito do STJ. A Ministra Laurita Vaz negou provimento a agravo regimental (ou interno), no que foi acompanhada à unanimidade, para confirmar decisão monocrática. No acórdão, consta a seguinte afirmação: "(...) O art. 34, inciso XVIII, do Regimento Interno do Superior Tribunal de Justiça autoriza o Relator a negar seguimento a pedido se manifestamente incabível, como ocorre na presente ação. Precedente (...) (AgRg na AR 4224/BA, TERCEIRA SEÇÃO, DJe 16/09/2009).

invalidade que atingiria a decisão? Não conseguimos imaginar. Primeiro, porque a decisão monocrática iria, tão somente, reproduzir o entendimento do órgão colegiado. A submissão da ação a este órgão iria trazer exatamente o mesmo resultado. Então, não há razão que justifique a impossibilidade de o relator, isoladamente, prestar a mesma tutela jurisdicional que o órgão colegiado prestaria. Segundo, porque a inexistência de recurso de quem sucumbiu iria validar a decisão monocrática, com o manto da coisa julgada. Mas o eventual recurso devolveria a matéria para quem teria a competência originária, ou seja, o órgão colegiado competente. O pronunciamento deste – confirmando ou reformando a decisão – iria substitui-la, afastando qualquer pecha de invalidade que o ato eventualmente teria.

Alguns tribunais estaduais, seguindo o modelo instituído pelos Tribunais Superiores, também incluíram em seus respectivos regimentos internos, a possibilidade de julgamento monocrático das ações originárias[392]. O Tribunal de Justiça do Espírito Santo, a título de exemplo, alterou recentemente o seu Regimento Interno para incluir a possibilidade de decisão monocrática do relator nas ações originárias, utilizando a mesma redação dos Regimentos Internos do STF e do STJ, acrescentando, apenas, a possibilidade de servir como parâmetro não

[392] O Tribunal de Justiça do Espírito Santo, por exemplo, incluiu a seguinte previsão regimental: "Art. 74. Compete ao Relator: (...) XIV - negar seguimento a pedido ou recurso manifestamente inadmissível, improcedente ou contrário à jurisprudência dominante ou a Súmula do Tribunal ou de Tribunal Superior, deles não conhecer em caso de incompetência manifesta, encaminhando os autos ao órgão que repute competente. Parágrafo único. Nas hipóteses dos incisos XI e XIV caberá agravo regimental previsto no art. 201 deste regimento ao órgão colegiado competente para o julgamento do pedido ou recurso, exceto se houver outro recurso previsto em lei."

apenas a jurisprudência dominante e as súmulas dos Tribunais Superiores, mas também – na hipótese de inexistência destas, é óbvio – a do próprio tribunal. Muito embora essa alteração regimental tenha sido realizada recentemente, o Tribunal de Justiça do Espírito Santo já decidia há bastante tempo pelo julgamento monocrático das ações originárias[393].

A competência do relator para o julgamento monocrático das demandas originárias já foi, por diversas vezes, considerado constitucional pelo próprio Supremo Tribunal Federal, bem como é rotineiramente aplicada, em homenagem aos princípios da economia e da celeridade processual[394]. Os Regimentos do Supremo Tribunal

---

[393] Precedentes do TJES, de minha relatoria: MI 100070016645, jugado em 18.7.2008; MS 100090033281, julgado em 29.9.2009; MS 100080005802, julgado em 8.4.2008, Tribunal Pleno; MS 100080003443, MS 100060001730, julgado em 23.10.2006 (obs.: foi interposto agravo interno e a decisão monocrática foi confirmada pelo Plenário); MS 100060043021, julgado em 6.12.2006 (também foi interposto agravo interno e a decisão monocrática foi confirmada pelo Plenário); HC 100070009350, julgado em 5.7.2007; MS 100070002223, julgado em 2.3.2007 (decisão monocrática também confirmada pelo Plenário em agravo interno), HC 100070003635, julgado em 9.5.2007; MS 100060031208, julgado em 3.1.2007; MS 100060043021, julgado em 6.12.2006; MS 100050041761, julgado em 4.12.2006; MS 100060038526, julgado em 30.11.2006; dentre outras.

[394] De acordo com a jurisprudência do STF, temos que: "EMENTA: CONSTITUCIONAL. **MANDADO DE INJUNÇÃO**: SEGUIMENTO NEGADO PELO RELATOR: LEGITIMIDADE. MANDADO DE INJUNÇÃO: INEXISTÊNCIA DE DIREITO CONCEDIDO PELA CONSTITUIÇÃO QUE ESTARIA INVIABILIZADO EM RAZÃO DE INEXISTIR NORMA INFRACONSTITUCIONAL REGULAMENTADORA. C.F., art. 5º, LXXI. I. - **É legítima, sob o ponto vista constitucional, a atribuição conferida ao relator para arquivar ou negar seguimento a pedido ou recurso RI/STF, art. 21, § 1º; Lei 8.038/90, art. 38; CPC, art. 557, caput, § 1º-A desde que, mediante recurso, possa a decisão ser submetida ao controle do Colegiado. Precedentes do STF**. II. - O preceito constitucional invocado pela impetrante, C.F., art. 156, § 3º, II, não menciona o serviço prestado pela

Federal e do Superior Tribunal de Justiça geralmente podem ser aplicados por analogia, em deferência aos princípios da economia processual e da razoável duração do processo. Além das razões jurídicas que justificam a decisão unipessoal para julgar demandas, há, ainda, uma razão prática que demonstra a desnecessidade de o julgamento ser colegiado. Se se exigisse o julgamento em sessão ordinária, ele somente ocorreria após o *writ* entrar em pauta e, após vários meses de espera, o órgão colegiado iria apenas repetir entendimento dominante na jurisprudência. Ora, isso afronta a razoável duração do processo, por criar uma dilação indevida.

A preocupação pela efetividade do processo é tão grande que o legislador incluiu, como garantia constitucional (verdadeiro direito fundamental), a razoável duração do processo. A Constituição Federal prevê diversos direitos e garantias, trazendo ao ordenamento jurídico brasileiro a ideia da busca constante pela justiça. A Emenda Constitucional 45, de 2004, introduziu no rol do artigo 5º da Carta Magna o inciso LXXVIII[395]. Essa garantia constitucional há muito vem sendo defendida por juristas do quilate de José Rogério Cruz e Tucci. Apesar de muitos entenderem que o postulado do devido processo legal

---

impetrante. A impetrante não é titular, portanto, de direito concedido pela Constituição, cujo exercício estaria inviabilizado pela ausência de norma infraconstitucional. III. - Negativa de trânsito ao pedido. Agravo não provido. (AgR no MI 590/RJ, relator Ministro Carlos Velloso, Tribunal Pleno, julgado em 26.3.2003, DJ 9.5.2003). No mesmo sentido: AgR na Rcl 1945/SP, relator Ministro Carlos Velloso, também do Tribunal Pleno, julgado em 9.5.2002, DJ 19.9.2003; AgR no MI 595/MA, relator Ministro Carlos Velloso, Tribunal Pleno, julgado em 17.3.1999, DJ 23.4.1999.

[395] Constituição Federal, art. 5º, inciso LXXVIII: A todos, no âmbito judicial e administrativo, são assegurados a razoável duração do processo e os meios que garantam a celeridade de sua tramitação.

já seria suficiente para assegurar o direito à duração razoável do processo - o que, particularmente, concordo -, o legislador inseriu o referido direito de forma expressa como cláusula pétrea, para destacar ainda mais a necessidade de se assegurar essa garantia.

Contudo, definir o que é "razoável duração do processo" não é fácil. O prof. José Rogério Cruz e Tucci destaca a impossibilidade de uma definição prévia. Observa, ainda, que a razoável duração do processo busca evitar *dilações indevidas*. Com base nessa característica, podemos desenvolver o raciocínio para encontrar uma solução. Uma dilação será indevida se for *inadequada* ou *desnecessária*[396]. Ou seja, se a dilação não for adequada para promover o fim que dela se espera ou se existe outro procedimento que, igualmente adequado, produz o mesmo resultado com um custo menor.

No caso em julgamento, submeter o a demanda ao julgamento por órgão colegiado simplesmente para reproduzir precedente da jurisprudência dominante ou vinculante é medida desnecessária, vez que se trata de entendimento já consolidado.

O julgamento é desnecessário pois é possível obter o mesmo resultado com a decisão monocrática do relator, que somente irá reproduzir o entendimento jurisprudencial predominante. Nesse contexto, se o julgamento do colegiado é desnecessário, inclusive havendo medida adequada que, com menor custo (de tempo e de esforço), é suficiente para obter o mesmo resultado, então uma

[396] Cf. Justiça, Direito e Processo. A Argumentação e o Direito Processual de Resultados Justos, São Paulo: Atlas, 2006.

eventual dilação gerada pela submissão do recurso à Sessão de Julgamento é indevida e contraria o disposto no art. 5º, LXXVIII, da Constituição Federal. Portanto, o julgamento monocrático da incompetência, com base em entendimento consolidado pelo próprio tribunal, mesmo que em ação originária, assegura um processo sem dilação indevida.

Erroneamente, muitos interpretam a Constituição Federal com base nos Códigos. Mas não podemos jamais esquecer que a interpretação deve ser feita à luz da Constituição Federal, que é o fundamento de validade das demais leis. Todo o ordenamento jurídico deve estar de acordo como os ditames constitucionais.

Assim, a cada modificação na Constituição, surge a necessidade de se revisitar alguns textos normativos e fazer uma releitura das normas infraconstitucionais. Estas devem ser interpretadas de acordo com os princípios (ideais) estabelecidos na Constituição.

Dessa forma, o artigo 557 do CPC deve ser analisado sob o prisma constitucional, assim como fez o STJ e o STF, permitindo o julgamento unipessoal do Relator na hipótese de incompetência absoluta. Particularmente, entendo que essa hipótese pode ser estendida para os casos de manifesta improcedência por contrariar jurisprudência consolidada do STF e Tribunais Superiores.

Submeter ao Plenário as hipóteses em que a jurisprudência já se encontra consolidada revela-se desnecessária. Os requisitos do julgamento unipessoal no caso de jurisprudência dominante atenderá ao princípio da razoável duração do processo sem violar o devido processo legal ou o contraditório. Isto porque é resguardado à parte o direito de interpor o agravo interno, conforme o §1 do artigo 557[397].

Aliás, o próprio STF já destacou que não existe nulidade se a parte pode devolver ao plenário o conhecimento da matéria, por intermédio de agravo interno. Com a interposição do agravo interno, a pretensão de a parte ter seu pedido apreciado pelo colegiado será alcançada. Nessa hipótese, insta ressaltar que, se o relator não se retratar, não poderá negar seguimento ao Agravo, devendo submetê-lo ao julgamento pelo colegiado. Porém, o agravo interposto sem demonstrar a divergência na jurisprudência (art. 541, p.u., CPC) – ou seja, sem demonstrar que a matéria não se encontra consolidada –, estará sujeito à multa prevista no § 2º do art. 557 do CPC.

Nesse contexto, é cabível o julgamento unipessoal de ação originária dos tribunais, e não apenas recursos, desde que a matéria esteja consolidada no próprio tribunal ou nos Tribunais Superiores. Isso em respeito à Constituição Federal, que assegura um processo sem dilações indevidas.

5.3. Remessa necessária de sentença fundada em precedentes judiciais.

A precaução com algumas controvérsias levou o legislador a

[397] CPC, art. 557, § 1º. Da decisão caberá agravo, no prazo de 5 (cinco) dias, ao orgão competente para o julgamento do recurso, e, se não houver retratação, o relator apresentará o processo em mesa, proferindo voto; provido o agravo, o recurso terá seguimento.

instituir a obrigatoriedade de confirmação da sentença pelos tribunais. Ou seja, mesmo na inexistência de recurso das partes, a sentença estaria sujeita obrigatoriamente ao duplo grau de jurisdição e seus efeitos somente se produziriam após a sua confirmação pelo tribunal competente. A remessa necessária advém, em uma interpretação mais ingênua, da crença de que a importância da matéria justifica a necessidade de dois órgãos se pronunciarem, para que a decisão judicial tenha validade jurídica plena[398]. Hipóteses de remessa necessária podem ser encontradas no art. 475 do CPC[399], no art. art. 19 da Lei nº 4.717/1965 (Lei da Ação Popular)[400], no § 1º do art. 14 da Lei nº 12.016/2009 (Lei do Mandado de Segurança)[401], no § 1º do art. 13 da Lei Complementar nº 76/1993[402], no § 1º do art. 28 do Decreto-Lei nº 3.365/1941[403] *etc.*

---

398 Inúmeras e impiedosas são as críticas à remessa necessária. Diversos autores propõem, inclusive, a extinção do instituto. Como o escopo deste trabalho é o de examinar a repercussão dos precedentes no âmbito da remessa necessária, não nos pronunciaremos sobre a sua conveniência ou não.

399 CPC, Art. 475: "Está sujeita ao duplo grau de jurisdição, não produzindo efeito senão depois de confirmada pelo tribunal, a sentença: I - proferida contra a União, o Estado, o Distrito Federal, o Município, e as respectivas autarquias e fundações de direito público; II - que julgar procedentes, no todo ou em parte, os embargos à execução de dívida ativa da Fazenda Pública (art. 585, VI)" (Redação dada pela Lei nº 10.352, de 26.12.2001)

400 Lei nº 4.717/1965, art. 19; "A sentença que concluir pela carência ou pela improcedência da ação está sujeita ao duplo grau de jurisdição, não produzindo efeito senão depois de confirmada pelo tribunal; da que julgar a ação procedente caberá apelação, com efeito suspensivo" (Redação dada pela Lei nº 6.014, de 1973).

401 Lei nº 12.016/2009, art. 14: "Da sentença, denegando ou concedendo o mandado, cabe apelação. § 1º Concedida a segurança, a sentença estará sujeita obrigatoriamente ao duplo grau de jurisdição".

402 LC nº 76/1993, art. 13. *omissis.* § 1º: "A sentença que condenar o expropriante, em quantia superior a cinqüenta por cento sobre o valor oferecido na inicial, fica sujeita a duplo grau de jurisdição".

403 DL 3.365/1941, art. 28. *omissis.* § 1º "A sentença que condenar a Fazenda

Pois bem. Não obstante a obrigatoriedade de confirmação pelo tribunal nas hipóteses acima, o próprio Código de Processo Civil excepcionou a admissibilidade da remessa necessária, excluindo-a quando a sentença estiver fundada em jurisprudência dos Tribunais Superiores[404]. Digna de elogios a atuação do legislador. Se for para manter a remessa necessária, então que se exclua a sua exigibilidade na hipótese de a sentença conformar-se com os precedentes judiciais. Se o escopo da remessa necessária é o de sujeitar a sentença à confirmação dos tribunais e se os precedentes deste órgão coincidem com a solução adotada na decisão proferida, então não faz sentido exigir que o tribunal se pronuncie sobre a controvérsia, somente para repetir o que disse nos julgamentos pretéritos. Impor a obrigatoriedade de remessa necessária quando a jurisprudência já se consolidou no sentido da sentença é criar dilação indevida, a dano das partes e da própria estrutura judicial. Cada vez que o estado-juiz é chamado para praticar um ato desnecessário, haverá, sem dúvida alguma, um agravamento na já precária situação dos tribunais. A quantidade excessiva de processos impede a prestação jurisdicional em tempo adequado e necessário, impondo inúmeras consequências danosas. Qual é, então, a utilidade de se exigir a confirmação de uma sentença pelos tribunais, quando ela simplesmente aplica os precedentes vinculantes ou dominantes? Nenhuma. Com absoluto acerto a exclusão da remessa necessária

---

Pública em quantia superior ao dobro da oferecida fica sujeita ao duplo grau de jurisdição" (Redação dada pela Lei nº 6.071, de 1974).

[404] O § 3º do art. 475 do CPC, incluído pela Lei nº 10.352/2001, tem a seguinte redação: "Também não se aplica o disposto neste artigo quando a sentença estiver fundada em jurisprudência do plenário do Supremo Tribunal Federal ou em súmula deste Tribunal ou do tribunal superior competente".

nessas hipóteses.

Entretanto, a causa de exclusão da remessa foi tímida e o legislador poderia ter avançado um pouco mais. A previsão legal somente afasta a remessa necessária na hipótese de a sentença fundar-se em *"jurisprudência do plenário do Supremo Tribunal Federal ou em súmula deste Tribunal ou do tribunal superior competente"*. Ocorre que, conforme já vimos, haverá situações em que a decisão final caberá aos tribunais locais, por exemplo, quando a controvérsia limitar-se à aplicação de leis locais (estadual ou municipal). Nesse caso, não serão cabíveis – em tese – os recursos para os tribunais superiores. Também podemos imaginar uma controvérsia que, por um motivo qualquer, foi solucionada apenas com abrangência local, sem qualquer recurso para os tribunais superiores. Na hipótese de inexistir precedente dos tribunais superiores, o julgamento de controvérsia similar pelo tribunal local constituirá precedente passível de ser aplicado. Em resumo, é possível haver precedentes locais, ainda que não existam dos tribunais superiores.

E mesmo quando houver recurso cabível para os tribunais superiores, a inexistência de súmula impediria a cláusula de exceção do cabimento da remessa necessária, uma vez que o texto legal fala em "jurisprudência do plenário do STF" e em "súmula deste Tribunal ou do tribunal superior competente". Ou seja, em uma interpretação meramente gramatical *a contrario sensu*, a remessa necessária ainda seria cabível no caso de sentença fundada em jurisprudência dominante: (i) de uma das turmas do STF; (ii) do STJ, seja de qual órgão for (Órgão Especial, Seção ou Turma); (iii) dos tribunais locais, independentemente de a decisão ter sido tomada em sessão plenária ou pelo órgão especial, em ação de competência originária, em uniformização da jurisprudência, na hipótese do art. 555, § 1º, do CPC *etc*. Ou, pior: nem mesmo o julgamento de ações com efeito vinculante, como as representações de inconstitucionalidade, teriam o condão de afastar a remessa necessária! Vejam só: o tribunal estadual, no exercício de sua competência constitucional[405], julgaria uma ação de inconstitucionalidade, cuja decisão teria efeito vinculante, o que obrigaria todos os demais órgãos do Poder Judiciário – obviamente, os que lhe forem subordinados hierarquicamente – e a Administração Pública Estadual. No entanto, a decisão não impediria a remessa necessária de sentença fundada neste precedente vinculante! Trata-se de insustentável incoerência.

Não há razão ou motivo que justifique a exclusão da remessa necessária tão somente nas hipóteses de jurisprudência do plenário do STF ou de súmula dos tribunais superiores. Talvez no momento em que a alteração legislativa foi feita, os precedentes ainda não tinham a força que atualmente têm, o que justificava uma alteração gradativa e até mais tímida. Compreendemos que, às vezes, as modificações no comportamento da comunidade jurídica devem ser graduais. Mas, conforme demonstramos, o argumento não mais se sustenta – se é que essa foi a intenção do legislador –, sendo inaceitável limitar os casos de inadmissibilidade da remessa às duas situações mencionadas. Nessa

---

[405] CRFB/1988, art. 125, § 2º: "Cabe aos Estados a instituição de representação de inconstitucionalidade de leis ou atos normativos estaduais ou municipais em face da Constituição Estadual, vedada a atribuição da legitimação para agir a um único órgão".

linha de raciocínio, nenhuma sentença fundada em precedentes judiciais em vigor, ou seja, ainda não revogados ou superados, estará sujeita à remessa necessária. Ainda que assim não o diga expressamente o § 3º do art. 475 do CPC.

Obviamente que a sujeição aos precedentes do próprio tribunal ou do tribunal superior competente deve seguir a ordem hierárquica estabelecida pelas regras de competência funcional vertical. Assim, estará sujeita ao duplo grau de jurisdição em remessa necessária, a sentença fundada em precedente de outro tribunal, contrária à do tribunal competente para eventual recurso. Exemplificando, uma sentença proferida em Minas Gerais, fundada em precedente do tribunal do Rio de Janeiro contrário ao precedente do tribunal de Minas Gerais, estará sujeita à remessa necessária (nas hipóteses previstas em lei, é claro).

Com as mesmas razões, estará sujeita à remessa necessária se o precedente, do próprio tribunal local ou de outro estado, for contrário aos precedentes dos tribunais superiores. Assim, uma sentença proferida no Rio Grande do Sul, fundada em precedentes do próprio Tribunal, estará sujeita à remessa necessária se contrariar precedentes do STJ ou do STF. Logo, o afastamento da remessa necessária deve obedecer a ordem hierárquica decorrente da competência funcional vertical. Nesse contexto, podemos enunciar o seguinte:

Teorema. Não está sujeita ao duplo grau de jurisdição a sentença fundada em precedente ou súmula do STF, do tribunal superior ou do tribunal, na linha e na ordem hierárquica da competência funcional vertical.

De qualquer modo, será inútil admitir a remessa necessária mesmo quando houver precedente fora das hipóteses do § 3º do art. 475 do CPC, uma vez que o tribunal poderá negar-lhe seguimento (juízo de admissibilidade) ou mesmo provimento (juízo de mérito) com base no art. 557, também do CPC. E, neste caso, o tribunal não precisa fundamentar a decisão exclusivamente na jurisprudência do plenário do STF ou em súmula dos tribunais superiores. Poderá decidir com base nos precedentes do próprio tribunal ou dos tribunais superiores.

Então por que não afastar, no próprio art. 475, a remessa nas mesmas hipóteses do art. 557? Qual é a utilidade de se impor a remessa necessária para que o tribunal lhe negue seguimento, uma vez que não há divergência da sentença com os precedentes judiciais?

Em último caso, se se entender que o duplo grau de jurisdição é obrigatório e que não se pode afastá-lo com a mera referência de precedentes judiciais além daqueles atualmente previstos (opção de política legislativa), então há outra solução para manter a coerência jurisprudencial, mantendo a mesma força dos precedentes mas sem limitá-lo demasiadamente. Bastaria relegar a admissibilidade da remessa necessária ao juiz da causa, nos mesmos termos dos recursos (art. , do CPC). Não é preciso dizer que a decisão judicial comportaria recurso, na eventualidade de negativa de seguimento, devolvendo ao tribunal o exame da necessidade ou não da remessa, ou se a sentença está conforme ou não os precedentes judiciais.

Resumindo, entendemos que a remessa necessária deveria

simplesmente não ser cabível nas hipóteses em que a sentença esteja fundada nos precedentes dos tribunais. Se, de toda sorte, a tese não for admitida, então no máximo a sua admissibilidade deveria ser feita pela juiz, utilizando como critérios os mesmos que tornam admissíveis os recursos ordinários. Esta decisão, por sua vez, também comportaria recurso. Mas, jamais, o duplo grau de jurisdição deveria ser obrigatório, na hipótese de a sentença encontrar-se fundamentada em precedentes judiciais.

5.4. Remessa necessária em Mandado de Segurança

A discussão na seção anterior seria suficiente para afastar a necessidade da incidência de remessa necessária em todas as hipóteses previstas em lei. As razões são as mesmas: se a sentença reproduz a tese jurídica afirmada nos precedentes então não há razão para submetê-la aos tribunais em remessa obrigatória.

Além da previsão normativa do art. 475 do CPC, há, ainda, outras hipóteses de confirmação obrigatória da sentença de 1º grau pelo respectivo tribunal. Uma dessas hipóteses encontra-se no § 1º do art. 14 da Lei nº 12.016/2009, que repetiu a previsão anterior da Lei nº 1.533/51.

Não há, aqui, diferença substancial alguma com os argumentos utilizados para justificar ou afastar o duplo grau obrigatório previsto no art. 475 do CPC. Ocorre que a situação adquire especial contorno, quando examinada detidamente a Lei do Mandado de Segurança. O motivo impressiona: não há previsão de não cabimento da remessa necessária ainda que a sentença esteja conforme os precedentes judiciais. Dessa forma, a remessa necessária sempre será cabível, mesmo quando, por exemplo, a sentença do mandado de segurança aplicar súmula vinculante do Supremo Tribunal Federal!

Essa observação, no âmbito da teoria dos precedentes judiciais, é desastrosa e inaceitável. Ironicamente, a súmula vinculante do STF não teria força suficiente para impedir a remessa necessária da sentença que, nela fundada, concedeu o mandado de segurança. Mas, se a sentença não aplicasse a súmula vinculante, então não haveria sequer necessidade de confirmação da sentença pelos tribunais. Não haveria duplo grau de jurisdição. A incoerência é gritante.

Após o prazo decadencial de cento e vinte dias, o mandado de segurança não mais será cabível. Não obstante isso, a pretensão ainda pode ser formulada em demanda ordinária. Apesar da natureza jurídica distinta dos instrumentos (semelhanças apontadas por Cândido Rangel Dinamarco), a verdade é uma só: a pretensão é a mesma. A causa de pedir, o pedido e, inclusive, as partes – e uma vez que parte, em mandado de segurança, é a pessoa jurídica de direito público, e não a autoridade impetrada (Cássio). A sentença também.

Se a pretensão e a tutela jurisdicional são idênticas, por que o tratamento diverso?

Se for ajuizada demanda ordinária e a sentença concluir pela aplicação da jurisprudência dominante ou vinculante, então não haverá remessa necessária. Porém, se for proferida idêntica sentença em mandado de segurança, haverá remessa! Essa distinção não faz sentido.

O argumento de que se trata de lei especial não convence.

Norma especial é a que institui cláusula de exceção, regulamentando situações especiais, que refogem às regras gerais que disciplinam determinada matéria. Assim, as relações de consumo são situações especiais que

Não é o fato de a lei procurar regulamentar uma fração de situações, comparada com o todo, que a torna especial. Não é porque a Lei nº 12.016/2009 regula apenas o mandado de segurança que a torna *in totum* especial, quando comparada com o CPC. Podemos encontrar, no CPC, regras específicas sobre determinadas matérias, inclusive sobre a Lei do Mandado de Segurança.

No âmbito da análise que ora empreendemos, poderíamos perguntar qual é a regra especial. Naturalmente que a Lei nº 12.016/2009 é mais específica que o CPC, para regular o procedimento dos mandados de segurança. Entretanto, se considerarmos que a especificidade ocorre em razão da matéria, então poderíamos dizer que as regras que regulam a remessa necessária é mais específica que a Lei do Mandado de Segurança, quando destinadas à preservar a eficácia dos precedentes dos tribunais. Ou seja, em matéria de procedimento do mandado de segurança, a Lei nº 12.016/2009 é mais específica. Mas para regulamentar o novo paradigma da jurisprudência, a mencionada Lei é mais genérica que as regras específicas sobre o fortalecimento dos precedentes, incluindo o CPC. Não se pode esquecer, ainda que o advento do inciso LXXVIII, art. 5º da CF, introduzido pela Emenda

Constitucional nº 45 de 2004, trouxe o dever de se assegurar às partes a duração razoável do processo e os meios que garantam a celeridade de sua tramitação. Ora, a referida cláusula constitucional da duração razoável do processo acaba por ser violada quando se exige o reexame necessário de sentença em Mandado de Segurança, fundada em jurisprudência dominante dos tribunais. Temos insistentemente defendido a aplicação do princípio da razoável duração do processo, até mesmo em detrimento de regras legais já há muito assentes na legislação e na tradição jurídica. O escopo da razoável duração do processo é evitar dilações indevidas. Por sua vez, uma dilação será indevida quando o ato processual for desnecessário ou inadequado para atingir o seu escopo de resolução das controvérsias.

Na hipótese de mandado de segurança, a sentença fundada em jurisprudência dominante dispensa o reexame necessário uma vez que o tribunal irá indubitavelmente confirmar a decisão que reproduziu precedente da jurisprudência dominante. Assim, o reexame necessário revela-se desnecessário, o que impõe uma dilação indevida, em franca contradição com a razoável duração do processo. Se o escopo da reforma processual é o de desobstruir as pautas dos tribunais, exigir a remessa necessária em mandado de segurança quando a sentença estiver fundada em jurisprudência consolidada caracteriza apenas a exigência de um julgamento desnecessário, pois os tribunais irão apenas reafirmar os precedentes dos tribunais superiores.

No caso de a matéria já se encontrar consolidada nos tribunais superiores, a remessa necessária pode ser julgada até mesmo por decisão monocrática, com fundamento no artigo 557 do CPC.

Corolário. O duplo grau de jurisdição obrigatório na hipótese de concessão da segurança, na forma do § 1º do art. 14 da Lei nº 12.016/2009, somente é necessário quando a sentença for proferida em desconformidade com os precedentes judiciais que deveria aplicar.

Quantos recursos não foram julgados nos tribunais de todo o país e até nos Tribunais Superiores, envolvendo remessa necessária em mandado de segurança?[406] Quantas decisões não foram proferidas inutilmente, uma vez que a decisão se encontrava adequada à jurisprudência dominante? Quanto tempo e dinheiro não foram gastos em uma questão que, com o devido respeito, não receberia solução diversa? Será que o esforço e os custos não poderiam ser redirecionados para problemas sociais mais relevantes? Para julgamento de todas as outras demandas que se encontram paralisadas, aguardando pauta?

Repetimos, com a mesma intensidade: não vemos razão que justifique a remessa necessária em mandado de segurança, na hipótese de sentença fundada em precedente dominante.

---

[406] Essa afirmação tem, atualmente, impacto reduzido. O Superior Tribunal de Justiça entende que o recurso especial não é cabível, quando não houver apelação da pessoa jurídica de direito público. Nesse sentido: "AGRAVO REGIMENTAL EM RECURSO ESPECIAL. DENÚNCIA ESPONTÂNEA. REEXAME NECESSÁRIO. FAZENDA PÚBLICA QUE NÃO INTERPÕE RECURSO VOLUNTÁRIO. INADMISSIBILIDADE DO RECURSO ESPECIAL. PRECLUSÃO LÓGICA. PROVIMENTO. 1. É inadmissível recurso especial do poder público que não interpõe recurso de apelação contra sentença preservada em remessa necessária, em razão da preclusão lógica. 2. Agravo regimental provido" (AgRg no REsp 1039755/RS, Relator Ministro HAMILTON CARVALHIDO, DJe 28/10/2009).

5.5 A admissibilidade dos recursos contra decisão fundada em precedentes judiciais

O § 1º do art. 518 do CPC permite que o juiz negue seguimento ao recurso de apelação se a sentença estiver de conformidade com súmula do Supremo Tribunal Federal ou do Superior Tribunal de Justiça[407]. Nesse enunciado normativo, o legislador foi ainda mais restritivo do que no afastamento da remessa necessária. Enquanto o § 3º do art. 475 do CPC afasta o duplo grau de jurisdição obrigatório na hipótese de a sentença reproduzir jurisprudência do plenário do Supremo Tribunal Federal, o § 1º do art. 518 do CPC excluiu essa hipótese. Manteve, apenas – tal como na remessa necessária –, a inadmissibilidade fundada em *súmula.*

Essa distinção não se sustenta. Primeiro – e acima de qualquer outro argumento –, a súmula consiste apenas na reprodução da *ratio decidendi* dos precedentes judiciais. Ou pelo menos almeja ser. Desse modo, se se pode negar seguimento à apelação com base no entendimento constante em súmula do STF e do STJ, então o recurso também poderá não ser recebido com fundamento nos precedentes que autorizam a edição da súmula. Lembramos que os tribunais não podem criar súmulas desvinculadas dos precedentes judiciais. Essa função coincidiria com a função normativa tipicamente legislativa. As

---

[407] CPC, **Art. 518, § 1º** "O juiz não receberá o recurso de apelação quando a sentença estiver em conformidade com súmula do Superior Tribunal de Justiça ou do Supremo Tribunal Federal." (Renumerado pela Lei nº 11.276, de 2006)

súmulas, portanto, são o extrato ou resumo de precedentes judiciais. Indicam as razões que justificam aquele resultado. Ou seja, as súmulas consistem na *ratio decidendi* dos precedentes que as autorizam. Não é a força da súmula, em si mesma considerada, que justifica a obrigatoriedade de sua aplicação, mas a solução encontrada pelo tribunal quando do julgamento da controvérsia. Esse argumento já justifica, sem outras razões, a possibilidade de a apelação não ser recebida também quando a sentença estiver fundada em precedentes judiciais, e não apenas em súmula, do Superior Tribunal de Justiça e do Supremo Tribunal Federal.

E não paremos por aqui. Conforme sustentamos em Seção anterior, com base em observação bastante precisa de Cândido Dinamarco, pode ocorrer de a controvérsia discutir tão somente leis locais. Nesse caso, não seriam cabíveis recursos especial e extraordinário (naturalmente que se não houver violação à lei federal ou à Constituição Federal). Em tais situações, as controvérsias não chegarão, jamais, ao Superior Tribunal de Justiça ou ao Supremo Tribunal Federal. A solução final será dada pelos Tribunais de Justiça. Assim, o § 1º do art. 518 do CPC equivocou-se, novamente, por não prever a possibilidade de inadmissão do recurso quando a sentença estiver conforme a súmula ou os precedentes locais. Nem é preciso dizer que os tribunais locais podem – e muitos já o fazem – editar súmula de sua jurisprudência. Então, ainda que fosse questionada a possibilidade de o recurso não ser recebido pois a sentença reproduziu os precedentes dominantes – o que admitimos apenas para argumentar, uma vez que estamos fortemente convencidos do argumento –, não poderia excluir da previsão legal a súmula dos tribunais locais. É óbvio que o raciocínio somente se aplica aos tribunais que estejam na mesma linha recursal do juízo que prolatou a sentença (competência funcional vertical). Esse raciocínio justifica a seguinte afirmação:

Teorema. O juiz não receberá o recurso de apelação quando a sentença estiver em conformidade com súmula ou jurisprudência dominante do Supremo Tribunal Federal, do Superior Tribunal de Justiça ou do respectivo tribunal.

Não é preciso ter receio de o julgador "*tornar-se juiz de suas próprias decisões*", para usar conhecida expressão, uma vez que sua decisão inadmitindo a apelação poderá ser revista pelo tribunal. Nos termos do art. 522 do CPC, caberá agravo por se tratar de decisão que inadmitiu o recurso. Isso permite que o tribunal reveja as razões do não recebimento do apelo e, se constatar que a sentença contrariou precedentes judiciais aplicáveis à controvérsia, então poderá admitir o recurso. Ou, por analogia à autorização do § 3º do art. 544 do CPC, dar provimento de imediato à apelação no agravo de instrumento. Naturalmente que se houver possibilidade de julgamento imediato (matéria controvertida unicamente de direito ou de direito e de fato que não reclama produção de provas).

O argumento é amplo e pode ser utilizado não apenas naa admissibilidade da apelação. Ou seja, pode-se negar seguimento a qualquer recurso, desde que a decisão recorrida esteja adequada aos precedentes judiciais, vinculantes ou dominantes. O agravo é interposto diretamente no tribunal, o que torna impossível a admissibilidade pelo magistrado de 1º grau.

6. O incidente de uniformização da jurisprudência e o § 1º do art. 555 do Código de Processo Civil

Complementando o procedimento do art. 479 e ss. do CPC, há um enunciado legal de notável importância para a consistência sistêmica no âmbito dos precedentes judiciais. Trata-se do § 1º do art. 555 do CPC[408], que foi incluído pela Lei nº 10.352, 26.12.2001. E, apesar dos quase 10 anos de sua enunciação, ele ainda não é tão utilizado pelos tribunais quanto deveria.

A mencionada norma jurídica visa primordialmente a "prevenir ou compor divergência entre câmaras ou turmas do tribunal", que se faz mediante a remessa do julgamento do recurso ao "órgão colegiado que o regimento indicar". Ao receber o recurso, esse órgão poderá ele mesmo assumir a competência e julgar o próprio recurso[409]. Como

---

[408] CPC, art. 555. *omissis*. § 1º "Ocorrendo relevante questão de direito, que faça conveniente prevenir ou compor divergência entre câmaras ou turmas do tribunal, poderá o relator propor seja o recurso julgado pelo órgão colegiado que o regimento indicar; reconhecendo o interesse público na assunção de competência, esse órgão colegiado julgará o recurso."

[409] Barbosa Moreira acentua essa característica como uma melhoria do sistema: "Uma vantagem prática decerto se manifesta aqui. O órgão a que se remete a matéria não se limita a enunciar a solução da *quaestio iuris*, mas procede ao julgamento que competia ao outro. Com a ressalva que oportunamente se fará, não há devolução ao órgão de origem: tudo se resolve naquele que

sempre, com razão o ilustre Professor carioca. Se o órgão indicado pelo regimento já irá se pronunciar sobre a interpretação mais adequada à solução da controvérsia, então que se pronuncie também sobre a própria controvérsia. Não há argumento que justifique a devolução para o órgão de origem, sem resvalar no princípio da razoável duração do processo, que condena as dilações indevidas, ou seja, aquelas desnecessárias, inadequadas e desarrazoadas.

Para Barbosa Moreira, esse procedimento ordena-se à uniformização da jurisprudência, com algumas vantagens sobre o incidente previsto nos arts. 476 e ss.[410] No entanto, há uma nítida omissão no enunciado legal, que poderá levar a uma interpretação inadequada do instituto. Ao contrário do disposto no art. 479 do CPC, que trata de atribuir eficácia vinculante para o precedente que do julgamento originar – ao menos para os demais órgãos do respectivo tribunal –, o § 1º do art. 555 do CPC não faz referência alguma sobre a força de incidência do julgamento que compuser a divergência. Essa omissão levou a mais autorizada doutrina a afirmar a inexistência de efeito vinculante nesta decisão[411]. De acordo com Barbosa Moreira, o

---

recebe o recurso. Evita-se assim o vaivém, causa de maior demora" (cf. *Comentários...*, p. 653).

410 Em suas palavras: "Trata-se de mais um expediente ordenado à uniformização da jurisprudência, que naturalmente se espera mais eficiente do que o regulado nos arts. 476 e segs. Pode-se até supor que ele venha a ser preferido na prática judicial, subtraindo ao outro instituto parcela de sua importância já diminuta" (cf. *Comentários...*, p. 653).

411 Barbosa Moreira afirma, com o brilho que caracteriza sua retórica, que "A tese jurídica porventura adotada no julgamento do órgão que aceitar a remessa não se revestirá de eficácia vinculante: aplica-se aqui o que ficou dito *supra*, no comentário nº 20 ao art. 479. Entretanto, não deixará de influir em casos análogos que venham a ser julgados por qualquer das câmaras ou turmas do tribunal" (cf. *Comentários...*, p. 654).

julgamento poderá, a despeito de qualquer eficácia vinculante, influir no no julgamento de casos análogos pelas câmaras ou turmas do tribunal. Com o devido respeito, ousamos discordar. Qual seria o sentido de o recurso ser julgado por outro órgão, senão para uniformizar o entendimento do tribunal? Como, então, admitir que o julgamento não tenha efeito vinculante? Isso equivale a dizer que o precedente não precisa ser observado pelos demais órgãos. Ora, se ele não precisa ser seguido, então qual é o propósito de se deslocar a competência para um órgão diferente? As câmaras e turmas de origem continuarão decidindo de modo contrário à decisão unificadora. E o que é pior: nesta interpretação, sequer caberia recurso para o órgão que assumiu a competência. Na prática, ocorreria o seguinte: (i) havendo divergência entre câmaras e turmas, o recurso seria encaminhado para o órgão indicado no regimento interno; (ii) este órgão julgaria o recurso, decidindo por uma ou por outra tese jurídica; (iii) as controvérsias futuras seriam decididas pelas mesmas câmaras ou turmas que remeteram o recurso anterior; (iv) como o precedente uniformizador não teria efeito vinculante, as câmaras ou turmas continuariam decidindo de modo contrário; (v) não caberia recurso para o órgão que compôs a divergência, mas somente para os tribunais superiores (REsp ou RE). Contudo, este procedimento não é adequado para obter a composição da divergência. Se fosse assim, a decisão do órgão uniformizador da jurisprudência seria inócua.[412]

---

[412] Em sentido diverso, Barbosa Moreira, para quem "não colheria o argumento, em contrário, de que então nenhum efeito peculiar surtirá o 'julgamento' do tribunal a que alude o art. 479, *caput*, anulando-se o *plus* que a lei lhe quis imprimir, em confronto com outros quaisquer julgados. O Regimento Interno

Ora, de que forma, então, o precedente iria compor divergência? Somente se se reconhecer a sua eficácia vinculante, impondo às câmaras ou turmas que originaram o recurso a seguirem, nos julgamentos futuros, o precedente uniformizador. A ser de outra sorte, a remessa do recurso ao órgão indicado no regimento servirá tão somente como um subterfúgio para se livrar de um processo, remetendo a competência para outro órgão julgador. E a decisão que dele emanar valeria apenas para o caso concreto, sem qualquer eficácia uniformizadora.

Entretanto, não é isso que diz o enunciado do § 1º do art. 555 do CPC. A alteração do órgão julgador não visa à simples modificação de competência. A previsão é indene de dúvidas: o escopo é de "prevenir ou compor divergências". As divergências podem ser atuais ("compor") ou futuras ("prevenir"). O único modo de "prevenir" divergências entre as turmas julgadoras é atribuir força de incidência normativa – ou seja, efeito vinculante – ao precedente judicial.

Lema. A decisão do órgão uniformizador proferida com fundamento no p.u. do art. 555 do CPC tem eficácia vinculante para as câmaras e turmas julgadoras.

---

do Supremo Tribunal Federal, segundo se observou, atribui consequências relevantes à inserção de teses jurídicas na *Súmula*, sem dar "força de lei" – o que não lhe seria lícito fazer – aos respectivos enunciados." (cf. *Comentários...*, p. 27). Deve ser observado, contudo, o novo modelo dogmático que ampliou a força de incidência dos precedentes, neles reconhecendo eficácia normativa. Reconhecendo a solidez do argumento do emérito professor, entendemos que, com a valorização da jurisprudência, seria restringir desnecessariamente a eficácia atribuída pela própria lei e limitar a grande vantagem de redução do número de demandas.

Na sequência do raciocínio, o incidente previsto no art. 479 do CPC deve ser conjugado com o procedimento do art. 555, § 1º, do CPC.

Características principais dessa construção: (i) o órgão colegiado indicado no regimento solucionará, desde logo, a controvérsia, afastando atrasos na tramitação e dilações indevidas; (ii) a competência passa a ser no sentido de *compor* ou *prevenir* divergências, o que representa significativo ganho de tempo, uma vez que não será preciso esperar surgir a divergência para ter preservar a consistência lógica da jurisprudência; (iii) a decisão proferida pelo colegiado terá efeito vinculante para os demais órgãos judiciários, na linha decrescente da competência recursal.

Há, ainda, uma característica que deve ser esclarecida. Muito embora o texto legal fale apenas em "recurso", seu alcance atinge igualmente as ações originárias. Considerando que o escopo é o de "prevenir ou compor divergências" e que podem surgir julgamentos contrários ou contraditórios também em ações originárias, o princípio que informa a técnica uniformizadora do § 1º do art. 555 autoriza seja adotado o mesmo procedimento para as demandas ajuizadas diretamente no tribunal.

É certo que a aplicação indevida deste enunciado normativo pode trazer algumas desvantagens operacionais. Imaginemos, por exemplo, um Poder Judiciário com as dimensões do Poder Judiciário de

São Paulo[413]. Se grande parte das Câmaras enviasse os processos para o Órgão Especial (ou outro órgão que o regimento indicar), ele não seria capaz de dar vazão ao volume de processos que teria de julgar. Ficaria abarrotado indevidamente de serviço, comprometendo o exercício da jurisdição. Porém, se a decisão do órgão colegiado tiver efeito vinculante,[414] então os efeitos não seriam desastrosos, pois o julgamento de uma única demanda seria suficiente para formar o precedente representativo da controvérsia. O regimento interno pode ainda – diante do silêncio da lei - estabelecer procedimento similar aos recursos repetitivos, com o sobrestamento dos demais enquanto se aguarda a composição da divergência. Isso soluciona o impasse.

Para que este enunciado legal tenha plena utilidade, ele não deve ser compreendido como simples faculdade das câmaras ou turmas julgadoras. Pelo contrário. A previsão normativa impõe uma obrigação, decorrente do dever de coerência dos tribunais e da necessidade de consistência do sistema. Desse modo, sempre que houver possibilidade ou efetiva divergência, surge o dever de submetê-la ao respectivo órgão uniformizador.

---

413 O argumento é plenamente coerente com outros tribunais de igual expressão e dimensão, tais como de Minas Gerais, Rio de Janeiro, Rio Grande do Sul, Bahia, Santa Catarina *etc*. O uso de São Paulo como referência decorre das dimensões da divisão judiciária das Câmaras de Julgamento.

414 O efeito vinculante da decisão não é reconhecido por toda a doutrina. Contra, Barbosa Moreira afirma: "A tese jurídica porventura adotada no julgamento do órgão que aceitar a remessa não se revestirá de eficácia vinculante: aplica-se aqui o que ficou dito *supra*, no comentário nº 20 ao art. 479. Entretanto, não deixará de influir em casos análogos que venham a ser julgados por qualquer das câmaras ou turmas do tribunal" (cf. *Comentários...*, p. 654). Mesmo impressionado com o argumento do mestre carioca e

Lema. Para que haja uniformidade na jurisprudência e consistência no sistema jurídico, o recurso capaz de gerar divergência jurisprudencial deve obrigatoriamente ser remetido ao órgão uniformizador indicado no regimento interno (Plenário ou Órgão Especial, onde houver).

Também podemos afirmar, com base nos argumentos desenvolvidos:

Lema. Pode julgar um recurso ainda que não haja precedente contrário, desde que seja necessário para prevenir eventual futura divergência com precedente de outra câmara ou turma.

E, ainda:

Lema. Na hipótese de multiplicidade de recursos idênticos, o órgão uniformizador da jurisprudência do tribunal poderá adotar o procedimento dos recursos repetitivos utilizado nas TNUs e no STJ.

A elaboração de técnicas processuais adequadas à uniformização da jurisprudência é, nessa medida, essencial para a previsibilidade e certeza do direito. Por essa razão, as normas processuais não devem ser interpretadas isoladamente. A conjugação de diferentes normas permite a operacionalização do incidente de uniformização, de forma adequada e eficaz.

6.1. A identificação do "interesse público" para o julgamento de recurso para compor divergência entre câmaras ou turmas

De acordo com a redação do § 1º do art. 555 do CPC, o órgão colegiado indicado pelo regimento interno julgará o recurso, desde que reconheça o "interesse público na assunção de competência".

Surge, então, a seguinte indagação. Pode o órgão colegiado – que tem a função de uniformizar a jurisprudência – recusar o julgamento do recurso, com base em singelo argumento de que "não há interesse público que justifique a assunção da competência"? Pode argumentar simplesmente que "não há interesse público" e negar-se a compor ou a prevenir a divergência?[415]

A resposta é um sonoro e categórico não!

A decisão que nega ou que reconhece o interesse público deve ser fundamentada, por imperativo constitucional. Desse modo, tanto o órgão que declina a competência, quanto o órgão colegiado que assumirá a competência devem fundamentar a decisão sobre o interesse público. Aquele, indicando a existência de divergência – real ("compor") ou provável ("prevenir") – , este justificando porque aceita ou não a competência.

Dois problemas de ordem prática se apresentam. O primeiro diz

[415] Expediente desse jaez poderia – em tese – ser utilizado para o órgão com a função uniformizadora livrar-se do serviço e do processo, recusando a competência com um lacônico e inexpressivo "não há interesse público". Não se pode descartar a hipótese, em época de insana e desumana carga de trabalho atribuída aos tribunais. Muitos poderiam ver, no texto legal, um modo de transferir o serviço para outrem. Porém, imaginamos a hipótese apenas para dar completude ao trabalho acadêmico, pois temos a ingênua certeza de que ninguém iria recusar a competência com base em argumento desse jaez. Tanto que oferecemos um procedimento para assegurar a coerência da decisão sobre o interesse público.

respeito ao conceito de "interesse público"; o segundo, ao procedimento a ser adotado.

Pois bem. Definir o que é *interesse público* que justifique a modificação da competência – lembrando sempre: para compor ou prevenir divergência –, não é tarefa corriqueira, em razão do conceito aberto da expressão. É preciso tomar cuidado, para que a decisão não assuma os equívocos da *arguição de relevância*, quando vigente: ninguém sabia o que era "relevância", nem como era julgada e muito menos os critérios para reconhecê-la. Tanto que ela foi substituída – com absoluto sucesso – pela *repercussão geral*. Pensamos, então, que pode ser usado o mesmo critério, por analogia ao § 1º do art. 543-A do CPC. Nessa linha de raciocínio, será reconhecido o interesse público quando houver "questões relevantes do ponto de vista econômico, político, social ou jurídico, que ultrapassem os interesses subjetivos da causa." Também seguindo o modelo da *repercussão geral*, haverá interesse público sempre que houver divergência real (a ser composta) ou provável (a ser prevenida) com súmula ou jurisprudência dominante do Tribunal. A razão é forte. A divergência da decisão com súmula ou jurisprudência dominante do tribunal é *questão relevante do ponto de vista jurídico*, pois pode comprometer toda a coerência jurisprudencial e até mesmo a consistência do sistema jurídico.

Então, solucionado o problema quanto a identificação de *interesse público*, resta resolver a questão atinente ao procedimento. Também aqui pensamos possa ser adotado o procedimento da *repercussão geral*. Pelo menos no que tange à admissibilidade negativa (**recusa**) do interesse público. Seria de bom alvitre que os tribunais fixassem o quórum, simples ou qualificado, para *recusar* a modificação da competência. Caso não seja obtido o quórum, então presume-se o interesse público.

As razões são rigorosamente as mesmas que justificam a *repercussão geral*. Principalmente, trazer segurança para as partes e advogados, bem como garantia de consistência no sistema jurídico.

Em resumo, o interesse público será presumido se não for recusado, em decisão fundamentada, por dois terços (ou outro quórum regimental) dos membros do órgão colegiado indicado no regimento interno. Também será presumido se já existir desconformidade com precedente judicial ou se já houver divergência entre câmaras ou turmas. Quando se tratar de "prevenir" divergência, dificilmente haverá desconforme com precedente anterior (caso contrário, não seria "prevenção").

Nesses casos, a admissibilidade da modificação da competência para uniformizar a jurisprudência é obrigatória e não pode ser recusada.

Conjetura. Para efeito da modificação de competência (art. 555, § 1º, do CPC), o interesse público será aferido na forma da repercussão geral (art. 543-A, CPC), considerando a existência de questões relevantes do ponto de vista econômico, político, social ou jurídico, que ultrapassem os interesses subjetivos da causa.

Essa assertiva nos leva ao seguinte argumento:

Lema. Presume-se o interesse público para compor ou prevenir divergência se, e somente se, (i) a admissibilidade não for recusada fundamentadamente por dois terços dos membros do órgão colegiado indicado no regimento interno do Tribunal; (ii) já existir desconformidade com precedente judicial ou se já houver divergência entre câmaras ou turmas.

Por fim, tratando-se de competência concorrente dos Estados e da União (CF/1988, art. 24), o *procedimento* pode ser adotado pelos tribunais, bastando a inserção das regras específicas nos respectivos regimentos internos.

CAPÍTULO 6
A FORÇA NORMATIVA DOS PRECEDENTES DOS TRIBUNAIS BRASILEIROS

1. O Supremo Tribunal Federal. 1.1. A carga de trabalho do Supremo Tribunal Federal. 1.2. A eficácia *erga omnes* das decisões do STF em controle abstrato de constitucionalidade das leis. 1.2.1. Súmulas *vinculantes* anteriores à EC nº 45/2004 e à Lei nº 11.417/2006. 1.2.2. A desnecessidade de súmula vinculante na hipótese de precedentes que já projetam esse efeito. 1.3. A repercussão geral como pressuposto de admissibilidade do recurso extraordinário. 1.3.1. A presunção de repercussão geral na contrariedade a precedente *dominante* do Supremo Tribunal Federal. 1.3.2. O procedimento da repercussão geral. 1.3.3. A repercussão geral e a multiplicidade de recursos em idênticas controvérsias. 1.3.4. A eficácia vinculante das decisões do STF que reconhece a repercussão geral. 1.4. Eficácia vinculante nas decisões proferidas em controle difuso de constitucionalidade. 1.4.1. A eficácia preclusiva da coisa julgada e a possibilidade de o terceiro influenciar a formação do precedente. 1.4.2. A força normativa das decisões Plenárias e das Turmas do STF: a aplicação do § 1º do art. 555 do CPC. 1.5. Cabimento de reclamação contra decisão que contraria súmula não vinculante ou jurisprudência dominante do STF. 2. O Superior Tribunal de Justiça. 2.1. A carga de trabalho e o efeito vinculante das decisões do Superior Tribunal de Justiça. 2.2. A admissibilidade do recurso especial por divergência jurisprudencial.

2.3. A força normativa dos precedentes do STJ nos recursos repetitivos. 2.3.1. A necessidade de fundamentação específica nos julgamentos contrários aos recursos representativos da controvérsia. 2.3.2. A eficácia normativa dos precedentes do STJ em recurso representativo da controvérsia. 2.4. A eficácia normativa da jurisprudência dominante do STJ. 2.5. A força de incidência das decisões do STJ para a administração pública. 3. Os Tribunais de Justiça. 3.1. A eficácia vinculante das decisões dos tribunais estaduais. 3.2. A existência de súmula vinculante em âmbito estadual. 3.3. A uniformização da jurisprudência estadual. 4. O efeito vinculante das decisões de mérito dos juízes de primeiro grau de jurisdição. 5. A Turma Nacional de Uniformização da Jurisprudência (TNU).

1. O Supremo Tribunal Federal

Qual é o papel do Supremo Tribunal Federal?

A indagação não se refere à competência delineada na Carta de 1988 ou sobre sua função de guardião da Constituição. Essa atuação também é feita pelos juízes e tribunais ordinários que também resguardam a Constituição, através do controle incidental de constitucionalidade das leis e atos normativos.[416] Todos são, nessa medida, guardiões da Constituição. Todos os membros do Poder Judiciário têm competência para examinar a constitucionalidade das leis, não só o STF.

---

[416] Interessante é notar que, ao tomar posse em seus cargos, todos os juízes fazem juramento solene de que irão aplicar a Constituição Federal e as leis.

Essa constatação não diminui a importância do Supremo Tribunal Federal, ao reconhecer que sua competência também é atribuída aos demais órgãos. Muito pelo contrário. Põe ainda mais em evidência a sua participação no cenário jurídico brasileiro, a partir do momento em que se pretende definir o significado do STF no contexto de órgão essencial para a própria nação.

Reformulando, então, a pergunta inicial, poderíamos indagar: qual é a razão de uma Corte Suprema no âmbito institucional de uma nação? Apenas rever os julgamentos, como um tribunal de apelação, para examinar eventual equívoco no julgamento anterior? Seria o Supremo Tribunal Federal apenas mais um tribunal recursal? Não! De forma alguma. A função e a importância do STF vão muito além de uma corte revisora. O STF concretiza e unifica o sentido da Constituição, trazendo coesão e integração de toda a nação, modelando ou revelando os valores nela contidos.

Longe vai a época em que a Constituição era apenas uma lei de hierarquia superior. Hoje ela tem identidade própria, reconhecendo-se ontologicamente como uma norma diferenciada das demais leis.[417] Da mesma forma deve ser compreendido o STF, uma vez que sua função encontra-se estritamente relacionada com a própria essência da Constituição. Logo, sua importância e seu papel institucional vão além

---

417 Por essa razão existem teorias próprias no âmbito do Direito Constitucional, como os métodos de interpretação constitucional (interpretação concretista, de Smend; interpretação científico-espiritual, de Hesse; interpretação ...., mutação constitucional, já mencionada por Jellinek em 1895... interpretação conforme a Constituição... Declaração de inconstitucionalidade parcial sem redução de texto...

da mera revisão de julgados. Ele deve revelar o próprio o espírito da Constituição, o elo de ligação entre a idealização normativa e a sua adequada concretização.

Por essa razão, seus precedentes não devem ser compreendidos apenas como mais um julgado sobre controvérsias individuais, coletivas ou mesmo difusas. Suas decisões servem de norte e de parâmetro para os todos juízes e tribunais. Então, toda decisão do STF deve ser proferida com esse valor em mente: o de que ele não decide apenas uma única relação jurídica controvertida, mas todas que lhe são idênticas ou assemelhadas. Ou seja, aquele único julgamento não decide apenas aquela controvérsia, mas todas as demais ao mesmo tempo, simultaneamente. Isso acontece porque sua decisão constituirá precedente a ser observado em todas as demais decisões judiciais do país. Portanto, mesmo quando julga controvérsia individual, em recurso extraordinário, *habeas corpus* ou reclamação, a decisão única do STF vai além da situação jurídica dos litigantes.

Assim, quando julgar qualquer demanda, o STF deve se atentar para esta característica, que é a mais importante de sua atuação: fixar o modelo a ser utilizado nas futuras decisões judiciais. Ou, em outras palavras, criar o precedente judicial.

Nessa linha de raciocínio, todos os precedentes do STF devem ter, necessariamente, efeito vinculante, uma vez que sua função é de unificar a interpretação da Constituição. Não é concebível que os juízes ou tribunais simplesmente ignorem o precedente do STF, o que tornaria sem sentido o seu papel como órgão de integração nacional do espírito da Constituição.

Mas para cumprir sua função adequadamente, as decisões precisam ser refletidas e ponderadas. Será que a quantidade de recursos e demandas permite a tutela jurisdicional adequada? Será que os ministros têm condições de examinar com ponderação todos os processos que lhes são submetidos? É razoável exigir dos ministros que decidam para a nação e, ao mesmo tempo, impingir-lhes carga de trabalho que comprometa a qualidade da prestação jurisdicional?[418]

1.1. A carga de trabalho do Supremo Tribunal Federal.

Para uma composição de onze ministros, a carga de trabalho da mais alta Corte brasileira é inaceitável.[419]

---

418 Não afirmamos, aqui, que a quantidade de processos diminuiu a qualidade da prestação jurisdicional do Supremo Tribunal Federal. Muito pelo contrário. A qualidade das decisões pode ser aferida por todos, com o simples acompanhamento das decisões no portal do STF na internet. Particularmente Porém, a relação quantidade-qualidade sempre irá revelar-se como um Ótimo de Pareto, o que requer a

419 Seabra Fagundes já registrava o aumento da carga de trabalho do STF, com as seguintes palavras: "tal situação já se desenhava por volta de 1931, tendo dado lugar à divisão do Tribunal em duas Turmas, para lhe aumentar o rendimento, providência que adotada sem propósito definitivo, definitiva se tornou com a Constituição de 16 de julho de 1934 (art. 73). em 1942, o congestionamento do serviço no Pretório Supremo se agravara de tal modo, que era apontado como alarmante por Filadelfo Azevedo, em artigo publicado no *Arquivo Judiciário* (vol. 62, suplemento) e, posteriormente, em trabalho intitulado 'A crise do Supremo Tribunal', divulgado nos *Arquivos do Ministério da Justiça* (vol. 1º, junho, 1943). Logo a seguir, Levi Carneiro trazia a sua contribuição em torno do problema também acentuando sua gravidade: Ainda a crise do Supremo Tribunal Federal, *Arquivos do Ministério da Justiça*, vol. 2º, agosto, 1943" (cf. *A reforma do Poder Judiciário e a reestruturação do Supremo Tribunal Federal,* RF 215/5).

Segundo notícia divulgada no portal do próprio Supremo Tribunal Federal, apenas as decisões **colegiadas** ultrapassam a 14 mil em 2009! O Plenário do STF, por exemplo, reuniu-se em 33 sessões ordinárias e em 39 sessões extraordinárias no ano de 2009, proferindo mais de 3 mil decisões. Só aqui já existe uma clara indicação de anormalidade. Houve mais sessões extraordinárias do que ordinárias. Isso demonstra não ser possível cobrir a pauta de julgamento apenas com a previsão ordinária de julgamento. A Primeira Turma se reuniu em 36 sessões ordinárias no ano de 2009, proferindo 6.351 decisões. A Segunda Turma, por sua vez, reuniu-se 32 vezes em sessões ordinárias e proferiu 5.579 decisões. O Portal do STF divulga que, *"ao todo, foram publicados 17.125 documentos"*.[420]

A título de comparação, a quantidade de casos que são julgados pela Suprema Corte dos Estados Unidos da América situa-se entre 75 e 100 por ano[421]. No ano judiciário de 2008-2009[422], a Suprema Corte proferiu apenas 83 decisões de mérito (*full opinions*). Longe de pretender adotar integralmente o modelo estadunidense, a referência demonstra que o verdadeiro papel de uma Corte Suprema não é a de rever os julgamentos das cortes inferiores, mas o de estabelecer um modelo para a solução das controvérsias assemelhadas.

---

420 Cf. Portal do STF, http://www.stf.jus.br/portal/cms/verNoticiaDetalhe.asp?idConteudo=118244, acesso em 28.12.2009.

421 Em 2007-2008, a Suprema Corte recebeu mais de 8.200 petições de revisão das decisões de cortes inferiores (*Writ of Certiorari*) e, em 2008-2009, esse número ultrapassou a 10.000 casos. Porém, a Corte julga aproximadamente 1% ou 2% dos casos.

422 O ano judiciário (*Court's term*) começa em outubro de cada ano e se encerra no final de junho ou no começo de julho do ano seguinte.

O que ninguém consegue justificar é a excessiva carga de trabalho que hoje existe no STF. Uma solução há de ser encontrada, sob pena de os verdadeiros e importantes julgamentos que hoje se espera da mais alta Corte brasileira não terem espaço na pauta, preenchida com julgamentos marginais, repetitivos e desnecessários.

Como resolver o problema? A solução nos parece é simples e já começou a ser implementada: evitar que o STF se pronuncie mais de uma vez sobre a mesma controvérsia. Ou, em outras palavras, estender o resultado de um julgamento para todas as demais controvérsias assemelhadas. Isso ocorre com a atribuição de efeito vinculante a todas os precedentes judiciais[423].

Vejamos, então, a força de incidência normativa dos precedentes do STF, inciando com o controle abstrato de constitucionalidade e, em seguida, com o controle incidental.

1.2. A eficácia *erga omnes* das decisões do STF em controle abstrato de constitucionalidade das leis.

A partir de qual momento as decisões do Supremo Tribunal Federal passaram a desfrutar de eficácia *erga omnes*? Essa indagação é bastante pertinente, pois permitirá compreender como a eficácia contra todos os sujeitos de direito das decisões do Supremo Tribunal Federal

[423] A solução começa nesta assertiva, mas a sua operacionalização vai além. É preciso, ainda, definir, com clareza, critérios para a admissibilidade dos recursos e demandas, para permitir que os advogados e partes saibam em quais hipóteses o seu caso será examinado no STF. Discutiremos um pouco mais a questão quando analisarmos a repercussão geral.

foi reconhecida.

Pois bem. A Constituição Federal de 1988 estabelece, no artigo 52, X, que compete privativamente ao Senado Federal "suspender a execução, no todo ou em parte, de lei declarada inconstitucional por decisão definitiva do Supremo Tribunal Federal".

Essa prescrição normativa ingressou em nossa ordem constitucional a partir da Constituição de **1934** (art. 91, IV: "*suspender a execução, no todo ou em parte, de qualquer lei ou ato, deliberação ou regulamento, quando hajam sido declarados inconstitucionais pelo Poder Judiciário*") e foi repetido nas Constituições de **1946** (art. 64: "*incumbe ao Senado Federal suspender a execução, no todo ou em parte, de lei ou decreto declarados inconstitucionais por decisão definitiva do Supremo Tribunal Federal*") e de **1967** (art. 45, IV: "*suspender a execução, no todo ou em parte, de lei ou decreto, declarados inconstitucionais. por decisão definitiva do Supremo Tribunal Federal*"), bem como na **EC 1969** (art. 42, VII: "*suspender a execução, no todo ou em parte, de lei ou decreto, declarados inconstitucionais. por decisão definitiva do Supremo Tribunal Federal*").

Porém, conforme podemos verificar na Representação nº 933, relator Ministro Thompson Flores, RTJ 76:342, pp. 345/346, somente entre 1974 e 1975 o Supremo Tribunal Federal começou a definir a eficácia *erga omnes* na hipótese de pronúncia de nulidade da norma em sede de controle **abstrato** de inconstitucionalidade.

Três episódios contribuíram para esse entendimento.

O primeiro episódio ocorreu da seguinte forma. O Diretor Geral da Secretaria do Supremo Tribunal Federal formulou uma consulta em que manifestava dúvida sobre a execução da sentença proferida na Representação nº 898, relativa à Lei nº 7.214, de 13.11.1968, do Estado de Goiás. Essa Lei foi declarada inconstitucional pelo Supremo Tribunal Federal por infringência a princípio sensível da Constituição de 1967/1969, notadamente o art. 10, VII, "e". Na ocasião, Rodrigues Alckmin emitiu um judicioso parecer, reconhecendo que a pronúncia de inconstitucionalidade no controle **abstrato** de normas tinha eficácia *erga omnes*. Esse parecer foi aprovado pelo Ministro Luiz Gallotti, então Presidente da Comissão de Regimento do Supremo, em 5 de agosto de 1974. Posteriormente, foi aprovado pelo Ministro Eloy da Rocha, então Presidente do Supremo Tribunal Federal, em 19 de dezembro de 1974.

No segundo, houve uma consulta formulada pelo próprio Senado Federal. Nos termos do Parecer da Comissão de Constituição e Justiça, de relatoria do Senador Accioly Filho, o Senado formulou uma consulta ao Supremo Tribunal Federal para saber o alcance do art. 42, VII, da Constituição de 1967/1969 (hoje, art. 52, X, da CF/1988). Ou seja, a consulta visava a esclarecer se o Senado deveria suspender a execução de *todos* os atos declarados inconstitucionais ou se essa competência limitava-se às leis e decretos, nos termos do citado enunciado normativo. A questão foi submetida à Mesa de Matéria Constitucional do Supremo Tribunal Federal e o Ministro Moreira Alves, um dos grandes magistrados que honraram a nossa Supremo Corte, afirmou a desnecessidade de remeter ao Senado a declaração abstrata de inconstitucionalidade, que já produzia efeitos *erga omnes*.[424]

Na ocasião, a maioria da Mesa de Matéria Constitucional decidiu que todos os demais atos normativos com pronúncia **incidental** de inconstitucionalidade pelo Supremo Tribunal Federal deveriam ter a execução suspensa por resolução do Senado Federal, a exemplo do que ocorria com a lei e o decreto. Não obstante o Ministro Moreira Alves ter sido vencido nesse ponto, o que importa é o reconhecimento, pela Mesa de Matéria Constitucional, de que a suspensão da execução somente ocorreria nas hipóteses de controle **concreto**, ou seja, com pronúnica de inconstitucionalidade feita incidentalmente.

No terceiro e último episódio, o Ministro Thompson Flores, Presidente do Supremo Tribunal Federal, em 18 de junho de 1977, na esteira do Parecer do Ministro Moreira Alves, determinou que as

---

424 Cf. parecer de 11 de novembro de 1975: "10. **Em conclusão, e circunscrevendo-me apenas ao objeto da consulta (sou dos que entendem que a comunicação ao Senado só se faz em se tratando de declaração de inconstitucionalidade incidente e, não, quando decorrente da ação direta, caso em que, se relativa a intervenção federal, a suspensão do ato é da competência do Presidente da República, e, se referente à declaração de inconstitucionalidade em tese, não há que se falar em suspensão, pois, passando em julgado o acórdão desta Corte, tem ele eficácia *erga omnes* e não há que suspender lei ou ato normativo nulo com relação a todos)**, em conclusão – repito – e circunscrevendo-me ao objeto da consulta, sou de parecer de que só se deverá fazer a comunicação, a que alude a parte final do art. 180 do Regimento Interno, quando se tratar de declaração de inconstitucionalidade de lei (que abrange o elenco das figuras compreendidas no art. 46 da Emenda nº 1/69) ou de decreto e, não de quaisquer outros atos normativos (cf. Parecer do Ministro Moreira Alves, de 11.11.1975, publicado no DJ de 16.5.1977, p. 3123, cf. Ana Valderez Ayres Neves de Alencar, *in A Competência do Senado Federal para suspender a execução dos atos inconstitucionais*, Revista de Informação Legislativa nº 57, 1978, pp. 260 e ss. – o destaque não consta no texto original).

comunicações ao Senado Federal, para as hipóteses de suspensão da execução da lei declarada inconstitucional pelo Supremo (art. 42, VII, da CF de 1967/1969), se restringissem às declarações *incidenter tantum* de inconstitucionalidade. Ou seja, reconheceu definitivamente que a pronúncia de inconstitucionalidade em controle **abstrato** de normas tinha eficácia *erga omnes*, independentemente da suspensão da execução por parte do Senado.

A partir de então, consolidou-se o entendimento, na doutrina e na jurisprudência, de que a comunicação ao Senado Federal para a suspensão da execução de lei ou ato normativo declarado inconstitucional pelo Supremo Tribunal Federal somente ocorre nas hipóteses de controle *incidental* (concreto) de inconstitucionalidade; no controle objetivo por ação ou representação (abstrato), a própria decisão encontra-se dotada de eficácia *erga omnes*.

Nessa linha de raciocínio, o art. 52, X, da Constituição Federal de 1988 restringe-se às hipóteses de controle *incidental* de inconstitucionalidade. Conforme veremos (*infra*,), há ainda voto proferido no STF na Reclamação 4335, em que o Ministro Eros Grau argumenta a ineficácia total deste enunciado normativo, fundado na mutação constitucional. Mas, enquanto não for consolidada a tese, encontra-se absolutamente consolidado na doutrina e na jurisprudência de todo o país, inclusive no Supremo Tribunal Federal, que a incidência do art. 52, X, da Constituição Federal não atinge a declaração abstrata de constitucionalidade que tem, por sua própria essência, eficácia *erga omnes* e efeito vinculante.

1.2.1. Súmulas *vinculantes* anteriores à EC nº 45/2004 e à Lei nº 11.417/2006.

É um equívoco supor que somente as súmulas editadas após a Emenda Constitucional nº 45/2004 e a Lei nº 11.417/2006 têm efeito vinculante. Ao contrário do que se pode imaginar, há um número muito grande de súmulas vinculantes oriundas do Supremo Tribunal Federal[425].

Conforme vimos nos capítulos precedentes, a parte do julgado que vincula as futuras decisões é a *ratio decidendi*, isto é, as razões que fundamentam a decisão. As súmulas anteriores à EC nº 45/2004, por sua vez, sempre foram – equivocadamente – consideradas apenas persuasivas, sem qualquer eficácia vinculante. Contudo, as súmulas consistem em um resumo, um extrato dos fundamentos utilizados para justificar a decisão. Em outras palavras, as súmulas nada mais são que uma tentativa de enunciação da *ratio decidendi* do precedente judicial[426], conforme já destacamos.

Assim, partindo da premissa de que as súmulas são, na verdade, mera enunciação da tese jurídica (*ratio decidendi*) de um precedente

[425] Considerando que esta Seção e as futuras referem-se à jurisprudência do Supremo Tribunal Federal, então todas as súmulas naturalmente dizem respeito ao STF.

[426] Dizemos "tentativa" porque, embora desejável, não é garantido que a súmula sempre refletirá, apenas, a *ratio decidendi*. É possível encontrar, em uma súmula, elementos não vinculantes - *dicta* - e, até mesmo, não encontrar razões vinculantes explicitamente enunciadas. Mas, de qualquer modo, as súmulas visam à enunciação da *ratio decidendi*.

judicial, então se o precedente tiver eficácia vinculante, a súmula conservará esta mesma eficácia vinculante proveniente das decisões que autorizaram a sua enunciação.

Para demonstrar o raciocínio, verifiquemos, por exemplo, a Lei nº 9.868/1999[427], que já proclama o efeito vinculante nas decisões proferidas em ADIs. Portanto, independentemente de súmula vinculante específica, editada com fundamento na Lei nº 11.417/2006, as decisões das ADIs já vinculavam os órgãos do Poder Judiciário e da Administração Pública, por força da Lei nº 9.868/1999.

Então, as súmulas editadas com fundamento em precedentes oriundos de ADIs terão a mesma eficácia vinculante da própria ADI. Não faria sentido reconhecer eficácia vinculante à decisão proferida na ADI e negá-la à súmula que é tão somente um resumo dos fundamentos da decisão.

Exemplo. Verifiquemos uma situação concreta em que a súmula editada pelo Supremo Tribunal Federal, a despeito de ser rotulada de vinculante, já possui esta eficácia. A súmula 685 do STF dispõe: *"é inconstitucional toda modalidade de provimento que propicie ao servidor investir-se, sem prévia aprovação em concurso público destinado ao seu provimento, em cargo que não integra a carreira na qual anteriormente investido."* Esta súmula foi publicada no DJ dos dias 9, 10 e 13 de outubro de 2003. Ou seja, antes da Lei nº 11.417/2006 e da própria EC nº 45/2004. Portanto, não teria – em tese – eficácia vinculante. Não obstante isso, a mencionada súmula 685 foi editada com base em 19 (dezenove) precedentes.[428] Dentre os precedentes, há

[427] Art.

[428] São eles: ADI 308 MC, ADI 368 MC, ADI 231, ADI 245, ADI 785 MC, ADI 837 MC, MS 21420, ADI 266, ADI 308, RE 129943, ADI 248, ADI

14 (quatorze) ADIs! Todas elas têm efeito vinculante por força da Lei nº 9.868/1999. Desse modo, a *ratio decidendi* nelas enunciada já vinculava os demais órgãos do Judiciário e da Administração Pública, independentemente de sua reprodução em súmula. Em verdade, a súmula 685 era desnecessária para atribuir eficácia vinculante à tese jurídica sufragada pelo STF. E, uma vez editada a súmula 685, ela preserva essa eficácia vinculante, por se tratar de mera repetição da *ratio decidendi*. Em outras palavras, não se pode negar a eficácia vinculante da súmula 685, sob pena de se negar a eficácia vinculante das ADIs que constituíram precedentes para sua edição.

Não se pode esquecer que, por eficácia, devemos compreender os efeitos emanados da decisão. E os efeitos serão sempre os mesmos, sejam provenientes da súmula, sejam dos precedentes que a embasaram: a vinculação dos órgãos do Poder Judiciário e da Administração Pública.

Nessa linha de raciocínio, é possível sustentar o seguinte:

Teorema. As súmulas enunciadas com base em precedente vinculante projetam a mesma força normativa, independentemente de terem sido editadas como tais, se e somente se reproduzirem a *ratio decidendi* dos respectivos precedentes.

Portanto, a súmulas editadas antes da EC 45/2004 e da Lei

970 MC, ADI 186, MS 22148, RE 150453, ADI 1150, RE 173357, ADI 837, ADI 242.

11.417/2006 preservam a mesma força de incidência normativa dos precedentes vinculantes dos quais emanaram. Como consequência, podemos afirmar que também são vinculantes as súmulas do STF de nº 642, 648, 649, 651, 653, 654, 655, 667, 677, 679, 681, 682, 685, 686, 722, 726, 732[429] e 733, pois todas estão fundadas em precedentes com eficácia vinculante.

Outro exemplo bastante esclarecedor encontramos na Súmula 681 do Supremo Tribunal Federal, que tem o seguinte enunciado: "*É inconstitucional a vinculação do reajuste de vencimentos de servidores estaduais ou municipais a índices federais de correção monetária.*"

A súmula 681 foi aprovada na Sessão Plenária de 24.9.2003, foi publicada no DJ dos dias 9, 10 e 13 de outubro de 2003, referência legislativa ao art. 25 e ao art. 61, § 2º, II, "a", da Constituição da República, e foi editada por força dos seguintes precedentes: **ADI 1064** (DJ de 26/9/1997), **ADI 464** (DJ de 19/12/1994), **ADI 285 MC** (DJ de 29/6/1990), **ADI 377 MC** (DJ de 23/11/1990), **ADI 691 MC** (DJ de 19/6/1992), **ADI 437 MC** (DJ de 19/2/1993), **ADI 287 MC** (DJ de 7/5/1993), **ADI 2050 MC** (DJ de 1º/10/1999), **ADI 303 MC** (DJ de 6/9/2002), **RE 145018** (DJ de 10/9/1993), **RE 179554** (DJ de 2/6/1995), **RE 166581** (DJ de 30/8/1996), **RE 229397** (DJ de 9/4/1999), **AO 293** (DJ de 24/11/1995).

Todas as súmulas mencionadas visavam à identificação da *ratio decidendi* das ADIs que constituem seus respectivos precedentes, então

---

[429] Esta súmula tem eficácia vinculante decorrente de uma Ação Declaratória de Constitucionalidade, a saber, a ADC 4.

podemos afirmar que **a súmula 681 do STF tem efeito vinculante**. O fundamento dessa afirmação é um só: as declarações de inconstitucionalidade das ADIs têm efeito vinculante (Lei nº 9.868/99) e a súmula 681 reproduz a *ratio decidendi* dos referidos precedentes. Logo, como a súmula 681 declara o fundamento vinculante das ADIs, ela tem o mesmo efeito vinculante das respectivas ADIs!

1.2.2. A desnecessidade de súmula vinculante na hipótese de precedentes que já projetam esse efeito

O raciocínio desenvolvido na Seção anterior conduz à outra conclusão.

Se a súmula conserva a eficácia vinculante emanada do precedente, como ocorre na ADI, então não é necessário o procedimento especial de edição da súmula vinculante para se atribuir este desejado efeito ao enunciado sumular. O julgamento do próprio precedente será suficiente para vincular todos aqueles sujeitos ao seu efeito. Independentemente de súmula vinculante. Assim, podemos reconhecer que:

Corolário. Não é necessário editar enunciado de súmula vinculante na hipótese de súmula editada com base em precedente vinculante.

Um caso bastante curioso nessa linha encontramos na Súmula

Vinculante nº 2, que indica como precedentes 6 (seis) Ações de Inconstitucionalidade[430]. Ora, se as ações de inconstitucionalidade já têm eficácia vinculante, então não haveria sequer necessidade de uma súmula vinculante para impor a vinculação aos demais órgãos do Poder Judiciário e da Administração Pública. Essa eficácia já existia.

Não é por falta de súmula vinculante que o precedente deixará de ser necessariamente observado por todos os obrigados, na hipótese em que o precedente já tiver essa eficácia.

A única razão para a edição de uma súmula vinculante seria para explicitar a *ratio decidendi*, apesar de a mesma ser facilmente identificada nos precedentes, neste caso. Para isso, porém, não seria preciso uma súmula vinculante. Bastaria uma súmula qualquer, pois a eficácia vinculante já decorreria naturalmente das ADIs que formaram os precedentes.

Houve, em verdade, uma reiteração da eficácia vinculante.

Outra hipótese igualmente interessante encontramos na Súmula Vinculante nº 7[431], que nada mais é do que uma repetição da Súmula 648[432], com ligeira alteração sintática. Inicialmente, observamos que não havia necessidade de se editar súmula vinculante sobre a

---

[430] São elas: ADI 2847, ADI 3147, ADI 2996, ADI 2690, ADI 3183, ADI 3277.

[431] Súmula Vinculante nº 7: "A norma do §3º do artigo 192 da Constituição, revogada pela Emenda Constitucional nº 40/2003, que limitava a taxa de juros reais a 12% ao ano, tinha sua aplicação condicionada à edição de lei complementar." (DJe 112/2008, p. 1, 20.6.2008)

[432] Súmula 648: "A norma do § 3º do art. 192 da Constituição, revogada pela Emenda Constitucional 40/2003, que limitava a taxa de juros reais a 12% ao ano, tinha sua aplicabilidade condicionada à edição de lei complementar." (DJ de 9, 10 e 13.10.2003).

matéria, porque a Súmula 648 já tinha essa eficácia (vinculante), uma vez que, dentre os precedentes que justificaram sua edição, constava a ADI 4.

Curioso é notar que TODOS os precedentes da Súmula 648 são repetidos como precedentes da Súmula Vinculante nº 7, que indicou, além daqueles[433], apenas mais um: o RE 582.650 QO, que foi julgado após a edição da Súmula 648. Mas, à exceção deste último, não há qualquer diferença entre os precedentes de ambas as súmulas.

Há, em verdade, uma insegurança dos operadores do direito quanto ao reconhecimento da eficácia vinculante das decisões do STF. Será necessária, para que a teoria dos precedentes adquira sua real expressão e significado, uma verdadeira mudança no comportamento dos juristas e na compreensão do instituto.

Assim, as súmulas vinculantes somente deveriam ser editadas para (i) esclarecer a *ratio decidendi* do precedente vinculante; (ii) atribuir eficácia vinculante a precedente que não tenha esse efeito, ou seja, para RE, HC, MS *etc*.

1.3. A repercussão geral como pressuposto de admissibilidade do recurso extraordinário

A repercussão geral consiste em mecanismo de filtragem dos processos encaminhados ao STF, com o escopo de tornar suportável sua

433 São eles: ADI 4, RE 157897, RE 184837, RE 186594, RE 237472, RE 237952 e AI 187925 AgR.

carga de trabalho. A partir de agora, a Corte Suprema poderá, com fundamento nesse critério de admissibilidade do recurso extraordinário, selecionar alguns casos representativos da controvérsia com alcance nacional.

Criada pela EC 45/2004, que acrescentou o § 3º ao art. 102 da CF/1988[434], a repercussão geral foi regulamentada pela Lei nº 11.418/2006, que acrescentou os arts. 543-A[435] e 543-B[436] ao Código de Processo Civil, a partir de dois textos apresentados, respectivamente, pela consultoria jurídica do Senado Federal e pelos Ministros Gilmar Mendes e Cezar Peluso.[437] O primeiro artigo (543-A) regulamenta a repercussão geral, enquanto o segundo (543-B) estabelece o modelo do procedimento para repercussão geral na hipótese de multiplicidade de

---

434 CF/1988, art. 102. *omissis*. § 3º "No recurso extraordinário o recorrente deverá demonstrar a repercussão geral das questões constitucionais discutidas no caso, nos termos da lei, a fim de que o Tribunal examine a admissão do recurso, somente podendo recusá-lo pela manifestação de dois terços de seus membros." (Incluída pela Emenda Constitucional nº 45, de 2004)

435 CPC, Art. 543-A. O Supremo Tribunal Federal, em decisão irrecorrível, não conhecerá do recurso extraordinário, quando a questão constitucional nele versada não oferecer repercussão geral, nos termos deste artigo.

436 CPC, Art. 543-B. Quando houver multiplicidade de recursos com fundamento em idêntica controvérsia, a análise da repercussão geral será processada nos termos do Regimento Interno do Supremo Tribunal Federal, observado o disposto neste artigo.

437 Segundo José Rogério Cruz e Tucci, "A despeito de encontrar-se em vigor o dispositivo supra transcrito, a sua respectiva eficácia dependia da edição de lei regulamentadora da matéria, com o escopo de precisar os contornos do procedimento referente à apreciação da repercussão geral. Cumpre também esclarecer que os primeiros esboços de anteprojeto foram debatidos nas VI Jornadas Brasileiras de Direito Processual Civil, que se desenrolam, em Brasília, entre os dias 11 e 14 de outubro de 2005. Os dois textos apresentados foram alinhavados, respectivamente, pela consultoria jurídica do Senado Federal e, ao que consta, pelos Ministros Gilmar Mendes e Cezar Peluso." (cf. *Anotações sobre a repercussão geral...*).

recursos extraordinários.

Inegavelmente, a fonte de inspiração da *repercussão geral* foi a antiga *arguição de relevância*. Não obstante isso, o novo modelo de admissibilidade por *repercussão geral* buscou corrigir os equívocos que tornaram a *arguição de relevância* alvo de reiteradas críticas, como, por exemplo, a dispensa da fundamentação[438] e o julgamento em sessão "administrativa" (sic) secreta[439]. A repercussão geral, afastando-se desses pontos negativos, deve ser fundamentada, ainda que sucintamente, o julgamento deve ser ocorrer com ampla publicidade, e a decisão tomada tem indiscutível natureza jurisdicional.

A repercussão geral permite que o STF reconheça, em algumas matérias, alcance nacional, enquanto em outras o pronunciamento da Corte Suprema não seria essencial, do ponto de vista da ordem econômica, política, social ou jurídica. A dualidade *relevante* e *não-relevante* atinge as questões no plano constitucional e também no da lei

---

[438] Segundo José Ignácio Botelho de Mesquita, "vinha de cima, da mais alta corte de justiça do País que, autorizada a legislar sobre os processos de sua competência, não resistiu à tentação de dispensar de motivação as decisões proferidas secretamente nas chamadas 'argüições de relevância'" (cf. *O princípio da liberdade na prestação jurisdicional*, estudo apresentado na VIII Conferência Nacional da OAB, Manaus, 1985, p. 385., *apud* José Rogério Cruz e Tucci *in. Anotações...*).

[439] Dentre as características que eram alvo de críticas, temos, em tentativa de justificação: ""A sessão pode ser administrativa porque o julgamento não é de índole jurisdicional. E se tivesse de ser pública, sempre haveria de ser admitida a sustentação oral de ambas as partes. E se a decisão tivesse de ser fundamentada, estaríamos ampliando consideravelmente o número de sessões plenárias do Supremo, que já são duas por semana" (cf. Sydney Sanches, Argüição de relevância da questão federal, O Estado de S. Paulo, 31.10.1987).

federal,[440] uma vez que a competência do STF para o recurso extraordinário refere-se a ambas as matérias.[441]

A existência ou não de repercussão geral ampara-se na verificação da abrangência das questões debatidas, a partir de elementos essenciais para o equilíbrio da sociedade. Isso ocorre por intermédio de um juízo de relevância que usa, como parâmetro, critérios econômico, político, social ou jurídico.[442] O STF deve, ao reconhecer ou negar a admissibilidade do RE, justificar a existência de um desses parâmetros, que podem ser cumulativos.[443]

A controvérsia deve, ainda, ultrapassar os interesses subjetivos discutidos na demanda. Isso significa que as questões devem ter uma amplitude tal, a ponto de atingir um grande número de relações jurídicas, não integrantes daquela demanda.

Os requisitos da repercussão geral são, portanto, dois: um de amplitude subjetiva (influência além dos interesses subjetivos das

---

440 Contra, asseverando que entendeu "o legislador constitucional deverem-se distinguir questões relevantes das não-relevantes, no plano do direito constitucional e não no plano da lei federal, como se tudo o que constasse da lei federal fosse relevante". (Cf., também, Medina, Wambier e Wambier, Repercussão geral e súmula vinculante, Reforma do Judiciário (obra coletiva), p. 373-374.

441 CF/1988, art. 102. *omissis.* III - julgar, mediante recurso extraordinário, as causas decididas em única ou última instância, quando a decisão recorrida: a) contrariar dispositivo desta Constituição; b) declarar a inconstitucionalidade de tratado ou lei federal; c) julgar válida lei ou ato de governo local contestado em face desta Constituição; d) julgar válida lei local contestada em face de lei federal. (Incluída pela Emenda Constitucional nº 45, de 2004).

442 CPC, art. 543-A. *Omissis.* § 1º Para efeito da repercussão geral, será considerada a existência, ou não, de questões relevantes do ponto de vista econômico, político, social ou jurídico, que ultrapassem os interesses subjetivos da causa.

443 Neste sentido: José Rogério Cruz e Tucci (cf. *Anotações sobre...*).

partes), outro de importância objetiva do tema (relevância social, política, econômica e jurídica).

A repercussão geral deve ser suscitada como preliminar[444] do recurso extraordinário.[445] Mas não basta invocá-la. O recorrente deve argumentar a sua ocorrência, demonstrando de que modo a controvérsia ultrapassa os lindes do interesse individual e repercute nos valores políticos, sociais, econômicos ou jurídicos da nação. Do mesmo modo, deve ser fundamentada a decisão do STF que reconheça ou negue a repercussão geral. Não basta a singela afirmação de que *"não há repercussão geral"*, uma vez que *"não existem questões relevantes do ponto de vista econômico, político, social ou jurídico, que*

---

444 O RISTF menciona, no *caput* do art. 323, que: "quando não for caso de inadmissibilidade do recurso por outra razão...". Com acerto, portanto, Elvio Ferreira Sartório e Flávio Cheim Jorge quando afirmam que a repercussão geral será analisada somente após o relator examinar os demais requisitos de admissibilidade do recurso: "Num primeiro momento, será preciso averiguar, monocraticamente, se o recurso é admissível ou não, para, na hipótese positiva, posteriormente submeter à turma o debate acerca da repercussão geral. Em verdade, seria demasiadamente desgastante ao STF se fizesse de forma diversa; haveria o risco de reconhecer a existência da repercussão geral e, posteriormente, não conhecer o recurso no mérito, por ausência de outro requisito de admissibilidade" (cf. O recurso extraordinário e a demonstração da repercussão geral, Reforma do Judiciário (obra coletiva), São Paulo: RT, 2005, p. 186). No mesmo sentido: José Rogério Cruz e Tucci, que afirma: "A esse propósito, parece-me que o relator do recurso extraordinário deve examinar, com precedência, todos os demais pressupostos de admissibilidade do recurso extraordinário. Sendo positivo o juízo de admissibilidade, só então é que a questão da repercussão geral será levada primeiramente à apreciação da turma." (cf. *Anotações sobre...*). Contra: Arruda Alvim, para quem ""o exame da repercussão geral deverá ser prévio à admissibilidade, propriamente dita, ou à admissibilidade em sentido técnico, como assunto preliminar, já quando e dentro do âmbito do julgamento do recurso." (cf. *A EC n. 45 e o instituto da repercussão geral*, Reforma do Judiciário (obra coletiva), São Paulo: RT, 2005 p. 64).

445 CPC, art. 543-A. *Omissis.* § 2º O recorrente deverá demonstrar, em preliminar do recurso, para apreciação exclusiva do Supremo Tribunal Federal, a existência da repercussão geral.

ultrapassem os interesses subjetivos da causa." Ou então a sua contrapartida, no sentido de que *"há repercussão geral porque existem..."* Essa fundamentação é meramente aparente e não diz nada, exceto repetir a orientação genérica destituída de qualquer concretude fática. A lei pode ser genérica, a decisão judicial, não. Ela deve ser específica e concreta. Deve dizer de que modo a questão tem relevância econômica *etc.* O dever de fundamentação das decisões é garantia constitucional e forma a essência do próprio processo.

No entanto, a advertência é desnecessária. Conscientes de sua responsabilidade institucional, os ministros do STF têm fundamentado satisfatoriamente as decisões de admissibilidade ou não da repercussão geral. Basta uma rápida visita ao portal do STF na internet para constatar a fundamentação satisfatória nas decisões de repercussão geral.

Aliás, também digna dos maiores elogios é a transparência que o STF tem dado à repercussão geral (e, também, a todos os aspectos do Tribunal), com ampla divulgação das decisões no portal da Suprema Corte na internet.

1.3.1. A presunção de repercussão geral na contrariedade a precedente *dominante* do STF

Na hipótese de o acórdão recorrido contrariar súmula ou jurisprudência dominante do STF, presume-se a repercussão geral.[446]

[446] CPC, art. 543-A. *Omissis.* § 3º Haverá repercussão geral sempre que o

Essa opção legislativa é bastante oportuna, pois visa a resguardar a coerência da jurisprudência e a consistência do sistema. Dentre as funções da Suprema Corte está a de unificação da interpretação da lei federal (quando afastada por lei local na decisão recorrida) e da própria Constituição. Então não seria coerente que o Supremo Tribunal já tivesse se pronunciado sobre determinada matéria e que os tribunais, ainda assim, pudessem decidir de modo contrário à sua jurisprudência, sujeitando a admissibilidade do recurso extraordinário à demonstração de repercussão geral. O sistema jurídico deve ser consistente, isto é, deve ser livre de contradições lógicas e de normas antinômicas. Não é admissível que haja determinada interpretação legal ou constitucional pelo STF para algumas controvérsias, enquanto em outras os tribunais adotassem entendimento diverso. A unidade do sistema jurídico é elemento essencial do ordenamento, inclusive como critério de segurança jurídica. Em verdade, a inconsistência da legislação federal e constitucional que surgiria com a não admissibilidade do RE é que teria grave repercussão no mundo jurídico. E, nessa medida, surgiria indiscutivelmente a repercussão geral, uma vez que ela ocorre, também, em razão da relevância *jurídica.* Inquestionável é a relevância jurídica da consistência sistêmica, de um ordenamento livre de normas – e precedentes judiciais – antinômicos e contraditórios. Ademais, não há como afirmar que a matéria não tenha relevância nacional, se ela já foi examinada anteriormente pelo STF.[447]

---

recurso impugnar decisão contrária a súmula ou jurisprudência dominante do Tribunal.

[447] Este argumento – bastante pertinente e, por si só, razão suficiente para a presunção – foi enunciado por José Rogério Cruz e Tucci: "Entende-se sem

Apesar do oportuno e necessário reconhecimento normativo da presunção, alguns pontos se destacam, principalmente sobre a ótica da teoria dos precedentes judiciais. Vejamos, então. Conforme já discutimos, a repercussão geral é presumida quando o recurso extraordinário *"impugnar decisão contrária a súmula ou jurisprudência dominante"*.

Primeiro, ao fazer referência à súmula ou jurisprudência *dominante*, o enunciado legal reconhece a força de incidência normativa não só dos precedentes vinculantes, mas de todos os demais precedentes do STF que estejam em vigor. Isso reforça a tese de eficácia normativa (efeito vinculante) dos precedentes, uma vez que há sanção por *sub-rogação* (substituição da decisão desconforme) para as decisões que lhes forem contrárias.

Em seguida, não podemos esquecer que não é qualquer negativa de incidência do precedente que significa esteja a decisão recorrida em contrariedade à súmula ou à jurisprudência do STF. Os precedentes podem não ser aplicados em determinados casos em razão da existência de circunstâncias distintivas (*distinguishing*), que tornam as controvérsias diferentes da situação descrita no precedente. Mas isso não significa que houve violação a precedente do STF, de modo a presumir-se a repercussão geral. As circunstâncias distintivas da controvérsia, conforme vimos, estabelecem cláusula de exceção que transforma o novo precedente em regra especial, quando comparado

---

qualquer esforço a presunção legal contemplada no novel texto legal, visto que a existência de súmula ou de precedente judicial consolidado já indica que a matéria reveste-se de amplo interesse." (cf. *Anotações sobre...*).

com o anterior, que para ele é regra geral. São formadas, assim, duas regras distintas – especial e geral – cuja convivência é plenamente aceita no sistema jurídico. Nesse contexto, não há contrariedade a súmula ou jurisprudência dominante do STF, de modo a presumir-se a repercussão geral, se o acórdão recorrido afasta a incidência do precedente com fundamento em circunstâncias distintivas da controvérsia *(distinguishing)*. Em consequência, na eventualidade de a decisão desafiar recurso extraordinário, então o STF deverá pronunciar-se sobre a existência ou não de repercussão geral. Podemos afirma, então, que:

Lema. Não se presume a repercussão geral de decisão contrária a precedente dominante do STF, na forma do § 3º do art. 543-A do CPC, se e somente se a decisão recorrida afastar a incidência de precedente com fundamento em circunstâncias distintivas da controvérsia (*distinguishing*).

Como consequência dessa conclusão, podemos inferir que:

Corolário. O recurso extraordinário contra decisão que afasta a incidência de precedente do STF com fundamento em circunstâncias distintivas da controvérsia (*distinguishing*) está sujeito à admissibilidade por repercussão geral.

Ou seja, ao receber o recurso extraordinário que tenha como fundamento a presunção legal do § 3º do art. 543-A do CPC, o relator deve examinar se a decisão impugnada afastou a incidência do precedente com base em circunstâncias distintivas da controvérsia (*distinguishing*). Se a resposta for afirmativa, então apenas as circunstâncias distintivas devem ser submetidas ao exame de repercussão geral (não é necessário reafirmar as razões determinantes (*ratio decidendi*) do precedente, mas apenas as razões distintivas (*distinguishing*) que justificaram a negativa de incidência. Por outro lado, se a resposta for negativa – isto é, se a decisão recorrida afastou o precedente sem afirmar a existência de circunstâncias distintivas –, então presume-se a repercussão geral e o recurso extraordinário estará automaticamente admitido, se preenchidos os demais requisitos.

1.3.2. O procedimento da repercussão geral

Digno de elogios é o procedimento usado no Supremo Tribunal Federal para o exame da repercussão geral.

No entanto, antes de examiná-lo, convém destacar que os tribunais de origem não podem negar seguimento ao RE ou ao AI, com fundamento na inexistência de repercussão geral. Essa competência é exclusiva do STF, conforme dispõe o § 2º do art. 543-A do CPC.

No que tange ao quórum, a repercussão geral somente pode ser **negada** por dois terços dos Ministros do STF.[448] Dessa forma, são

[448] CF/1988, art. 102. *omissis*. § 3º No recurso extraordinário o recorrente

necessários 8 (oito) votos para que o RE não seja admitido. Considerando que o STF é formado por 11 ministros, se 4 (quatro) deles votarem pela existência de repercussão geral, o RE terá atendido esse requisito de admissibilidade. Apesar da competência do plenário – uma vez que a Constituição fala em "dois terços de seus membros" e não da turma julgadora –, é possível votar previamente a repercussão geral nas Turmas, e a Lei previu esta hipótese.[449] Uma vez que cada turma é composta por 5 (cinco) ministros, se 4 (quatro) deles votarem pela existência de repercussão geral, então não terá utilidade alguma submeter a preliminar ao plenário, uma vez que a votação dos demais ministros não atingirá o quórum necessário para rejeitar o recurso. Nessa hipótese, a admissibilidade já foi reconhecida. Porém, se não forem obtidos, na respectiva turma, os 4 (quatro) votos pela admissão do recurso, ou seja, se pelo menos 2 (dois) ministros votarem pela inexistência de repercussão geral, então a matéria deve ser submetida ao plenário.

O critério é exatamente o oposto ao da arguição de relevância. Enquanto nesta a admissibilidade precisava ser reconhecida, naquela o seguimento do recurso precisa ser negado. A aparente similaridade das decisões oculta importante resultado prático: é que a dificuldade de se conseguir a admissão fundamentada do recurso revela-se maior do que

---

deverá demonstrar a repercussão geral das questões constitucionais discutidas no caso, nos termos da lei, a fim de que o Tribunal examine a admissão do recurso, somente podendo recusá-lo pela manifestação de dois terços de seus membros.

449 CPC, art. 543-A. *Omissis.* § 4º Se a Turma decidir pela existência da repercussão geral por, no mínimo, 4 (quatro) votos, ficará dispensada a remessa do recurso ao Plenário.

negar-lhe motivadamente o seguimento. Sem mencionar que, neste modelo, a minoria (4 ministros) pode decidir pela admissibilidade do recurso, enquanto no modelo anterior, a minoria podia negar-lhe seguimento. Portanto, a inversão do critério trouxe verdadeira garantia para as partes.

O STF criou interessante procedimento eletrônico para o julgamento da repercussão geral. Ao se pronunciar sobre a existência de repercussão geral, o relator encaminha cópia de sua decisão aos demais ministros por meio eletrônico (art. 323, *caput*, RISTF). Após receberem a manifestação do relator, os demais ministros terão o prazo de 20 (vinte) dias para se manifestarem – também por meio eletrônico – sobre a questão preliminar (art. 324, RISTF). Em seguida, basta computar os votos para verificar se o quórum constitucional de rejeição da repercussão geral foi atingido ou não. O silêncio dos ministros, neste procedimento, é relevante. Na eventualidade de algum dos ministros não se manifestar, então não houve voto pela inadmissibilidade do recurso. Considerando que o critério constitucional exige quórum qualificado para **negar seguimento** por ausência de repercussão geral, se os ministros não se manifestarem em número suficiente para a recusa do recurso, então a repercussão geral será reputada existente.

O procedimento eletrônico é bastante adequado e satisfaz diversas garantias constitucionais, como a razoável duração do processo, a necessidade de fundamentação das decisões. Assegura, ainda, princípios caros para a administração da Justiça, como o da eficiência, uma vez que se torna desnecessário reunir em plenário para discutir – e votar – questão que pode ser solucionada por outro meio, preservando-se a composição colegiada. Cumprimentemos, portanto, os idealizadores da ideia e aqueles que tiverem a coragem de implementá-la.

Por fim, uma observação. Em face do quórum constitucional, não cabe mais, nesse contexto, decisão monocrática para decidir a admissibilidade do recurso extraordinário. Exceto na hipótese de a repercussão geral já haver sido reconhecida, caso em que se aplica o § 1º do art. 323 do RISTF.

Isso não significa, porém, que não mais haverá decisão monocrática no STF. Muito pelo contrário. A repercussão geral não impede seja a controvérsia decidida de forma unipessoal pelo relator. Há, apenas, a exigência prévia de a admissibilidade do RE ser empreendida pelo quórum constitucional. Porém, uma vez admitido o seguimento do recurso, o relator poderá decidir a controvérsia monocraticamente. O *caput* do art. 325 do RISTF é bastante claro: "(...) *definida a existência da repercussão geral,* [o relator] *julgará o recurso ou pedirá dia para seu julgamento* (...)". Nesse caso, a decisão colegiada de admissibilidade do RE, além de ser publicada no Diário Oficial e amplamente divulgada (para conhecimento específico das razões de admissibilidade ou não), integrará a decisão monocrática ou o acórdão, na forma do parágrafo único do art. 325 do RISTF.

1.3.3. A repercussão geral e a multiplicidade de recursos em idênticas controvérsias

Ainda no que diz respeito à repercussão geral, o art. 543-B do CPC estabelece o procedimento a ser adotado quando houver multiplicidade de recursos em idênticas ou assemelhadas controvérsias.[450] Trata-se de recursos repetitivos, em que a eficácia da decisão do STF em um recurso será projetada para todos os demais.

Para que isso ocorra, o Tribunal de origem seleciona um ou mais recursos representativos da controvérsia, encaminhando-os ao STF.[451] Todos os demais ficam sobrestados, aguardando a decisão da Suprema Corte. Já aqui há um indicativo de que poderá haver significativa redução de processos no STF, embora mais de um recurso possa ser encaminhado ao Tribunal. Sim, porque além da possibilidade de o Tribunal de origem encaminhar mais de um recurso, nos termos do § 1º do art. 543-B do CPC, pode ocorrer de a controvérsia ser discutida em diversos Tribunais, que remeterão diversos recursos representativos da controvérsia. Isso, porém, não trará dificuldade, uma vez que os processos podem ser reunidos para julgamento simultâneo. Para isso, o STF precisa ter controle sobre os temas dos recursos representativos da controvérsia, até mesmo para evitar julgar novamente o que já foi decidido. Isso também não é problema, pois há, nesse aspecto, rigoroso controle da jurisprudência da Corte.

---

450 Segundo José Rogério Cruz e Tucci, "Existindo então repetição de recursos sobre o mesmo tema, aos tribunais de origem vem atribuída a tarefa de procederem a seleção de uma ou mais impugnações atinentes à determinada questão e encaminhá-las ao Supremo Tribunal Federal, sobrestando o processamento das demais, até o pronunciamento definitivo (art. 543-B, § 1º)." (cf. *Anotações...*).

451 CPC, art. 543-B. *Omissis*. § 1º Caberá ao Tribunal de origem selecionar um ou mais recursos representativos da controvérsia e encaminhá-los ao Supremo Tribunal Federal, sobrestando os demais até o pronunciamento definitivo da Corte.

O propósito de se sobrestar os demais recursos na origem é o de evitar que o Supremo Tribunal seja compelido a se pronunciar mais de uma vez em matéria idêntica, o que além de ser ineficiente, compromete o andamento dos trabalhos com atos desnecessários e indevidos.

Os recursos sobrestados, por sua vez, não precisarão ser admitidos. Negada a existência de repercussão geral, todos os recursos sobrestados serão considerados automaticamente não admitidos.[452] Vejam que já aqui a decisão do STF que inadmitiu o recurso representativo da controvérsia tem força de incidência normativa, projetando a eficácia sobre os demais recursos sobrestados, em todos os Tribunais de origem do país. Uma questão interessante consiste em saber se é necessário o Tribunal que sobrestou os recursos proferir decisão inadmitindo-os ou se a decisão do Supremo Tribunal já produz esse efeito. Para responder a esta indagação, não podemos esquecer que os precedentes judiciais podem não incidir sobre determinadas controvérsias, se os fatos substanciais da demanda forem distintos. Portanto, havendo circunstâncias que tornam o caso diferente daquele que representa a controvérsia, então a eficácia da decisão do STF não será projetada sobre ele. Como verificar isso? Há dois meios. O primeiro consiste em exigir-se do Tribunal de origem que profira decisão **após** o julgamento do recurso representativo da controvérsia pelo STF. Nesta decisão, o Tribunal de origem inadmite o recurso extraordinário, pronunciando-se expressamente sobre as circunstâncias distintivas da

---

[452] CPC, art. 543-B. *Omissis*. § 2º Negada a existência de repercussão geral, os recursos sobrestados considerar-se-ão automaticamente não admitidos.

controvérsia – naturalmente, não as reconhecendo, caso contrário o recurso seria admitido. No segundo – que nos parece mais adequado –, não há necessidade de o Tribunal de origem proferir nova decisão. Afinal, ele não poderá admitir o recurso que o STF não admitiu. Assim, os efeitos da decisão serão automaticamente projetados nos recursos sobrestados, independentemente de nova decisão do Tribunal de origem. Mas, como lidar com a possibilidade de a controvérsia ter circunstâncias distintivas (*distinguishing*)? Parece-nos que a solução está na primeira decisão do Tribunal de origem, ou seja, naquela que sobrestará os recursos no aguardo do julgamento daquele que representa a controvérsia. Ao decidir pelo sobrestamento, o Tribunal de origem irá se pronunciar sobre eventuais circunstâncias distintivas da controvérsia (*distinguishing*), em decisão fundamentada.[453]

Isso, obviamente, se as partes invocarem a existência de tais circunstâncias.

Caso seja reconhecida a repercussão geral, os recursos sobrestados não irão para o STF. Pelo contrário. Permanecerão sobrestados aguardando o julgamento do mérito do recurso admitido, que representa a controvérsia. Uma vez decidido o mérito do recurso

---

[453] Nesse sentido, Alencar Frederico: "Se houver erro no sobrestamento do processo, esse poderá ser sanado por meio de simples petição dirigida ao Tribunal, caso o erro persista, será cabível agravo de instrumento. No mesmo sentido Theotonio Negrão e José Roberto Ferreira Gouvêa – "Para tanto, ele pode lançar mão de pedido cautelar, por meio de simples petição endereçada ao STF, ou de reclamação, que são meios fungíveis" (in Código de processo civil e legislação processual em vigor. 39ª ed. São Paulo: Saraiva, 2007. p. 729)." (cf. *A "repercussão geral" como pressuposto de admissibilidade do recurso extraordinário*, disponível em http://www.diritto.it/archivio/1/24559.pdf, acesso 5.1.2010.

extraordinário representativo da controvérsia, o mérito dos recursos extraordinários será revisto pelos próprios Tribunais de origem, pelas Turmas de Uniformização ou pela Turmas Recursais, conforme o caso. Assim, os Tribunais de origem poderão: (i) declarar prejudicado os recursos sobrestados, na hipótese de a decisão do STF coincidir com aquela proferida nos recursos sobrestados; (ii) retratar-se, adequando a decisão proferida ao precedente do STF no julgamento do recurso representativo da controvérsia;[454] ou (iii) manter a decisão.[455]

Na primeira hipótese, não cremos que haja perda de interesse processual a ponto de o recurso ser declarado prejudicado. Parece-nos haver verdadeiro pronunciamento do mérito recursal, o que autoriza a conclusão de que os recursos extraordinários sobrestados serão considerados **desprovidos**. Poderia ser argumentado que a projeção da eficácia da decisão do STF torna desnecessária a tutela recursal. Porém, apesar de o limite entre o mérito e o interesse recursal, neste caso, ser muito tênue, ainda assim entendemos que a hipótese comporta exame do mérito. A solução que nos parece possível consiste em verificar o interesse recursal *in statu assertionis*. Essa verificação ocorre no momento do sobrestamento dos recursos, ocasião em que os Tribunais de origem verificarão se o caso é assemelhado ou se há circunstâncias distintivas da controvérsia, de modo a exclui-lo do rol de recursos

[454] CPC, art. 543-B. *Omissis*. § 3º Julgado o mérito do recurso extraordinário, os recursos sobrestados serão apreciados pelos Tribunais, Turmas de Uniformização ou Turmas Recursais, que poderão declará-los prejudicados ou retratar-se.

[455] CPC, art. 543-B. *Omissis*. § 4º Mantida a decisão e admitido o recurso, poderá o Supremo Tribunal Federal, nos termos do Regimento Interno, cassar ou reformar, liminarmente, o acórdão contrário à orientação firmada.

sobrestados. Se o caso for assemelhado, então as partes têm interesse na decisão do STF para resolver a controvérsia, que não será solucionada enquanto o STF não julgar o recurso representativo da controvérsia (o recurso permanecerá sobrestado). Em outras palavras, a decisão do STF será útil para solucionar os recursos sobrestados. Não podemos esquecer que o interesse recursal significa que o julgamento do recurso (no caso, o representativo da controvérsia) será útil ou necessário para solucionar a demanda (no caso, a dos recursos sobrestados). Isso porque o Tribunal de origem considerou *in statu assertionis* que o caso dos recursos sobrestados é assemelhado ao do representativo da controvérsia, isto é, que não existem circunstâncias distintivas (*distinguishing*). Por outro lado, se o Tribunal de origem considera que o caso não é assemelhado e, assim, não suspende o recurso na origem, então não há interesse no julgamento do recurso representativo da controvérsia, uma vez que a eficácia da decisão do STF não será projetada naquele recurso. O recorrente terá interesse a um pronunciamento judicial, mas não terá interesse ao julgamento do repetitivo, cuja decisão não lhe será útil ou necessária para solucionar a controvérsia. Nessa linha argumentativa, os recursos sobrestados serão considerados **desprovidos** – e não prejudicados, como diz a lei –, em razão da inexistência de circunstâncias distintivas do caso, uma vez que a decisão do recurso representativo da controvérsia será útil e necessária para solucionar o conflito.

Na segunda hipótese, para que haja a retratação da decisão, adequando-a ao precedente do STF no recurso representativo da controvérsia, o recurso sobrestado deve ser devolvido ao mesmo órgão que proferiu o julgamento, para que a competência seja preservada. Assim, se a apelação foi julgada na Câmara ou Turma e a admissibilidade do recurso extraordinário compete ao Presidente ou ao Vice-Presidente do Tribunal – a quem compete, inclusive, sobrestar os recursos repetitivos –, então uma vez julgado o recurso representativo da controvérsia e verificada a desconformidade do julgamento do recurso sobrestado com a decisão do STF, o Presidente ou Vice-Presidente deve devolver o recurso extraordinário à Câmara ou Turma para que o mesmo órgão possa retratar-se – ou não – do julgamento. Observem que o Presidente ou Vice-Presidente não julgam o recurso extraordinário – e nem poderia –, muito menos "reforma" ou "cassa" o julgamento recorrido. Na verdade, o Presidente ou Vice-Presidente devolverá o recurso sobrestado, citando o precedente no recurso representativo da controvérsia, para que o órgão de origem se pronuncie sobre o caso. Ou seja, o órgão que originariamente julgou o recurso sobrestado deverá pronunciar-se explicitamente sobre o precedente, aplicando-o ou não.

Trata-se de inovação bastante oportuna, que atende plenamente o princípio da razoável duração do processo, além de racionalizar a atuação dos tribunais.[456] Afinal, se o órgão de origem pode retratar-se, o julgamento do recurso pelo STF é dilação indevida, que somente causa atraso na solução definitiva da controvérsia. Por seu turno, a possibilidade de retratação de decisão de mérito não é

---

[456] Nesse sentido, Luiz Guilherme Marinoni e Daniel Mitidiero: "Com a sua vigência, pretende-se outorgar a todos um processo com duração razoável, reforçar o valor igualdade e racionalizar a atividade judiciária". (cf. *Repercussão geral no recurso extraordinário*. São Paulo: Revista dos Tribunais, 2007. p. 79).

nenhuma novidade. O art. 557 do CPC já autorizava o relator a retratar-se, na hipótese de interposição de agravo interno. Ora, a retratação da decisão monocrática somente se justifica se for para adequá-la a precedente judicial dominante ou vinculante, contrário ao que foi nela citado. O argumento é o mesmo. A retratação do julgamento da Câmara ou Turma também só é permitida para adequar o julgamento ao precedente judicial dominante ou vinculante – no caso, o recurso representativo da controvérsia.

Por último, resta a terceira hipótese, em que o Tribunal de origem, após a devolução do recurso sobrestado pelo Presidente ou Vice-Presidente para a Câmara ou Turma que o julgou, insiste em manter a decisão, ainda que ela esteja em desconformidade com o precedente do STF no recurso representativo da controvérsia. Neste caso, o recurso sobrestado será automaticamente admitido, uma vez que se presume a repercussão geral na hipótese de a decisão recorrida estar em desconformidade com súmula ou jurisprudência dominante. A decisão no recurso representativo da controvérsia é, no mínimo, dominante, embora entendamos ser até mesmo vinculante, conforme veremos em seguida. Ao receber o recurso, cuja decisão foi mantida pelo Tribunal de origem, o STF poderá, liminarmente, cassar ou reformar o acórdão contrário ao seu precedente.

Naturalmente, tudo o que foi dito até agora sobre a eventual desconformidade na repercussão geral aqui também se aplica. É possível que o Tribunal de origem mantenha a decisão e, ainda assim, não haja motivo para o STF cassar ou reformar a decisão. Isso ocorre na hipótese em que a razão da manutenção do julgado fundar-se em circunstâncias distintivas do caso (*distinguishing*). Mas, para que isso ocorra, o órgão judicial de origem deve enunciar explicitamente as circunstâncias fáticas que tornam o caso diferente da situação julgada pelo precedente. Não poderá, em hipótese alguma, repetir simplesmente o julgamento, sem aduzir razões para a não-incidência do precedente, sob pena de reforma liminar da decisão (sanção por *sub-rogação*).

Conforme pode ser visto na argumentação até aqui desenvolvida, uma característica marcante deste procedimento é a demonstração clara de que o precedente do STF no recurso representativo da controvérsia tem verdadeira força de incidência normativa (efeito vinculante), ao menos para os demais órgãos do Poder Judiciário, que devem seguir a tese jurídica nele adotada. A devolução do recurso sobrestado para a Câmara ou Turma que originariamente o julgou, exige que haja manifestação expressa sobre o precedente formado no recurso representativo da controvérsia. Em outras palavras, a Câmara ou Turma não pode reafirmar a decisão sem explicitar as razões de incidência ou não-incidência do precedente. A decisão do recurso representativo da controvérsia deve ser explicitamente mencionada na fundamentação.

Aqui surge a eficácia vinculante do precedente no julgamento do recurso representativo da controvérsia, uma vez que, segundo sustentamos com forte convicção, o efeito vinculante exige que o precedente seja usado na fundamentação da decisão. Ou seja, é obrigatória a utilização do precedente no discurso argumentativo, seja para aplicá-lo, seja para afastar sua incidência por força de circunstâncias distintivas da controvérsia. Podemos afirmar, então:

Lema. O precedente do recurso representativo da controvérsia deve ser obrigatoriamente usado na fundamentação dos recursos sobrestados e na dos futuros recursos em casos assemelhados.

Esse lema nos permite justificar o seguinte teorema:

Teorema. O precedente do recurso representativo da controvérsia tem efeito vinculante para os demais órgãos do Poder Judiciário.

Por fim, uma advertência operacional. Para que os Tribunais de origem tenham ciência dos recursos representativos da controvérsia julgados no STF, então deve haver comunicação constante com a relação clara dos recursos e temas julgados.[457]

1.3.4. A eficácia vinculante das decisões do STF que reconhece a repercussão geral

O RISTF reconhece, ainda que forma indireta e limitada, a

[457] O mesmo procedimento deve ser utilizado pelo STJ, uma vez que também há, neste Tribunal, o procedimento de julgamento de recursos repetitivos.

possibilidade de a decisão proferida na questão preliminar de repercussão geral alcançar outros recursos, vinculando o julgador que irá pronunciar-se sobre a admissibilidade de outros recursos. O art. 326, por exemplo, estabelece que *"toda decisão de inexistência de repercussão geral é irrecorrível e, **valendo para todos os recursos sobre questão idêntica**,* (...)". O que o RISTF fez foi regulamentar o § do art. 543-A do CPC, impositivo no sentido de que "(...) *a decisão valerá para todos os recursos sobre matéria idêntica*".[458]

Ora, ao afirmar que a eficácia da decisão atingirá todos os demais recursos que tenham matéria assemelhada, o CPC reconheceu efeito vinculante à decisão.

O art. 327 do RISTF, por sua vez, impõe à Presidência do Tribunal a recusa dos recursos, dentre outra hipótese, daqueles "(...) *cuja matéria carecer de repercussão geral, segundo precedente do Tribunal* (...)" .

Essa disposição regimental demonstra, claramente, a eficácia vinculante do precedente do STF em repercussão geral, estabelecendo conduta específica para o Presidente do Tribunal.

A amplitude e a convergência de diversos interesses subjetivos, assim como o cunho social, político, econômico ou jurídico da questão, não só justificam mas tornam essencial a atuação do STF com o escopo de garantir ou restabelecer a unidade nacional da interpretação

---

[458] CPC, art. 543-A. *Omissis*. § 5º Negada a existência da repercussão geral, **a decisão valerá para todos os recursos sobre matéria idêntica**, que serão indeferidos liminarmente, salvo revisão da tese, tudo nos termos do Regimento Interno do Supremo Tribunal Federal.

constitucional ou legal. Por essa razão a repercussão geral deve ser considerada – como oportunamente foi – requisito para o próprio pronunciamento do STF, que precisa voltar-se cada vez mais para seu papel institucional.

Pequenas e pontuais antinomias entre poucas decisões judiciais são até toleradas, pois não comprometem o sistema jurídico como um todo (não há repercussão geral). A decisão pode ser taxada de incorreta ou injusta (no campo dos interesses subjetivos controvertidos), mas não haverá dano significativo à unidade jurídica nacional. Porém, se o número de casos envolvendo a mesma questão for expressivo – isto é, se houver repercussão geral –, então a atuação do STF é imprescindível para restabelecer a unidade e a "inteireza positiva" do ordenamento jurídico. A decisão do STF, nessa medida, servirá de parâmetro ou modelo para os demais casos, verdadeiro paradigma, a ser seguido pelos demais juízes e tribunais.

Em outras palavras, a decisão do STF em repercussão geral deve necessariamente formar precedente a ser observado pelos demais tribunais. Caso contrário, de que adianta o Supremo Tribunal vincular seus próprios membros e

Se é assim, então não se pode admitir que a decisão da Suprema Corte, após o reconhecimento de repercussão geral, seja mais um precedente, destituído de qualquer força de incidência normativa. A partir do momento em que se pretenda seja mantida a

E mais. Se o STF reconheceu que a controvérsia tem relevância social, política, econômica e jurídica, com amplitude que ultrapassa o interesse subjetivo da demanda, então reconheceu tratar-se de verdadeiro controle objetivo de constitucionalidade ou de integridade da legislação federal.

Tanto é verdade que a repercussão geral admite a manifestação de terceiros, com o propósito de ampliar o debate.

1.4. Eficácia vinculante nas decisões proferidas em controle difuso de constitucionalidade

O precedente do Supremo Tribunal Federal em recurso extraordinário ou no julgamento das controvérsias individuais, até o momento, não tem efeito vinculante ainda reconhecido. O argumento é o mesmo utilizado há tempos na doutrina e na jurisprudência: o julgamento das controvérsias individuais somente produz efeito entre as partes, não sendo possível equipará-lo às decisões proferidas em ações objetivas, que exercem controle abstrato de constitucionalidade. Para que a eficácia da declaração de inconstitucionalidade feita de modo incidente seja projetada para as demais relações jurídicas, a execução da lei deve ser suspensa, na forma do art. 52, X, da CF/1988.

Entretanto, o ordenamento jurídico brasileiro passa, atualmente, por significativas e profundas modificações. Principalmente no que tange ao valor do precedente jurisprudencial. Em nome da universalidade do direito e da uniformidade das decisões dos tribunais (que outra coisa não é senão a concreção do princípio da igualdade), busca-se cada vez mais a coerência da jurisprudência e a consistência do sistema normativo.

A partir dessa premissa, não faz sentido negar a projeção da eficácia de decisão do STF apenas porque ela foi proferida em controle concreto e não em controle abstrato. Principalmente porque a suspensão pelo Senado Federal da execução da lei que o STF declara inconstitucional não pode se inserir no âmbito da discricionariedade da respectiva Casa Legislativa, sob pena de afrontar a própria eficácia geral das decisões da Suprema Corte.[459]

O STF discute, nesse momento (o julgamento ainda não foi concluído), se se deve condicionar a projeção dos efeitos do precedente (eficácia *erga omnes*) a esse ato de mera documentação (resolução prevista no art. 52, X, da CR) ou se a decisão já contém integralmente essa eficácia projeta, independentemente de manifestação do Senado. Em outras palavras, o STF discute se o precedente judicial em recurso extraordinário tem força de incidência normativa, comparada ao efeito vinculante encontrado no controle abstrato de constitucionalidade.

Na Reclamação nº 4.335[460], o relator Ministro Gilmar

---

[459] Contra: STF, MS 16.512, relator Ministro Oswaldo Trigueiro, DJ 25.6.1966. Em seu voto, o Ministro Victor Nunes Leal afirmou: "(...) o Senado terá seu próprio critério de conveniência e oportunidade para praticar o ato de suspensão. Se uma questão foi aqui decidida por maioria escassa e novos Ministros são nomeados, como há pouco aconteceu, é de todo razoável que o Senado aguarde novo pronunciamento antes de suspender a lei. Mesmo porque não há sanção específica nem prazo certo para o Senado se manifestar." Porém, reconheceu que o Senado Federal não tinha ""competência para examinar o mérito da decisão (...), para interpretá-la, para ampliá-la ou restringi-la." (MS 16.512, RTJ 38, n. 1, p. 23, *apud* voto Ministro Gilmar Mendes na Rcl 4335).

[460] O Juiz de Direito da Vara de Execuções Penais da Comarca de Rio Branco-AC indeferiu o pedido de progressão de regime em favor de condenados a

Mendes entendeu ser desnecessário comunicar o Senado para que a decisão proferida pela Corte Suprema tenha eficácia *erga omnes*, mesmo que a decisão tenha sido proferida em controle incidental.[461]

Em magnífico voto, o Ministro Gilmar Mendes entendeu que não há razão, senão histórica, para que a decisão da mesma Corte que suspende a eficácia até de uma emenda constitucional possa valer tão somente para as partes.[462] Em seguida, menciona

---

penas de reclusão em regime integralmente fechado em decorrência da prática de crimes hediondos. Na reclamação, alegou-se ofensa à autoridade da decisão do Supremo Tribunal Federal no HC 82959/SP (DJU de 1º.9.2006), em que foi declarada a inconstitucionalidade do § 1º do art. 2º da Lei 8.072/90, que veda a progressão de regime a condenados pela prática de crimes hediondos . O STF discute se a decisão em *habeas corpus* (controle incidental de constitucionalidade) produz efeitos *erga omnes*, de modo a justificar a reclamação.

461 O eminente e culto Ministro Gilmar Mendes destacou em seu brilhante e histórico voto que: "A não publicação pelo Senado de resolução que nos termos do artigo 52, X, da Constituição Federal, suspenderia a execução da Lei declarada inconstitucional pelo Supremo **não terá o condão de impedir que a decisão do Supremo assuma a sua real eficácia jurídica**. (...) O Senado – explicou o Ministro Gilmar Mendes – não terá a faculdade de publicar ou não a decisão, uma vez que não se cuida de uma decisão substantiva, mas de simples dever de publicação, tal como reconhecido a outros órgãos políticos em alguns sistemas constitucionais. (...) Essa solução resolve, a meu ver, de forma superior uma das tormentosas questões da nossa jurisdição constitucional. Superam-se assim também as incongruências cada vez mais marcantes entre a jurisprudência do Supremo Tribunal Federal e a orientação dominante na legislação processual, de um lado e de outro, a visão doutrinária ortodoxa e, permitamos dizer, ultrapassada do disposto no artigo 52, X. (...) Diante desse entendimento, à recusa do juiz de Direito da Vara de Execuções da Comarca de Rio Branco (AC) em conceder o benefício da progressão de regime nos casos de crimes hediondos, que há, portanto, desrespeito à eficácia da decisão do Supremo, eu julgo procedente a Reclamação para cassar essas decisões e determinar que seja aplicada a decisão proferida pelo Supremo." (disponível em http://www.stf.jus.br – o destaque não consta no texto original).

462 STF, Rcl 4335, voto Ministro Gilmar Mendes: "Se o Supremo Tribunal

diversos casos e cita precedentes em que as decisões do STF têm eficácia geral – isto é força de incidência normativa –, tais como: (i) a dispensa do princípio de reserva do plenário, quando o STF já pronunciou previamente a inconstitucionalidade da lei (RE 190.728, DJ de 30.5.1997; AI-AgR 168.149, DJ de ; Ag.RegAI no 167.444, DJ de 15.9.1995, p. 29537); (ii) a força do precedente para autorizar o julgamento monocrático, na forma do art. 557 do CPC; (iii) o pronunciamento em ações coletivas; (iv) o reconhecimento do efeito vinculante nas decisões do plenário do STF (RE 191.898, DJ de 22.8.1997, p. 38781); dentre outros pertinentes fundamentos. O relator demonstra, ainda, através de raciocínio irrespondível, que houve verdadeira mutação constitucional, de modo a alterar o sentido normativo do art. 52, X, da Carta de 1988 e da força dos precedentes do STF em controle incidental.[463]

---

pode, em ação direta de inconstitucionalidade, suspender, liminarmente, a eficácia de uma lei, até mesmo de uma Emenda Constitucional, por que haveria a declaração de inconstitucionalidade, proferida no controle incidental, valer tão-somente para as partes? A única resposta plausível nos leva a crer que o instituto da suspensão pelo Senado assenta-se hoje em razão de índole exclusivamente histórica."

463 STF, Rcl 4335, voto Ministro Gilmar Mendes: "É possível, sem qualquer exagero, falar-se aqui de uma autêntica mutação constitucional em razão da completa reformulação do sistema jurídico e, por conseguinte, da nova compreensão que se conferiu à regra do art. 52, X, da Constituição de 1988. Valendo-nos dos subsídios da doutrina constitucional a propósito da mutação constitucional, poder-se-ia cogitar aqui de uma autêntica *reforma da Constituição sem expressa modificação do texto*. (JELLINEK, Georg. *Reforma y Mutación de la Constitución*. Tradução espanhola de Christian Förster, Madri: Centro de Estudios Constitucionales, 1991, p.15-35; DAU-LIN, Hsü. *Mutación de La Constitución*. Tradução espanhola de Christian Förster e Pablo Lucas Verdú. Bilbao: IVAP, 1998, p.68 e s; FERRAZ, Anna

Nessa linha argumentativa, o Ministro Gilmar Mendes afirma que a competência do Senado Federal não é adequada para atribuir eficácia geral às decisões do STF,[464] tratando-se de mero dever de publicação.[465] O relator reconheceu, ainda, que a decisão do plenário do STF evidencia o efeito vinculante dos "motivos determinantes" (*ratio decidendi*) do respectivo precedente, com a utilização dos fundamentos determinantes de uma decisão de inconstitucionalidade em outros recursos com leis de idêntico teor, embora referentes a municípios diversos.[466] Demonstrou, com sólido argumento, a declaração de inconstitucionalidade incidental do Supremo Tribunal tem efeito vinculante para outros tribunais, uma vez que não precisariam observar o princípio de reserva do plenário, quando existisse

---

Cândida da Cunha. *Processos Informais de Mudança da Constituição*. São Paulo: Max Limonad, 1986, p.64 e s. e p.102 e s.)"

[464] STF, Rcl 4335, voto Ministro Gilmar Mendes: "Deve-se observar, outrossim, que o instituto da suspensão da execução da lei pelo Senado mostra-se inadequado para assegurar eficácia geral ou efeito vinculante às decisões do Supremo Tribunal que não declaram a inconstitucionalidade de uma lei, limitando-se a fixar a orientação constitucionalmente adequada ou correta."

[465] STF, Rcl 4335. voto Ministro Gilmar Mendes: "Assim, o Senado não terá a faculdade de publicar ou não a decisão, uma vez que não se cuida de uma decisão substantiva, mas de simples dever de publicação, tal como reconhecido a outros órgãos políticos em alguns sistemas constitucionais (Constituição austríaca, art. 140,5 – publicação a cargo do Chanceler Federal, e Lei Orgânica da Corte Constitucional Alemã, art. 31, (2), publicação a cargo do Ministro da Justiça)."

[466] STF, Rcl 4335. voto Ministro Gilmar Mendes: "Tal procedimento evidencia, ainda que de forma tímida, o efeito vinculante dos fundamentos determinantes da decisão exarada pelo Supremo Tribunal Federal no controle de constitucionalidade do direito municipal. Evidentemente, semelhante orientação somente pode vicejar caso se admita que a decisão tomada pelo Plenário seja dotada de eficácia transcendente, sendo, por isso, dispensável a manifestação do Senado Federal."

precedente do STF.[467]

O Ministro Gilmar Mendes concluiu, no histórico voto, que: "(...) *se o Supremo Tribunal Federal, em sede de controle incidental, chegar à conclusão, de modo definitivo, de que a lei é inconstitucional, essa decisão terá efeitos gerais* (...)". Deste modo, não é o ato do Senado que atribui eficácia de lei à declaração incidental de inconstitucionalidade, mas a própria decisão do STF, que contém contém "*força normativa*".[468]

Estava inaugurado o histórico debate no STF, que agora terá a oportunidade de reconhecer – como fez na década de 1970 – a força de incidência normativa plena dos precedentes judiciais, independentemente de se tratar de controle concentrado ou difuso.

Após pedir vista dos autos, o Ministro Eros Grau acompanhou o entendimento do Ministro Gilmar Mendes. Em seu

---

[467] STF, Rcl 4335. voto Ministro Gilmar Mendes: "O Supremo Tribunal Federal percebeu que não poderia deixar de atribuir significado jurídico à declaração de inconstitucionalidade proferida em sede de controle incidental, ficando o órgão fracionário de outras Cortes exonerado do dever de submeter a declaração de inconstitucionalidade ao plenário ou ao órgão especial, na forma do art. 97 da Constituição. Não há dúvida de que o Tribunal, nessa hipótese, acabou por reconhecer efeito jurídico transcendente à sua decisão. Embora na fundamentação desse entendimento fale-se em quebra da presunção de constitucionalidade, é certo que, em verdade, a orientação do Supremo acabou por conferir à sua decisão algo assemelhado a um efeito vinculante, independentemente da intervenção do Senado. Esse entendimento está hoje consagrado na própria legislação processual civil (CPC, art. 481, parágrafo único, parte final, na redação da Lei n. 9756, de 17.12.1998)."

[468] STF, Rcl 4335. voto Ministro Gilmar Mendes: "Tal como assente, não é (mais) a decisão do Senado que confere eficácia geral ao julgamento do Supremo. A própria decisão da Corte contém essa força normativa."

também magnífico voto, o Ministro Eros Grau acolhe o argumento do relator de que houve mutação constitucional[469] para concluir pela própria ineficácia do art. 52, X, da CF/1988.

Votaram em sentido contrário os Ministros Sepúlveda Pertence[470] e Joaquim Barbosa[471], no sentido de não reconhecer a

---

[469] STF, Rcl 4335. voto Ministro Eros Grau: "A resposta é óbvia, conduzindo inarredavelmente à reiteração do entendimento adotado pelo Relator, no sentido de que ao Senado Federal, no quadro da mutação constitucional declarada em seu voto --- voto dele, Relator --- e neste meu voto reafirmada, está atribuída competência apenas para dar publicidade à suspensão da execução de lei declarada inconstitucional, no todo ou em parte, por decisão definitiva do Supremo Tribunal Federal. A própria decisão do Supremo contém força normativa bastante para suspender a execução da lei declarada inconstitucional."

[470] Embora o acórdão ainda não tenha sido publicado – a votação ainda não se encerrou –, o informativo nº 463 do Supremo Tribunal Federal noticia o teor do voto do Ministro Sepúlveda Pertence, no seguinte sentido: "do Juiz de Direito da Vara de Execuções Penais da Comarca de Rio Branco-AC, pelas quais indeferira pedido de progressão de regime em favor de condenados a penas de reclusão em regime integralmente fechado em decorrência da prática de crimes hediondos. Alega-se, na espécie, ofensa à autoridade da decisão da Corte no HC 82959/SP (DJU de 1º.9.2006), em que declarada a inconstitucionalidade do § 1º do art. 2º da Lei 8.072/90, que veda a progressão de regime a condenados pela prática de crimes hediondos" (fonte: Supremo Tribunal Federal, disponível em http://www.stf.jus.br/portal/informativo/verInformativo.asp?s1=4335&numero=463&pagina=2&base=INFO, acesso em 10.1.2009).

[471] Segundo informativo do STF: "Por sua vez, o Min. Joaquim Barbosa não conheceu da reclamação, mas conheceu do pedido como habeas corpus e também o concedeu de ofício. Considerou que, apesar das razões expostas pelo relator, a suspensão da execução da lei pelo Senado não representaria obstáculo à ampla efetividade das decisões do Supremo, mas complemento. Aduziu, de início, que as próprias circunstâncias do caso seriam esclarecedoras, pois o que suscitaria o interesse da reclamante não seria a omissão do Senado em dar ampla eficácia à decisão do STF, mas a insistência de um juiz em divergir da orientação da Corte enquanto não suspenso o ato pelo Senado. Em razão disso, afirmou que resolveria a questão o habeas corpus concedido liminarmente pelo relator. Afirmou, também, na linha do que exposto pelo Min. Sepúlveda Pertence, a possibilidade de edição de súmula vinculante. Dessa forma, haveria de ser mantida a leitura tradicional do art. 52, X, da CF, que trata de uma

eficácia *erga omnes* no controle incidental, mas concedendo de ofício o *habeas corpus*.[472]

Em seguida, o Ministro Ricardo Lewandowski pediu vista dos autos, interrompendo o julgamento.[473] Muito embora a votação ainda não esteja concluída, vislumbra-se no STF a tendência de reconhecer a eficácia plena das decisões da Corte, mesmo em sede de controle concreto.

E não poderia ser de outro modo, sob pena de comprometer a própria coerência do sistema normativo. Conforme destacou o Ministro Gilmar Mendes, negar a "força normativa" da decisão do STF mesmo em controle difuso de constitucionalidade significa subtrair a "real eficácia jurídica" do precedente. Se o Supremo decidiu pela inconstitucionalidade de uma lei ou ato normativo, então essa inconstitucionalidade deve

---

autorização ao Senado de determinar a suspensão de execução do dispositivo tido por inconstitucional e não de uma faculdade de cercear a autoridade do STF. Afastou, ainda, a ocorrência da alegada mutação constitucional. Asseverou que, com a proposta do relator, ocorreria, pela via interpretativa, tão-somente a mudança no sentido da norma constitucional em questão, e, que, ainda que se aceitasse a tese da mutação, seriam necessários dois fatores adicionais não presentes: o decurso de um espaço de tempo maior para verificação da mutação e o conseqüente e definitivo desuso do dispositivo. Por fim, enfatizou que essa proposta, além de estar impedida pela literalidade do art. 52, X, da CF, iria na contramão das conhecidas regras de auto-restrição." (disponível em http://www.stf.jus.br/portal/informativo/verInformativo.asp?s1=4335&numero=463&pagina=3&base=INFO, acesso em 10.1.2009).

[472] Em verdade, foi também uma brilhante solução. Enquanto a discussão se desenvolve, nada impede a decretação da liberdade por *habeas corpus*, que pode ser concedido de ofício.

[473] Sessão do dia 19.4.2007.

ser aplicada em todas as situações.[474] E por todos os tribunais. Independentemente de a decisão ter sido proferida em controle difuso ou concentrado. Essa característica é até mesmo essencial para preservar a consistência sistêmica. Não haverá consistência em um sistema jurídico se um tribunal puder julgar de forma contrária ao STF, mesmo com a identidade dos fatos substanciais da demanda.

Vejamos um exemplo que demonstra bem a efetiva subtração da eficácia da decisão do STF, caso não seja reconhecida a força normativa aos precedentes que reconhecem incidentalmente a inconstitucionalidade:

Exemplo. O STF reconheceu a inconstitucionalidade de diversas leis estaduais que aplicava aos servidores estaduais o reajuste salarial com base em índices federais. A inconstitucionalidade foi pronunciada incontáveis vezes, em diversos precedentes, diversos deles inclusive com efeito vinculante.[475] Diante da consolidação do entendimento, o STF editou a Súmula 681, que dispõe: "*É inconstitucional a vinculação do reajuste de vencimentos de servidores estaduais ou municipais a índices federais de correção monetária*". Pois bem. No Estado do Espírito Santo, havia a Lei nº 3.935/87 que concedia reajuste aos servidores estaduais com

---

[474] Ressalvada, é claro, a hipótese de modulação dos efeitos da decisão, para preservar algumas situações jurídicas, como prevê a Lei nº 9.868/99.

[475] Para citar apenas alguns com efeito vinculante: a saber, ADI 1064 (DJ de 26/9/1997), ADI 464 (DJ de 19/12/1994), ADI 285 MC (DJ de 29/6/1990), ADI 377 MC (DJ de 23/11/1990), ADI 691 MC (DJ de 19/6/1992), ADI 437 MC (DJ de 19/2/1993), ADI 287 MC (DJ de 7/5/1993), ADI 2050 MC (DJ de 1º/10/1999), ADI 303 MC (DJ de 6/9/2002), RE 145018 (DJ de 10/9/1993), RE 179554 (DJ de 2/6/1995), RE 166581 (DJ de 30/8/1996), RE 229397 (DJ de 9/4/1999), AO 293 (DJ de 24/11/1995).

base no IPC, índice federal. O STF pronunciou a inconstitucionalidade da Lei em duas ocasiões, no RE 166.581/ES (DJ 39.8.1996) e no RE 204.882 (DJ 27.2.1998). Recentemente, o entendimento foi reafirmado, **por decisão monocrática,** no RE 580.702/ES, relatora Ministra Cármen Lúcia, DJe 79, de 30.4.2009. Antes, porém, que houvesse qualquer pronunciamento do STF em controle concentrado de constitucionalidade, a Lei Estadual nº 3.935/87 foi revogada, o que impede o ajuizamento de ação direta de inconstitucionalidade.[476] Então, se o precedente do STF em RE não tiver eficácia geral ou "força normativa" – para usar a expressão do Ministro Gilmar Mendes –, todas as decisões anteriores em ADI, todos os pronunciamentos unânimes do plenário e até a Súmula 681 não têm o mínimo de eficácia, nem mesmo para que os tribunais locais decidam em conformidade com os precedentes vinculantes do STF. É admitir que a Lei Estadual, três vezes declarada inconstitucional pelo STF em REs, continue produzindo efeitos, ainda que a tese jurídica (*ratio decidendi*) tenha sido pronunciada em incontáveis precedentes com efeito vinculante (ADIs).

Nessa linha de raciocínio, recusar o efeito vinculante aos

[476] A Lei Estadual nº 3.935/87 foi revogada, mas a discussão ainda é atual no Estado do Espírito Santo – existem diversas ações nesse sentido –, mas já há precedente afastando a aplicação da Lei. Na ação nº 100070019698, em que figurei como relator, relativizei a coisa julgada para afastar a aplicação da Lei 3.935/87, por reconhecê-la inconstitucional com fundamento no efeito vinculante da ratio decidendi de decisões anteriores do STF, mantendo, desse modo, a unidade e a consistência do sistema constitucional. O que não pode ocorrer é a Lei Estadual nº 3.935/1987 continuar produzindo efeitos concretos, mesmo depois de revogada, contrariando todos os precedentes do STF em situações assemelhadas, inclusive vários deles vinculantes. Negar a força de incidência normativa dos precedentes do STF implica aceitar a constitucionalidade de Lei que foi declarada inconstitucional por três vezes pelo STF e se tornar o único Estado da Federação com uma Lei inconstitucional produzindo efeitos, enquanto todas as leis com igual teor editadas pelos demais Estados brasileiros foram declaradas inconstitucionais pelo STF. Qual é a unidade jurídica que se pode esperar dessa situação? Há insuportável inconsistência lógico-jurídica.

REs mencionados, significa subtrair o efeito vinculante dos precedentes em ADIs, que têm, por previsão legal, força de incidência normativa. Portanto, o argumento de que a decisão do STF em RE não produz eficácia normativa, excluiria completamente a eficácia geral projetada por todos os precedentes da Corte Suprema.

Não faz sentido, portanto, negar eficácia vinculante a uma decisão do STF – que já detém competência constitucional para editar precedentes e súmulas vinculantes – apenas porque foi proferida em controle concreto e não em controle abstrato. A falta de eficácia vinculante às decisões do STF em controle incidental não significa que o ordenamento jurídico irá conviver com uma lei, a despeito de a mesma haver sido declarada inconstitucional. Nos termos do art. 52, X, da Constituição da República de 1988, o Senado deve suspender a execução da lei que for declarada inconstitucional pelo STF. Então, vejam bem, mesmo a declaração incidental de inconstitucionalidade (controle concreto) tem uma consequência que não pode ser ignorada: cria, para o Senado, o poder-dever de retirar a eficácia da norma, atribuindo efeito *erga omnes* à decisão do Supremo.

Com o devido respeito aos que pensam em sentido contrário, estamos plenamente convencido pelo argumento – principalmente se considerarmos todos os princípios e valores que justificam a modificação do valor da jurisprudência, expostos no início deste trabalho –, sob pena de comprometer a própria consistência do sistema normativo. Sim, porque se não for reconhecida a projeção da força de incidência normativa para as decisões do STF em controle incidental, teríamos duas ordens jurídicas distintas: (i) uma, em região específica do País, com a aplicação de lei inconstitucional, reconhecida pelo STF apenas em controle concreto; (ii) outra, no resto do país, com o comportamento diverso, sem a incidência das leis com idêntico teor, declaradas inconstitucionais pelo STF em controle abstrato. Ora, se se pretende a coerência da jurisprudência e a consistência normativa, então necessariamente temos que admitir os mecanismos que produzam esses resultados. Esperar por uma resolução do Senado (que pode não ser editada) apenas aumenta – desnecessariamente, diga-se – a inconsistência normativa. Atrevemo-nos até mesmo a sustentar que a exigência do art. 52, X, da CRFB contraria o postulado da proporcionalidade, ao construir uma regra (meio) desnecessária para concretizar o princípio (fim) da igualdade da jurisdição e da universalidade de tratamento jurídico: é desnecessária porque o resultado pode ser obtido de outro modo, com menor custo, a saber, através da atribuição de eficácia *erga omnes* – vinculante – a todas as decisões do Supremo Tribunal Federal, inclusive aquelas proferidas em controle concreto.

Fosse qual fosse o argumento que justificasse a posição antagônica, não há mais como negar o efeito vinculante dos precedentes do STF, ainda que a inconstitucionalidade seja declarada em controle incidental, ou seja, em recurso extraordinário, em *habeas corpus*, em mandado de segurança *etc*.

Lema. O precedente do Supremo Tribunal Federal em controle difuso de constitucionalidade tem efeito vinculante.

Continuemos com o raciocínio. A súmula vinculante é técnica legal para projetar força de incidência normativa (efeito vinculante) para as decisões que – em tese – não possuem essa eficácia. As súmulas vinculantes citam, então, diversos precedentes, proferidos no julgamento de recursos extraordinários, *habeas corpus*, mandados de segurança *etc.* Ocorre, porém, que a súmula vinculante apenas reproduz as razões determinantes (*ratio decidendi*) dos recursos extraordinários! Nada mais do que isso! Ora, então por que não reconhecer desde logo a eficácia normativa do próprio precedente?

Uma constatação que impressiona é a seguinte: a súmula vinculante tem eficácia normativa, mas repete a *ratio decidendi* de precedentes que não têm eficácia normativa... O que mais é preciso dizer? Se a súmula vinculante é editada repetindo as razões determinantes (*ratio decidendi*) de precedentes em controle concreto, então, por que não reconhecer, desde já, a força normativa destes precedentes? O argumento contrário é frágil e não se funda em razão forte o suficiente para justificá-lo.

Poderia ser argumentado, ainda, que a súmula vinculante exige quórum diferenciado, de dois terços dos membros do Tribunal. Porém, não é impossível ocorrer situação em que uma súmula vinculante seja rejeitada – digamos, por 7 a 4 ou outra proporção menor –, por não atingir o quórum de dois terços, muito embora os precedentes citados tenham sido julgados à unanimidade de votos! Ora, a súmula não obteve quórum e, por essa razão, será negado o efeito vinculante das razões determinantes (*ratio decidendi*) em votação unânime? E se o precedente usado para justificar a súmula vinculante já tiver efeito vinculante (ADI, ADC *etc.*)? Ela deixará de ter efeito vinculante? Não é coerente. O entendimento nem mesmo foi revogado. A negativa em reconhecer a força normativa do precedente apenas serviria para multiplicar injustificadamente as demandas e para retirar completamente a eficácia geral das decisões do STF.

Nessa medida, se o quórum obtido em controle incidental for o mesmo exigido para uma súmula vinculante ou para o controle de constitucionalidade em abstrato (ADI ou ADC), e se o que vincula é a *ratio decidendi*, então não há motivo para não aceitar a projeção de força vinculante também no controle incidental de inconstitucionalidade. As razões determinantes (*ratio decidendi*) seriam as mesmas, sejam elas proferidas no controle abstrato (ADI *etc.*), sejam no controle concreto (RE, MS, MI *etc.*), pois o tribunal manifestou-se na composição exigida.

Há, agora, novo argumento a favor da eficácia vinculante dos precedentes em recurso extraordinário, qual seja, a força de incidência do precedente do STF na repercussão geral, que obriga os tribunais locais. Além de todos as razões até aqui expostas, este é mais um fundamento que reforça a argumentação em prol da tese.

No que tange à reclamação para preservar a autoridade das decisões, a jurisprudência dominante do STF não a admite quando a decisão impugnada contrariar precedente em recurso extraordinário. Entendemos que antes a tese se justificava, mas agora ela se enfraquece, em razão da força de incidência normativa que os precedentes do STF – todos eles – devam projetar. No entanto, mesmo quando supostamente não se admite reclamação contra precedente em controle incidental de inconstitucionalidade, é possível identificarmos situações em que a reclamação será, sim, admitida.

Conforme vimos (*supra*), a reclamação pode ser usada (i) contra decisão que contraria ou nega vigência a precedente vinculante do STF; (ii) contra decisão que aplica indevidamente precedente vinculante do STF, ou seja, quando faz incidir precedente que a rigor não incidiria.[477]

Encerrando o raciocínio, algumas conclusões são decorrência lógica do argumento.

Aceitando-se a tese de projeção da força normativa das decisões do STF em recurso extraordinário ou outras demandas com controle incidental de inconstitucionalidade, então os precedentes valerão para todos os outros recursos idênticos. Para isso, a parte deverá (i) indicar as circunstâncias que diferenciam a situação fática daquela constante no caso julgado – art. 541, § 1º, CPC (*distinguishing*); (ii) apresentar razões que, em seu entender, justificariam a revogação do precedente vinculante. A vinculação ocorreria pela imposição de conformidade da decisão com a *ratio decidendi* do precedente que serviu de parâmetro. Porém, não haverá eficácia preclusiva da coisa julgada para quem não foi parte na demanda, que poderá aduzir novas

---

[477] Lei nº 11.417/2006, art. 7º Da decisão judicial ou do ato administrativo que contrariar enunciado de súmula vinculante, negar-lhe vigência **ou aplicá-lo indevidamente** caberá reclamação ao Supremo Tribunal Federal, sem prejuízo dos recursos ou outros meios admissíveis de impugnação. (o destaque não consta no texto original).

razões de fato e de direito. A eficácia preclusiva fica limitada apenas para as partes do recurso extraordinário. Não pode ser estendida para quem não foi parte, sob pena de se vedar o *distinguishing*.

1.4.1. A eficácia preclusiva da coisa julgada e a possibilidade de o terceiro influenciar a formação do precedente

Há, ainda, alguns argumentos que poderiam ser usados para afastar a eficácia normativa dos precedentes do STF em controle concreto. Um deles, que inclusive tem considerável força persuasiva, é o de que não há, no âmbito do recurso extraordinário, do *habeas corpus*, do mandado de segurança *etc.*, a possibilidade de manifestação de terceiros que possam vir a sofrer a força normativa do precedente judicial. Isso ofenderia, no mínimo, o princípio do contraditório, garantia basilar do Estado Democrático de Direito. Tratando-se de controle abstrato de constitucionalidade ou de súmula vinculante, o problema não existiria, uma vez que a participação de terceiros, na qualidade de *amicus curiae*, é admitida e até incentivada, respectivamente, no art. 7º, § 2º, da Lei nº 9.868/1999[478] e no art. art. 3º, § 2º, da Lei nº

---

[478] Lei nº 9.868/1999, art. 7º. *Omissis*. § 2º "O relator, considerando a relevância da matéria e a representatividade dos postulantes, poderá, por despacho irrecorrível, admitir, observado o prazo fixado no parágrafo anterior, a manifestação de outros órgãos ou entidades." Relevante técnica dialética e importante instrumento de democratização do Judiciário encontra-se no § 1º do art. 9º da Lei nº 9.868/1999, segundo se sabe de inspiração do Ministro Gilmar Mendes, que prevê a possibilidade de o STF realizar audiências públicas. Assim: "Em caso de necessidade de esclarecimento de matéria ou circunstância de fato ou de notória insuficiência das informações existentes nos autos, poderá o relator requisitar informações adicionais, designar perito ou comissão de peritos para que emita parecer sobre a questão, ou fixar data

11.417/2006.[479]

O argumento impressiona. Mas não resiste a uma reflexão mais cuidadosa ou mesmo a uma ponderação com outros argumentos. Senão, vejamos.

Em primeiro lugar, podemos reconhecer, de plano, que o argumento contrário não se aplica mais ao recurso extraordinário, uma vez que este somente será admitido se houver repercussão geral e o relator poderá admitir a participação de terceiros interessados.[480] Nessa medida, o argumento poderia ser aplicado para justificar a eficácia normativa, e não para negá-la. Assim, em argumento silogistico[481]: se a manifestação de terceiro na qualidade de *amicus curiae* é essencial para a força normativa dos precedentes e se o recurso extraordinário admitido por repercussão geral admite a manifestação de terceiro, então o recurso extraordinário tem força normativa.

Entretanto, qual é a extensão da manifestação do terceiro interessado? Sua manifestação é limitada à existência de relevância social, política, econômica e jurídica (requisitos para o reconhecimento da repercussão geral)? Ou o mérito do RE pode ser discutido também?

---

para, em audiência pública, ouvir depoimentos de pessoas com experiência e autoridade na matéria."

479 Lei nº 11.417/2006, art. 3º. *Omissis*. § 2º "No procedimento de edição, revisão ou cancelamento de enunciado da súmula vinculante, o relator poderá admitir, por decisão irrecorrível, a manifestação de terceiros na questão, nos termos do Regimento Interno do Supremo Tribunal Federal."

480 CPC, art. 543-A. *Omissis*. § 6º O Relator poderá admitir, na análise da repercussão geral, a manifestação de terceiros, subscrita por procurador habilitado, nos termos do Regimento Interno do Supremo Tribunal Federal.

481 Construção em modus Barbara, da 1ª figura, ou seja, AAA-1 (cf. Alaôr Caffé Alves, *Lógica...*, p.).

Se a autorização é apenas para a admissibilidade, qual é o interesse do terceiro? Apenas o de fazer seu eventual futuro recurso ser admitido, quando chegar o momento? Não nos parece ser esse o sentido apropriado da norma. O escopo é o de que o STF efetivamente se pronuncie sobre a controvérsia. O terceiro interessado quer contribuir para a formação do precedente, que será aplicado ao seu caso. Então, o terceiro é admitido a se manifestar na repercussão geral? Ou no recurso extraordinário? Pode se manifestar após a admissibilidade do recurso extraordinário? Após a repercussão geral ser reconhecida? Ainda que pareça paradoxal, entendemos que a manifestação do terceiro interessado visa a influenciar o STF para a decisão de mérito. Tanto que o mérito do recurso extraordinário é que servirá de parâmetro para a admissibilidade ou não dos futuros recursos extraordinários. Devemos compreender o § 6º do art. 543-A do CPC de outro modo. Para aumentar a clareza, vamos re-escrever o enunciado legal. A mensagem normativa não é: "*O Relator poderá admitir a manifestação de terceiros na análise da repercussão geral* (...)", projetando a expressão para o final da sentença. O sentido é obtido antecipando a expressão: "*Na análise da repercussão geral, o Relator poderá admitir a manifestação de terceiros* (...)". Em outras palavras, na fase processual da admissibilidade por repercussão geral, o relator poderá admitir que terceiro se manifeste, ainda que a manifestação ocorra em momento posterior, por exemplo, em sustentação oral.

Então o terceiro deve ser admitido como *amicus curiae* não só na questão preliminar de repercussão geral, mas também no julgamento do mérito do recurso.

Entretanto, a manifestação de terceiro não é elemento essencial para o reconhecimento da força de incidência normativa de todos os precedentes do Supremo Tribunal Federal. Caso contrário, as decisões em *habeas corpus*, mandado de segurança, mandado de injunção *etc.*, não poderiam projetar sua eficácia para quem não foi parte na relação jurídica processual. Vejamos o porquê.

O que justifica o argumento inicial – de que não há no âmbito das demandas originárias a oportunidade de manifestação de terceiro – é o contraditório. Ou, em outras palavras, é a possibilidade de os sujeitos de direito que não participam da relação processual influenciarem na formação do precedente que irá projetar sua força de incidência normativa sobre a controvérsia deles. Essa é a fundada preocupação de quem pretende aduzir seus argumentos para justificar sua pretensão. E não se pode negar a ninguém a oportunidade de sustentar suas razões. Na essência, é o princípio do contraditório e da ampla defesa, garantias constitucionais que asseguram um processo justo e équo.

Essa característica da dialética processual é particularmente importante se considerarmos a eficácia preclusiva da coisa julgada, que visa a imunizar a sentença da rediscussão de questões aduzidas ou não, mas capazes de afastar os efeitos da decisão.[482] A eficácia preclusiva da coisa julgada encontra-se prevista em dois artigos do CPC.

No art. 471, há a proibição de o juiz decidir as questões que já

[482] Na definição de Cândido Dinamarco: "Eficácia preclusiva é a *aptidão, que a própria autoridade da coisa julgada material tem, de excluir a renovação de questões suscetíveis de neutralizar os efeitos da sentença cobertos por ela*.

foram examinadas, referentes à mesma controvérsia.[483] No enunciado legal, a proibição de re-exame restringe-se às "questões" já decididas, aos fundamentos da sentença.[484] Quando a lei usa a expressão "mesma lide", ela indica a identidade de demandas, a partir dos três *eadem* (partes, causa de pedir e pedido). No âmbito dos precedentes vinculantes, como a força normativa é projetada para casos assemelhados, não se considera, para efeito de incidência do precedente, a diferença de partes ou de pedido.

O art. 474, por sua vez, veda ao juiz o conhecimento de todo e qualquer argumento que poderia ter sido aduzido e não foi.[485] O escopo é de impedir sejam novamente debatidas questões novas ou aquelas já solucionadas, mesmo diante de novos argumentos ou novas circunstâncias de fato.[486] Se as partes suscitaram os argumentos necessários, eles serão examinados; porém, se não foram alegadas

---

483 CPC, art. 471. "Nenhum juiz decidirá novamente as questões já decididas, relativas à mesma lide, salvo:"

484 Nesse sentido: "A norma contida no art. 471 é de perfeita harmonia no sistema de garantia à estabilidade dos julgados e talvez fosse até desnecessária essa formulação expressa em lei, porque seria ilusória a própria *auctoritas rei judicatae* quando os fundamentos da sentença pudessem ser revistos e, com base nessa revisão, o preceito sentencial pudesse ser alterado." (Dinamarco, cf. *Instituições...*, v. III, p. 324).

485 CPC, art. 474. "Passada em julgado a sentença de mérito, reputar-se-ão deduzidas e repelidas todas as alegações e defesas, que a parte poderia opor assim ao acolhimento como à rejeição do pedido."

486 Assim: "O significado do art. 474 é impedir não só que o vencido volte à discussão de pontos já discutidos e resolvidos na motivação da sentença, como também que ele venha a suscitar pontos novos, não alegados nem apreciados, mas que sejam capazes de alterar a conclusão contida no decisório." (Dinamarco, *Instituições...*, v. III, p. 325). Ou seja, "(...) novos argumentos, novas circunstâncias de fato, interpretação da lei por outro modo, atualidades da jurisprudência *etc.*, que talvez pudessem ser úteis quando trazidos antes do julgamento da causa, agora já não poderão se utilizados" (Dinamarco, *Instituições...*, v. III, p. 325).

importantes razões, então a parte não poderá mais fazê-lo. É o que a doutrina denomina de coisa julgada sobre o explícito e o implícito, ou sobre o deduzido e o dedutível.

Desse modo, a eficácia preclusiva da coisa julgada imuniza a própria fundamentação da sentença ou do acórdão, impedindo que novos argumentos, novas circunstâncias de fato, nova interpretação *etc.*, provoque o retorno aos debates, como se sentença não houvera. No campo dos precedentes judiciais com força normativa, a vedação de se discutir novos argumentos, novas razões, impediria a arguição de circunstâncias distintivas da controvérsia. Em resumo, a aplicação da eficácia preclusiva da coisa julgada impediria a *ratio excipiendi* (*distinguishing*).

Mas essa preocupação é infundada e, como dissemos, não é argumento que justifica a subtração do efeito vinculante dos precedentes do STF. A razão é muito simples e encontra-se no cerne da teoria dos precedentes vinculantes: os argumentos **não** aduzidos pelas partes – e não utilizados na decisão – não formam a razão determinante da decisão (*ratio decidendi*), único capítulo do precedente que vincula. Em verdade, eles podem ser usados em futura argumentação como razões distintas, com o escopo de justificar a não incidência do precedente (*distinguishing*).

Desse modo, a eventual tentativa de limitar o discurso judicial nas futuras controvérsias por intermédio da invocação da eficácia preclusiva da coisa julgada do precedente judicial não prospera. Conforme genial observação de Cândido Rangel Dinamarco, a eficácia preclusiva da coisa julgada somente atinge as *partes* da relação jurídica processual, não atingindo a terceiros.[487] Assim, no julgamento do recurso extraordinário, de *habeas corpus*, de mandado de segurança, de mandado de injunção *etc.*, a eficácia preclusiva da coisa julgada produz a imutabilidade *para as partes*, não atingindo terceiros, que poderão aduzir novos argumentos, novas circunstâncias *etc.* Então:

Teorema. O precedente judicial com força normativa não fica imune a argumentos futuros, em razão da não incidência da eficácia preclusiva da coisa julgada.

Em suma, a eficácia preclusiva da coisa julgada imuniza o precedente judicial para impedir que as partes da demanda possam rediscutir os argumentos já decididos. Mas, não atinge quem não figurou na relação jurídica processual, que não fica impedido de aduzir circunstâncias singulares que distinguem os casos.

1.4.2. A força normativa das decisões Plenárias e das Turmas do STF: a aplicação do § 1º do art. 555 do CPC

O STF já reconheceu que o pronunciamento de todos os

[487] Nas palavras de Cãndido Dinamarco: "É natural que a eficácia preclusiva da coisa julgada se aplique somente às faculdades defensivas *das partes*, porque a terceiros não se estende a imutabilidade que ela visa a tutelar" (cf. *Instituições...*, III volume, São Paulo: Malheiros, 2004, p. 325).

membros da Corte, em sua composição plenária (*full bench*), gera efeito vinculante – ou seja, a aptidão de projetar sua força de incidência normativa – em seus precedentes.[488] A necessidade de pronunciamento do plenário do STF preocupou até mesmo o legislador, que condicionou a negativa de admissibilidade à existência de "jurisprudência do *Plenário* do Supremo Tribunal Federal". Nessa medida, não há como deixar de reconhecer força de incidência normativa às decisões plenárias do Supremo Tribunal Federal.

Teorema. As decisões plenárias do STF têm efeito vinculante independentemente da espécie de recurso ou ação do qual originou o precedente.

---

[488] O Ministro Gilmar Mendes esclarece essa posição do Supremo Tribunal Federal: "Em acórdão de 22 agosto de 1997, houve por bem o Tribunal ressaltar, uma vez mais, que a reserva de plenário da declaração de inconstitucionalidade de lei ou ato normativo funda-se na presunção de constitucionalidade que os protege, somada a razões de segurança jurídica. Assim sendo, "*a decisão plenária do Supremo Tribunal declaratória de inconstitucionalidade de norma, posto que incidente, sendo pressuposto necessário e suficiente a que o Senado lhe confira efeitos 'erga omnes', elide a presunção de sua constitucionalidade; a partir daí, podem os órgãos parciais dos outros tribunais acolhê-la para fundar a decisão de casos concretos ulteriores, prescindindo de submeter a questão de constitucionalidade ao seu próprio plenário.*" (RE 191.898, Rel. Min. Sepúlveda Pertence, DJ de 22.8.1997, p. 38781.) Esse entendimento marca uma evolução no sistema de controle de constitucionalidade brasileiro, que passa a equiparar, praticamente, os efeitos das decisões proferidas nos processos de controle abstrato e concreto. A decisão do Supremo Tribunal Federal, tal como colocada, antecipa o efeito vinculante de seus julgados em matéria de controle de constitucionalidade incidental, permitindo que o órgão fracionário se desvincule do dever de observância da decisão do Pleno ou do Órgão Especial do Tribunal a que se encontra vinculado. Decide-se autonomamente com fundamento na declaração de inconstitucionalidade (ou de constitucionalidade) do Supremo Tribunal Federal proferida *incidenter tantum*.

Mas nem todos os julgamentos do STF são tomados por sua composição completa.

O Supremo Tribunal Federal foi dividido em turmas por volta de 1931, com o propósito de dividir a carga de trabalho – desde sempre este problema assombra o STF. Inicialmente esta providência foi adotada sem qualquer pretensão de se tornar permanente. No entanto, a Constituição de 1934 tornou definitiva a solução que, de início, visava tão somente a simplificar, a distribuir e a agilizar os julgamentos.[489] Atualmente, o STF possui, além da composição plenária, duas turmas com cinco ministros cada, com competência bem definida regimentalmente.

No âmbito da força vinculante dos precedentes do STF, isso poderia constituir uma desvantagem, porque fracionaria o Tribunal e poderia dar azo a possíveis julgados divergentes em cada Turma. Assim, como reconhecer a força normativa das decisões que podem ser tomadas nas Turmas do STF, diante da possibilidade de precedentes divergentes? Diante da possibilidade de decisões contrárias ou contraditórias entre as Turmas, poderia ser argumentado que somente as decisões do Plenário (*full bench*) teriam força normativa.

No entanto, a dificuldade é meramente aparente, uma vez que a legislação processual já oferece solução para o problema. Conforme vimos anteriormente, o § 1º do art. 555 do CPC estabelece a

---

[489] Cf. Seabra Fagundes, *A reforma...*, p. 5.

necessidade de o relator submeter a questão de direito ao órgão colegiado que o regimento indicar, com o propósito de "*prevenir ou compor divergência entre câmaras ou turmas do tribunal*". Esse deslocamento da competência tem o nítido escopo de preservar a uniformização da jurisprudência – e, assim, a consistência do sistema normativo –, sem contudo exigir que toda demanda seja julgada pela composição plenária do respectivo tribunal.[490] Então, sempre que houver a possibilidade de divergência no entendimento ou contrariedade nos precedentes, o STF poderá solucionar por intermédio da remessa do recurso para o plenário.

Procedimento desse jaez constitui importante ferramenta para a coerência jurisprudencial do Tribunal, a ponto de justificar o reconhecimento da eficácia vinculante também dos precedentes da Turma. Ainda que o recurso ou ação sejam efetivamente remetidos para o Plenário, a mera possibilidade de composição ou *prevenção* da divergência é razão suficiente para a força normativa dos precedentes da Turmas.

O raciocínio que justifica o argumento é o seguinte. Se uma Turma do STF adota um entendimento, então o precedente já adquire força de incidência normativa, ou seja, já tem efeito vinculante. Isso significa que os demais órgãos do Poder Judiciário têm o dever de usá-lo na fundamentação de suas decisões. A outra Turma do STF também estaria, por assim dizer, "vinculada" ao precedente,[491] não no sentido de

---

[490] Sim, porque toda divisão de trabalho por turmas ou câmaras implicaria a possibilidade de inconsistência nos julgamentos.

[491] Ao contrário do se poderia pensar, os precedentes judiciais "vinculam" o

que deve obrigatoriamente aplicá-lo, mesmo quando tiver entendimento contrário, pois isso implicaria submissão de uma Turma à outra. Mas estaria está vinculada ao precedente da outra Turma no sentido de que deve necessariamente mencioná-lo na fundamentação de suas decisões. Então, se uma Turma não se convencer da tese jurídica constante no precedente da outra Turma, deverá obrigatoriamente encaminhar a questão ao Plenário para compor – ou prevenir – a divergência.

Nessa linha de raciocínio, as alternativas são as seguintes, na hipótese de existir precedente de apenas uma Turma do STF: (i) a outra Turma irá seguir o precedente; (ii) a outra Turma diverge do entendimento. No primeiro caso, a convergência de entendimento de ambas as Turmas equivale ao pronunciamento do Plenário. Há, portanto, como reconhecer a força normativa do precedente. No segundo caso, a Turma que divergir do entendimento deve, antes de decidir, submeter a questão ao Plenário, para "prevenir" a divergência, preservando, assim, a coerência da jurisprudência do Tribunal. Nesse caso, o precedente do Plenário terá, naturalmente, efeito vinculante.

Dito de outro modo, se houver precedente de apenas uma Turma e se não houver proposição de que seja o recurso ou pedido

---

próprio tribunal que o enunciou, conforme reconhece a experiência jurídica do direito anglo-americano. O motivo é simples. O tribunal tem o dever de coerência, aplicando ele mesmo o entendimento que ele deseje seja observado pelos demais. Se o tribunal entender que o seu próprio precedente não mais se aplica, então deverá revogá-lo. Mas enquanto não for revogado, o tribunal tem o dever de ele mesmo aplicar o precedente, para manter a coerência de seus próprios argumentos. Os tribunais não poderiam exigir que outros sigam seus precedentes, se ele mesmo não segue.

julgado pelo Plenário pela outra Turma, então o precedente tem força de eficácia normativa decorrente da manifestação de uma Turma e da inexistência de divergência da outra. Repetimos, para enfatizar: se, no futuro, a outra Turma divergir do entendimento, então submeterá a questão ao Plenário, cujo precedente substituirá (revogará) o anterior, proferido por apenas uma Turma.

Por isso a importância acentuada do § 1º do art. 555 do CPC, quando prevê a possibilidade de "prevenir" a divergência. Notem que o verbo "prevenir" indica a ação de "obstar", de "impedir". Significa, portanto, "precaver" ou "dispor com antecedência". O comando legal é, assim, bastante claro. A técnica legislativa visando à preservação da coerência jurisprudencial não se destina apenas para as hipóteses em que já houver divergência, mas, antes, para os casos que possam eventualmente gerar a contradição.

O raciocínio indica, portanto, que:

Teorema. O precedente de uma Turma do STF tem efeito vinculante, se e somente se não houver precedente divergente da outra Turma.

Se uma Turma não submeter o precedente contrário da outra Turma ao Plenário, é porque irá adotá-lo. Se, porém, entender por discordar, deverá – obrigatoriamente – submeter a questão ao Plenário, mesmo antes do julgamento do recurso, para *prevenir* a divergência.

1.5. Cabimento de reclamação contra decisão que contraria súmula não vinculante ou jurisprudência dominante do STF

Outra consequência do raciocínio que ora empreendemos consiste no cabimento de reclamação contra súmula alegadamente não vinculante, desde que fundada em precedente com essa característica. É certo que o STF admite reclamação visando a preservar a autoridade da decisão em ADI. Esse entendimento encontra-se consolidado no STF e não tem sido questionado[492]. E não poderia ser de outro modo, pois o escopo da reclamação é a a unidade da jurisdição com a preservação do entendimento do STF.

Por sua vez, o STF tem negado, reiteradamente, a admissibilidade de reclamação quando seu objeto funda-se em súmula não vinculante[493]. Curiosamente, o STF também tem negado a

[492] Exceto para negar a admissibilidade na hipótese em que o reclamante não teria nenhum vínculo com os legitimados e a controvérsia ainda não foi submetida às instâncias judiciais ordinárias. Nesse sentido, a Reclamação nº 385-0, relator Ministro Celso de Mello, assim ementada: "RECLAMAÇÃO – GARANTIA DA AUTORIDADE DE DECISÃO EMANADA DO SUPREMO TRIBUNAL FEDERAL – AÇÃO DIRETA DE INCONSTITUCIONALIDADE – NATUREZA DO CONTROLE NORMATIVO ABSTRATO – ATUAÇÃO DO SUPREMO TRIBUNAL FEDERAL COMO LEGISLADOR NEGATIVO – INADMISSIBILIDADE – PEDIDO NÃO CONHECIDO. O controle normativo abstrato das leis e atos do Poder Público cotejados em face da Constituição não se destina à tutela jurisdicional de direitos ou interesses subjetivos, razão pela qual o eventual descumprimento de decisões proferidas em ação direta de inconstitucionalidade não autoriza o uso da via reclamatória por Magistrado que se diz lesado em sua situação jurídica" (DJ 18.6.1993, Ementário nº 1708-01). Observem que o STF não negou admissibilidade por não caber reclamação contra decisão em ADI, mas porque o reclamante pretendia tutelar direito subjetivo diretamente na Corte Suprema, independentemente de demanda judicial nas instâncias ordinárias.

[493]

admissibilidade da reclamação, mesmo quando a súmula foi editada com fundamento em precedente vinculante, como a ADI.

Mas imaginemos a seguinte situação. O Supremo Tribunal Federal profere julgamento em ADI, cujo precedente tem efeito vinculante. Em seguida, no julgamento de um recurso extraordinário, o Supremo Tribunal Federal mantém a vigência da súmula (não a revoga), mas cria cláusula de exceção ao não aplicá-la, por reconhecer circunstâncias distintivas da controvérsia (*distinguishing*). Temos, então, dois precedentes. O da ADI que indiscutivelmente tem força normativa, e o do RE que, na teoria clássica, não tem efeito vinculante. Se a decisão judicial fosse contrária ao RE, isso seria irrelevante, uma vez que não cabe reclamação de decisão judicial que contrariar recurso extraordinário. Porém, o interessado – que obteve decisão contrária ao RE – poderia apresentar reclamação ao Supremo Tribunal Federal argumentando que a decisão "aplicou indevidamente" o precedente vinculante, ou seja, aplicou o precedente da ADI quando não era caso, uma vez que as controvérsias tinhas circunstâncias fáticas distintas (*distinguishing*). Sob esse argumento, a reclamação poderia ser aceita. Ora, não há diferença prática ou teórica alguma em (i) admitir a reclamação contra decisão que aplicou indevidamente o precedente da ADI; e (ii) admitir a reclamação contra decisão que não aplicou o precedente no recurso extraordinário. A pretensão do recorrente é rigorosamente a mesma: reconhecer as circunstâncias distintivas das controvérsias (*distinguishing*).

2. O Superior Tribunal de Justiça

De inquestionável relevância jurídica reveste-se a função nomofilácica do Superior Tribunal de Justiça, que tem o papel institucional de zelar pela consistência da interpretação judicial das leis infraconstitucionais.[494]

No âmbito do Superior Tribunal de Justiça, a força de incidência dos precedentes também é algo digno de aprofundado estudo. Desde sua instituição, com a Constituição Federal de 1988, o STJ tem reiteradamente modificado a própria realidade social, com decisões que definitivamente mudaram o comportamento da sociedade. As inúmeras decisões envolvendo relações consumeristas ou controvérsias com instituições financeiras, por exemplo, mudaram a postura dos particulares, que adequaram seus contratos e relações comerciais com o propósito de evitar condenações judiciais, inspiradas em precedentes do STJ. Os diversos julgamentos envolvendo situações familiares ou tutela de interesses das crianças e adolescentes também influenciaram

[494] Nesse sentido, digno de referência é o argumento do Ministro Jorge Scartezzini que afastou eventual rigor processual na admissibilidade de recurso especial para preservar a função uniformizadora do Tribunal, promovendo a segurança jurídica. Segundo afirmou: "Embora tais requisitos não tenham sido devidamente preenchidos, o certo é que sendo este um Tribunal de Uniformização Infraconstitucional que tem como uma das suas principais funções a de emanar uma jurisprudência una e, *in casu*, estando o v. aresto recorrido, relativamente à matéria argüida, em desacordo com entendimento já pacificado nesta Corte, em nome do princípio da segurança jurídica, é de se afastar os rigores procedimentais e processuais, *para manter a eqüidade entre as partes e, excepcionalmente, conhecer do recurso*." (STJ, REsp 500136/SP, Relator Ministro Jorge Scartezzini, DJ 2.8.2004, p. 490 – os destaques constam no texto original).

o próprio comportamento das pessoas. Portanto, justa a alcunha auto atribuída de Tribunal da Cidadania.

Já não se discute a força dos precedentes do STJ, cuja eficácia já se projeta por todos os setores da sociedade civil. Os DETRANs adequaram seus procedimentos ao entendimento do STJ (apreensão de veículos, validade de multas *etc.*), a Fazenda Pública dos Estados e Municípios aperfeiçoaram seus métodos (para evitar a prescrição do crédito tributário, a dispensa de crédito tributário legítimo ou a autuação de exação indevida), as instituições financeiras modificaram cláusulas contratuais (incidência de juros e correção monetária, possibilidade de capitalização *etc.*) e até de demandas judiciais (execução fundada em contrato de abertura de crédito em conta corrente).

Enfim, os precedentes do STJ já produziram verdadeira modificação na sociedade. Vejamos, agora, a força de incidência dos seus precedentes a partir de um modelo teórico.

2.1. A carga de trabalho e o efeito vinculante das decisões do Superior Tribunal de Justiça.

Nos últimos meses, temos presenciado um esforço dos ministros do Superior Tribunal de Justiça digno dos maiores elogios. Buscando trazer celeridade à prestação jurisdicional, diversos ministros têm feito mutirões[495] de julgamento dos recursos especiais, recursos

---

[495] Segundo notícia veiculada no portal do Superior Tribunal de Justiça, foram

ordinários, agravos e ações originárias, muitas vezes utilizando os sábados, os domingos e até mesmo os feriados[496]. O resultado é digno de nota, com quantidade expressiva de julgamentos[497]. O sistema de mutirão do STJ chegou a julgar mais de 1.000 (mil) processos em um único dia![498] É claro que esta produtividade não representa, por absoluta impossibilidade física, a rotina diária de trabalho[499]. Mas o

---

realizados 17 (dezessete) mutirões no ano de 2009 pelas equipes dos gabinetes da Presidência e dos ministros. A idealização dos mutirões de julgamento partiu do Ministro César Asfor Rocha, presidente do STJ, com o objeto de baixar e devolver os agravos de instrumento em papel, referentes aos processos já digitalizados, para os tribunais de origem. Nos gabinetes dos ministros, os mutirões de julgamento começaram em junho de 2009 e foram realizados pelos ministros Humberto Martins, Benedito Gonçalves, Hamilton Carvalhido, Haroldo Rodrigues (desembargador convocado), Vasco Della Giustina (desembargador convocado), Honildo de Mello Castro (desembargador convocado), Mauro Campbell Marques, Jorge Mussi, Castro Meira, Luis Felipe Salomão, dentre outros (cf. Portal do STJ, notícia de 20.12.2009, 10h00, acesso em 28.12.2009).

[496] No dia 28.11.2009 (sábado), foram examinados mais de 600 processos, considerando os gabinetes dos ministros Hamilton Carvalhido (155), Humberto Martins (200) e Mauro Campbell Marques (254). Os processos foram analisados por cerca de 60 (sessenta) servidores do Superior Tribunal de Justiça (cf. Portal do STJ, notícia do dia 28.11.2009, 12h49)..

[497] O Ministro Benedito Gonçalves fez dois mutirões em 2009. No primeiro, realizado em 29.6.2009, foram proferidas 203 decisões, despachos e relatórios para inclusão em pauta. No segundo, ocorrido dia 3.10.2009, foram trabalhados 369 processos, sendo 334 decisões monocráticas, 23 despachos e 16 relatórios, com votos e ementas.

[498] No mutirão de 29.8.2009 (sábado), foram julgados mais de 1.000 (mil) processos! Aderiram ao mutirão 5 (cinco) ministros (Castro Meira, Humberto Martins, Jorge Mussi, Mauro Campbell Marques e o desembargador convocado Honildo de Mello Castro) e cerca de 100 (cem) servidores (cf. Portal do STJ, notícias de 29.8.2009, 20h27). Isto representa aproximadamente 10 (dez) processos por cada servidor e 200 (duzentos) processos por ministro.

[499] No mutirão de 28.11.2009, foram examinados 600 processos por 3 ministros, com uma equipe de 60 servidores. No mutirão de 29.8.2009, foram trabalhados aproximadamente 1.000 processos por 5 ministros, com uma equipe de 100 servidores. Isto representa uma média de **200 processos por ministro** e de **10 processos por servidor**. Se esta média de julgamento fosse mantida nos demais dias úteis, isso representaria 4.400 processos por mês,

esforço é memorável e os ministros do STJ merecem receber o reconhecimento público por seus atos. Este esforço deve ser elogiado, enaltecendo-se este ato de verdadeiro compromisso com as funções institucionais do tribunal, que excede as atribuições ordinárias do cargo.

O resultado da dedicação dos ministros, com e sem mutirão, aponta números expressivos. O STJ terminou o ano com quase 319.446 (trezentos e dezenove mil, quatrocentos e quarenta e seis) processos julgados! No período, recebeu 233.465 (duzentos e trinta e três mil, quatrocentos e sessenta e cinco) processos novos. Isso significa que julgou 85.981 (oitenta e cinco mil, novecentos e oitenta e um) processos a mais do que recebeu[500]. Os números impressionam também nas turmas julgadoras.

A Primeira Turma, formada pelos ministros Benedito Gonçalves, Hamilton Carvalhido, Luiz Fux, Teori Zavascki e Denise Martins Arruda

---

distribuídos em 220 processos por servidor (em uma média de 22 dias úteis). A correlação foi feita com o único propósito de destacar o esforço dos ministros participantes dos mutirões. Não é possível manter esta média de produtividade, considerada as demais atribuições do cargo, a participação de sessões de julgamento, o atendimento a advogados *etc.* Vejam, por exemplo, que o Ministro Hamilton Carvalhido estipulou uma meta mensal (alta) de 1,1 mil processos, quantidade próxima ao que chega em seu gabinete (cf. Portal do STJ, notícia do dia 2.12.2009, 12h21). O desembargador convocado ao STJ Vasco Della Giustina, que recebeu um "acervo" de 20,5 mil processos, justificou a necessidade de trabalho extra com a indicação de novos processos recebidos por mês: "**Mil e duzentos processos por mês para cada ministro é uma demanda humanamente impossível de ser superada em termos de julgamento**. Mesmo assim, temos dedicado todo nosso trabalho para fazer o que é possível. Além do trabalho normal em dois turnos, nosso gabinete costuma trabalhar aos sábados para dar mais celeridade aos julgamentos" (cf. Portal do STJ, notícia de 12.9.2009, 9h00, acesso em 28.12.2009 – o destaque não consta no original).

[500] Os dados foram divulgados no portal do STJ (http://www.stj.jus.br), notícia de 18.12.2009, 16h58.

(presidente), encerrou o segundo semestre do ano judiciário com 37.535 processos julgados, divididos em 27.307 decisões monocráticas e 10.228 julgados em sessões do colegiado. No ano, foram julgados mais de 56 mil processos.

A Segunda Turma, composta pelos ministros Eliana Calmon, Castro Meira, Herman Benjamim, Mauro Campbell e Humberto Martins (presidente), alcançou a marca de 48.370 julgamentos em 2009, tendo recebido 29.294 processos novos.

A Terceira Turma, composta pelos ministros Sidnei Beneti (presidente), Massami Uyeda, Nancy Andrighi e pelos desembargadores convocados Vasco Della Giustina (RS) e Paulo Furtado (BA), julgou 58.603 processos, divididos em 46.740 decisões monocráticas e 11.863 colegiadas.

A Quarta Turma, formada pelos ministros Fernando Gonçalves (presidente), Aldir Passarinho Júnior, João Otávio de Noronha, Luis Felipe Salomão e pelo desembargador convocado Honildo de Mello Castro (AP), encerrou o ano de 2009 com 55.113 processos julgados, com 44.972 decisões monocráticas e 10.141 colegiadas.

A Quinta Turma, presidida pelo ministro Napoleão Maia Filho e integrada pelos ministros Felix Fischer, Laurita Vaz, Arnaldo Esteves Lima e Jorge Mussi, julgou 40.128 processos.

A Sexta Turma, composta pelos ministros Nilson Naves (presidente), Maria Thereza de Assis Moura, Og Fernandes e pelos desembargadores convocados Celso Luiz Limongi (SP) e Haroldo

Rodrigues (CE), encerrou o ano com 37.264 processos julgados

Enfim, a quantidade é impressionante. O número de processos recebidos é próximo ao de julgados. Algumas turmas conseguiram julgar mais do que receberam. Contudo, torna-se extremamente difícil, apesar do trabalho hercúleo dos ministros, manter esse ritmo de julgamento, com um crescendo de novos processos. Soluções precisam ser buscadas. E com urgência, sob pena de inviabilização do Tribunal da Cidadania.

A utilização de decisões monocráticas contribuiu para a agilização dos julgamentos, evitando o debate no colegiado. Se observarmos a quantidade de processos julgados nas sessões de julgamento, chegaremos a dados preocupantes. Na Segunda Turma, foram julgados, em média, 259 processos em cada sessão de julgamento.[501] A adoção de procedimentos especiais possibilitou que o julgamento atingisse essa expressão, caso contrário, cada processo seria julgado em 1 (um) minuto e 5 (cinco) segundos, considerando que as sessões duram aproximadamente 4 horas[502] – desprezadas as prorrogações. Isso, sem sustentação oral. Ora, não seria possível julgar um processo neste tempo, o que justifica a utilização de métodos alternativos de julgamento no colegiado, como faz o STJ, como, por

---

[501] cf. notícia de 18.12.2009, 17h49, divulgada no portal do STJ (http://www.stj.jus.br).

[502] RISTJ, art. 150: "As sessões ordinárias começarão às quatorze horas, podendo ser prorrogadas após as dezoito horas, sempre que o serviço o exigir. Parágrafo único - Em caso de acúmulo de processos pendentes de julgamento, poderá a Seção ou a Turma marcar o prosseguimento da sessão para o subsequente dia livre, considerando-se intimados os interessados, mediante o anúncio em sessão."

exemplo, o julgamento em bloco *etc*.

De qualquer forma, mesmo que sejam adotadas diversas estratégias para o julgamento em massa, não é possível aceitar que haja essa quantidade de julgamentos por sessão. É pretender substituir o tempo dos ministros, tão caro e necessário para a reflexão das controvérsias, por uma quantidade insana de julgamentos. Insistir na perpetuação dessa situação é valorizar mais a quantidade de julgamentos do que a qualidade dos debates e da argumentação jurídica. Os julgamentos colegiados perderiam o que há de mais importante: a ponderação de todos os argumentos para a justificação racional e razoável das soluções das controvérsias.

Não afirmamos que o grande número de processos julgados pelo STJ produziu uma queda na qualidade. Muito pelo contrário. Aqueles acostumados com a pesquisa jurisprudencial podem afirmar a indiscutível qualidade dos precedentes do STJ que, além de servirem como norte, têm demonstrado a qualidade intelectual dos integrantes da Corte. O que afirmamos é a desumana exigência da carga de trabalho de cada ministro, ao mesmo tempo em que se exige a excelência na prestação jurisdicional.

Apesar da dedicação dos integrantes do STJ, e o imenso esforço para diminuir o acervo de processos, a quantidade vem se elevando significativamente. O aumento do número de processos chega a ser espantoso e insustentável. Já ocorreu de um único ministro receber 10.000 (dez mil) processos[503]. Ora, não é possível exigir que um único

---

[503] O Ministro Hamilton Carvalhido informou que, em quase 11 anos no STJ,

magistrado julgue esta quantidade de casos, em um prazo razoável. Isso excede, em muito, a capacidade de trabalho esperada.

O julgamento em bloco é um paliativo – técnica que, na falta de outra, apresenta um resultado favorável –, mas não soluciona definitivamente o problema. Os mutirões, de igual forma, são soluções excepcionais, mas não podem ser transformados em eventos corriqueiros e ordinários. Não se pode exigir que os ministros sacrifiquem todos os seus finais de semana, julgando 200 ou mais processos cada um. Repetimos: o esforço e a dedicação são dignos de encômios. Mas precisamos de uma solução definitiva para o problema.

A solução ideal, segundo entendemos, consiste em evitar a necessidade de o ministro pronunciar-se sobre a controvérsia. Ou seja, é tornar desnecessário até mesmo o julgamento dos recursos, seja individualmente, seja em bloco.

Isso somente pode ser obtido através do efeito vinculante dos precedentes judiciais do STJ. Ora, se os casos são assemelhados, que se profira uma única decisão, atingindo todos os processos. Isso produzirá uma expressiva diminuição da carga de trabalho, liberando os ministros para que possam julgar com maior tranquilidade e reflexão. Haverá, em consequência, uma série de vantagens, tais como a maior uniformização do direito (majoração da igualdade), a maior racionalização dos serviços (incremento da eficiência dos tribunais) e – principalmente – a

---

julgou quase 61.500 processos. Afirmou, ainda, que "quando cheguei aqui, a média de processos por ministro era de 800, número rapidamente duplicado, triplicado, quadruplicado... chegou uma hora em que a média alcançou 10 mil processos no gabinete" (cf. Portal do STJ, notícia 24.10.2009, 18h35).

inquestionável ampliação da segurança jurídica. Tudo isso, como resultado do efeito vinculante dos precedentes judiciais.

Nessa linha de entendimento, o reconhecimento do efeito vinculante nos precedentes do Superior Tribunal de Justiça é não apenas recomendável, mas necessário. Pela carga de trabalho do tribunal e dos ministros, passou a ser um imperativo lógico. Caso contrário, em pouquíssimo tempo a Corte ficará inviabilizada, pelo grande número de processos.

2.2. A admissibilidade do recurso especial por divergência jurisprudencial

Diversas são as hipóteses de cabimento do recurso especial.[504] Para que seja admitido, entretanto, ele deve amparar-se em critérios específicos, como o prequestionamento, a demonstração da divergência *etc.* Não é o escopo deste trabalho investigar a admissibilidade dessa espécie recursal. Mas algumas considerações são de boa ordem, notadamente no que diz respeito à divergência entre precedentes judiciais.

De regra, o Superior Tribunal de Justiça não admite recurso especial quando a divergência ocorrer entre julgados do mesmo

---

[504] A Constituição Federal prevê o cabimento do recurso especial na hipótese de a decisão recorrida: "a) contrariar tratado ou lei federal, ou negar-lhes vigência; b) julgar válida lei ou ato de governo local contestado em face de lei federal; b) julgar válido ato de governo local contestado em face de lei federal (Redação dada pela Emenda Constitucional nº 45, de 2004): c) der a lei federal interpretação divergente da que lhe haja atribuído outro tribunal."

tribunal. Esse entendimento é dominante, a ponto de ter sido enunciada a Súmula 13.[505] A doutrina chegou a construir argumento contrário, aduzindo que não havia como solucionar a divergência quando as decisões emanassem de tribunais diferentes de um mesmo Estado.[506] O argumento impressionava, principalmente considerando a função de unificar o direito infraconstitucional do STJ. No entanto, a solução para o impasse surgiu de dois modos, quais sejam, a extinção dos tribunais de alçada pela EC 45/2004 e com o advento do § 1º do art. 555 do CPC, que impõe a composição ou prevenção de divergência. O cuidado a ser tomado ocorre quando houver divergência entre julgados do mesmo tribunal, porém um deles reproduz precedente do STJ. Nesse caso, não se aplica a Súmula 13, uma vez que o precedente superior substituiu, na hierarquia das normas, o precedente inferior.

No mais, há na legislação processual regra que traz significado bastante relevante para a compreensão do alcance da força do precedente, que merece ser mencionada.

O parágrafo único do art. 541 do CPC[507], exige que o recorrente

---

[505] STJ, Súmula 13: "A divergência de julgados do mesmo Tribunal não enseja recurso especial".

[506] Nesse sentido, Flávio Cheim Jorge, em sólido argumento, já sustentou quando ainda havia Tribunal de Alçada: "Todavia, a situação se passa de forma diferente, quando o julgado citado como paradigma é oriundo do mesmo estado, mas, porém, de um tribunal diferente. Neste caso, entendemos ser perfeitamente possível a configuração da divergência jurisprudencial entre, v.g., uma decisão do Tribunal de Alçada e outra do Tribunal de Justiça, de um mesmo Estado, pois, nesse caso, não há modo de uniformizar o entendimento acerca da interpretação de determinada lei federal, mesmo sendo esses tribunais pertencentes ao mesmo Estado." (cf. *Recurso especial...*, p. 380).

[507] CPC, art. 541. *omissis*. Parágrafo único. Quando o recurso fundar-se em dissídio jurisprudencial, o recorrente fará a prova da divergência mediante

faça prova da divergência mediante a citação do repositório oficial ou credenciado da jurisprudência, inclusive em mídia eletrônica. Alternativamente, o precedente divergente, parâmetro para a admissibilidade do recurso, pode ser mera reprodução de julgado disponível na Internet, desde que haja indicação da fonte.

Atualmente, a fonte mais confiável e segura é o próprio portal do STJ na Internet. Com ferramenta de busca bastante intuitiva e funcional – aliás, merecedora de todos os elogios –, o STJ disponibiliza na íntegra seus precedentes, em indiscutível democratização da informação e transparência da atividade jurisdicional.

A exigência de prova da divergência tem duas funções: (i) coerência discursiva, uma vez que a pretensão de reforma do recorrente não pode contrariar a jurisprudência dominante do Tribunal (exceto, é claro, se se pretender revogar o precedente); (ii) correção ética da argumentação jurídica, evitando-se a citação de precedente falso ou inexistente, como já ocorreu no passado cada vez mais distante. A facilidade atual de verificação da autenticidade dos precedentes tem coibido em larga escala a possibilidade desta prática.

A partir da jurisprudência do Tribunal – que está obrigado a conhecer seus próprios precedentes – poderíamos imaginar que a citação dos precedentes seria dispensável. Mas não é assim. Conforme

---

certidão, cópia autenticada ou pela citação do repositório de jurisprudência, oficial ou credenciado, inclusive em mídia eletrônica, em que tiver sido publicada a decisão divergente, ou ainda pela reprodução de julgado disponível na Internet, com indicação da respectiva fonte, mencionando, em qualquer caso, as circunstâncias que identifiquem ou assemelhem os casos confrontados.(Redação dada pela Lei nº 11.341, de 2006).

afirmamos acima, é preciso manter a coerência discursiva. Para que isso aconteça, o recorrente deve necessariamente citar o precedente. Mas deve demonstrar em que medida o precedente citado molda-se ou não à decisão recorrida.

É preciso indicar, pois, as circunstâncias que identifiquem ou assemelhem o caso e o precedente ou, na hipótese de o recurso afirmar a não incidência do precedente, as circunstâncias distintivas da controvérsia (*distinguishing*). Nesse ponto, a legislação foi bastante lúcida e incluiu, parte final do parágrafo único do art. 541 do CPC talvez a parte mais importante: a necessidade de indicação dessas circunstâncias para a admissibilidade do recurso. Elas são necessárias para que o STJ possa verificar se houve divergência jurisprudencial ou se o recurso é mero inconformismo por emulação, com o escopo de evitar o trânsito em julgado da decisão recorrida.

2.3. A eficácia normativa dos precedentes do STJ nos recursos repetitivos

Não é o propósito deste trabalho analisar, com profundidade, o método encontrado no procedimento que criou os recursos repetitivos no âmbito do STJ – assim, também, como não é o de examinar o repetitivo no STF, mas apenas o de verificar a força de incidência normativa dos precedentes em recursos representativos da controvérsia. Limitaremos a análise, portanto, a esse ponto, sem qualquer pretensão de esgotar o tema.

A técnica processual então desenvolvida guarda estreita relação com a nova onda que traz o fortalecimento da jurisprudência dos tribunais e dos juizes. Desse modo, alguns aspectos da Lei dos Recursos Repetitivos pertinentes à nova eficácia dos precedentes judiciais devem ser mencionados.

De início, tudo o que foi dito sobre a multiplicidade de recursos extraordinários aplica-se ao recurso repetitivo no STJ. Não há diferença substancial. O procedimento do recurso repetitivo foi estabelecido na Lei nº 11.672/2008, que acrescentou o art. 543-C ao CPC. Nele, o Tribunal de origem admitirá um ou mais recursos representativos da controvérsia, os quais serão encaminhados ao STJ, ressalvando-se a competência do relator do recurso especial para determinar a suspensão, na origem, dos recursos nos quais a controvérsia já esteja estabelecida.[508] Após breve tramitação – requerimento de informações aos tribunais federais ou estaduais no prazo de 15 dias, manifestação de pessoas ou entidades com interesse na controvérsia e vista ao Ministério Público também por 15 dias[509] – o recurso será incluído em

---

[508] CPC, art. 543-C. Quando houver multiplicidade de recursos com fundamento em idêntica questão de direito, o recurso especial será processado nos termos deste artigo. § 1o Caberá ao presidente do tribunal de origem admitir um ou mais recursos representativos da controvérsia, os quais serão encaminhados ao Superior Tribunal de Justiça, ficando suspensos os demais recursos especiais até o pronunciamento definitivo do Superior Tribunal de Justiça. § 2o Não adotada a providência descrita no § 1o deste artigo, o relator no Superior Tribunal de Justiça, ao identificar que sobre a controvérsia já existe jurisprudência dominante ou que a matéria já está afeta ao colegiado, poderá determinar a suspensão, nos tribunais de segunda instância, dos recursos nos quais a controvérsia esteja estabelecida. (Incluído pela Lei nº 11.672, de 2008).

[509] CPC, art. 543-C. *Omissis*. § 3o O relator poderá solicitar informações, a serem prestadas no prazo de quinze dias, aos tribunais federais ou estaduais a respeito da controvérsia. § 4o O relator, conforme dispuser o regimento

pauta com preferência sobre os demais processos (exceto *habeas corpus*).[510]

Assim como ocorre no STF, conforme vimos no comentário do art. 543-B do CPC, o escopo da suspensão dos demais recursos é o de evitar que o STJ seja compelido a se pronunciar indevida e desnecessariamente em matérias idênticas, em afronta direta ao princípio da eficiência.

É aconselhável, por fim, que o STJ divulgue frequentemente o tema e os recursos representativos da controvérsia que julgar, para que os Tribunais de origem tenham ciência dos precedentes que devem seguir.

A utilização dessa técnica, apesar de recente, já trouxe resultados significativos, com a redução de 34% (trinta e quatro porcento) de processos no Superior Tribunal de Justiça![511]

2.3.1. A necessidade de fundamentação específica nos julgamentos contrários aos recursos representativos da controvérsia

---

interno do Superior Tribunal de Justiça e considerando a relevância da matéria, poderá admitir manifestação de pessoas, órgãos ou entidades com interesse na controvérsia. § 5o Recebidas as informações e, se for o caso, após cumprido o disposto no § 4o deste artigo, terá vista o Ministério Público pelo prazo de quinze dias.

[510] CPC. Art. 543-C. *Omissis*. § 6o Transcorrido o prazo para o Ministério Público e remetida cópia do relatório aos demais Ministros, o processo será incluído em pauta na seção ou na Corte Especial, devendo ser julgado com preferência sobre os demais feitos, ressalvados os que envolvam réu preso e os pedidos de *habeas corpus*.

[511] Cf. Jornal do Commercio, Direito & Justiça, p. B-&, 6.10.2009.

Após o julgamento do recurso representativo da controvérsia – e depois de o acórdão ser publicado –, os Tribunais de origem deverão: (i) negar seguimento ao recurso especial sobrestado, na hipótese de a decisão do STJ coincidir com a do acórdão recorrido;[512] (ii) julgar novamente o recurso – notadamente para retratar-se –, no caso de o acórdão divergir do precedente do STJ;[513] ou (iii) manter a decisão, o que implicará a admissibilidade do recurso especial.[514]

Os argumentos utilizados no comentário ao art. 543-B do CPC – recurso repetitivo no STF –, também são adequados ao STJ. O novo julgamento do recurso deverá ser feito pelo mesmo órgão (Câmara ou Turma) que proferiu o primeiro julgamento, cabendo ao Presidente ou Vice-Presidente do Tribunal de origem, conforme o caso, apenas indicar a existência do precedente e devolver o recurso, para que haja explícita manifestação a respeito. Não há, segundo demonstramos, nenhuma dificuldade de ordem técnica na retratação do julgamento de mérito para adequar o acórdão recorrido ao precedente do Superior Tribunal de Justiça. A retratação de pronunciamento de mérito já é admitida em outras hipóteses, como no caso de decisão monocrática prevista no art. 557 do CPC. Interposto o agravo interno, o relator poderá retratar-se

---

[512] CPC, art. 543-C. *Omissis.* § 7o Publicado o acórdão do Superior Tribunal de Justiça, os recursos especiais sobrestados na origem: I - terão seguimento denegado na hipótese de o acórdão recorrido coincidir com a orientação do Superior Tribunal de Justiça; ou

[513] CPC, art. 543-C. *Omissis.* § 7o Publicado o acórdão do Superior Tribunal de Justiça, os recursos especiais sobrestados na origem: (...) II - serão novamente examinados pelo tribunal de origem na hipótese de o acórdão recorrido divergir da orientação do Superior Tribunal de Justiça.

[514] CPC, art. 543-C. *Omissis.* § 8o Na hipótese prevista no inciso II do § 7o deste artigo, mantida a decisão divergente pelo tribunal de origem, far-se-á o exame de admissibilidade do recurso especial.

para adequar a sua decisão aos precedentes da jurisprudência dominante.

O que foi dito sobre a possibilidade de o Tribunal de origem manter a decisão, divergindo do precedente no recurso representativo da controvérsia, também aqui se repete. A decisão no recurso representativo da controvérsia é, no mínimo, dominante. Ou, segundo entendemos, vinculante. Portanto, o precedente deve ser obrigatoriamente mencionado na fundamentação do julgamento que mantiver o resultado anterior. Ao citar o precedente, o Tribunal de origem poderá: (i) modificar o resultado do julgamento, fazendo coincidir a nova decisão com o precedente do STJ; ou (ii) manter a solução anterior, mas necessariamente mencionando o precedente e indicando as circunstâncias que distinguem as duas controvérsias (*distinguishing*). Não poderá, de forma alguma, simplesmente repetir o julgamento, sem argumentar a existência de razões que impedem a incidência do precedente. Caso isso ocorra, o recurso especial será de plano admitido para que seja possível a substituição da decisão recorrida por outra, em conformidade com o precedente (sanção por *sub-rogação*).

Isso demonstra claramente que o precedente do STJ no recurso representativo da controvérsia tem, para os órgãos do Poder Judiciário que estejam na linha decrescente da competência recursal funcional, verdadeira força de incidência normativa (efeito vinculante). Os tribunais devem seguir a tese jurídica adotada no precedente representativo da controvérsia. Na eventualidade de dele divergirem, deverão citá-lo e declarar as razões da não-incidência. Mas o precedente decorrente do recurso representativo da controvérsia deve ser explicitamente mencionado na fundamentação. Segundo sustentamos, o efeito vinculante exige que o precedente seja usado na fundamentação da decisão. Ou seja, é obrigatória a utilização do precedente na argumentação jurídica, seja para aplicá-lo, seja para afastar sua incidência por força de circunstâncias distintivas da controvérsia.

O Superior Tribunal de Justiça decidiu, recentemente, que os tribunais de justiça e os tribunais regionais federais deverão obrigatoriamente fundamentar as decisões que discordarem do entendimento estabelecido pela Lei nº 11.672/2008 – Lei dos Recursos Repetitivos.[515] A decisão foi tomada na Questão de Ordem alusiva aos Recursos Especiais nºs. 1.148.726-RS, 1.154.288-RS, 1.155.480-RS e 1.158.872-RS, na sessão do dia 10.12.2009.[516]

2.3.2. A eficácia normativa dos precedentes do STJ em recurso representativo da controvérsia

Afirma-se que a Lei nº 11.672/2008 não atribuiu efeito

[515] Nesse sentido, os seguintes precedentes: REsp 1148726, REsp 1154288, REsp 1155480, REsp 1158872, 1153937, REsp 1146696.

[516] A decisão determina: "a) A restituição, por decisão de órgão fracionário independentemente de acórdão, unipessoal de relator, ou da Presidência (NUPRE), dos recursos especiais à Corte de origem, para que sejam efetivamente apreciadas as apelações e/ou agravos como de direito, à luz do que determinam a Lei n. 11.672/2008 e a Resolução STJ n. 8/2008. b) a expedição de ofício aos Srs. Presidentes dos Tribunais Regionais Federais e Tribunais de Justiça, sobre a decisão tomada na presente Questão de Ordem."

vinculante ao julgamento dos recursos repetitivos – argumento com o qual não concordamos. Os juízes e tribunais estão obrigados a decidirem em conformidade com os precedentes do STJ – do mesmo modo que estão sujeitos à incidência normativa das leis –, somente podendo divergir na eventualidade de existirem circunstâncias distintivas das controvérsias. Isso é inquestionável. Caso contrário, haverá substituição da decisão em desconformidade com o precedente por outra.

Há, segundo a definição de precedente vinculante que sustentamos, verdadeira necessidade de os tribunais locais seguirem a orientação jurisprudencial do Superior Tribunal de Justiça. Caso contrário, o recurso será provido (ou devolvido para retratação) e a decisão substituída por outra, em conformidade (*compliance*) ao precedente (sanção por *sub-rogação*). Isso, na hipótese de os tribunais insistirem em divergir dos precedentes do STJ.

Porém, sejamos realistas. Já há eficácia social nos precedentes do STJ. Já ocorre a conformidade dos julgamentos dos tribunais de justiça e dos tribunais regionais federais às decisões do Superior Tribunal de Justiça. Negar esse fato é desconhecer os elementos que definem a força de incidência dos precedentes judiciais e, acima de tudo, a própria realidade social. Sim, porque os tribunais e os juízes têm seguido a jurisprudência do Superior Tribunal de Justiça, salvo algumas posições contrárias afirmadas com grande convicção – que devem ser respeitadas, em razão da autonomia intelectual e decisória dos juízes, muito embora possam causar dano à razoável duração do processo, ao princípio da igualdade e à unidade do direito. Mas os julgamentos em desconformidade com os precedentes serão reformados. É preciso reconhecer a necessidade de uma ordem jurídica mínima, que estaria ameaçada se o sistema normativo fosse permeado de inconsistências. Assim, é necessário manter uma coerência mínima no ordenamento jurídico, com o tratamento igualitário dos casos assemelhados.

Se não fosse necessário seguir a unidade jurisprudencial dos tribunais, então não seria necessário, também, sequer observar o sistema jurídico. Não haveria obrigatoriedade de seguir as leis ou mesmo a Constituição. E, pior. Se um tribunal não segue a jurisprudência dos tribunais superiores, quem garantirá que os juízes de 1º grau seguirão os precedentes do tribunal? Ainda que se questione a existência de uma hierarquia funcional entre os juízes, conforme afirma com seu peculiar brilho José Cretela Jr.[517], não podemos ignorar que há, sem dúvida alguma, um grau hierárquico na ordem de prevalência das decisões. Isto é da essência do próprio sistema recursal e da estrutura dos órgãos revisores. As decisões de grau hierárquico superior prevalecem sobre as inferiores. Então, se há essa ordem a ser observada, não há porque resistir à jurisprudência dos tribunais superiores simplesmente por não concordar com a interpretação[518]. Isso

---

[517] Cf. *Tratado...*, p.

[518] Ao fazer esta afirmação, não pretendo sustentar que nenhum juiz possa discordar da jurisprudência dos tribunais superiores. Não é isso. Eu mesmo, em diversas ocasiões, não me convenci dos argumentos usados em algumas teses jurídicas. No entanto, caso eu reafirmasse meu posicionamento, eventual recurso seria naturalmente admitido e provido – uma vez que a jurisprudência era dominante –, o que causaria verdadeiro dano para as partes, provocado por uma dilação temporal que poderia ser evitada. Então, considerando que sempre direcionei minha atuação funcional para as partes, e não para reafirmar posição pessoal – não vejo como justificar isso –, manter minha convicção somente iria atrasar desnecessariamente a solução

somente viola a própria garantia constitucional da razoável duração do processo, uma vez que implicará necessariamente o atraso da tutela jurisdicional.

O argumento de que as circunstâncias concretas do caso autorizam o julgamento diferenciado não é muito bem compreendido. Na verdade, se houver circunstâncias no caso que distinguem da situação fática descrita no precedente, então a não aplicação da jurisprudência decorre das circunstâncias distintivas das controvérsia (*distinguishing*), e não por insurgência contra a decisão do Tribunal Superior. É possível, nessa medida, manter a jurisprudência dominante ou vinculante e, ainda assim, proferir julgamento diverso.

Mas não podemos esquecer que, se assim o fizer, o tribunal deverá fundamentar a distinção dos casos, demonstrando as circunstâncias que os diferem. É, na essência, o que afirmou o Superior Tribunal de Justiça em seus recentes julgados. Os tribunais não poderão simplesmente ignorar os precedentes decorrentes dos recursos repetitivos. Deverão citá-los, fundamentando a sua não aplicação.

Tudo isso autoriza seja repetida a conclusão afirmada para a multiplicidade de recurso extraordinário ao STF:

Lema. O precedente do STJ em recurso representativo da controvérsia

da controvérsia e prejudicar ainda mais os partícipes da relação processual. Então, como regra pessoal de conduta, eu sempre afirmo a minha convicção pessoal nas decisões que profiro – até mesmo para manter a coerência com a minha posição –, mas aplico sem titubear a jurisprudência dos tribunais superiores ou o próprio tribunal, quando sou vencido.

deve ser obrigatoriamente usado na fundamentação dos recursos sobrestados ou assemelhados e as circunstâncias distintivas das controvérsias, se existentes, devem ser explicitamente enunciadas.

Esse lema nos leva ao seguinte teorema:

Teorema. O precedente do STJ em recurso representativo da controvérsia tem efeito vinculante para os demais órgãos do Poder Judiciário.

Portanto, conforme demonstramos, o precedente do STJ em recurso representativo da controvérsia tem força de incidência normativa.

2.4. A eficácia normativa da jurisprudência dominante do STJ

Uma vez aceita a eficácia normativa para os órgãos do Poder Judiciário em ordem decrescente da competência vertical recursal, resta saber se a jurisprudência dominante, que não seja oriunda de recurso representativo da controvérsia, também possui a mesma força de incidência.

Na verdade, os precedentes do STJ – todos eles – já têm força de incidência normativa (ou efeito vinculante). E, considerando o conceito de eficácia vinculante adotado neste trabalho, a vinculação atinge todos os órgãos do Poder Judiciário. Nenhum juiz ou tribunal pode ignorar a existência dos precedentes do STJ.

É verdade que não há sanção pessoal a incidir sobre os juízes que decidirem em desconformidade com os precedentes do STJ, simplesmente porque – conforme exaustivamente demonstramos – não é possível punir o juiz pela sua convicção ao julgar uma controvérsia. Mas há, sim, sanção (ao menos por *sub-rogação*) no sentido de consequência jurídica, o que permite reconhecer, nos precedentes, força de incidência normativa. Ou, em outras palavras, efeito vinculante. Pelo menos no que tange à possibilidade de os juízes e tribunais estarem vinculados aos seus precedentes.

Exemplos de coercibilidade dos precedentes do STJ encontramos em inúmeros casos e em diversos graus, podendo citar, dentre outros: (i) a reforma da decisão em desconformidade – inclusive sem submetê-la ao órgão colegiado –, para adequá-la aos precedentes[519]; (ii) a devolução do recurso ao órgão julgador competente do tribunal de origem para a reconsideração e adequação da decisão ao precedente, segundo a Lei dos Recursos Repetitivos; e (iii) a possibilidade de **reclamação** para garantir a autoridade de suas decisões[520].

---

[519] Observem que a possibilidade de reforma da decisão não se limita a eventual erro de julgamento. O STJ tem competência para unificar a interpretação de lei federal em razão de divergência entre tribunais de diferentes estados da Federação e para adequar o julgamento dos tribunais inferiores à sua interpretação da legislação federal vigente.

[520] Os precedentes do Superior Tribunal de Justiça reconhecem o cabimento de reclamação para preservar a autoridade de suas decisões. Nesse sentido: "AGRAVO REGIMENTAL. RECLAMAÇÃO. ATO IMPUGNADO

Esses argumentos nos levam a afirmar, com forte convicção, que:

Lema. O precedente da jurisprudência dominante do STJ deve ser obrigatoriamente usado nas decisões judiciais e as circunstâncias distintivas das controvérsias, se existentes, devem ser explicitamente enunciadas.

Em consequência, segue-se o seguinte teorema:

Teorema. O precedente da jurisprudência dominante do STJ tem efeito vinculante para os demais órgãos do Poder Judiciário.

ORIUNDO DE ÓRGÃO FRACIONÁRIO DO PRÓPRIO STJ. UTILIZAÇÃO DA MEDIDA RECLAMATÓRIA COMO SUBSTITUTIVO DE RECURSO PRÓPRIO. DESCABIMENTO. 1. A reclamação dirigida ao Superior Tribunal de Justiça é cabível para a preservação de sua competência e para a garantia da autoridade de suas decisões (arts. 105, I, "f", da CF, 13 da Lei 8.038/90 e 187 do RISTJ); logo, segundo jurisprudência consolidada, não pode ser utilizada como sucedâneo de recurso, tendente a impugnar decisão proferida pela própria Corte. 2. Agravo regimental a que se nega provimento (AgRg na Rcl 3552/DF, Relator Ministro VASCO DELLA GIUSTINA (DESEMBARGADOR CONVOCADO DO TJ/RS), DJe 28/10/2009). O Regimento Interno do Superior Tribunal de Justiça prevê expressamente a admissibilidade da reclamação. Assim: RISTJ, Art. 187. "Para preservar a competência do Tribunal **ou garantir a autoridade das suas decisões**, caberá reclamação da parte interessada ou do Ministério Público. Parágrafo único - A reclamação, dirigida ao Presidente do Tribunal e instruída com prova documental, será autuada e distribuída ao relator da causa principal, sempre que possível." (o destaque não consta no original). A reclamação endereçada ao STJ não tem sido usada com a mesma amplitude que a reclamação do STF.

2.5. A força de incidência das decisões do STJ para a administração pública

Na linha argumentativa até aqui desenvolvida, a força de incidência normativa reconhecida nos precedentes vinculantes do STF é, **para os juízes e tribunais**, rigorosamente o mesmo da força de incidência dos precedentes do Superior Tribunal de Justiça. Portanto, ambos são vinculantes. Ao menos para estes destinatários. Em verdade, somente falta reconhecer uma propriedade nos precedentes do STJ, que aparece no efeito vinculante ordinariamente reconhecido nas decisões do Supremo Tribunal Federal: a obrigatoriedade de a administração pública também seguir o precedente representativo da controvérsia.

Fora isso, não há diferença.

Porém, do princípio geral até agora enunciado, surge, então, um paradoxo.

Os juízes estão obrigados a seguir os precedentes do STJ, com a mesma força de incidência que lhes atinge a obrigação imposta pelos precedentes vinculantes do Supremo Tribunal Federal – naturalmente que no âmbito e no grau da competência recursal vertical. Lembramos que a única possível sanção para os juízes e tribunais é a substituição da decisão desconforme por outra, seja no âmbito dos precedentes e súmulas vinculantes (STF), sejam referentes àqueles que, a princípio, não teriam essa eficácia (*v.g.*, STJ). Nessa linha, a força de incidência de um ou de outro precedente não tem diferença **para o juiz**.

Na hipótese de a decisão ser proferida em contrariedade ao entendimento da Corte, tanto para um quanto para o outro, haverá a sanção por *sub-rogação*, com a substituição da decisão desconforme, para preservar a força de incidência dos precedentes.

Mas, e a administração pública? Poderíamos dizer que a administração pública não está obrigada a seguir o entendimento do STJ? Poderíamos sustentar que a interpretação do STJ sobre determinada lei não precisa ser observada pela administração pública? Haveria espaço para "dois direitos" – se é que podemos chamar assim –, um ditado pelo STJ, outro advindo de interpretação contrária da administração pública? O STJ pode dizer que determinada exação tributária não incide e a administração pública pode dizer que incide, porque as decisões do STJ não vinculam? Os órgãos administrativos podem se recusar a reconhecer uma vantagem funcional (ou a reconhecê-la, se for o caso), quando os precedentes do STJ dizem o contrário? A administração pública pode insistir em manter um procedimento licitatório quando o STJ afirma que um requisito essencial, como a falta de competitividade, não foi atendido?

A resposta a todas estas perguntas é um sonoro e convicto não! Não há como reconhecer a existência de duas interpretações para um só direito. A interpretação divergente de lei federal dada pela administração pública causa grave insegurança jurídica e acarreta a multiplicação desnecessária de processos. A interpretação unificadora do direito federal dada pelo STJ deve ser impositivamente observada, inclusive pela administração pública direta e indireta, nas esferas federal, estadual e municipal. Se o tributo é inexigível, então a respectiva pessoa jurídica de direito público não poderá reclamá-lo, justificando que os precedentes do STJ não são vinculantes. O mesmo argumento pode ser usado para as demais relações com a administração pública, sejam funcionais, contratuais ou outra qualquer.

Portanto, não se compreende o porquê de a administração pública não estar vinculada aos precedentes do STJ. É dizer que os juízes não podem decidir contra o STJ, mas a administração pública pode. Ora, isso é incongruente! Como justificar essa dualidade de ações? O direito é um só, seja aplicado pela administração pública, seja aplicado pelos juízes. Não é possível dizer que um sistema normativo convive com dois "direitos" distintos, aquele dos juízes e aquele da administração pública.

Não é preciso dizer que o STJ decide uma grande variedade de controvérsias envolvendo os órgãos do Poder Executivo, em todas as suas esferas (de natureza tributária, funcional, obrigacional, previdenciária *etc.).*

Nessa linha argumentativa, entendemos que, concomitantemente com o efeito vinculante que incide sobre os demais órgãos do Poder Judiciário, na linha decrescente da competência vertical recursal, os precedentes do STJ também devem vincular a administração pública direta e indireta, nos âmbitos federal, estadual e municipal.

E não só as pessoas jurídicas de direito público. A força de incidência dos precedentes deve atingir, também, as pessoas jurídicas de direito privado e as pessoas naturais. Não podemos esquecer que existem demandas de massa causadas por grandes empresas, que insistem em comportamentos contrários aos precedentes do STJ. Então, também devem se sujeitar à interpretação da lei federal que esta Corte declara, unificando o direito federal.

A dúvida que pode surgir é se esta vinculação da administração pública é de *lege lata* ou de *lege ferenda*.

Bom, mecanismos para garantir que seus precedentes já tenham força de incidência normativa já existem. Segundo vimos, a eficácia vinculante de uma norma jurídica, incluídos os precedentes judiciais, advém da conformidade (*compliance*) ou coercibilidade (*enforcement*) pelos órgãos competentes. Se houver conformidade pela administração pública ou pelas demais pessoas jurídicas ou naturais, então já há eficácia normativa. Mas se os precedentes não forem observados em reiteradas condutas, então deve ser imposta uma consequência para desestimular o comportamento desconforme. Uma consequência tal já se encontra prevista em lei, bastando que se faça – com antecedência, para não haver surpresa para as partes – uma interpretação esclarecedora do alcance da lei. Em resumo,

Corolário. Incide a multa do art. 14, III e parágrafo único do CPC se, e somente se, a argumentação da pretensão ou da defesa estiver em desconformidade com súmula do STJ ou de decisão em acórdão representativo da controvérsia (recurso repetitivo), sem indicar as circunstâncias que distinguem ou assemelham os casos.

3. Os Tribunais de Justiça

Tudo o quanto foi dito sobre os Tribunais superiores é aplicável, *mutatis mutandis*, aos Tribunais de Justiça. É de todo conveniente que se reconheça a força normativa dos tribunais estaduais. Também, aqui, há a possibilidade concreta de multiplicação de demandas repetitivas, que abarrotam indevidamente os escaninhos judiciários e impedem a tutela jurisdicional em prazo adequado, sem dilações indevidas. Aliás, indevida será a dilação – por se revelar inadequada e desnecessária – que protrai no tempo a tutela jurisdicional em controvérsias repetitivas, forçando o titular de direitos a aguardar pacientemente, não se sabe até quando, a solução de sua de sua demanda. Mesmo existindo incontáveis precedentes dos Tribunais locais sobre o tema.

Destaca-se, principalmente, a lúcida observação de Cândido Dinamarco, de situações em âmbito estadual que escapam ao controle jurisdicional dos Tribunais superiores.

3.1. A eficácia vinculante das decisões dos tribunais estaduais.

As decisões dos Tribunais de Justiça no âmbito da jurisdição constitucional estadual – inconstitucionalidade de lei estadual ou municipal por afronta à Constituição Estadual, ainda que repita preceito de observância obrigatória da Constituição Federal –, produz efeito *erga omnes*.[521] Isso implica dizer que a força de incidência normativa do

[521] Nesse sentido: "Todavia, declarada a inconstitucionalidade de direito local em face da Constituição estadual, com efeito *erga omnes*, há de se reconhecer a *insubsistência* de qualquer processo eventualmente ajuizado perante o Supremo Tribunal Federal que tenha por objeto a mesma disposição" (Gilmar Ferreira Mendes, *Direitos Fundamentais...*, p. 358).

precedente do Tribunal estadual na jurisdição constitucional local é projetada para todos os demais sujeitos de direito.

Nesse contexto, é possível afirmar que precedentes dos Tribunais de Justiça já têm força de incidência normativa ou efeito vinculante. As decisões proferidas em ações de inconstitucionalidade (controle abstrato) pelos Tribunais de Justiça, nos limites da competência concorrente com a do Supremo Tribunal Federal, vinculam os demais órgãos do Poder Judiciário e da administração pública.

Trata-se de mera consequência lógica da aplicação do princípio da simetria, que impõe seja o modelo federal repetido nos Estados-Membros. Afinal, não faria qualquer sentido conviver com diferentes sistemas de jurisdição constitucional, um em âmbito federal, outro completamente distinto na esfera estadual. Se existe concorrência de parâmetros de controle,[522] então o modelo teórico é similar. O mesmo acontece no processo legislativo nos âmbitos federal e estadual. Por força do princípio da simetria, o processo de produção de leis estaduais deve necessariamente seguir o modelo (com algumas diferenças, dada, por exemplo, a inexistência de duas Casas Legislativas, dentre outras).

Nessa medida, a representação de inconstitucionalidade em âmbito estadual – que envolve a ação declaratória de constitucionalidade e a ação direta de inconstitucionalidade, segundo

---

Como o culto Ministro explica adiante, é óbvio que o efeito *erga omnes* da decisão estadual não vincula o STF. Isso é fácil de se ver, uma vez que a predominância da força normativa dos precedentes obedece necessariamente a linha *decrescente* da competência funcional vertical (*lex superior derogat legi priori*).

[522] Cf. Gilmar Mendes, *in Direitos Fundamentais...*, pp. 344 ss.

demonstrou Gilmar Mendes – segue, no que couber, as normas da Lei nº 9.868/1999. Inclusive a eficácia normativa prevista em suas decisões.

Já tivemos a oportunidade de funcionar em muitas ações de inconstitucionalidade no Tribunal de Justiça do Espírito Santo e, por diversas vezes, utilizamos o modelo da Lei nº 9.868/1999. Assim, em certa ocasião, foi declarada a inconstitucionalidade parcial de lei municipal, emprestando interpretação conforme a Constituição estadual. Em outra, foi declarada a inconstitucionalidade parcial sem redução de texto.[523] Ainda seguindo o modelo federal de jurisdição constitucional, há pouco tempo foi realizada audiência pública no Tribunal de Justiça do Espírito Santo, em ação de inconstitucionalidade de lei municipal por afronta a Constituição estadual.[524]

Vê-se, através de exemplos concretos, que o modelo de jurisdição constitucional estabelecido em âmbito federal pode ser reproduzido satisfatoriamente nos Estados-Membros, com a clara advertência – é óbvio – de se respeitar os limites da competência do Supremo Tribunal Federal.

Teorema. As decisões definitivas de mérito, proferidas pelo Tribunal de Justiça, nas representações de inconstitucionalidade (de leis ou atos normativos estaduais ou municipais em face da Constituição Estadual) produzirão eficácia contra todos e efeito vinculante, relativamente aos

---

523 Ambos os casos foram julgados em 1998, ou seja, aproximadamente um ano antes da Lei nº 9.868/1999 e os votos foram inspirados nas lições doutrinárias de Gilmar Ferreira Mendes (cf.

524 A ADI estadual discute a constitucionalidade da reserva de vagas em concurso público para afrodescendentes.

órgãos do Poder Judiciário do respectivo Estado-Membro e à administração pública direta e indireta, nas esferas estadual e municipal localizadas em seu respectivo território, cuja eficácia subordina-se aos precedentes do Supremo Tribunal Federal.

E não poderia ser diferente, com base na linha de raciocínio desenvolvida até agora neste trabalho. As decisões dos Tribunais estaduais projetam sua força normativa para os demais órgãos do Poder Judiciário local e para a administração pública localizada no âmbito de sua competência. Há o dever de conformidade das decisões judiciais e dos atos administrativos ao precedente do Tribunal de Justiça proferido na jurisdição constitucional (*compliance*). Se não houver conformidade, haverá a respectiva sanção, conforme já demonstrado, a saber, através da substituição do ato (*sub-rogação*) ou de pressão psicológica para compelir a atuação conforme (*coerção*).

Embora não seja necessário mencionar, é trivial que a força normativa de precedentes estaduais somente se projetam de *teses jurídicas*. A competência para examinar as circunstâncias fáticas da controvérsia não é afastada e os Tribunais de Justiça mantêm a incumbência de re-examinar as provas dos autos. Esse conteúdo fático nunca projetará efeito vinculante.

3.2. A existência de súmula vinculante em âmbito estadual

Inicialmente, não vemos problema algum em o Estado-Membro reproduzir, nas Cartas estaduais, a possibilidade de o Tribunal de Justiça editar súmula com efeito vinculante. Mas isso desde que seja observado o limite da incidência territorial do precedente estadual. Nesse contexto, eventual súmula vinculante de Estado-Membro projetaria sua força normativa *exclusivamente* nos limites territoriais de sua atuação funcional. A eficácia normativa não atingiria – por constatação óbvia – os órgãos do Poder Judiciário de outro Estado-Membro ou sequer da administração pública localizada fora de seu território. Ficaria, pois, limitada às pessoas jurídicas de direito público estadual e municipais, que integram o respectivo Estado federado.

A tese foi desenvolvida por Cândido Dinamarco e é muito racional, principalmente se considerarmos o irrefutável argumento a existência de controvérsias estaduais e municipais que não chegarão aos Tribunais superiores. Com base no pensamento de Cândido Dinamarco,[525] podemos sustentar, então, que:

Teorema (Dinamarco). A Constituição estadual pode prever a possibilidade de o Tribunal de Justiça aprovar súmula com efeito vinculante em relação aos órgãos do Poder Judiciário estadual e à administração pública direta e indireta, nas esferas estadual e municipal localizadas em seu território, e cuja eficácia subordina-se aos precedentes judiciais segundo a ordem decrescente da competência

---

[525] Cf. Dinamarco "É uma pena que também os *tribunais locais* não se estenda a autorização a sumular. Como os temas referentes a direito estadual e municipal não são capazes de levar os processos ao Supremo ou aos Tribunais Superiores, a última instância nessas causas é representada por aqueles. E, sabido que também nessa matéria ocorre muita repetição de teses e conseqüente dispersão de julgados conflitantes, seria de toda conveniência que também os tribunais locais fossem autorizados a editar súmulas vinculantes – sempre, nos limites das questões sobre as quais emitem o julgamento último" (*in Fundamentos*..., p. 1143).

funcional vertical.

Mas há hipóteses em que os Tribunais de Justiça já estão autorizados *de lege lata* a editar súmula vinculante. Com base em argumento que foi utilizado no curso deste trabalho, se a súmula reproduz a *ratio decidendi* de precedente judicial que já tenha efeito vinculante, então a súmula projeta a mesma força de incidência normativa encontrada no respectivo procedente.

Aceita a premissa, podemos concluir que:

Teorema. A súmula aprovada por Tribunal de Justiça, que reproduza as razões determinantes (*ratione decidendi*) de precedente com efeito vinculante, projeta a mesma força de incidência normativa do precedente que serviu de parâmetro.

Logo, se a súmula aprovada pelo Tribunal estadual simplesmente reproduzir a tese jurídica adotada no julgamento de representação de inconstitucionalidade de lei estadual ou municipal, em face da Constituição Estadual, esta súmula terá o mesmo efeito vinculante projetado pelo precedente. Não seria coerente afirmar que o precedente tem efeito vinculante, mas a súmula não, mesmo reproduzindo a tese jurídica.

3.3. A uniformização da jurisprudência estadual

Expediente pouco usado em alguns Estados, mas de inquestionável importância para a consistência sistêmica de qualquer ordenamento jurídico, é o incidente de uniformização da jurisprudência. Em decorrência da baixa eficácia nos tribunais do procedimento de unificação do entendimento judiciário, as partes se vêm na contingência de conviverem com decisões conflitantes de diferentes câmaras ou turmas. Ficam na expectativa de o seu recurso ser distribuído para uma câmara cujo entendimento adote a tese jurídica que defendam. Pode ocorrer que a divergência surja no próprio órgão e, mais, na mesma sessão.[526]

Para evitar julgamentos incompatíveis entre si, a técnica processual oferece o procedimento do art. 479 e ss., assim como a modificação da competência do § 1º do art. 555 do CPC. São procedimentos que devem ser considerados complementares, em que um preenche as desvantagens do outro. O resultado da junção dos dois procedimentos revela verdadeira *construção* do significado normativo.

Talvez a escassa utilização do incidente se deva, também, à preponderância de precedentes dos Tribunais Superiores. Se esse for o caso, então o motivo da ineficácia é legítimo. Sim, porque não tem utilidade alguma provocar incidente de uniformização da jurisprudência local, quando a controvérsia já estiver solucionada pelos Tribunais Superiores. Nesse caso, o precedente do Tribunal Superior - STF ou STJ – predomina sobre o eventual precedente contrário do Tribunal de Justiça

---

[526] Já presenciarmos um julgamento em um dado Tribunal, com um determinado resultado na votação, por maioria de votos. Em seguida, na mesma sessão de julgamento, algumas votações depois, o Tribunal chegou à conclusão contrária, por unanimidade de votos.

(ou do respectivo Tribunal Regional Federal).

Se é assim, então não haverá interesse processual em solucionar a eventual divergência que possa surgir entre precedentes do mesmo Tribunal, uma vez que a tutela jurisdicional uniformizadora não será útil. O reconhecimento da falta de interesse processual evita, até mesmo, situação que pode gerar inconsistência ainda maior. Por exemplo, quando o Tribunal local tiver entendimento sedimentado, mas contrário aos precedentes dos Tribunais Superiores. Nessa hipótese, haveria o risco real de a jurisprudência local ser uniformizada em sentido contrário à dos Tribunais de superposição. Essa uniformização agravaria ainda mais o problema, uma vez que as decisões nos incidentes de uniformização da jurisprudência têm efeito vinculante para os demais órgãos do Tribunal[527] – e, diria mais, incluindo os juízes que lhe são subordinados.

Logo, o incidente de uniformização da jurisprudência somente pode ser admitido para compor divergência na jurisprudência local, do próprio Tribunal. Na eventualidade de a divergência surgir entre decisão local e precedente de Tribunal hierarquicamente superior, então o incidente não é necessário, por uma simples razão: o precedente do Tribunal Superior prevalece (*lex superior derogat legi inferiori*).

Teorema. Não há interesse processual no incidente de uniformização da jurisprudência quando a divergência ocorrer entre precedentes de

[527] Contra o efeito vinculante em incidente de uniformização da jurisprudência, Barbosa Moreira (cf. *Comentários*..., pp. 26 ss.).

órgãos judiciários de diferentes graus hierárquicos de jurisdição.

Nem mesmo a força de incidência normativa (efeito vinculante) da decisão no incidente de uniformização é razão suficiente para admiti-lo quando houver diferença hierárquica no grau de jurisdição de quem enunciou o precedente. O motivo que justifica a afirmação também funda-se na própria força normativa do precedente superior: já há, pelo menos para os órgãos do Poder Judiciário, efeito vinculante nos precedentes superiores.

Quanto ao mais, não há muito o que dizer que não tenha sido enfrentado anteriormente – ao menos para o propósito deste trabalho, que é investigar o efeito vinculante das decisões judiciais. Talvez o que ainda se revele necessário é examinar a formação do órgão que irá uniformizar a jurisprudência.

O § 1º do art. 555 do CPC permite que o regimento interno indique o órgão colegiado para compor a divergência. No âmbito do STF e do STJ, parece que a solução mais razoável seria atribuir a função excepcional ao Plenário e à Corte Especial, respectivamente.

A liberdade de escolha, para os Tribunais locais é maior e, em alguns casos, pode ser útil. Particularmente, parece-nos mais razoável que a escolha recaia sobre o plenário ou, alternativamente, o órgão especial, onde houver. Mas não há sem óbice algum na atribuição dessa competência para que outro órgão, especialmente constituído com a função uniformizadora. Trata-se de opção política dos Tribunais.

No entanto, a regra do § 1º do art. 555 do CPC tem eficácia plena e aplicação imediata. Isso significa que, na eventualidade de o regimento interno dos tribunais não indicar o órgão colegiado para compor a divergência, então a competência será atribuída ao tribunal pleno ou ao órgão especial, onde houver, do respectivo Tribunal. Considerando a identidade de propósito das duas técnicas processuais, aplica-se subsidiariamente o art. 479 do CPC, que trata da uniformização da jurisprudência, complementado pelas normas constitucionais, notadamente o art. 97.[528]

Por força destes preceitos normativos, o precedente deve ser formado pelo voto da "*maioria absoluta dos membros que integram o tribunal*" (CPC, art. 479) "*ou dos membros do respectivo órgão especial*" (CF, art. 97). Desse modo, poder-se-ia ter solução imediata, na hipótese de o regimento interno do Tribunal não indicar órgão algum.

O que fez o § 1º do art. 555 do CPC, na verdade, foi *admitir* seja constituído outro órgão com atribuições de uniformização da jurisprudência. Mas, no silêncio do regimento interno, as partes não podem ser forçadas a conviver com decisões divergentes do mesmo Tribunal. Que fique bastante claro que a ausência de previsão no regimento interno não pode impedir a aplicação do § 1º do art. 555 do CPC. Para isso, é preciso encontrar meios efetivos para que o § 1º do art. 555 do CPC projete, de imediato, a solução reparadora da inconsistência a que se propôs.

---

[528] Conjugando estes dois preceitos normativos, mas para a inteligência do art. 479 do CPC, ver Barbosa Moreira (cf. *Comentários*..., pp. 26 ss.).

Portanto, em interpretação sistemática, incide plenamente o art. 479 do CPC na hipótese de o Tribunal não indicar o órgão colegiado para compor ou prevenir divergências entre câmaras ou turmas. Desse modo, o julgamento será tomado pelo voto da maioria absoluta dos membros que integram o tribunal ou do respectivo órgão especial, onde houver.

4. O efeito vinculante das decisões de mérito dos juízes de primeiro grau de jurisdição

Em razão da grande pulverização dos juízos de 1º grau – órgãos que mantêm o contato direto com as partes –, há um certo receio no reconhecimento da força normativa de suas decisões. Mas é de bom alvitre esclarecer que não há razão para se temer essa propriedade das decisões. O dever de coerência é o mesmo do que se obrigam os Tribunais. O julgador de primeiro grau não pode decidir questões idênticas de modo diferente. Se ele não revogou o entendimento anterior, é logicamente inconsistente admitir que um dado juiz julgue favorável uma demanda, na sequência julgue desfavorável pretensão idêntica e, logo em seguida, julgue novamente favorável uma terceira demanda. Isso não pode acontecer.

O juiz tem a obrigação de preservar a unidade do sistema judicial, tem o dever de ser coerente. No mínimo, com ele mesmo.

O princípio constitucional da igualdade impõe o dever de o juiz prestar idêntica tutela jurisdicional aos casos assemelhados. Afinal, se todos são iguais, a tutela jurisdicional recebida por um deve ser rigorosamente a mesma recebida pelos outros, desde que as controvérsias sejam idênticas.

Em consequência, ao decidirem os futuros casos, os juízes estão vinculados aos pronunciamentos anteriores (precedentes), para que haja efetiva igualdade no tratamento. Ressalva-se é óbvio, a modificação do entendimento. Mas se modificou para um, deve coerentemente seguir o próprio precedente e aplicar o novel entendimento na solução das futuras controvérsias.

Se é assim, então há – pelo menos até certo medida – efeito vinculante dos pronunciamentos judiciais de 1º grau. No mínimo para ele próprio. O precedente anterior tem força de incidência para que o mesmo órgão siga seus precedentes, força esta impingida pelo dever de coerência.

Corroborando esse raciocínio, o Código de Processo Civil passou a reconhecer, no art. 285-A do CPC,[529] a possibilidade de o juiz abreviar o procedimento, proferindo sentença desde logo – inclusive dispensando o contraditório, por considerá-lo inútil –, desde que seja para reproduzir a tese jurídica (*ratio decidendi*) da anterior.[530] A dispensa da citação do demandado somente ocorre se a sentença for de

---

[529] Uma crítica bastante pertinente ao art. 285-A do CPC é feita por Barbosa Moreira.

[530] CPC, art. 285-A. "Quando a matéria controvertida for unicamente de direito e no juízo já houver sido proferida sentença de total improcedência em outros casos idênticos, poderá ser dispensada a citação e proferida sentença, reproduzindo-se o teor da anteriormente prolatada." (Incluído pela Lei nº 11.277, de 2006)

improcedência do pedido, isso em decorrência de duas razões: (i) para preservar a garantia constitucional do contraditório, valor essencial do processo justo e équo, que restaria violado caso o julgamento fosse de procedência; e (ii) para resguardar a possibilidade de o demandado indicar as circunstâncias distintivas das controvérsias (*distinguishing*), caso o precedente anterior lhe fosse desfavorável. Uma coisa é reconhecer força normativa nos precedentes do próprio juízo, outra completamente diferente é autorizar a aplicação do precedente vinculante sem contraditório, sem oportunidade de defesa. A única hipótese em que isso pode ocorrer é quando a decisão for favorável a quem ficou privado do contraditório, uma vez que não há nulidade sem prejuízo.[531]

[531] A afirmação comporta temperamento, de acordo com o contexto fático da situação. Tivemos a oportunidade, em apelação de sentença de improcedência fundada no art. 285-A do CPC, de prover o recurso e reformar a sentença para, desde logo, julgar *procedente* o pedido. O que justificou a tutela imediata foi o fato de que, apesar de não ter contestado (não foi citado), o demandado foi intimado para apresentar contrarrazões e, na resposta ao recurso, produziu ampla e completa defesa de mérito. Então, restaurado o contraditório, não havia prejuízo algum no julgamento imediato. Assim: "ECONÔMICO, CIVIL E PROCESSUAL CIVIL. CADERNETA DE POUPANÇA. COBRANÇA. DIFERENÇAS. PLANOS ECONÔMICOS. POSSIBILIDADE. JUROS REMUNERATÓRIOS DESDE O VENCIMENTO. JUROS MORATÓRIOS DESDE A CITAÇÃO. RECURSO PROVIDO. (...) 5. O Tribunal pode prover apelação interposta contra sentença de improcedência proferida com base no art. 285-A do CPC e, em seguida, julgar procedente o pedido, mesmo que não haja contestação, se e somente se o réu apresentou contrarrazões ao recurso, com defesa substancial de todas as questões alegadas nos autos e se não houver necessidade de produção de provas. O exercício pleno da defesa em contrarrazões substitui a contestação, satisfaz a garantia constitucional do contraditório e impede que a imperfeição processual seja convolada em invalidade. Assim, embora o ato (contestação) tenha sido realizado de outro modo (contrarrazões), a finalidade (contraditório) foi alcançada (art. 244 do CPC). 6. Recurso parcialmente provido para reformar a sentença de

Há, porém, uma imperfeição linguística no enunciado legal. Ele condiciona a reprodução do precedente, desde que a sentença anterior tenha sido de *total improcedência*. Mas isso é um equívoco. A força de incidência do precedente anterior não está no resultado do julgamento. Dito de outro modo, a nova sentença de improcedência não exige que a sentença anterior tenha sido, também, de improcedência. O que verdadeiramente importa, para o julgamento previsto no art. 285-A, é que a *tese jurídica*, isto é, a *razão determinante* (*ratio decidendi*) da sentença anterior (precedente) seja reproduzida na nova sentença. Não podemos esquecer que o autor de uma demanda pode vir a ser réu em outra, mantendo o mesmo fundamento, a mesma linha argumentativa. Vejamos um exemplo que demonstra bem o raciocínio. Imaginemos uma controvérsia em que uma instituição financeira tenha proposto demanda para cobrar, por exemplo, juros capitalizados em contrato que, por uma razão qualquer, não tenha eficácia executiva. A sentença proferida nesta demanda foi de total *procedência*, reconhecendo a pretensão da instituição financeira, com a tese jurídica de que a capitalização era devida. Em demanda diversa, a instituição financeira que era demandante, passa a ser demandada. E o devedor pretende afastar a mesma capitalização de juros. Nessa hipótese, o juiz poderá, sim, julgar *improcedente*[532] a demanda sem determinar a citação, com

---

improcedência (art. 285-A do CPC) e julgar procedente o pedido. (TJES, Apelação Cível 24070205299, relator Des. Samuel Meira Brasil Jr., j. 25.8.2009, DJ 2.10.2009). O julgamento ocorreu à unanimidade de votos e foi fundado na jurisprudência dominante do STF. O interessante é que a instituição financeira demandada conformou-se com a decisão, que transitou em julgado sem recurso algum para os Tribunais superiores.

532 É claro que, na hipótese, o devedor não trouxe nenhuma circunstância que diferencie o seu caso do precedente (*distinguishing*), caso contrário o juiz

fundamento no art. 285-A do CPC. Independentemente de a sentença anterior ter sido de total procedência. Nessa medida, ainda que a sentença anterior tenha sido de *procedência*, o juiz poderá julgar *improcedente* o pedido, desde que reproduza a fundamentação utilizada na primeira decisão.

Isso demonstra claramente que a autorização do julgamento imediato advém – além da ausência de nulidade, naturalmente[533] – não da reprodução do *resultado* da demanda anterior, mas da repetição da *tese jurídica*, ou seja, da incidência da *razão determinante* (*ratio decidendi*) da decisão anterior. Nesse contexto, podemos concluir:

Lema. Quando a matéria controvertida for unicamente de direito e no juízo já houver precedente em outros casos idênticos, poderá ser dispensada a citação e proferida sentença, reproduzindo-se a tese jurídica da anteriormente prolatada.

Apesar de o art. 285-A não mencionar, é óbvio que a força normativa da sentença anterior não predomina sobre a força de incidência dos precedentes superiores, sejam do respectivo tribunal a que esteja vinculado o juiz (competência funcional vertical), sejam de Tribunais Superiores. Em outras palavras, o juiz de primeiro grau não

---

não julgaria improcedente.

[533] Se observarmos a norma com atenção, poderemos ver que o juiz estaria autorizado a julgar improcedente o pedido sem citar o demandado, mesmo que não houvesse sentença anterior alguma. Isso ocorre por uma simples razão. Ainda que tenha sido privado do contraditório, a decisão foi favorável ao demandado. Essa circunstância impede o reconhecimento de invalidade da sentença, pois não há nulidade sem prejuízo.

está autorizado a desprezar a força de incidência dos precedentes superiores, para reproduzir julgado seu em sentido diverso.

Lema. Não será cabível sentença repetitiva do art. 285-A do CPC se a tese jurídica adotada pelo juízo nos casos idênticos contrariar precedente do respectivo tribunal ou de Tribunal Superior.

O escopo do mencionado art. 285-A – apesar de intrinsecamente relacionado com a teoria das nulidades – é o de projetar a eficácia normativa também dos precedentes de primeiro grau. Trata-se de verdadeiro e indiscutível reconhecimento da força de incidência do precedente anterior, que prevalecerá até o momento em que (i) sobrevenha precedente do respectivo tribunal ou de Tribunal Superior em sentido contrário; ou (ii) o próprio juiz modifique seu entendimento, revogando o precedente.

Comungamos com o propósito do art. 285-A do CPC. Entendemos, pois, recomendável que até mesmo os precedentes originados do primeiro grau tenham efeito vinculante, desde que, é claro, não haja precedentes contrários dos tribunais. A força de incidência dos precedentes de primeiro grau vincularia, também, a administração pública e os particulares, enquanto não sobrevier decisão contrária.

Primeiro, porque se houver julgamentos divergentes, com certeza a parte sucumbente irá recorrer e a controvérsia será devolvida ao tribunal. Dessa maneira, o precedente do tribunal irá substituir o do juízo de primeiro grau, que não mais constituirá precedente (*lex superior derogat legi inferiori*).

Caso não seja reconhecida a força de incidência do precedente de primeiro grau, as partes poderiam não recorrer da sentença, aceitando a consequência jurídica imposta pelo julgador de primeiro grau, para evitar um precedente tribunal local (se não houver recurso especial ou extraordinário), ou dos tribunais superiores.

Mas, que fazer se dois juízes decidirem de modo diferente? A resposta nos parece natural. Provavelmente alguém irá recorrer, pois não é plausível que a parte resigne-se com a decisão que pode, inclusive, criar precedente em seu desfavor. Porém, se a parte lesada não recorrer, poderá haver a provocação até mesmo pelos juízes de primeiro grau, para que o tribunal se manifeste sobre as teses jurídicas conflitantes, uniformizando a jurisprudência. Seria algo similar a uma manifestação em abstrato, tal como previsto no § 1º do art. 555 do CPC, porém, provocada pelo juiz de primeiro grau (com a exceção de que, no preceito legal usado como parâmetro o órgão colegiado assume a competência para *julgar* a controvérsia). A decisão do Tribunal, neste incidente sugerido, formaria precedente fixando parâmetro a ser seguido pelos juízes. Da decisão do tribunal local, caberá recurso para o Superior Tribunal de Justiça (se houver violação à lei federal, por ato normativo estadual ou municipal) ou para o Supremo Tribunal Federal (se houver violação à Constituição ou à lei federal por ato normativo federal).

Em suma, a projeção de força normativa também dos

precedentes de primeiro grau, que não divirjam dos precedentes superiores, parece ser recomendável, muito embora a eficácia normativa não tenha utilidade imediata (redução de processos), mas somente mediata (coerência).

5. A Turma Nacional de Uniformização da Jurisprudência (TNU)

A criação e a competência da Turma Nacional de Uniformização da Jurisprudência dos Juizados Especiais Federais (TNU) estão disciplinadas na Lei dos Juizados Especiais Federais (Lei nº 10.259/2001)[534] e na Resolução CJF nº 390/2004. A sua instalação ocorreu em 30 de setembro de 2002 e seu funcionamento se dá junto ao Conselho da Justiça Federal.

A Turma Nacional de Uniformização (TNU) tem por escopo uniformizar a jurisprudência no âmbito dos Juizados Federais, para compor divergência (i) entre decisões de Turmas Recursais de diferentes regiões; ou (ii) que contrariem súmula ou jurisprudência dominante do Superior Tribunal de Justiça. Entretanto, é possível que a decisão da própria TNU possa contrariar súmula ou precedente do STJ. Nesse caso, a competência para compor a divergência é, naturalmente, do STJ.[535]

---

534 Lei nº 10259/2001, art. 14. Caberá pedido de uniformização de interpretação de lei federal quando houver divergência entre decisões sobre questões de direito material proferidas por Turmas Recursais na interpretação da lei.

535 O § 4º do art. 14 da Lei nº 10.259/2001 prevê que: "§ 4o Quando a orientação acolhida pela Turma de Uniformização, em questões de direito material, contrariar súmula ou jurisprudência dominante no Superior Tribunal de Justiça -STJ, a parte interessada poderá provocar a manifestação deste, que dirimirá a divergência." No dia 6.1.2010 o Ministro Félix Fischer

A Turma é presidida pelo Coordenador-Geral da Justiça Federal, sendo composta por dez juízes federais provenientes das Turmas Recursais dos Juizados, sendo dois de cada Região da Justiça Federal.

No que concerne ao tema em estudo, duas observações são pertinentes.

A primeira refere-se ao procedimento para o julgamento de diversos incidentes de uniformização idênticos. A Lei que instituiu a Turma Nacional de Uniformização instituiu, em dois parágrafos, procedimento similar ao dos recursos repetitivos. O § 6º determina o sobrestamento dos pedidos idênticos de uniformização, até o pronunciamento do STJ.[536] Após o julgamento no STJ, os incidentes que ficaram sobrestados serão apreciados pelas Turmas Recursais, que poderão: (i) exercer juízo de retratação; ou (ii) declará-los prejudicados.[537] Trata-se de verdadeira racionalização da atividade

---

admitiu incidente de uniformização da jurisprudência para compor divergência entre decisão da Turma Nacional de Uniformização (TNU) e jurisprudência do STJ sobre renúncia e interrupção do prazo prescricional decorrentes da edição da Medida Provisória 2225/01, referentes ao reajuste dos 3,17%. (cf. http://www.jf.jus.br/cjf/noticias-do-cjf/2010/janeiro/stj-incidente-de-uniformizacao-sobre-prazo-prescricional, acesso em 9.1.2010). Além de admitir o incidente, o Ministro Félix Fischer determinou fosse dada ciência aos interessados através de publicação de edital no Diário da Justiça, na forma do § 7º do art. 14 da mencionada Lei nº 10.259/2001: "Se necessário, o relator pedirá informações ao Presidente da Turma Recursal ou Coordenador da Turma de Uniformização e ouvirá o Ministério Público, no prazo de cinco dias. Eventuais interessados, ainda que não sejam partes no processo, poderão se manifestar, no prazo de trinta dias."

536 Lei nº 10.259/2001, art. 14. *omissis.* § 6º "Eventuais pedidos de uniformização idênticos, recebidos subseqüentemente em quaisquer Turmas Recursais, ficarão retidos nos autos, aguardando-se pronunciamento do Superior Tribunal de Justiça."

537 Lei nº 10.259/2001, art. 14. *omissis.* "§ 9o Publicado o acórdão respectivo, os pedidos retidos referidos no § 6o serão apreciados pelas Turmas

judiciária, como afirmamos anteriormente, que somente contribui para a eficiência da prestação jurisdicional, com a maximização do resultado (uniformização dos precedentes judiciais) e a minimização dos custos (desnecessidade de julgamento de incontáveis processos idênticos). É a verdadeira concretização de um dos postulados que compõem a proporcionalidade, a saber, o da necessidade (*Erforderlichkeit*), que envolve a escolha do meio (ou regra) mais suave (isto é, com menor custo) para a obtenção de determinado fim (princípio).

A segunda observação diz respeito à decisão proferida no Processo n° 2005.83.03.500698-3/PE, em que a TNU reconheceu que as súmulas de sua jurisprudência dominante não têm efeito vinculante, por falta de previsão legal. Com fundamento nesse argumento, o presidente da TNU não conheceu de reclamação movida por beneficiária do INSS questionando decisão da Turma Recursal de Pernambuco que alegadamente recusou-se decidir em conformidade com súmula da TNU.[538]

Para manter coerência com a tese desenvolvida neste trabalho,

---

Recursais, que poderão exercer juízo de retratação ou declará-los prejudicados, se veicularem tese não acolhida pelo Superior Tribunal de Justiça."

538 O presidente da TNU entendeu que a reclamação é cabível apenas nas hipóteses em que houver determinação para que as Turmas Recursais adaptem o acórdão à jurisprudência dominante da TNU e a decisão for descumprida, cabe reclamação à TNU (Questão de Ordem n° 16). Entendeu, ainda, que a reclamação não poderia ser recebida como incidente de uniformização de jurisprudência, em prol da fungibilidade dos meios, em razão da falta de indicação de divergências do acórdão da Turma Recursal de Pernambuco com decisão de outra região, súmula ou jurisprudência dominante do Superior Tribunal de Justiça, requisito essencial para a admissibilidade do incidente à TNU.

entendemos que as súmulas da TNU têm efeito vinculante, independentemente de qualquer norma específica que preveja a projeção da respectiva força de eficácia normativa.[539] O próprio propósito de uma Turma Nacional de *Uniformização* é manter a unidade e consistência da jurisprudência, unificando as teses jurídicas adotadas pelas Turmas Regionais. De nada adiantaria uma Turma Nacional se seus precedentes uniformizadores não precisassem ser seguidos, ou seja, se não fosse projetada nenhuma força normativa de seus precedentes.

Por fim, não há previsão de competência para a TNU *prevenir* divergência, tal como prevista no § 1º do art. 555 do CPC. Sim, porque O § 4º do art. 14 da Lei dos Juizados Especiais Federais admite o incidente *"quando a orientação **acolhida** pela Turma de Uniformização, em questões de direito material, **contrariar** súmula ou jurisprudência dominante no Superior Tribunal de Justiça -STJ"*.

Quanto ao mais, o modelo adotado na Lei nº 10.259/2001 – criação de Turmas Regionais e de Turma Nacional de Uniformização da Jurisprudência – é de significativa importância, pois vai ao encontro da valorização e fortalecimento dos precedentes judiciais.

---

[539] Naturalmente que não estamos comentando o caso usado como parâmetro. Para isso seria necessário verificar se a divergência jurisprudencial foi efetivamente demonstrada, inclusive com a indicação das circunstâncias que assemelham ou distinguem as controvérsias. Na ausência da demonstração, como de fato demonstrou o presidente da TNU, revela-se irretocável a decisão.

CAPÍTULO 7
CONCLUSÕES

1. Conclusão genérica. 2. Conclusões específicas

1. Conclusão genérica.

Quando se fala em projeção da força normativa dos precedentes judiciais, a grande preocupação é de eventual "engessamento" do direito ou, quando não, violação da liberdade intelectual do juiz. A vigorosa reação de parte da magistratura de alguns sobre o tema aponta eventuais consequências apontadas como danosas. Apesar da resistência, que já foi maior, não há motivo para tanto.

Já convivemos com precedentes vinculantes no âmbito da Jurisdição Constitucional desde 1993, data da Emenda Constitucional nº 3, e não tivemos nenhuma das consequências denunciadas. Ademais, conforme lembra Dinamarco, em argumento com precisão clínica, a eficácia normativa das decisões judiciais é bem anterior à Emenda Constitucional nº 3, como pode ser visto nos enunciados normativos da Justiça do Trabalho. E, no entanto, nunca foi combatida, pelo menos com o vigor atual.

Mas os argumentos contrários à força normativa dos precedentes não prevalece. Primeiro, porque os magistrados não terão violada sua liberdade de convencimento. Segundo, porque mesmo antes de se falar em força normativa dos precedentes, a magistratura já seguia a jurisprudência dos tribunais, demonstrando verdadeira incidência normativa empírica (*compliance*). Por último, há a colisão de valores constitucionais. Com igual ou superior importância que a proteção funcional da liberdade há a necessidade de coerência jurisprudencial e consistência sistêmica, em concretização do princípio constitucional da igualdade. Afinal, se os juízes e tribunais julgam uma controvérsia de determinado modo, aquele resultado deve ser projetado para os casos idênticos.

Caso contrário, como explicar aos jurisdicionados que a pretensão deles foi rejeitada e a do seu colega foi acolhida, em situações fáticas absolutamente idênticas? Como justificar que as mesmas controvérsias possam ter resultados diametralmente opostos?[540] Como aceitar o julgamento de um juiz – mesmo de primeiro grau – seja totalmente divergente, ora concedendo, ora denegando, de conformidade apenas com o humor do dia? É difícil de explicar e mais ainda de aceitar. Responder que isso ocorre em nome da autonomia intelectual do juiz não consegue convencer nem o estudioso, quanto

[540] Teresa Arruda Alvim Wambier faz essa constatação: " Aspecto dos sistemas jurídicos que sempre preocupou os estudiosos foi a insegurança que gera nos jurisdicionados o fato de pessoas em *situações absolutamente idênticas* sofrerem efeitos de *decisões completamente diferentes*." (cf. *Controle*..., p. 313).

mais o jurisdicionado. Claro, pois todos os juízes e tribunais têm o dever de coerência: coerência com seus próprios precedentes. Coerência com os precedentes superiores.

Sem mencionar que, se o argumento fosse absoluto, então os juízes não precisariam sequer decidir em conformidade com a lei. Então... para quê leis? É verdade que, em inúmeras situações a decisão judicial pode se afastar do comando legal – e somos intransigentes defensores dessa possibilidade –, mas sempre quando houver argumento forte o suficiente para justificar a decisão *contra legem*, tais como violação ao postulado da proporcionalidade (*Verhältnismaßigkeitgrundsatz*) – devidamente demonstrada –, a satisfação da pretensão de correção da lei (*Anspruch auf Richtigkeit*), o grau intolerável de injustiça de uma decisão e por aí vai. Mas com o mesmo vigor que defendemos essas teses, sustentamos também que o juiz não pode, a seu bel prazer, arbitrária e displicentemente, ignorar a lei como se ela não existisse, sem dar uma única razão para não aplicá-la. Idêntico raciocínio se aplica aos precedentes judiciais vinculantes. O juiz não pode se afastar dos precedentes superiores, sem dar razões que demonstrem a singularidade do caso.

Dois claros equívocos são sustentados quando se fala em efeito vinculante dos precedentes judiciais.

O primeiro é que o precedente judicial somente tem força de incidência normativa se vincular a administração pública. Porém, isso não é verdade. Se vincular os juízes e tribunais então já terá eficácia normativa e, portanto, vinculante. A atribuição de sanção mais grave para a administração pública não significa que, sem a responsabilização penal ou administrativa, não há força normativa. Há claro equívoco na tese. Grande parte das leis não produz a responsabilização do agente administrativo. Poderíamos falar, então, que a lei não vincula a administração pública? Poderíamos dizer que o administrador agirá em conformidade com a lei segundo seu próprio talante? Naturalmente que não.

O segundo é que o efeito vinculante do precedente judicial produz, para a magistratura, duas hipóteses: (i) o precedente não terá eficácia normativa alguma para os juízes, que não se obrigarão a observá-lo; ou (ii) a eficácia depende de punição dos juízes, o que viola a liberdade e autonomia intelectual da magistratura. As duas hipóteses estão igualmente incorretas. Por tudo o que já dissemos, por tudo o que demonstramos.

Pois bem. Diante da resistência inicial dos tribunais e da doutrina, a eficácia vinculante não foi reconhecida. Mas, gradativamente, a legislação processual foi alterando a força de incidência dos precedentes, criando mecanismos que a reconheciam, mesmo sem utilizar as expressões "vinculante", "normativa" *etc.* E assim o fez por mera cautela. Cuidado que não mais se justifica.

Afinal, os precedentes judiciais têm, todos eles, força normativa, efeito vinculante.

Inúmeras são as hipóteses de substituição da decisão em desconformidade com o precedente (sanção física ou por *sub-rogação*), inúmeros são os casos em que a legislação estabelece sanções rigorosas para quem descumprir o precedente (sanção psicológica ou por *coerção*).

Então, o que mais é preciso que a lei diga para que reconheçamos a eficácia vinculante dos precedentes judiciais? Que o juiz não pode julgar de modo diverso? Isso ela não irá dizer jamais, porque os juízes podem deixar de aplicar o precedente e, ainda assim, a decisão prevalecer. Afinal, há a técnica de argumentação das circunstâncias distintivas da controvérsia (*distinguishing*) que, segundo o aforisma *lex specialis derogat legi generalis*, prevalece sobre o precedente, sem revogá-lo ou negar-lhe eficácia.

Mas para que haja consistência no sistema jurídico, algumas considerações precisam ser observadas. Primeiro – e mais importante – é preciso compreender o que significa "efeito vinculante". Segundo demonstramos, a expressão indica a necessidade de incluir no discurso judicial o precedente judicial. Apenas isso. O juiz age através do discurso (agir comunicativo). Então, a conformidade com os precedentes significa "incluir o precedente na fundamentação da decisão judicial". Assim, se o precedente for incluído, o julgador terá duas opções: (i) aplicar o precedente ao caso; (ii) justificar a não aplicação do precedente, indicando as circunstâncias ou razões distintivas da controvérsia (*distinguishing*). Nas duas hipóteses, o precedente projetou força normativa. Nos dois casos, houve conformidade (*compliance*) e, portanto, eficácia vinculante plena. Repetimos, para enfatizar: o juiz não pode ignorar o precedente, como se ele não existisse. Precisa justificar a sua não incidência. E, assim fazendo, ele reconheceu a força normativa do precedente.

Concluímos e demonstramos, em seguida, que os precedentes da jurisprudência dominante podem ser identificados por critério dinâmico, verificável caso a caso, nos limites da argumentação desenvolvida pelas partes e pelo juiz. O método proposto é coerente com o utilizado para a resolução de antinomias entre normas jurídicas (afinal, precedente é norma jurídica). O método utiliza critérios qualitativos, em oposição a critério meramente quantitativo. Afinal, não é a repetição insistente de uma mesma proposição que irá fazê-la prevalecer sobre outra.

Em seguida, revisitamos inúmeras técnicas processuais, agora contextualizadas com a nova força de incidência dos precedentes, o que nos levou a consequências nada tradicionais. Foram propostas soluções e, até mesmo um procedimento, para aumentar a efetividade dos precedentes vinculantes, impondo um comportamento coercitivo espontâneo para os destinatários da força normativa, o que irá implicar a redução de demandas, descongestionando o Judiciário.

Em suma, os operadores do direito têm maturidade mais do que suficiente para adotar o precedente vinculante. O que não se pode admitir é o argumento pueril de que o precedente vinculante não pode ser adotado, porque a "tradição" jurídica ou o modelo normativo brasileiro é do *civil law*, em oposição ao do *common law*. O argumento nem mais impressiona. O que torna o modelo de um outro modo? O comportamento social, a conduta dos operadores do direito. E já tivemos mostras mais do que suficientes de que o Brasil sempre buscou utilizar o que de melhor cada sistema pode oferecer.

Conforme argumento desenvolvido com particular brilho pelo Ministro Gilmar Mendes,[541] o controle de constitucionalidade incidental do direito brasileiro foi construído com base no modelo estadunidense. Quem não se lembra da referência feita ao caso *Marbury v. Madison,* ainda nos bancos da Faculdade? O curioso é que, no modelo estadunidense, a não incidência da lei declarada inconstitucional decorre da eficácia vinculante da *ratio decidendi,* consequência da doutrina do *stare decisis.* No entanto, curioso é notar que o direito brasileiro, embora inspirado neste ponto em modelo alienígena, não reconheceu a projeção da eficácia da decisão do STF para que a lei não seja aplicada. O sistema foi incorporado aos pedaços. Não é crítica, pois filio-me à corrente que considera o sistema brasileiro muito superior.

Não obstante, para aqueles que insistem no argumento da "tradição" jurídica brasileira, basta uma leitura no trabalho do grupo de pesquisadores *Bielefelder Kreis,* basta uma comparação dos outros sistemas jurídicos europeus, de reconhecida tradição civilista, que estão incorporando a técnica do precedente vinculante.

Esperamos que o trabalho tenha tido sucesso em demonstrar e sistematizar – ao menos em parte – a força normativa que já se projeta de todos os precedentes judiciais.

---

[541] Assim: "Embora a doutrina pátria reiterasse os ensinamentos teóricos e jurisprudenciais americanos, no sentido da *inexistência jurídica* ou da *ampla ineficácia* da lei declarada inconstitucional, não se indicava a razão ou o fundamento desse efeito amplo. Diversamente, a não-aplicação da lei, no Direito norte-americano, constitui expressão do *stare decisis,* que empresta efeitos vinculantes às decisões das Cortes Superiores." (Rcl 4.335, voto do relator Ministro Gilmar Mendes).

2. Conclusões específicas

CAPÍTULO I

1. A estrutura judicial da atualidade não tem conseguido entregar a tutela jurisdicional em tempo adequado.

2. A técnica proposta de projeção da força vinculante dos precedentes judiciais visa, em um primeiro momento, diminuir o número de demandas.

3. O Poder Legislativo não tem exclusividade na função legiferante, assim como os demais Poderes também não têm exclusividade em suas funções específicas.

4. O inciso XI do art. 49 da CF/1988 reconhece, simultaneamente, (i) a competência do Congresso Nacional para zelar pela preservação de sua competência legislativa; e (ii) a existência de atribuição normativa dos Poderes Executivos **e Judiciário**.

5. A função normativa do Poder Judiciário manifesta-se, também, através da projeção da força de incidência dos precedentes judiciais.

6. A atribuição normativa do Poder Judiciário, decorrente da força de incidência dos precedentes, pode ser controlada pelo Poder Legislativo (freios e contrapesos).

7. A eficácia normativa dos precedentes judiciais não viola o princípio de separação dos Poderes, por não haver interferência na competência legislativa legítima do Poder Legislativo.

8. A eficácia normativa dos precedentes judiciais não é inconstitucional.

9. A força normativa dos precedentes é eficácia *paralegislativa* (Dinamarco)

10. No controle abstrato de constitucionalidade, o Supremo Tribunal Federal atua para prevenir interpretações contraditórias e para antecipar a solução de incontáveis controvérsias judiciais, em prol da segurança jurídica e da unidade do direito

11. Mesmo no controle abstrato de constitucionalidade, o Supremo Tribunal Federal não atua desvinculado da atuação jurisdicional.

12. A força normativa dos precedentes judiciais é adequada para promover o princípio da igualdade, permitindo que controvérsias idênticas tenham idênticos resultados.

13. A força normativa dos precedentes é adequada para promover a celeridade, reduzindo o tempo necessário para a solução das controvérsias.

14. A força normativa dos precedentes é adequada para promover o princípio da eficiência, maximizando o resultado (julgamentos idênticos para controvérsias idênticas) e minimizando os custos (esforço, tempo, recursos *etc.*).

15. A força normativa dos precedentes é adequada para promover a segurança jurídica, favorecendo a previsibilidade e a uniformidade do direito

16. A força normativa dos precedentes é adequada para promover a razoável duração do processo, evitando dilações indevidas (inadequadas, desnecessárias e desproporcionais em sentido estrito).

CAPÍTULO II

1. Toda decisão judicial é potencialmente relevante para futuras decisões (Cícero).
2. Precedente judicial consiste em um única decisão (identificada) em uma única controvérsia, enquanto a jurisprudência refere-se a uma pluralidade de decisões (não identificadas) relativas a diversos casos concretos (distinção quantitativa – Taruffo).
3. O precedente pode ser aplicado com base na comparação dos fatos do primeiro caso, enquanto a jurisprudência não tem análise comparativa dos fatos, formando regra jurídica (enunciado geral), com conteúdo relacionado ao texto normativo interpretado (distinção qualitativa – Taruffo).
4. Nossa definição: precedente consiste em uma única decisão anterior, seja ela o caso representativo da controvérsia (*leading case*) ou não, que pode ser usado como argumento para fundamentar futuras decisões.

5. O precedente *persuasivo* **não obriga** o destinatário de sua eficácia normativa ao mesmo resultado nas controvérsias com a mesma questão jurídica e os mesmos fatos substanciais relevantes..

6. O precedente *vinculante* **obriga** o destinatário de sua eficácia normativa ao mesmo resultado nas controvérsias com a mesma questão jurídica e os mesmos fatos substanciais relevantes.

7. O efeito vinculante advém da propriedade normativa de manter-se a igualdade das decisões (*stare decisis*).

8. O dispositivo da decisão vincula as partes (*res iudicata*).

9. O argumento do precedente que vincula é a *jurídica* afirmada nos fundamentos ou razões determinantes da decisão (*ratio decidendi, tragende Gründe*).

10. A *tese jurídica* ou razão determinante (*ratio decidendi*) é formada: (i) pelos fatos substancialmente relevantes (*statements of material facts*); (ii) pelo raciocínio lógico-jurídico (*legal reasoning*); (iii) pelo juízo decisório (*judgment*). (Cruz e Tucci).

11. O argumento ou circunstância irrelevante ao julgamento dos casos (*obiter dictum*) não vincula e não integra a razão determinante da decisão (*ratio decidendi*).

12. A razão determinante (*ratio decidendi*) pode omitir pontos necessários à aplicação do precedente, que serão preenchidos pelo intérprete.

13. Não há efeito vinculante se não houver a projeção da razão (fundamento) determinante (*ratio decidendi*) do precedente para outras controvérsias.

14. A *transcendência dos motivos determinantes* (Gilmar Mendes) é a projeção da razão determinante (*ratio decidendi*) de uma controvérsia para outras.

15. A *transcendência dos motivos determinantes* consiste na próprio efeito vinculante do precedente (projeção da eficácia normativa). Somente existe efeito vinculante se houver a *transcendência dos motivos determiantes*.

16. O fundamento determinante (*ratio decidendi*) deve ser enunciado preferencialmente de modo preciso e claro, evitando-se linguagem desnecessária (*obiter dictum*).

17. *Obiter dictum* é a parte marginal do julgado, isto é, a parte da motivação que é dispensável para a obtenção da conclusão final.

18. Se a negação (ou a exclusão) de determinada proposição do precedente não alterar a solução do caso, então esta proposição é circunstância irrelevante (*obiter dictum*) e não razão determinante (*ratio decidendi*) – (teste de Wambaugh).

19. A referência no precedente a norma jurídica específica (número da lei) é mero *obiter dictum* e não integra as razões determinantes (*ratione decidendi*), de modo que não projeta força normativa (efeito vinculante) do precedente.

20. A referência no precedente a Pessoa Política específica (nome do Estado ou Município) é mero *obiter dictum* e não integra as razões determinantes (*ratione decidendi*), de modo que não projeta força normativa (efeito vinculante).

21. O precedente judicial pode perder a vigência quando revogado por Tribunal Superior (*reversing*), quando revogado ou cancelado pelo próprio Tribunal (*overruling*) ou quando perde a eficácia em razão de a lei nova prescrever *tese jurídica* contrária (*overriding*).

22. O cancelamento (revogação) do precedente pode ser expresso (*express overruling*) ou implícito (*implied overruling*) – hipótese de ab-rogação.

23. O cancelamento (revogação) retrospectivo (*antecipatory overruling*) do precedente produz efeitos *ex nunc* e o precedente será considerado como se nunca tivesse existido (teoria declaratória).

24. O cancelamento (revogação) prospectivo (*prospective overruling*) produz efeitos *ex nunc* e constitui a aplicação do precedente aos fatos ocorridos anteriormente

25. O cancelamento (revogação) antecipado (*anticipatory overruling*) do precedente consiste na revogação *preventiva* do precedente pelos Tribunais inferiores, ao fundamento de que a

tese jurídica (*ratio decidendi*) já não é mais *bom direito* (*good law*). Essa técnica é tão controvertida quanto perigosa, por subverter o princípio básico de sujeição ao precedente.

26. O precedente pode perder a eficácia normativa em razão da mutação dos valores constitucionais, ou seja, quando as razões políticas, sociais, econômicas ou jurídicas que o fundamentavam deixarem de existir.

27. O precedente judicial não projeta sua eficácia normativa para os casos que tenham singularidades ou circunstâncias fáticas que diferenciem as controvérsias (*distinguishing*).

28. As circunstâncias distintivas das controvérsias (*distinguishing*) estabelecem cláusula de exceção à eficácia normativa do precedente.

29. As circunstâncias distintivas das controvérsias (*distinguishing*) incluem, na argumentação jurídica, fatos substancialmente relevantes ao juízo decisório contrário ao precedente.

30. A força de incidência dos precedentes vinculantes não difere, na essência, da que é atribuída às leis.

31. O precedente judicial **válido** é aquele decorrente da controvérsia que foi **julgada** por último (momento em que se formou a validade), independentemente da data da publicação do acórdão (momento em que se iniciou a vigência).

32. Os precedentes da jurisprudência *dominante* têm, para a administração pública, eficácia normativa *limitada*, pois dependem de

outra norma para atribuir força de incidência normativa, mediante imputação de sanção como a responsabilização pessoal do agente (coerção psicológica).

33. Os precedentes da jurisprudência *dominante* têm, para os juízes e tribunais, eficácia normativa *plena*, equiparada à força de incidência dos precedentes vinculantes.

34. Não há diferença, para os órgãos do Poder Judiciário, entre precedente *vinculante* e precedente da jurisprudência *dominante*.

35. Todos os precedentes judiciais têm potencialmente eficácia *contida*. Todo precedente pode sofrer limitação na projeção da sua força de incidência por outro precedente, mediante argumentos fundados em circunstâncias distintivas da controvérsia (*distinguishing*).

36. As relações linguísticas dos planos sintático, semântico e pragmático guardam estreita relação com o grau de eficácia normativa dos precedentes (e das leis).

37. A lei prevalece sobre o precedente quando houver contrariedade sintática e semântica.

38. Há diferença de força de incidência normativa entre precedentes judiciais e leis com identidade sintática e semântica.

39. O precedente judicial tem força de incidência normativa superior à da lei, na hipótese de identidade nos planos sintático e semântico.

40. A conclusão obtida a partir de um raciocínio *a contrario sensu* é um argumento intuitivamente admissível. Tem um razoável grau de coerência e força persuasiva.

41. O argumento *a contrario* pode ser *forte* ou *fraco* (Klug).

42. O *argumentum e contrario* **forte** ocorre quando há relação recíproca de implicação entre o antecedente (descrição do fato) e o consequente (prescrição de conduta) do enunciado normativo. Isto é, quando o primeiro implica o segundo e o segundo implica o primeiro (relação bicondicional).

43. O *argumentum e contrario* **fraco** surge quando não há reciprocidade na relação de implicação entre o antecedente e o consequente da norma jurídica. Ou seja, quando o primeiro implica o segundo mas o segundo não implica o primeiro (relação meramente condicional).

44. O argumento a *contrario sensu* – do mesmo modo que as demais normas jurídicas – tem natureza *derrotável* (*defeasible*)' propriedade que caracteriza o raciocínio não-monótono (*non-monotonic reasoning*).

45. O argumento a *contrario sensu* **forte** projeta força normativa se, e somente se, o precedente usado como parâmetro tiver efeito vinculante.

CAPÍTULO III

1. A doutrina identifica três intensidades na força dos precedentes em nosso sistema jurídico atual: (i) a eficácia normativa plena; (ii) a eficácia

normativa intermediária; e (iii) a eficácia meramente persuasiva de precedente que não possui eficácia vinculante (Patrícia Mello).

2. Precedente com eficácia normativa plena ocorre quando não é permitido, aos demais tribunais, divergir de sua *ratio decidendi*.

3. Precedente com eficácia normativa intermediária ocorre quando o precedente impõe um padrão de comportamento (no julgamento) para os tribunais e juízes, independentemente de exigir diretamente o resultado (não admite, por exemplo, a reclamação), sob pena de invalidar o julgamento (reformar ou anular).

4. Precedente com eficácia meramente persuasiva possui a menor intensidade que pode ser encontrada no precedente. Apesar de não vincular – nem direta, nem indiretamente –, pode exercer algum grau de convencimento no julgador, pela força do raciocínio ou pelo prestígio de quem o enunciou.

5. O Supremo Tribunal Federal não é a única Corte no modelo judicial brasileiro com competência para editar súmulas e precedentes vinculantes.

6. Os Tribunais de Justiça têm jurisdição constitucional concorrente, cujos precedentes têm força normativa (efeito vinculante).

7. O princípio da simetria autoriza a previsão nas Constituições estaduais para edição de súmulas vinculantes pelos Tribunais de Justiça.

8. Os tribunais têm dever de coerência e devem zelar pela igualdade e

uniformidade de seus precedentes.

9. A proibição de reiteração de demandas em sentido lato (*Wiederholungsverbot im weiteren Sinne oder Nachahmungsverbot*) veda a renovação de demandas idênticas, isto é, daquelas controvérsias com igual conteúdo (*gleiche Rechtsfrage*) e cujas razões determinantes (*tragende Gründe*) sejam aplicáveis a ambos os casos.

10. Na proibição de reiteração de demandas (*Wiederholungsverbot*), o juízo somente aceita a demanda se o demandante demonstrar circunstâncias que distinguem as controvérsias (*distinguishing*).

11. A proibição de reiteração de demandas (*Wiederholungsverbot*) já existe no modelo brasileiro. O juiz pode rejeitar a demanda com exame do mérito se houver precedente do próprio juízo (art. 285-A, CPC) e o autor não demonstrar a existência de circunstâncias distintivas da controvérsias (*distinguishing*).

12. A sanção consiste na imposição física (*sub-rogação*) ou psicológica (*coerção*) do comando normativo ao destinatário da norma.

13. A sanção por *coerção* ocorre quando a lei cria mecanismos de pressão psicológica para o destinatário da norma, de modo a persuadi-lo a praticar a conduta esperada. São exemplos de medidas de coerção são (i) a imposição de multa; (ii) a ameaça de responsabilização civil do agente; (iii) a possibilidade de perda da função administrativa; (iv) a imputação de pena ou sanção criminal *etc*.

14. A sanção por *sub-rogação* se verifica quando o comportamento pretendido é praticado pelo próprio Estado-juiz, em substituição ao obrigado. Exemplo típico da execução por sub-rogação encontramos na execução forçada por quantia certa.

15. A atuação do juiz ou do tribunal ocorre através do discurso (argumentação jurídica), ou seja, por intermédio da fundamentação de suas decisões (agir-comunicativo).

16. A sanção aplicada por *sub-rogação* aos juízes e tribunais consiste na substituição da decisão desconforme o precedente por outra.

17. Os precedentes vinculantes comportam ambos os meios de sanção (*sub-rogação* e *coerção*).

18. Haverá sanção por *coerção* quando houver a utilização de técnicas de pressão psicológica para que o agente pratique, ele mesmo, o ato em conformidade com o precedente considerado vinculante.

19. Haverá sanção por *sub-rogação* se o próprio estado-juiz substituir o ato do agente, praticando ele mesmo o que deveria ter sido feito.

20. A eficácia normativa dos precedentes judiciais (efeito vinculante) consiste na possibilidade de (i) atuação em conformidade com os precedentes (*compliance*); ou, caso isso não ocorra, (ii) de sanção (*sanction*) por coerção ou por sub-rogação.

21. A imputação penal de magistrado por decidir em desconformidade com precedente vinculante caracteriza *"crime de hermenêutica"* (Rui Barbosa) e não é tolerado pela ordem jurídica brasileira.

22. A única sanção aplicável aos juízes e tribunais pelo descumprimento dos precedentes e súmulas vinculantes é por *sub-rogação*, com a substituição da decisão por outra, agora em conformidade.

23. Para os órgãos do Poder Judiciário, a sanção advém da substituição da decisão em desconformidade com os precedentes, por outra (sanção física ou por *sub-rogação)*.

24. Para a administração pública, a sanção ocorre com a substituição da decisão administrativa em desconformidade (sanção física ou por *sub-rogação*) e mediante a ameaça de responsabilização pessoal do agente nas esferas cível, administrativa e penal (sanção psicológica ou por *coerção)*.

25. Cabe reclamação ao Supremo Tribunal Federal para preservar a força de incidência normativa de seus precedentes vinculantes.

26. O artigo 64-B da Lei nº 9.784/1999, acrescentado pela Lei nº 11.417/2006, imputa a responsabilização pessoal do agente nas esferas cível, administrativa e pena, caso ele não adeque as futuras decisões administrativas à decisão do STF que acolher a reclamação.

27. A autoridade administrativa é civil, administrativa e penalmente responsável, nos termos do art. 64-B da Lei 9.784/1999, se e somente se não adequar as futuras decisões administrativas em casos semelhantes à decisão do STF que acolher a reclamação fundada em violação de enunciado de súmula **ou precedente** vinculante.

CAPÍTULO IV

1. Todos os precedentes judiciais já são vinculantes.

2. Existe *força de incidência normativa* **em todos os precedentes judiciais** que estejam na linha da competência funcional vertical.

3. Efeito vinculante consiste na obrigatoriedade de o enunciado ser aplicado (coincidência da decisão judicial com o precedente). *Eficácia vinculante* significa ter *força de incidência normativa*.

4. O efeito vinculante exige (i) a conformidade (*compliance*) do comportamento esperado com a situação prevista no precedente; ou, caso não ocorra (*contrary to duty obligation*), a (ii) aplicação de sanção (*sanction*), que pode ser a substituição do ato contrário (*sub-rogação*) ou a ameaça de situação desvantajosa (*coerção*).

5. Todo precedente judicial é vinculante para os demais órgãos do Poder Judiciário que estejam na linha da competência funcional vertical (competência recursal).

6. Já existe, de *lege lata*, eficácia vinculante de todos os precedentes judiciais.

7. Mesmo desnecessária para projetar eficácia normativa a todos os precedentes, o reconhecimento da força vinculante na lei é útil para provocar mudança no comportamento social. Sua ausência, porém, não retira a eficácia normativa dos precedentes.

8. A atuação do juiz em conformidade com o precedente (*compliance*) ocorre através do discurso (argumentação jurídica), ou seja, por intermédio da fundamentação de suas decisões (agir-comunicativo).

9. O juiz ou tribunal é obrigado a citar o precedente vinculante na fundamentação das suas decisões.

10. O precedente é vinculante – ou tem *força de incidência normativa* – se, e somente se, o seu uso for obrigatório na justificação das decisões judiciais. Isto é, ele não pode ser ignorado.

11. Ao citar o precedente vinculante na fundamentação, os juízes poderão: (i) aplicá-lo, em razão da adequação do caso à situação nele descrita; ou (ii) justificar a sua não incidência, afirmando a distinção dos fatos substanciais da demanda (*distinguishing*).

12. O juiz não pode, em hipótese alguma ignorar o precedente vinculante, deixando de mencioná-lo em sua decisão, como se ele não existisse.

13. Um precedente é vinculante se e somente se (i) for obrigatório o seu uso na fundamentação das decisões judiciais ou administrativas (*compliance*); ou (ii) for passível de sanção, que pode ser física (*sub-rogação*) ou psicológica (*coerção*), de acordo com o destinatário da eficácia normativa.[542]

---

[542] Nesse sentido, já afirmamos: "A legal norm δ_i is binding if and only if δ_i is necessarily used in the justification of a judicial decision ψ, that is, $\Delta \cup \{ \delta_i \}$

14. Um sistema normativo é consistente se, e somente se, (i) a decisão citar o precedente e decidir em conformidade com as razões determinantes (*ratione decidendi*); ou (ii) a decisão citar o precedente e indicar as circunstâncias distintivas da controvérsia (*distinguishing*), justificando a não incidência das razões determinantes.

15. São destinatários do efeito vinculante dos precedentes judiciais (i) os órgãos do Poder Judiciário; (ii) a administração pública; (iii) os órgãos do Poder Legislativo – em hipóteses excepcionais; e (iv) as pessoas jurídicas de direito privado e as pessoas naturais.

16. Os órgãos do Poder Judiciário são destinatários do efeito vinculante dos precedentes judiciais, sujeitando-se a sanção por *sub-rogação,* na hipótese de não incluir o precedente na fundamentação de suas decisões.

17. A administração pública nas esferas federal, estadual e municipal é destinatária do efeito vinculante dos precedentes judiciais, sujeitando o agente a sanção por *sub-rogação* e por *coerção,* na hipótese de não aplicar o precedente.

18. As pessoas jurídicas de direito privado e as pessoas naturais são destinatárias do efeito vinculante dos precedentes judiciais, estando sujeitas a sanção por *sub-rogação* e por *coerção*, na hipótese de não

---

$\mid\!\sim \psi$." (*cf.* BRASIL JR., Samuel Meira, e GARCIA, Berilhes Borges, *in* Modelling Legal Reasoning in a Mathematical Environment through Model Theoretic Semantics, ICAIL, 2003 June 24-28, Edinburgh, Scotland, UK, ACM 1-58113-747-8).

aplicar o precedente.

19. Constitui ato atentatório ao exercício da jurisdição formular pretensão ou alegar defesa contra precedente vinculante sem indicar circunstâncias que distinguem a controvérsia (*distinguishing*) ou pretender a revogação do precedente (*overruling* ou *reversing*), por se tratar de argumentação destituída de fundamento (art.14, III, CPC).

20. Formular pretensão ou alegar defesa contra súmula ou precedente vinculante ou contra jurisprudência dominante sujeita a parte à multa do parágrafo único do art. 14, III, do CPC, se e somente se não forem alegadas circunstâncias distintivas da controvérsia (*distinguishing*) ou pretendida a revogação do entendimento do tribunal (*overruling* ou *reversing*).

21. Se a parte deixar de mencionar o precedente judicial, seja ele vinculante ou dominante – ou seja, se ela deixa de inclui-lo em sua argumentação – e em seguida deduzir pretensão ou alega defesa a ele contrárias, estará sujeita à penalidade prevista no art. 14, III, p.u., CPC.

22. De regra geral, a eficácia normativa dos precedentes judiciais vinculantes não atinge os órgãos do Poder Legislativo, no exercício de sua função legislativa.

23. O legislador não pode editar lei idêntica a outra declarada inconstitucional pelo Supremo Tribunal Federal sem que haja alteração na Constituição.

24 .Não é necessário ajuizar demanda contra lei nova que repete o conteúdo de outra lei já declarada inconstitucional pelo Supremo Tribunal Federal se, e somente se, o primeiro julgamento tiver efeito vinculante.

25. Cabe reclamação contra ato normativo fundado em lei que repita o conteúdo de outra lei já declarada inconstitucional pelo Supremo Tribunal Federal, se e somente se o precedente em que houve a declaração de inconstitucionalidade tiver efeito vinculante.

26. Precedente *dominante* ou *predominante* é aquele com maior força de incidência.

27. Não é adequado mensurar a força de incidência da jurisprudência dominante por critéria quantitativo. A repetição de teses idênticas não aumenta a força persuasiva do argumento.

28. A força de predominância do argumento é verificada através da força de persuasão do argumento.

29. A força de incidência normativa do precedente *dominante* advém da força do argumento (vigor qualitativo) e não da quantidade de argumentos idênticos (vigor quantitativo).

30. O precedente é dominante se, e somente se, (i) não houver argumento contrário; ou (ii) o argumento contrário não tiver força persuasiva superior à do argumento favorável.

31. Cabe decisão monocrática do relator (art. 557, CPC) mesmo na hipótese de haver um único precedente se, e somente se, não existir

precedente contrário com força argumentativa superior.

32. A força argumentativa do precedente é encontrada dinamicamente, quando houver divergência com outro argumento.

33. Os precedentes judiciais têm quatro âmbitos de validade, como as demais normas jurídicas: temporal, espacial, pessoal e material.

34. O âmbito de validade **temporal** consiste em aceitar a convivência de dois precedentes com tempos distintos de incidência. Exemplo: modulação temporal dos efeitos da decisão do Supremo Tribunal Federal (art. 27, Lei n° 9.868/1999).

35. O âmbito de validade **espacial** relaciona-se à delimitação territorial da validade do precedente.

36. Os precedentes do Supremo Tribunal Federal e do Superior Tribunal de Justiça têm validade em todo o território nacional, pois não encontram delimitação territorial alguma.

37. O âmbito de validade **pessoal** refere-se à competência funcional vertical.

38. O âmbito de validade **material** refere-se à matéria discutida no precedente, segundo a competência *ratione materiae* do órgão que enunciou o precedente.

39. Somente é necessário falar em mensurar força entre dois precedentes se houver coincidência dos quatro âmbitos de validade (antinomia ou divergência).

40. Se não houver coincidência de um dos quatro âmbitos de validade, o precedente é meramente *persuasivo*.

41. A força aos precedentes é obtida através de três critérios: cronológico, hierárquico e da especialidade.

42. O **critério cronológico** funda-se metarregra *lex posterior derogat legi priori, i*sto é, o precedente posterior (mais recente) prevalece sobre o precedente anterior.

43. O **critério hierárquico** funda-se na metarregra *lex superior derogat legi inferiori*, isto é, no grau hierárquico do precedente.

44. O **critério da especialidade**, funda-se na metarregra *lex specialis derogat legi generali*, isto é, decorre das circunstâncias que distinguem a controvérsia (*distinguishing*)

45. A força argumentativa do precedente pode ser obtida, ainda, por juízo de ponderação, em que argumentos contrários serão sopesados com argumentos favoráveis, mediante o uso de alguns *topoi* do domínio jurídico, como, por exemplo, o postulado da proporcionalidade ou da vedação do excesso (*Verhältnismässigkeitgrundsatz oder Übermassverbot*), a pretensão de correção da norma jurídica (*Anspruch auf Richtigkeit*), o grau intolerável de injustiça (fórmula da justiça de Radbruch) *etc*.

46. A força de predominância da jurisprudência *dominante* pode ser obtida através do seguinte modo: (i) verificar se existe precedente

contrário com os mesmos âmbitos de validade; e (ii) verificar se o precedente ou o argumento contrário tem força superior, considerados os critérios cronológico, hierárquico e da especialidade ou, ainda, os argumentos de correção do direito (*Anspruch auf Richtigkeit*).

47. Em termos de força de eficácia normativa, não há diferença alguma entre precedente vinculante e jurisprudência dominante.

48. Para os órgãos do Poder Judiciário, não há diferença alguma entre a força de incidência normativa do precedente vinculante e a do precedente dominante.

49. Todos os precedentes judiciais (Súmula Vinculante, jurisprudência dominante *etc.*) tem idêntica força de incidência normativa (efeito vinculante), para os órgãos do Poder Judiciário.

50. A argumentação em desconformidade com os precedentes judiciais dominantes ou vinculantes constitui violação dos deveres das partes e de todos aqueles que participam do processo se, e somente se, formularem pretensões ou alegarem defesa sem justificar a não aplicação do precedente ao caso específico.

51. Incide a multa do art. 14, III, p.u., do CPC, por ato atentatório ao exercício da jurisdição, se e somente se a argumentação (da pretensão ou da defesa) estiver em desconformidade com os precedentes judiciais (súmula ou acórdãos representativos da controvérsia), sem indicar as circunstâncias que distinguem ou assemelham os casos.

52. Se existir precedente judicial (dominante ou vinculante) sobre determinada controvérsia, é desnecessário editar leis para projetar

eficácia normativa, exceto para (i) regular a produção de efeitos de modo diverso do previsto no precedente; ou (ii) revogar o entendimento.

53. É possível implementar técnica processual para contribuir com a diminuição de demandas, através da provocação da parte para cumprir o precedente vinculante sob pena de multa do art. 14, III, p.u., do CPC.

54. Na hipótese de surgirem teses jurídicas diferentes na votação, é necessário que cada votante declare expressamente qual é a razão determinante que ele acolheu.

55. A eficácia preclusiva da coisa julgada não atinge quem não foi parte na demanda (Dinamarco).

56. O redator do acórdão deve ser o autor do primeiro voto divergente que prevaleceu em suas razões, para preservar a integridade dos fundamentos determinantes (*ratione decidendi, tragende Gründe*).

57. A projeção da força normativa dos precedentes judiciais torna desnecessária a pauta temática.

58. O afastamento definitivo de membro de tribunal não impede que seu sucessor profira voto, mantendo ou reformulando a posição originária.

CAPÍTULO V

1. O juiz de primeiro grau poderá modificar a sentença para adequá-la

aos precedentes judiciais provenientes dos tribunais a que se encontra vinculado (competência funcional vertical), nos capítulos cujo recurso devolveu a cognição ao tribunal.

2. A decisão em embargos de declaração que provê o recurso para adequar a *tese jurídica* à do precedente dominante, não é inválida.

3. O relator pode dar provimento monocraticamente a recurso quando a decisão estiver em confronto com os precedentes do respectivo tribunal, desde que não haja precedente dos tribunais superiores em sentido contrário.

4. O parágrafo único do art. 541 do CPC é aplicável ao agravo previsto no § 1º do art. 557 do CPC.

5. Ao agravar da decisão monocrática, o agravante deve demonstrar a existência de precedente em sentido contrário, citando as circunstâncias que assemelham ou distinguem as controvérsias.

6. No agravo contra decisão monocrática, o relator deverá: (i) verificar se as circunstâncias fáticas do caso permitem a incidência normativa do precedente citado; e, se a resposta for positiva, (ii) verificar qual dos precedentes predomina, por um dos critérios já descritos.

7. As demandas de competência originária dos tribunais podem ser decididas monocraticamente, se houver precedente vinculante ou jurisprudência dominante decorrente de idêntica controvérsia.

8. Não está sujeita ao duplo grau de jurisdição a sentença fundada em precedente ou súmula do STF, do tribunal superior ou do tribunal, na

linha e na ordem hierárquica da competência funcional vertical.

9. O duplo grau de jurisdição obrigatório na hipótese de concessão da segurança, na forma do § 1º do art. 14 da Lei nº 12.016/2009, somente é necessário quando a sentença for proferida em desconformidade com os precedentes judiciais que deveria aplicar.

10. O juiz não receberá o recurso de apelação quando a sentença estiver em conformidade com súmula ou jurisprudência dominante do Supremo Tribunal Federal, do Superior Tribunal de Justiça ou do respectivo tribunal.

11. A decisão do órgão uniformizador proferida com fundamento no parágrafo único do art. 555 do CPC tem eficácia vinculante para as câmaras e turmas julgadoras.

12. Para que haja uniformidade na jurisprudência e consistência no sistema jurídico, o recurso capaz de gerar divergência jurisprudencial deve obrigatoriamente ser remetido ao órgão uniformizador indicado no regimento interno (Plenário ou Órgão Especial, onde houver).

13. Pode julgar um recurso ainda que não haja precedente contrário, desde que seja necessário para prevenir eventual futura divergência com precedente de outra câmara ou turma.

14. Na hipótese de multiplicidade de recursos idênticos, o órgão uniformizados da jurisprudência do tribunal poderá adotar o procedimento dos recursos repetitivos utilizado nas TNUs e no STJ.

15. Para efeito da modificação de competência (art. 555, § 1º, do CPC), o interesse público será aferido na forma da repercussão geral (art. 543-A, CPC), considerando a existência de questões relevantes do ponto de vista econômico, político, social ou jurídico, que ultrapassem os interesses subjetivos da causa.

16. Presume-se o interesse público para compor ou prevenir divergência se, e somente se, (i) a admissibilidade não for recusada fundamentadamente por dois terços dos membros do órgão colegiado indicado no regimento interno do Tribunal; (ii) já existir desconformidade com precedente judicial ou se já houver divergência entre câmaras ou turmas.

CAPÍTULO VI

1. As súmulas enunciadas com base em precedente vinculante projetam a mesma força normativa, independentemente de terem sido editadas como tais, se e somente se reproduzirem a *ratio decidendi* dos respectivos precedentes.

2. Não é necessário editar enunciado de súmula vinculante na hipótese de súmula editada com base em precedente vinculante.

3. O recurso extraordinário contra decisão que afasta a incidência de precedente do STF com fundamento em circunstâncias distintivas da controvérsia (*distinguishing*) está sujeito à admissibilidade por repercussão geral.

4. O precedente do recurso representativo da controvérsia deve ser obrigatoriamente usado na fundamentação dos recursos sobrestados e na dos futuros recursos em casos assemelhados.

5. O precedente do recurso representativo da controvérsia tem efeito vinculante para os demais órgãos do Poder Judiciário.

6. O precedente do Supremo Tribunal Federal em controle difuso de constitucionalidade deve obrigatoriamente ser usado na fundamentação das decisões judiciais, sob pena de sanção por *sub-rogação*, mediante a substituição do ato desconforme.

7. O precedente do Supremo Tribunal Federal em controle difuso de constitucionalidade tem efeito vinculante.

8. O precedente judicial com força normativa não fica imune a argumentos futuros em razão da não incidência da eficácia preclusiva da coisa julgada.

9. As decisões plenárias do STF têm efeito vinculante independentemente da espécie de recurso ou ação do qual originou o precedente.

10. O precedente de uma Turma do STF tem efeito vinculante, se e somente se não houver precedente divergente da outra Turma.

11. O precedente do STJ em recurso representativo da controvérsia deve ser obrigatoriamente usado na fundamentação dos recursos sobrestados ou assemelhados e as circunstâncias distintivas das

controvérsias, se existentes, devem ser explicitamente enunciadas.

12. O precedente do STJ em recurso representativo da controvérsia tem efeito vinculante para os demais órgãos do Poder Judiciário.

13. O precedente da jurisprudência dominante do STJ deve ser obrigatoriamente usado nas decisões judiciais e as circunstâncias distintivas das controvérsias, se existentes, devem ser explicitamente enunciadas.

14. O precedente da jurisprudência dominante do STJ tem efeito vinculante para os demais órgãos do Poder Judiciário.

15. Incide a multa do art. 14, III e parágrafo único do CPC se, e somente se, a argumentação da pretensão ou da defesa estiver em desconformidade com súmula do STJ ou de decisão em acórdão representativo da controvérsia (recurso repetitivo), sem indicar as circunstâncias que distinguem ou assemelham os casos.

16. As decisões definitivas de mérito, proferidas pelo Tribunal de Justiça, nas representações de inconstitucionalidade (de leis ou atos normativos estaduais ou municipais em face da Constituição Estadual) produzirão eficácia contra todos e efeito vinculante, relativamente aos órgãos do Poder Judiciário do respectivo Estado-Membro e à administração pública direta e indireta, nas esferas estadual e municipal localizadas em seu respectivo território, cuja eficácia subordina-se ao Supremo Tribunal Federal.

17. A Constituição estadual pode prever a possibilidade de o Tribunal de Justiça aprovar súmula com efeito vinculante em relação aos órgãos do Poder Judiciário estadual e à administração pública direta e indireta, nas esferas estadual e municipal localizadas em seu território, e cuja eficácia subordina-se aos precedentes judiciais segundo a ordem decrescente da competência funcional vertical. (Dinamarco)

18. A súmula aprovada por Tribunal de Justiça que reproduza as razões determinantes (*ratione decidendi*) de precedente com efeito vinculante, projeta a mesma força de incidência normativa do precedente que serviu de parâmetro.

19. Não há interesse processual no incidente de uniformização da jurisprudência quando a divergência ocorrer entre precedentes de órgãos judiciários de diferentes graus hierárquicos de jurisdição.

20. Quando a matéria controvertida for unicamente de direito e no juízo já houver precedente em outros casos idênticos, poderá ser dispensada a citação e proferida sentença, reproduzindo-se a tese jurídica da anteriormente prolatada.

21. Não será cabível sentença repetitiva do art. 285-A do CPC se a tese jurídica adotada pelo juízo nos casos idênticos contrariar precedente do respectivo tribunal ou de Tribunal Superior.

REFERÊNCIAS

ALARCÓN, Pietro de Jésus; LENZA, Pedro; TAVARES, André Ramos. (coords.). Reforma do judiciário. São Paulo: Método, 2005.

ALEXY, Robert. *Teoría de la argumentación jurídica*. Trad. Manuel Atienza e Isabel Espejo. Madrid: Centro de Estudios Constitucionales, 1997.

__________. *The argument from injustice. A reply to legal positivism*. Oxford: Claredon Press, 2002.

ALEXY, Robert. BULYGIN, Eugenio. *La pretensión de correción del derecho. La polémica sobre la relación entre derecho y moral*. Colombia: Universidade Externado de Colombia, 2001.

ANZON, Adele. *Il Valore del precedente nel giudizio sulle leggi. L'esperienza italiana alla luce di un'analisi comparata sul regime del richterrecht*. Milano: Giuffrè, 1995.

ALVIM, Arruda. A Argüição de Relevância no Recurso Extraordinário. São Paulo: Revista dos Tribunais, 1988.

_____________. O recurso especial na Constituição Federal de 1988 e suas origens. In: WAMBIER, Teresa Arruda Alvim (coord.). Aspectos Polêmicos e Atuais do Recurso Especial e do Recurso Extraordinário. São Paulo: RT, 1997.

BAPTISTA, N. Doreste. Da argüição de relevância no recurso extraordinário, Rio de Janeiro, Forense, 1976.

BARBOSA MOREIRA, José Carlos. A redação da Emenda Constitucional n. 45 (reforma da justiça), Revista Forense, v. 378, 2005.

__________. *Comentários ao Código de Processo Civil*. 11ª ed., Rio de Janeiro: Forense, 2003.

BODENHEIMER, E. *Jurisprudence*. Cambridge: Harvard University Press, 1974.

BEDAQUE, José Roberto dos Santos. *Direito e Processo. Influência do direito material sobre o processo*. 2ª ed., São Paulo: Malheiros, 1995.

__________. *Poderes Instrutórios do Juiz*. 2 ed. rev. e ampl., São Paulo: RT, 1994.

__________. *Tutela Cautelar e Tutela Antecipada: Tutelas Sumárias e de Urgência (tentativa de sistematização)*. 3ª ed., São Paulo: Malheiros, 2003.

__________. *Breves Considerações sobre recursos e tutela cautelar*. In NERY JUNIOR, Nelson; WAMBIER, Teresa Arruda Alvim (Coord.). *Aspectos polêmicos e atuais dos recursos cíveis de acordo com a Lei 9.756/98*. São Paulo: RT, 1999.

__________. *Efetividade do Processo e Técnica Processual: Tentativa de Compatibilização*. (Diretrizes para aplicação da técnica processual e superação dos óbices aos escopos do processo). Tese apresentada ao Concurso para o cargo de Professor Titular de Direito Processual Civil da FD da USP, São Paulo: *inédito*, 2005.

__________. *Os elementos objetivos da demanda examinados à luz do contraditório. In Causa de Pedir e Pedido no Processo Civil (Questões Polêmicas).* Coord. José Rogério Cruz e Tucci e José Roberto dos Santos Bedaque. São Paulo: Editora Revista dos Tribunais, 2002, pp. 13-52.

BERMUDES, Sérgio. A reforma do judiciário pela emenda constitucional n. 45. Rio de Janeiro: Forense, 2005.

BIN, Marino. *Il Precedente Giudiziario. Valore e interpretazione*. Padova: CEDAM, 1995.

BOBBIO, Norberto. *Teoria do ordenamento jurídico*. Brasília, ed. UnB, 1999.

BRANTING, L. K. *Reasoning with Rules and Precedents*. Kluwer Academic Publishers: Dordrecht/Boston/London, 2000.

BRENNER, Saul, SPAETH, Harold J. *Stare Indecisis. The alteration of precedent on the Supreme Court, 1946-1992*. New York: Cambridge University Press, 1995.

BRONZE, Fernando José. *A Metodonomologia entre a semelhança e a diferença (reflexão problematizante dos pólos da radical matriz analógica do discurso jurídico)*. Coimbra: Coimbra Editora, 1994.

BUENO, Cássio Scarpinella. *Amicus curiae* no processo civil brasileiro, São Paulo, Saraiva, 2006.

__________. *Curso sistematizado de direito processual civil.* Vol. 1. São Paulo: Saraiva, 2007.

COLLIER, R. *Precedent and Legal Authority: A Critical History*. Wisconsin Law Review, p. 771-825, 1988.

COMOGLIO, Luigi Paolo. *La garanzia costituzionale dell'azione ed il processo civile.* Padova: CEDAM, 1970.

COMOGLIO, Luigi Paolo. *Il principio di economia processuale*. Padova: Cedam, 1982. Vol. 2.

___________. *Etica e tecnica del 'giusto processo'* Torino: G. Giappichelli, 2004.

CROSS, Rupert. *Precedent in English Law*. Oxford: Oxford University Press, 1988.

CROSS, Rupert. HARRIS, J. W. *Precedent in English Law*. Oxford: Clarendon Press, 2004.

CRUZ E TUCCI, José Rogério. *Precedente Judicial como Fonte do Direito*. São Paulo: Editora Revista dos Tribunais, 2004.

___________. *A Causa Petendi no Processo Civil*. São Paulo: Editora Revista dos Tribunais, 1993.

__________. *Tempo e processo*, São Paulo: RT, 1997.

__________. *Anotações sobre a* repercussão geral *como pressuposto de admissibilidade do recurso extraordinário (Lei 11.418/2006).* disponível em http://www.oab.org.br/oabeditora/users/revista/1211289535174218181901.pdf, acesso em 10.12.2009.

CRUZ E TUCCI, José Rogério, BEDAQUE, José Roberto dos Santos. *Causa de Pedir e Pedido no Processo Civil (Questões Polêmicas)*. São Paulo: Editora Revista dos Tribunais, 2002.

CUETO-RUA, J. C. *Judicial Methods of Interpretation of the Law*. The Publications Institute, Paul M. Hebert Law Center, Lousiana State University, 1981.

CUNHA, Sérgio Sérvulo da. *O efeito vinculante e os poderes do juiz*. São Paulo: Saraiva, 1999.

DAINOW, Joseph. *The role of judicial decisions and doctrine in civil law and in mixed jurisdictions*. Louisiana State University Press, 1974.

DINAMARCO, Cândido Rangel. *Efeito vinculante das decisões judiciárias*. *In* Fundamentos do Processo Civil Moderno, vol. II, 3a. ed., São Paulo: Malheiros, 2000, pp. 1122, 1150.

__________. *Instituições de Direito Processual Civil* – vols. I, II, III e IV, 2ª ed., São Paulo: Malheiros, 2004.

__________. *A Reforma do Código de Processo Civil*, São Paulo: Malheiros, 1995.

__________. *A Reforma da Reforma do Código de Processo Civil*, 3ª ed., São Paulo: Malheiros,

__________. *A Instrumentalidade do Processo*, (1ª edição em 1987) 10ª ed., São Paulo: Malheiros, 2002.

__________. *Direito Processual Civil*, São Paulo: Bushatsky, 1975.

__________. *Manual dos juizados cíveis*, 2a ed., São Paulo: Malheiros, 2001.

__________. *Manual de direito processual civil* de ENRICO TULLIO LIEBMAN (tradução e notas), Rio de Janeiro: Forense, 1987.

__________. *A nova era do processo Civil*, São Paulo: Malheiros, 2003.

__________. *Relativizar a coisa Julgada Material. Revista de Direito Processual* (RePro) 109, São Paulo: RT, 2003.

DUTRA, Carlos Roberto de Alckmin. *O controle estadual de constitucionalidade de leis e atos normativos*. São Paulo: Saraiva, 2005.

DUXBURY, Neil. *The nature and Authority of Precedent*. New York: Cambridge University Press, 2008.

EISENBERG, Melvin Aron. *The nature of the common law*. Cambridge: Harvard University Press, 1988.

FAZZALARI, Elio. *Istituzioni di diritto processuale*. VIII ed., Padova: CEDAM, 1996.

FERRAZ JR., Tércio Sampaio. *Introdução ao Estudo do Direito. Técnica, decisão, dominação*. 4ª e., São Paulo: Atlas, 2003.

FERRAZ JR., Tércio Sampaio. CARRAZZA, Roque Antônio. NERY JR., Nélson. *Efeito ex nunc e as decisões do STJ*. Barueri: Minha Editora Manole, 2008.

GERHARDT, Michael J. *The power of precedent*. New York: Oxford

University Press, 2008.

GOODHART, A. *Determining the Ratio Decidendi of a Case*. Yale Law Review, vol. 40, p. 161, 1930.

GRINOVER, Ada Pellegrini. *A reclamação para garantia da autoridade das decisões dos tribunais*. Cf. *O Processo. Estudos e Pareceres*. São Paulo: Perfil, 2005, pp. 70-78.

__________. *A marcha do processo*. Rio de Janeiro: Forense Universitária, 2000.

__________. *O processo em evolução*. 2ª edição. Rio de Janeiro: Forense Universitária, 1998.

HANSFORD, Thomas G. SPRIGGS II, James F. *The politics of precedent on the U.S. Supreme Court*. New Jersey: Princeton University Press, 2008.

HAY, P. *Law of the United States*. Athens, Brussels, Paris, Milan, Basle e Vienna, 2002.

HEIDEGGER, Martin. Ser e Tempo. Petrópolis, Vozes, 1988, I, pág. 207).

INGMAN, T. *The English Legal Process*. Oxford: Oxford University Press, 2003.

JORGE, Flávio Cheim. Recurso especial com fundamento na divergência jurisprudencial. In: NERY JUNIOR, Nelson; WAMBIER, Teresa Arruda Alvim (coord.). Aspectos polêmicos e atuais dos recursos cíveis. São Paulo: RT, 2001. p.382.

KNIJNIK, Danilo. O recurso especial e a revisão da questão de fato pelo Superior Tribunal de Justiça. Rio de Janeiro: Forense, 2005. p.14.

LAMBERT, Edouard. *Il governo dei giudici e la lotta contro la legislazione sociale negli Stati Uniti. L'esperienza americana del controllo giudiziario della costituzionalità delle leggi,* a cura di Roberto d'Orazio. Presentazione di Giustino d'Orazio, coll. Civiltà del diritto vol 58, Milano: Giuffrè Editore, 1996.

LAMY, Eduardo de Avelar. Repercussão geral no recurso extraordinário: a volta da argüição de relevância?, Reforma do Judiciário (obra coletiva), Reforma do Judiciário (obra coletiva), São Paulo, Ed. RT, 2005.

LIEBMAN, Enrico Tullio. *Manual de Direito Processual Civil.* Vol. I, tradução e notas Cândido Rangel Dinamarco, São Paulo: Forense, 1985.

__________. *Eficácia e Autoridade da Sentença.* 2ª ed., Rio de Janeiro: Forense, 1981.

LOSANO, Mario G. *Os Grandes Sistemas Jurídicos*. São Paulo: Martins Fontes, 2007.

LUCON, Paulo Henrique dos Santos. *Devido Processo Legal Substancial.* Disponível na Internet: <http://www.mundojuridico.adv.br/html/artigos/documentos/texto008.htm>. Acesso em 10 de novembro de 2006.

MACCORMICK, D. Neil e SUMMERS, Robert. S. (editores). *Interpreting*

Precedents. A Comparative Study. Aldershot: Dartmouth Applied Legal Philosophy Series. 1997.

MANCUSO, Rodolfo de Carmargo. *Divergência Jurisprudencial e Súmula Vinculante*. São Paulo: Revista dos Tribunais, 2001.

MARINONI, Luiz Guilherme; MITIDIERO, Daniel. Repercussão geral no recurso extraordinário. São Paulo: Revista dos Tribunais, 2007.

MARTINS, Leonardo. SCHWABE, Jürgen. *Cinqüenta anos de jurisprudência do Tribunal Constitucional Federal Alemão*. Trad. Beatriz Hennig, Leonardo Martins, Mariana Bigelli de Carvalho, Tereza Maria de Castro, Vivianne Geraldes Ferreira. Montevideo: Fundación Konrad-Adenauer, 2005.

MEDINA, José Miguel Garcia, Wambier, Luiz Rodrigues e Wambier, Teresa Arruda Alvim. Repercussão geral e súmula vinculante, Reforma do Judiciário (obra coletiva), São Paulo, Ed. RT, 2005.

MELLO, Patrícia Perrone Campos. Precedentes. O desenvolvimento judicial do direito no constitucionalismo contemporâneo. Rio de Janeiro: Renovar, 2008, p. 104-105.

MENDES, Gilmar Ferreira. *O Efeito Vinculante das Decisões do Supremo Tribunal Federal nos Processos de Controle Abstrato de Normas. In Revista Jurídica.* v. 1, n. 4, 1999, em http://www.planalto.gov.br/ccivil_03/revista/Rev_04/efeito_vinculante.htm, acesso em 28.10.2006.

__________. *Jurisdição Constitucional*. São Paulo: Saraiva, 1998.

__________. *Direitos fundamentais e controle de constitucionalidade. Estudos de direito constitucional*. São Paulo: Saraiva, 2009.

MORGAN, Edmund. M. *Introduction to the Study of Law*. Chicago, 1948.

MOUSSALLEM, Tárek Moysés. *Revogação em matéria tributária*. São Paulo: Noeses, 2005.

OLIPHANT, H. *A Return to Stare Decisis*. American Bar Association Journal, vol. 14, 1928.

PECZENIK, Aleksander. *On law and reason*.

PRATT, D. V. *Legal Writing: A Systematic Approach*. West Group, 1999.

SALMOND, John. *The Theory of Judicial Precedent*. L. Q. Review, vol. 16, 1900.

SANCHES, Sydney.Argüição de relevância da questão federal, O Estado de S. Paulo, 31-10-1987.

SANDEL, Michael J. *O liberalismo e os limites da justiça*. Lisboa: Fundação Calouste Gulbenkian, 2005.

SARTÓRIO, Elvio Ferreira e JORGE, Flávio Cheim. O recurso extraordinário e a demonstração da repercussão geral, Reforma do Judiciário (obra coletiva), Reforma do Judiciário (obra coletiva), São Paulo, Ed. RT, 2005.

SCARMAN, Lorde Leslie. *O Direito Inglês. A nova dimensão*. Porto Alegre: Sérgio Antonio Fabris Editor, 1978.

SCHAUER, F. *Precedent*. Stanford Law Review, vol. 39, p. 571,

1971.

SILTALA, Raimo. *A Theory of Precedent. From Analytical Positivism to a Post-Analytical Philosophy of Law*. Portland: Hart Publishing, 2000.

SILVA. Evandro Lins e. *Crime de Hermenêutica e SÚMULA VINCULANTE*. Disponível em http://campus.fortunecity.com/clemson/493/jus/m05-011.htm, acesso em 22.12.2009.

TARUFFO, Michele. *Senso Comum, Experiência e Ciência no Raciocínio do Juiz*. Trad. Cândido Rangel Dinamarco. Curitiba: IBEJ, 2001.

__________. *Il significato costituzionale dell'obbligo di motivazione. In Participação e Processo*. Coordenação de Ada Pellegrini Grinover, Cândido Rangel Dinamarco e Kazuo Watanabe. São Paulo: RT, 1988, pp. 37-50.

__________. *Precedente e giurisprudenza*. Editoriale Scientifica srl giugno, 2007.

__________. *Precedent and the law. Reports to the XVIIth Congress International Academy of Comparative Law – Utrecht, 16-22 July 2006*. Bruxelles: Bruylant, 2006.

__________. *Precedente e giurisprudenza. In Rivista trimestrale di diritto e procedura civile*, anno LXI, Fasc. 3 – 2007.

TARZIA, Giuseppe. *Legitimazione e participazione delle associazioni di categoria ai Processi Civili con rilevanza sollettiva. In Participação e Processo*. Coordenação de Ada Pellegrini Grinover, Cândido Rangel

Dinamarco e Kazuo Watanabe. São Paulo: RT, 1988, pp. 51-80.

TAVARES, André Ramos. Reforma do Judiciário no Brasil pós-88, São Paulo, Saraiva, 2005.

TUCCI, José Rogério Cruz e. Anotações sobre a repercussão geral como pressuposto de admissibilidade do recurso extraordinário (Lei 11.418/2006). Revista do advogado. São Paulo/ SP, n. 92, págs. 23-31, julho de 2007. Disponível em http://www.oab.org.br/oabeditora/users/revista/12112895351742 18181901.pdf, acesso em 5.10.2010.

VACCA, Letizia. *Lo stile delle sentenze e l'utilizzazione dei precedenti. Profili storico-comparatistici*. Torino: G. Giappichelli Editore, 1999.

VIEIRA, Andréia Costa. *Civil Law e Common Law. Os Dois Grandes Sistemas Legais Comparados*. Porto Alegre: Sérgio Antônio Fabris Editor, 2007.

WAMBAUGH, Eugene. *The Study of Cases. Second Edition, 1894.*

WAMBIER, Teresa Arruda Alvim; WAMBIER, Luiz Rodrigues; GOMES JR., Luiz Manoel; FISCHER, Octavio Campos; FERREIRA, William Santos. (coords.). Reforma do judiciário. São Paulo: Revista dos Tribunais, 2005.

WAMBIER, Teresa Arruda Alvim. *Controle das decisões judiciais por meio de recursos de estrito direito e de ação rescisória. Recurso especial, recurso extraordinário e ação rescisória: o que é decisão contrária à lei?* São Paulo: Revista dos Tribunais, 2001.

ZANDER, Michael. *The Law-making Process.*

ZITSCHER, Harriet Christiane. *Introdução ao Direito Civil Alemão e Inglês*. Belo Horizonte: DelRey, 1999.

SOBRE O AUTOR

Samuel Meira Brasil Jr. é Desembargador do Tribunal de Justiça do Estado do Espírito Santo, promovido por merecimento na vaga destinada à carreira da magistratura, a qual ingressou por aprovação em primeiro lugar no concurso público de provas e títulos para juiz substituto em 1993. O autor é Doutor e Mestre em Direito Processual Civil pela Faculdade de Direito da Universidade de São Paulo e Mestre em Ciência da Computação, na área de Inteligência Artificial, pela Universidade Federal do Espírito Santo.

Made in the USA
Monee, IL
05 November 2026

67808182R00321